한국기독교출판협의회 주최
신학 저작 부문

한국교회의
설교학개론

정장복 저

이 책은
한국기독교출판협의회가 제정한
기독교출판문화상
신학 저작 부문 최우수노서상을
수상하였습니다.

「한국교회의 설교학 개론」을 펴내면서

　　한국교회를 위한 신학 교육의 일차적 목적은 하나님의 말씀을 바르게 배워 바르게 전달하는 데 있다고 봅니다. 그래서 이 땅에 뿌리 내린 신학 교육의 고향인 평양신학교는 주경신학(註經神學)에 초점을 두었고 그 말씀을 현장화하는 실천신학에 깊은 관심을 두었습니다.
　　실천신학의 기수로서 설교학 강의를 계속했던 곽안련(Charles Allen Clark) 교수는 설교 사역이 무엇보다도 으뜸가는 중요성을 가지고 있다고 하면서 이 땅에 처음 선보이는 설교학 교과서로 「說道法」을 펴낸 바 있습니다. 그리고 이어서 그는 「講道要領」을 펴내었고, 수년 후에는 「講道學」을 편저하여 이 땅의 설교학 교육을 이끌어 갔습니다. 그러나 1943년 강제 귀국을 당한 이후 다시 한국의 설교학 교육의 장에 서지 못했고, 그가 1925년에 집필한 「說敎學」만이 우리 손에 남겨지게 되었습니다.
　　그가 떠난 지 반세기가 다 되도록 우리의 신학 교육에서는 그토록 소중한 설교학 교육이 암흑기를 맞이하였습니다. 설교학 시간이 되면 선배 목사들의 '설교 경험담'을 듣는 것으로 족해야 했던 암울한 시절을 보냈습니다.
　　저자는 설교학과 예배학을 담당한 교수로서 이러한 암흑기의 딘

한국교회의 설교학 개론

절을 소망하며 1980년부터 장로회신학대학교의 강단에 서게 되었습니다. 나의 모교에 발을 들여놓기가 무섭게 통감(痛感)하지 않을 수 없었던 사실은 신학의 다른 분야들이 그 동안 대단한 발전을 거듭해 온 것에 비해 우리의 설교와 예전의 분야는 너무나 버려진 황야(荒野)가 되었던 현실이었습니다. 이러한 상황은 저자로 하여금 휴식을 가질 틈도 없이 새벽별을 보면서 절박한 명령을 수행토록 하였고 그 결과 우선 시급한 기초적인 책들을 펴내게 하였습니다.

그러나 설교학의 기초 강의를 위해서는 「설교학 강의」라는 소책자를 발전시키면서 사용했을 뿐 떳떳하게 내놓을 수 있는 교과서를 펴내지 못하는 아쉬움을 계속 안고 있었습니다. 1992년 봄에야 한국교수에 의한 최초의 설교학 교과서로 「설교학 서설」을 출판하여 강의에 임하게 되었습니다. 뿌듯한 마음을 안고 강의실을 뜨겁게 일구는 열강을 하면서 어느덧 10년에 가까운 세월을 보냈습니다.

최근의 몇 년 저는 '설교학 개론' 시간이 되면 서서히 부끄러움이 싹트기 시작했습니다. 비록 「설교학 개론 부교재」를 통하여 보충을 하면서 강의를 했으나 주로 사용한 교재가 발전하는 설교 상황과 이론들이 담기지 않은 옛날의 책으로 퇴색되는 듯하였기 때문이었습니다. 그 때마다 "새 술은 새 부대에 담아야 한다."는 말씀이 늘 떠나지 않았습니다. 설교학이란 시대의 흐름에 대단히 민감한 학문이기에 다시 서둘러 수정증보판을 내지 않을 수 없었습니다.

그리고 책의 이름도 「한국교회의 설교학 개론」으로 새롭게 했습니다. 그 이유는 본서가 외국의 설교학 이론을 단순하게 옮겨오는 수준을 벗어나 저자의 목회 경험에서 비롯된 현장에서 얻은 교훈과 한국문화권에서 수용이 가능한 이론들을 펼치는 데 주안점을 두었기 때문입니다. 20년을 넘긴 교수로서 이제는 단순히 외국 학설로 우리의 설교 세계를 이끌어 가기는 무리라는 것을 잘 알게 되었기 때문입니다. 말과 사고와 생활의 문화가 다른 우리의 교회를 생각해야 했기에

「한국교회의 설교학 개론」을 펴내면서

내용의 상당 부분을 새롭게 실으면서 책명을 달리했습니다.

본서는 방대한 설교학의 모든 분야를 다루려는 어리석음을 피하고 설교 사역의 핵심만을 간추려 보았습니다. 이러한 시도 때문에 설교의 역사를 비롯한 몇 가지의 주제는 미처 다루지 못했습니다. 그리고 설교의 목적론과 우리말의 특성에 대한 부분들은 「설교 사역론」에 실린 글과 약간의 중복이 불가피하게 되었습니다.

이 작은 책자가 설교학 강의실에 주어지기까지는 많은 분들의 수고가 함께하였습니다. 예배와 설교 분야의 새로운 교수들로서 나의 동역자들이 된 주승중, 김운용 두 교수의 조언과 새로운 자료의 제시 등은 본서를 최근의 설교학 이론에 접근시키는 데 큰 도움이 되었습니다.

특별히 많은 시간을 내서 교정을 비롯하여 각주와 색인을 맡아 준 문영섭, 이동환, 최영현 조교와 편집을 맡아 준 윤혜경 간사에게 고마움을 보냅니다. 그리고 매권의 책을 펴낼 때마다 나의 곁에서 헌신적으로 헤아릴 수 없는 수고와 격려를 안겨 준 사랑하는 김준희 님께 고마움의 머리를 숙입니다.

끝으로, 말씀의 종으로 살아왔거나 새롭게 출발할 설교자들이 이 한 권의 책을 통하여 하나님 앞에 바로 설 수 있는 성언운반일념(聖言運搬一念)의 사역자들로 터전을 마련할 수 있게 되고, 그것으로 인하여 그분의 칭찬을 받는다면 저는 더 이상의 바랄 것이 없겠습니다.

2001년 2월
아차산 기슭의 선지동산에서

정 장 복

나의 신앙이 자라던 고향
청산교회에 드립니다.

차 례

「한국교회의 설교학 개론」을 펴내면서 / 3

제 1 장 새로운 세기의 설교 에토스(Ethos) ―――――― 13
    1. 성언운반일념(聖言運搬一念)의 에토스(Ethos) / 13
    2. 성찰을 요구하는 새 세기의 열림과 변화 / 16
    3. 한국교회 설교 현장의 오늘 / 20

제 2 장 한국 강단의 미래를 어둡게 하는 적신호들 ―――― 25
    1. 교회가 성찰해야 할 항목들 / 25
    2. 설교자가 성찰해야 할 항목들 / 32

제 3 장 한국의 언어 구조와 설교의 탈선 문제 ―――――― 49
    1. 말의 소중함과 개신교 / 49
    2. 설교 사역의 재음미 / 51
    3. 한국의 언어 문화와 주어 생략의 문제 / 53
    4. 설교 문장의 술어(종결어) 실태 / 57

제4장 설교자가 알아야 할 설교의 정체(正體) ─────── 63
　1. 구약에서 보여 준 설교 세계 / 63
　2. 신약에서 보여 준 설교 세계 / 65
　3. 설교의 본질적인 뜻과 소중한 질문들 / 67
　4. 설교에 관한 다양한 견해들 / 70

제5장 선택받은 설교자의 길 ─────────────── 77
　1. 소명(召命) 앞에 선 설교자 / 77
　2. 아무나 따를 수 없는 설교자의 길 / 85

제6장 성경을 초석으로 하는 설교 ──────────── 95
　1. 설교가 성경을 벗어났을 때 / 95
　2. 성경적 설교(Biblical Preaching)의 재해석 / 101
　3. 설교가 성경을 원천으로 했을 때 / 104

제7장 설교의 출발과 단계적인 발전 ─────────── 109
　1. 설교의 본문 선정 / 109
　2. 해석을 위한 다양한 접근 방법 / 111
　3. 설교자가 통과해야 할 세 단계 / 117
　4. 성경적 설교를 위한 석의 과정의 실례 / 124

제8장 과녁을 향한 메시지와 그 실상 ─────────── 131
　1. 설교 목적의 설정과 그 필요성 / 131
　2. 설교 목적에 대한 기본 이해 / 133
　3. 목적이 추구하는 설득의 지점 / 135
　4. 목적에 따른 설교의 분류 / 137

제9장 설교의 분류와 그 형태 —————————————— 155
   1. 설교 유형(類型)에 대한 기본 이해 / 155
   2. 설교의 기본 유형 / 158
      본문 설교 · 주제 설교 · 강해 설교
   3. 설교 전개의 다양한 형태들 / 167
      대지 설교와 분석 설교 · 서사 설교 · 상관 설교, 인물 설교,
      예화 설교, 대화 설교, 독백 설교 · 디지털 시대의 설교 형태들
   4. 연역법적 전개론과 귀납법적 전개론 / 200

제10장 효과적인 설교의 서론과 결론 ————————— 215
   1. 서론의 기본 이해와 그 필수 요건 / 215
   2. 서론의 형태(Types) / 223
   3. 결론의 이해와 그 필수 요건 / 229
   4. 결론의 형식 / 234

제11장 한 편의 설교를 위한 준비 ——————————— 243
   1. 설교자의 뜨거운 정성 / 243
   2. 패망으로 가는 교만 / 245
   3. 설교 준비의 최우선적인 것들 / 247
   4. 연중 계획을 통한 설교의 준비 / 250
   5. 주간의 단계적 준비 / 252

제12장 진리를 높이려는 빛살로서의 예화 ——————— 267
   1. 초기 한국교회 복음의 전령들과 예화 사용 / 267
   2. 예화의 이해와 필요성 / 269
   3. 예화가 있어야 할 이유와 그 효과 / 270

4. 유용하고 효과적인 예화를 위한 길 / 273
　　5. 예화 사용에 있어서 주의를 요하는 부분들 / 277

제13장 설교의 전달을 위한 파토스, 언어, 신체언어 ------ 281
　　1. 설교자의 가슴에 차 있는 파토스(Pathos) / 281
　　2. 말씀의 해산(Delivery) / 284
　　3. 언어 메커니즘(Verbal Mechanism) / 286
　　4. 언어와 음정의 리듬 / 293
　　5. 언어 외 표현(Non-Verbal Posture) / 296

제14장 한국교회 설교, 그 전달의 현장 ------------------ 301
　　1. 설교자의 열정과 감정 / 301
　　2. 설교자의 몸가짐 / 307
　　3. 설교자의 어감과 음성 / 314

제15장 커뮤니케이션으로서의 설교 현장 ---------------- 321
　　1. 기독교 커뮤니케이션(Communication)의 배경 / 321
　　2. 커뮤니케이션이 되지 않는 설교 현장 / 324
　　3. 커뮤니케이션의 기본 이해와 전달 과정 / 328
　　4. 커뮤니케이션으로서의 설교 / 334

제16장 성령님과 설교 사역의 관계성 ------------------ 343
　　1. 성령님과 교회의 관계성 / 343
　　2. 성령님과 설교자의 연접 문제 / 346
　　3. 성령님과 설교의 상관성 / 351
　　4. 성령님과 인간의 책임성의 한계 / 356

부록 1 설교의 실례 ─────────── 363
1. 대지 설교의 실례 / 363
2. 분석 설교의 실례 / 379
3. 서사 설교의 실례 / 395
   설화체 설교 • 이야기체 설교
4. 귀납법적 설교 / 413
5. 대화 설교 / 421
6. 독백 설교 / 433

부록 2 설교 역사의 거성들이 남긴 공통점 ───── 439
1. 설교자로서의 특성 / 439
2. 설교 방법 / 448
3. 설교 내용의 특성 / 452

부록 3 설교 평가서 ─────────── 459
1. 설교 비평을 위한 평가 기준 / 459
2. 설교 비평을 위한 설문서 / 460

찾아보기 / 인명 ─────────── 465
찾아보기 / 개념 ─────────── 469

제 1 장
새로운 세기의 설교 에토스(Ethos)

> **함축된 의미의 질문들**
> ◆ 설교자가 갖추어야 할 고유한 정신은 무엇인가?
> ◆ 한국의 문화권에서 형성된 설교학 교육의 뿌리는 어떠했는가?
> ◆ 21세기에 직면하게 될 시대적인 변화에 설교 사역은 어떻게 대처해야 할 것인가?

1. 성언운반일념(聖言運搬一念)의 에토스(Ethos)

하나님의 말씀을 說敎하여라. 順風에 힘을 내고 逆境에도 奮鬪하여라. 오래 참음과 敎訓으로써 譴責하고 懲戒하고 說服하고 勸告하여라. 그리고 모든 것을 항상 사랑으로, 더 많은 사랑으로, 끝까지 더욱 크고 많은 사랑으로 熱心을 품어 하여라![1)

위의 밀은 한국교회 최초의 설교학 교수로 36년 간 평양신학교에서 설교학을 가르쳤던 곽안련(Charles Allen Clark) 교수가 1954년 그의 「說敎學」이 재판될 때 한국교회 설교자들에게 간곡히 부탁한 유언이다. 남다른 애정을 가지고 한국교회의 실천신학을 정립하였던 노 교수가 세상을 떠나기 불과 몇 년 전에 애절한 마음으로 보낸 그의 글에서 오늘의 설교자들은 한국교회 설교의 정신을 새롭게 읽게 된다.

　한국교회에 심어진 설교의 얼은 처음부터 오직 하나님의 말씀만을 선포하도록 하였다. 하나님의 말씀과 그 말씀을 기다리는 회중을 향한 사랑으로 열심을 품어 나가는 것을 의미하였다. 이러한 설교자의 뜨거운 열정은 무엇보다도 하나님의 말씀에 감동이 되고, 그 말씀에 도취되고, 그 말씀을 흠모하는 열정이 되어야 한다. 이러한 열정이 솟구치는 설교자의 눈에는 자신처럼 그 말씀의 달고 오묘함에 젖지 못한 회중이 가엽고 불쌍하게 생각되어지는 연민의 정이 흐르게 된다.

　바로 이러한 열정이 설교자의 기본 정신이 되어 설교자를 사로잡고 있을 때 설교자는 66권으로 엮어진 하나님의 말씀만을 전하지 않을 수 없다. 하나님은 이스라엘 백성들에게 말씀하실 때 회중의 귀에 직접 말씀을 들려주시지 않았다. 언제나 하나님이 선택한 선지자들을 통하여 말씀을 주셨다. 선지자들은 이 사역을 위해 쉼 없이 언제나 하나님을 향하여 지성과 감성의 기능을 모두 열고 주신 말씀을 담기에 바빴다. 그리고 말씀을 받은 선지자들은 지체 없이 백성들에게 그 거룩한 말씀, 곧 성언(聖言)을 운반(運搬)하였다. 그러하기에 그들의 말머리는 언제나 "여호와께서 내게 일러 가라사대……."였다. 그들은 오직 하나님의 말씀만을 운반하는 데 정심(正心)하였고, 그 성언만을 필요한 대상에게 운반하여 주는 일에 한결같은 마음을 가지고 있었다. 만에 하나 이러한 자세나 실천에서 실패한 경우 그들은 바로 타락한 선지자 또는 거짓 선지자로 낙인찍혔다.

제1장 새로운 세기의 설교 에토스(Ethos)

　이상과 같이 선지자들이 보여 준 성언운반일념(聖言運搬一念)의 사상은 존 칼빈과 같은 개혁자들에게서도 이어지고 있다. 존 칼빈은 하나님의 말씀과 선지자들의 말씀이 동일함을 역설하면서 다음과 같은 깊은 의미의 말을 남기고 있다.

　　　인간의 입으로 나온 말은 하나님의 입을 통하여 나온 말씀과 동일하다. 왜냐하면 하나님께서는 하늘로부터 직접 말씀을 선포하시는 것이 아니라 인간을 그 도구로 사용하시기 때문이다.[2]

　존 칼빈의 주장대로 죄와 허물로 얼룩진 인간이 거룩한 하나님을 직접 뵐 수 없기에 하나님은 언제나 선지자들을 통하여 자신의 말씀을 운반하도록 하셨다. 그러하기에 개혁자들은 설교를 하나님의 말씀이라고 일컫게 되었고, 교회의 가장 소중한 사역이 하나님 말씀의 선포라고 하였다. 이에 따라 개혁교회는 말씀 중심의 교회로 그 정체성을 갖기에 이르렀다. 그들의 설교 사상은 설교자로 하여금 오직 하나님의 말씀을 운반하는 존재로서만 그 소임을 다하도록 하였다. 즉, 하나님의 말씀을 순수하게 심부름하는 존재로 그 실체를 규정하였다.
　그러므로 지금도 진정한 설교자는 오직 자신이 받은 말씀만을 바르게 선포하고, 그 말씀만을 깊은 명상과 연구 가운데서 터득하여 해석해 주고, 그리고 회중의 삶의 현장에 적용해 줌을 사명의 전부로 여겨야 한다. 바로 이러한 설교 사상이 설교자에게 깊이 박혀 있는 강단만이 새로운 세기에 하나님의 보호를 받게 될 것이 틀림없다. 하나님은 자신의 말씀을 우직하게 운반하려고 몸부림치는 말씀의 종에게 함께하시면서 지혜와 총명과 용기를 더해 주신다. 그러나 '말씀의 종', '말씀의 사자', '말씀의 대언자'라는 이름에 맞는 권위만을 즐기고 그 이름이 뜻하는 순수한 사명을 망각하는 설교자와 그 강단에는 하나님의 동행을 기대하기 어렵다.

설교학을 최초로 정립하였던 아우구스티누스는 설교의 황금기의 마지막 주자였다. 그가 히포의 감독으로 설교 사역을 맡게 되자 남달리 성언운반일념(聖言運搬一念)을 가슴에 두고 자신의 사명을 감당하기 시작하였다. 그는 결코 해박한 신학적 지식으로 설교에 임하지 않았다. 그는 먼저 자신이 처한 시대에 하나님이 무슨 말씀을 하고 계시는지를 찾았다. 그리고 자신에게 주시는 말씀을 어떻게 이해해야 하고 운반해야 하는지 몹시도 애를 태웠다. 오직 하나님의 말씀만을 전하고자 하는 일념(一念)이 가득하였음을 다음의 고백에서 듣게 된다.

주여, 내 소원이 여기 있사오니 보소서. 아버지여, 보시고 살피시고 가상히 여겨 주소서. 자비하신 주 대전에 은총을 입사와 당신 말씀의 깊은 뜻이 두드리는 내 앞에 열리게 하소서.……진리이시여, 당신께 비나이다. 주께 비나니 내 죄를 용서하시고 당신 종에게 이미 말씀하신 바를 나로 하여금 알아듣게 해주시옵소서.[3]

2. 성찰을 요구하는 새 세기의 열림과 변화

한반도에 사는 우리 민족에게 복음이 전파된 역사와 과정은 예사로운 일이 아니었다. 민족의 운명이 바뀌고 역사의 회오리 바람이 불던 시절에 기독교는 이 땅에 상륙하였다. 회고해 보면, 한국의 기독교는 이 민족이 고통의 눈물을 흘리던 시절에 들어와 한 세기를 넘긴 종교이다. 이 땅에 기독교가 상륙하기가 무섭게 일제강점의 민족적 비극이 시작되었다. 그 때부터 식민지 교회로서의 울부짖음이 하나님을 향하여 터지기 시작했으며, 순교를 부르는 핍박의 마수(魔手)가 한국교회를 괴롭혔다.

그리고 일제의 극심한 착취가 계속되어 이 땅의 가난은 처참한 지경에 이르렀다. 이러한 비극이 끝나기가 무섭게 남과 북으로 나뉜

이 민족은 동족상잔(同族相殘)이라는 더욱 무서운 전쟁의 참화를 겪어야 했다. 이 괴롭고 부끄러운 역사의 장이 끝나자 우리 민족은 이 땅의 공산화를 막기 위해 갖은 노력을 기울였고, 곧 등장한 군사정권 하에서도 가난에서 벗어나기에 힘썼다. 그리고 터무니없이 등장하여 칼을 휘두른 정권이 인권을 짓밟을 때는 심각하게 저항하는 기록을 남기면서 '백담사의 귀향'이라는 희귀한 기록을 남기기도 하였다. 군인이 아닌 문민의 정권이 들어서서 환영을 받다가 IMF라는 전대미문의 소용돌이에 전 국민이 휘말리는 경험을 갖기도 했다. 심각한 경제적인 아픔 속에서 50년 만에 야당이 정권을 이어받아 통일의 물꼬를 트는가 하면 노벨평화상이라는 거대한 선물을 이 땅에 안겨 주는 일이 발생하기도 했다. 그리고 우리 민족은 세계인들을 이 땅에 불러 올림픽을 비롯하여 월드컵 대회와 같은 대사를 치루는 저력을 유감없이 발휘하고 있다.

　회고해 보면, 오늘 우리는 선진국 대열의 말석을 차지할 정도로 많은 발전을 하였다. 하지만 우리의 지난 한 세기는 일제강점의 비극에서부터 6·25의 동족상잔(同族相殘)의 아픔을 거쳐 80년대의 군사정치의 횡포와 90년대의 IMF의 아픔까지 숱한 질곡의 역사를 경험했다. 그리고 아직도 남과 북이 갈린 채 이산가족의 눈물이 마르지 아니한 상태이다. 이러한 아픔의 역사는 어느 민족에게서도 쉽게 찾아볼 수 없는 고난의 연속이었다. 그래서 우리의 교회는 어느 민족보다 강한 종말론적 신앙을 가지고 뜨겁게 주님을 부르짖었다. 그리고 말씀에 깊은 뿌리를 둔 신앙의 불을 피우면서 그분의 재림을 고대하였다. 한국교회의 한 사가(史家)는 이 때의 신앙적 특징을 다음과 같이 서술하고 있다.

　　이러한 종교의 특징은 철저하게 내세적이요, 현실 부정적이면서도 가혹할 정도로 경험석이고 감각직인 생태에 접속하게 되어 있

한국교회의 설교학 개론

어서 축복과 열복의 상징인 내세의 천국이 여기 이 땅에서 그 종말의 아련한 대망의 자리에 물리적으로 체험 가능하게 이르기를 줄기차게 갈망하는 데 있었다.4)

지난 한 세기를 돌이켜보면 한국교회는 이상과 같은 연속된 불운의 늪에서 헤매는 이 땅의 백성들에게 소중한 피난처였고 도피성이었다. 그러므로 이 피난처에서 들려지는 말씀은 위로와 힘이 되었고, 삶의 방향을 지배하는 놀라운 능력을 발휘하였다. 더구나 그 말씀이 단순히 인간의 발상이나 지혜에 근본을 두지 아니하고 하나님의 말씀으로 옷을 입었을 때 어느 누구도 감히 그 말씀을 향하여 고개를 들 수 없었다. 오직 머리 숙여 감사와 감격으로 일관하면서 눈물을 흘렸다. 그리고 거기에는 스스로 순종하는 길만을 걷기를 원하는 무리들로 행렬을 이었다. 자신의 건강에 이상이 와도 병원보다는 손쉽게 주의 종을 찾았고, 사업이 무너지는 아픔을 당하여도 예배당의 문전을 찾아 엎드려 기도를 드렸으며, 정치와 사회로부터 상처를 받아도 오직 말씀으로 위로받기를 바라는 성도들로 예배당은 가득히 채워졌었다.5)

이러한 신앙으로 가득한 교회에서 설교 사역은 절대권위를 부여받게 되고, 그 강단의 주역은 언제나 거룩한 권위와 반신적(半神的)인 존재로 군림한다. 그리고 메시지의 구성이나 전달에 별로 어려움을 겪지 않고서도 특유한 음성과 태도와 영성의 권위만으로도 우뚝 솟은 교회의 주인으로 등장하는 것이 교회사에 나타난 일반적인 현상이다. 바로 이 때, 설교자는 쉽게 카리스마적인 존재로 등장하여 절대적인 영향을 주는 위치를 쉽게 확보할 수 있다. 뿐만 아니라 설교의 준비를 위한 큰 부담 없이 자신의 경험이나 예화의 진열로 설교의 시간을 메워도 아무도 그 설교자에게 도전장을 던지는 교인들은 없다.

이런 교회의 양태를 가리켜 흔히들 혼돈과 수난의 교회라고 이름하며, 설교자에게는 이와 같은 교회의 강단이 오히려 편안하게 느껴진다. 그리고 자신도 모르는 사이에 계속해서 그 세계에 머물고 싶어 하는 타성을 갖게 된다.

그러나 21세기의 한국교회는 달라진 시대의 철로 위를 달리고 있다. 달라진 세대가 교회의 주역들이 되었고, 그 주역들의 눈과 귀는 과거의 것이 아닌 전혀 새로운 시대의 것이다. 어둡고 지루하며 눈물로 얼룩진 불행한 어제의 사연들을 회상하기를 거부하는 그들이다. 그들은 높은 교육 수준에서 스스로의 정체성을 확립하려 한다. 경제적인 면에서는 비록 상대적 빈곤을 느끼는 경우가 있어도 스스로를 극빈자로 말하기를 거부하면서 중산층에 속해 있다고 말하고 또 그렇게 희망한다.

비록 달동네의 삶을 지속하는 현실이더라도 고임금을 손에 쥐면서 내일에의 희망으로 삶을 꾸며간다. 이제는 어둡고 비겁한 정치가들을 과감히 바꾸는 주권을 행사하면서 절대권위를 인정하려 하지 않는다. 그들은 날카로운 비판의식을 가지고 시(是)와 비(非)를 분별하는 능력을 행사하기 원한다. 뿐만 아니라 맹종의 신앙보다는 합리적인 신앙을 추구하기를 희망한다. 그들은 무식한 설교자보다는 지성적인 설교자를 원한다. 그들은 신선하고 창의적이며 역동적인 메시지를 전달하는 설교자 앞에서는 겸손히 고개를 숙이고 지루하고 아무런 변화도 없이 강단을 지키는 설교자에게는 서슴없이 경멸의 눈길을 보낸다.

거기에 더하여 눈길을 끌고 있는 것은 50년대와 60년대를 살아오던 세대마저 그토록 간절하게 지켰던 종말론적인 신앙들을 상실한 채, 먹고살 만한 오늘에 대한 애착이 대단히 깊은 상태이다. 그들의 신앙은 이제 주님의 재림을 기다리는 것이 아니라 오히려 그 재림이 연기되기를 바라는 인간 심성을 반영하고 있다. 결국 그들은 과거 지향적이고 틀에 박힌 설교에 대한 환멸을 느끼면서 새로운 시대에 있어야 할 신선한 설교지를 찾고 현대적인 수준을 선도하는 설교를 추구한다.

거기에 더하여 인터넷을 통하여 누구나 원하는 설교자의 설교를 듣고 보면서 자신이 속해 있는 교회의 강단과 비교하게 된다. 설교의 원고까지 대조해 보면서 설교의 우열을 가리게 된다. 그 순간 '우리 목사의 설교'에 긍지를 느끼면서 고마움을 표현하기도 하고 때로는 아쉬움으로 또는 경멸로 이어지기도 한다. 그렇기 때문에 미래의 설교자들은 설교 실력을 갖추어야 한다. 시대의 변화에 떳떳이 대처할 수 있는 능력 있는 말씀의 운반자로 일어서야 한다. 하나님 보시기에 총명한 설교자로 성령님의 손에 붙잡혀 끌려가는 설교자만이 21세기 강단의 진정한 주역이 될 수 있다.

3. 한국교회 설교 현장의 오늘

한국의 개신교회가 한 세기를 넘기면서 새로운 도약을 선언한 지도 벌써 10년 가까이 이르고 있다. 백 년의 역사를 회고하면서 느꼈던 감격과 새로운 다짐들은 벌써 시들기 시작하여 그 함성과 발길을 찾기 힘들다. 교회의 갱신이 필연코 있어야 한다는 젊은 결단들은 다 시들고, 오히려 교회의 무기력이 이 땅 위에 서서히 나타나고 있다. 도덕성의 퇴보와 윤리의 실종 현상은 이 민족의 25%를 점유하고 있는 기독교의 무기력함이 얼마나 극심한지를 잘 나타내 주고 있다.

시대의 정신 세계는 언제나 물질 문명의 발전과 반비례한다. 과학의 기술과 경제적 발전이 거듭되는 세계일수록 그 땅의 엄격했던 도덕성과 정신적인 전통은 퇴색되기 시작한다. 우리나라도 여기에 예외가 되지 못한 채 심각한 진통을 겪고 있다. 특별히 이 땅의 엄격한 유교의 윤리 사상과 접목되어 활발하게 행진을 지속했던 기독교는 어느 시대에서도 경험하지 못했던 심한 딜레마에 빠지기 시작했다.

이 땅의 교회 구성원들도 평범한 시민으로서 삶의 향상과 현대의 문명을 즐길 수 있어야 한다는 사실은 너무나 타당한 말이다. 그리고 거기에 설교자도 이 시대에 사는 인간이기에 문명의 이기(利器)를 십분 활용하면서 현대의 특권을 누릴 권리가 있다. 그러나 문제는 상대적으로 시들어져 가는 설교 사역자의 고유한 정신(Ethos)과 사려 깊은 노력의 결핍이 문제이다. 청빈한 신앙을 으뜸으로 생각하고 유교의 높은 윤리 의식을 복음에 접목하여 고고한 도덕률을 지키던 설교자의 철저한 생활에 너무나 심한 변화가 일고 있다. 어느 나라에서도 볼 수 없던 소명의 철저한 다짐과 실천이 희미해져 가고 있다. 설교자가 하나님 말씀을 전달하는 종으로서 흘렸던 그 고결한 땀과 눈물이 서서히 식어져 가고 있다. 이 시대의 혼탁한 물결에 휩싸이지 아니하려는 몸부림이 사라져 가는 현실이다.

따라서 우리 설교의 단에 불이 꺼져가고 있다는 지적이 일기 시작한다. 그토록 좋은 음향장치를 하고 화려한 장식이 가득함에도 오늘의 설교가 무기력하다. 이 민족의 가슴에 그 유창한 설교가 스며들지 못한다. 설교자를 통하여 전달되어야 하는 하나님의 말씀이 외면을 당하고 있다. 좀더 솔직한 표현을 한다면 오늘의 교인들은 예배를 드리기 위하여 예배당을 찾아갈 수밖에 없으나 오히려 설교 때문에 깊은 실망을 안고 돌아오는 경우가 적지 않음을 쉽게 느낄 수 있다.

이런 현상을 가리켜 설교학계에서는 '설교의 위기'가 도래했다는 진단을 내리게 되었고 적신호를 켜게 되었다. 세계의 어느 교회에서나 발생했던 이러한 설교의 적신호를 보면서 자기 점검을 했던 설교자는 살고, 그렇지 못한 설교자는 설교의 몰락과 임종이라는 비극의 종점에 이르게 될 것이다.

시대의 변천이나 개인의 발전이 어떤 단계에 이르든지 인간은 빵으로만 살 수 없는 피조물임을 스스로 알고 한국의 그리스도인들은 하나님의 말씀을 경청하기 위해서 아직껏 교회를 찾고 있다. 특별히 하나님 신앙은 그 표현에 있어서 문제는 있었으나 "기독교나 천도교

한국교회의 설교학 개론

만이 소유한 것이 아니라 한국인 전체가 공유한 아득한 옛부터의 신앙임"6)을 인정할 때 하나님의 말씀을 전달하는 사역은 이 땅의 종교 문화의 관점에서 볼 때 거대한 위치를 차지하고 있다.

이런 종교 문화에 발판을 둔 한국 기독교인들의 특별한 심성은 신의 말씀을 전하는 메신저에 대한 대단한 존경을 갖게 되고 주어진 메시지에 관하여는 최우선적인 경의를 표하면서 오늘에 이르렀다. 그러나 여기서 깊은 주의를 요하는 것은 첨단의 문화에 승선(乘船)한 현대의 기독교인들이 선포된 메시지에 맹종적인 경청이나 추종을 하지 않고 나름대로의 판단을 거쳐 소화 내지 거부를 하고 있다는 사실이다.

이제 우리는 한 가지 중요한 문제를 제기하지 않을 수 없다. 그것은 목이 쉬도록 외친 오늘의 설교자 앞에 앉아 있는 성도들이 그 설교에 만족을 하고 있는가에 대한 문제이다. 현대 커뮤니케이션의 이론대로 전달한 메시지가 의도한 대로 회중에 의하여 공유(共有-Sharing)되고 있는지에 대한 질문을 하지 않을 수 없다.7)

솔직히 설교자가 자신이 전한 메시지에 대한 메아리가 최소한 다음의 것들이기를 바라는 것은 조금도 이상할 수가 없다.

"목사님, 오늘의 설교는 저의 생애에 소중한 결단을 가져오게 했습니다."
"목사님, 오늘의 설교에서 깊은 은혜와 감명을 받았습니다."
"목사님, 오늘의 말씀을 통하여 제가 고민하여 온 문제의 해답을 받았습니다."

아직도 이러한 주옥 같은 반응을 받는 설교자들이 한국 땅에 분명히 있다. 그리고 그들의 교회가 성장을 거듭하면서 생명이 차고 넘치는 말씀으로 가득한 현장이 됨을 본다.

그러나 대부분의 한국교회 강단에서 위와 같은 응답을 듣는다는 것은 설교자의 희망사항일 뿐 실질적으로 설교자의 귀에는 좀처럼 들리지 않는다. 오히려 설교자의 가슴을 너무나 아프게 하는 다음과 같은 속삭임이 설교자의 귀에 훨씬 쉽게 들려온다.

"오늘도 예화의 진열장으로 설교가 끝이 나고 말았군."
"또 자신의 경험과 세상 이야기를 나열한 채 그 아까운 시간을 다 보내고 말았어."
"아무런 감동을 주지 못한 자장가에 불과하기에 나는 졸릴 수밖에 없었어."
"이제는 지겹고 싫증만을 불러일으키는 설교가 되어 더 이상의 인내는 힘이 들어."

여기서 설교자들은 깊은 생각을 할 필요가 있다. 무엇 때문에 오늘의 설교 현장이 이렇게 슬픈 반응을 받으며 침몰되어 가는 조각배와 같은 위기에 직면하고 있는가?

분명히 까닭이 있다. 원인이 있기에 문제가 발생한다. 그 문제들은 지금껏 설교자를 반신적(半神的)인 존재로 절대화시켜 온 우리의 강토에서는 이제껏 한 번 시원스럽게 파헤쳐지지를 못하였다. 유교의 유산으로 너무나 오랫동안 이 땅에서 지속되어 온 계층 의식은 설교자의 모순과 이탈을 감히 지적하지 못하도록 했다. 이것이 바로 수직 문화의 비극이요, 더 나은 발전을 저해하는 요소였다.[8] 그 결과는 오늘의 설교를 위기의 상황으로 몰고 온 독소들을 오히려 더 확산시키게 되었고, 오늘의 설교 위기를 초래하고 있다. 그렇다면 무엇이 우리의 성스러운 설교의 사역을 병들게 하는 요소들인가?

주>

1) 곽안련,「설교학」(서울:대한기독교서회, 1954), 서문에서.
2) 칼빈의 이사야서 55:11 주석. Ronald S. Wallace,「칼빈의 말씀과 성례전 신학」, 정장복 역(서울:장로회신학대학교 출판부, 1996), p. 135에서 재인용.
3) 성 아구스티누스, 「고백록」, 최민순 역(서울:바오로딸, 1994), p. 315.
4) 민경배,「한국기독교회사」(서울:대한기독교서회, 1972), p. 355.
5) 한국교회의 성격과 그 성장의 원인에 대한 서술과 연구는 유동식 교수의「한국 종교와 기독교」(서울:대한기독교서회, 1965), 제5장에서 상술되어 있다.
6) 한국사상 연구회 편,「한국사상」제6집(1972), pp. 95-96.
   여기에 대한 논쟁은 한국의 전통적인 종교 문화가 기독교를 쉽게 접목할 수 있었다는 긍정적인 면과 기독교를 한국적으로 왜곡하였다는 부정적인 면을 동시에 가지고 있음을 보여 준다.
7) 설교자의 설교가 커뮤니케이션되기를 바라는 구체적인 실례의 연구는 필자가 번역한 Reuel L. Howe의「설교의 파트너」(서울:양서각, 1982), pp. 11-21에 잘 게재되어 있다.
8) 유교의 수직 문화에 따르는 계층 의식에 대한 서술은 윤태림의「한국인」(서울:현암사, 1987), pp. 84-99를 참조하라.

제 2 장

한국 강단의 미래를 어둡게 하는 적신호들

> **함축된 의미의 질문들**
> ◆ 한국교회가 책임져야 할 설교 위기에 대한 항목들은 무엇인가?
> ◆ 한국교회 설교 사역의 지나친 빈도가 가져온 각종 부작용은 무엇인가?
> ◆ 한국교회의 설교자들이 책임져야 할 위기 요소들은 무엇인가?
> ◆ 한국교회의 설교는 하나님 말씀의 전달인가? 아니면 설교자 자신의 말인가?
> ◆ 누구를 위하여 '아멘'의 함성은 터져 나오는가?

1. 교회가 성찰해야 할 항목들

1) 설교 전문인을 위한 교육 과정의 문제

교육은 천부적인 특수한 재능을 가진 자에게는 그것을 더욱 개발하여 빛나게 하는 것이며, 그렇지 못한 자에게는 후천적인 노력을 통하여 어느 한계에 도달하게 만드는 거대한 힘을 가지고 있다. 그러므로 교육이란 모든 분야의 필수적인 것이며 초석으로서 인정을 받는다. 특별히 특수 분야의 경우에 그 교육은 훈련의 성격을 동반하면서 전문인으로서의 기능과 위치를 확보해 주는 중요한 역할을 감당한다.

하나님의 말씀을 받아 하나님의 백성들에게 전달해야 하는 설교의 사명을 수행하는 사람들은 아무나 그 일을 감당할 수 없는 특수 분야의 전문인들이라는 데 대부분 이의를 달지 않는다. 이 말씀의 사자들은 인간 사회가 지향하는 고도의 기술을 요구하기 전에 하나님과의 깊은 연접(link)과 그것을 지속하는 높은 수준의 영성(靈性)의 지속을 요구받게 된다. 그리고 거기에 더하여 필수적으로 하나님의 말씀을 터득할 수 있는 기본 실력을 쌓아야 하고, 그 말씀을 전달하는 방법과 기술에 대한 교육과 훈련을 받아야 한다. 더욱이 설교를 듣는 회중의 교육 수준이 고도화되어 가는 오늘에 설교자가 갖추어야 할 기본적인 설교의 이론과 실제 과정의 성실한 이수는 어느 때보다 시급하다.

다음은 한국교회의 설교자들을 양성하였던 평양신학교에서 설교의 중요성이 얼마나 강조되었는지를 보여 주는 말이다. 1925년 평양신학교의 설교학 교과서였던 「강도학」(講道學)을 펴내는 데 역자로 참여했던 고려위(高麗偉)는 책의 서문에서 오늘 우리가 반드시 음미해야 할 중요한 부탁을 다음과 같이 남긴 바 있다.[1]

> 福音은 完全無缺한 眞理이나 其傳하난 方法의 巧拙이 잇셔 聽衆을 感奮激昂케 하난 差等이 不無하니 講道의 效果를 獨히 聖神의게 만依하고 其法을 少許도 學習하지 아니하니 함은 妄信이오 愚見이라.

이상의 말 가운데서 한국교회의 초기부터 설교에 대한 관심이 대단하였음이 발견되어진다. 먼저, 복음은 완전무결한 진리라고 믿고 있었다는 점이다. 둘째, 그 복음을 전하는 방법이 설교자에 따라 탁월한 솜씨와 슬기가 있어 회중을 감격하여 분발하게 하는가 하면 어떤 설교자는 졸렬한 전달로 은혜를 끼치지 못하고 있었다는 점이다. 셋째, 어떤 설교자들에게는 효과적인 메시지의 전달을 위한 최소한의 배움이나 노력이 없이 성령님의 역사에만 의지하는 경향이 있었다는 점이다. 넷째, 설교자가 설교의 이론과 실제에 대한 훈련을 받지 않고 성령님의 도움만 구하는 자세는 망령된 믿음과 어리석은 견해로 규정되고 있었다는 사실이다.

생각하면 이 땅에 한국의 목사들이 배출되어 서서히 한국의 교회가 자리를 잡아가기 시작할 무렵부터 설교자들을 향한 진지한 경고는 쉼 없이 들려져 왔다. 한국교회의 초기 선배들이 보여 준 설교에 대한 관심은 한 시대에 끝날 수 없는 명제였다. 이러한 관심은 시간이 흐를수록 오히려 더 강화되고 지속되어야 할 숙제로 우리 앞에 놓여 있다. 우리는 이러한 숙제를 안고 오늘 한국교회의 강단에서 끊임없이 설교 사역을 감당하고 있는 설교자들에게 접근하여 그 세계의 실상을 섬세히 관찰할 필요가 있다. 그리고 우리는 이러한 작업들을 통해서 오늘의 설교 사역자 모두가 전문인의 세계에 들어와 있는 존재들이라는 사실과 더불어 그럼에도 불구하고 이 전문인들에게 필요한 고유한 이론과 실제의 교육이 너무나 빈곤하다는 사실을 쉽게 발견하게 된다.

한 시대의 설교 사역의 성패는 그들이 목사가 되는 교육과 훈련을 받는 과정인 신학 교육에서 설교 사역에 대한 중요성을 얼마만큼 인식하고 학문적 노력과 실제의 훈련에 관심을 기울였느냐에 따라 지대한 영향을 받는다. 그러나 불행히도 한국의 신학 교육은 이론신학에만 치중한 결과 실천신학의 발전은 부진한 상태를 계속해 왔다. 특별히 한국에 평양신학교가 세워지자 어느 과목보다 먼저 교과서를 출판하면서 가르쳤던 그 정통성이 모두 없어진 상태 그대로를 유지해 왔다.

한국 신학 교육의 요람이었던 평양신학교에서 곽안련 교수가 실천신학 교수로서 설교학 교육에 심혈을 기울이다가 신사참배의 강요를 못 이겨 36년 간의 교수 생활을 끝맺고 떠나자 설교학 교육의 암흑기는 곧 도래하였다. 그 후의 설교학 교육은 학문으로서의 설교학을 전공한 교수가 아닌 소위 큰 교회 목회자들이 설교학 강사로 나와서 자신들의 단순한 경험만을 토대로 하여 신학교에서 설교학 시간을 메우고 있었다.

이러한 설교학 교육 부재(不在)의 결과는 50년대 이후에 설교자로 등장한 대부분이 선배들의 설교를 모방하거나 자신만의 특유한 설교와 그 전달의 방법을 개발하여 지속하는 현상을 초래했다. 적절한 교육의 결핍으로 인해 설교자가 자신의 경험담과 수집된 예화로 흥미의 줄기를 이어가면서 설교 시간을 메워가는 참으로 위험한 설교 사역을 수행하게 됨을 쉽게 발견한다. 세분화되어 있는 설교학의 광대한 세계를 연구하고 그 가운데서 새로운 이론을 습득하려는 설교자의 노력이 참으로 아쉬운 시점에 와 있다. 설교의 이론과 실제는 시대의 변천에 따라 늘 달라지기 마련이다. 커뮤니케이션의 양태가 시대의 변화와 함께 달라지고 있다는 사실을 인정할 때 "설교를 배운다는 것은 영원히 끝나지 아니한다는 사실임"[2]을 오늘의 설교자는 가슴에 새겨야 한다. 어느 영역의 전문인이 되어서 과거의 기술이나 이론만을 붙들고 있을 때는 곧 그 전문인의 자리를 내놓아야 한다. 변화와 발전을 따르지 못한 전문인은 쉬이 퇴물의 범주에 몰리게 된다는 현실을 오늘의 설교자들은 똑바로 보아야 한다.

2) 한국교회의 너무 잦은 설교 횟수

개신교는 말씀이 육신이 되어 오신 그리스도이신 예수님에 초점을 둔 종교임에 틀림이 없다. 그래서 언제 어디서나 말씀으로 뿌리를 내리고 꽃을 피우는 것을 당연하게 생각한다. 이러한 맥락에서 한국교회도 말씀을 사랑하고 그 말씀의 선포가 이어지고 있다. 그러나 그 말씀이 신선한 내용과 타당한 논리를 수반하지 않고 시간을 메우기 위하여 지속적으로 외쳐진다면 거기에는 새로운 문제가 제기되기 마련이다. 뿐만 아니라 동일한 인간에 의하여 동일한 메시지가 반복된다면 말을 하는 사람과 듣는 사람 모두에게 막중한 부담을 안겨 주게 되며, 의도하는 효과는 미미하게 나타난다.

한국교회의 설교자가 감당해야 하는 설교의 횟수와 그 양은 실로 지탱할 수 없는 한계에 도달하고 있다. 한 주간을 두고 보면 주일 낮 설교를 비롯하여 주일 밤, 수요일 밤, 그리고 매일의 새벽과 금요 철야에 이르기까지 한국의 설교자는 설교의 홍수 속에 휘말리고 있다. 최소한 주일 낮과 밤, 그리고 수요일 밤만을 계산해도 1년에 156회의 설교를 해야 하고, 10년이면 1,560편의 설교를 해야 하는 실정이다. 과연 이런 짐을 한 인간이 감당할 수 있는 것인가? 한 설교자가 소유하고 있는 언어와 지식은 한계가 있는데 이런 상황 속에서 어떻게 늘 신선하고 역동적인 메시지를 전달할 수 있는지 생각하면 실로 부끄러운 일이라고 말하지 않을 수 없다.

세계의 어느 교회를 가 보아도 한국의 교회처럼 설교에만 의존하는 예배가 이렇게 빈번한 사례는 찾아보기 힘든 형편이다. 그리고 설교의 역사상 아무리 위대한 설교가라 하더라도 수천 편의 설교를 남겼다는 기록은 아직 읽어 본 적이 없다. 그런데 우리의 설교 현장만은 이 엄청난 사역을 진행시키고 있는 참으로 기이한 현상을 보이고 있다.

이러한 현상은 어쩔 수 없이 반복을 거듭해야 하고 거기에 더하여 기계적인 습성, 그리고 만성적인 언어의 유희를 수반하지 않을 수 없게 된다. 이럴 때 교회의 강단은 생명력을 잃게 되고 설교는 몰락의 벼랑을 향하여 서서히 달려갈 수밖에 없는 상황에 도달한다.

그러므로 설교의 횟수를 줄이는 것이 설교자와 회중의 수명을 연장시키는 길이라고 본다. 주일의 낮 예배만은 하나님과 인간에게 부끄러움 없는 반듯한 설교를 하도록 하고, 주일 밤과 수요일 밤의 기도회 등은 모두 성경 강해 또는 계획된 성경 공부를 비롯한 효과적인 프로그램을 개발할 필요가 있다. 이럴 때 설교자는 충분한 시간을 가지고 한 편의 설교를 준비하게 된다. 그리고 회중은 기다림 속에서 그 설교를 경청하게 된다. 그 때에 비로소 그 설교는 새롭고 신선한 말씀으로서 회중의 심령에 심어질 수 있다.

교회의 예배가 진정 목사의 설교에 성패를 건다는 것은 너무나 무모한 일이다. 설교만을 중심으로 한다는 것은 집회의 성격을 고수하는 것이다. 기독교의 예배는 원래 설교보다 성찬성례전이 먼저 축을 이루었다. 이어서 말씀의 예전과 성찬성례전의 예배가 두 기둥이 되어 기독교의 예배 형태로 오늘에 이르렀다. 이제 설교가 기독교 예배의 전부로 아는 시대는 지나고 있다. 성찬성례전이라는 예전을 통하여 설교보다 더 큰 감동과 은혜를 경험하게 하는 예배의 새로운 변화를 시도해야 한다. 밤낮 없이 설교에만 교회의 운명을 걸고 있을 때 틸리케의 말처럼 설교는 그 임종의 단계에 더 가까이 나가게 되며 쇠하고 붕괴의 위험을 초래하게 된다.3)

3) 물량주의와 기복 사상을 찾는 한국의 그리스도인들

설교는 시대 상황에 따라 메시지의 방향이 어느 한 편에 치중될 수 있고 또 그러하여야 한다는 당위성을 가지고 있다. 그러나 시대의 형편이 어떤 위치에 있든지 그 메시지는 하나님의 말씀을 중심하여 그 나라와 의를 확장해 나가는 데 그 기본적인 목적을 두어야 한다. 이것이 바로 기독교 메시지의 바른 형태이며 지난 수천 년 동안 설교 사역의 주역들은 이 궤도를 지키기에 심혈을 기울여 왔다.

그런데 한국 강단은 이 땅의 종교 문화에 너무 극심하게 편승을 하고 있다. 즉, 가난을 탈피하고 한을 풀어 풍족한 복을 누리려는 절박한 욕구를 종교에서 채우려는 신앙심을 그대로 수용하는 메시지가 범람하고 있다. 다시 말해, 하나님이 무엇을 원하시는가를 전하는 것이 아니라 회중의 영과 육과 범사가 잘되어 복을 담아야 할 그들의 창고가 차고 넘치는 길을 알려 주는 데 주안점을 둔 설교가 너무나 보편화되어 있다. 여기서 다시 한번 한국의 강단이 흔들리고 침몰의 위기를 맞고 있다는 것을 경험하게 된다.

이런 결과는 회중의 가슴을 울리고 반성과 회개를 촉구하는 예언적 설교의 현장에는 교인들이 모이지를 않고 '축복의 성회', '신유의 성회', '은사의 성회'라는 현수막이 있는 곳에만 성도들의 발길이 무수히 몰리고 있는 것에서도 볼 수 있다. 바로 이런 사연들이 오늘의 설교 사역을 어둡게 만들고 있다. 한 걸음 더 나아가 회중의 기복 위주의 취향에 따라 주지 않는 설교자는 외면당하고 떠나 주기를 바라는 지극히 이기주의적인 성도를 양산시키는 결과를 초래한다.

설교란 결코 인간의 물질적인 욕구나 감각을 채워 주는 말씀이 아니다. 인간의 귀만을 즐겁게 해주는 단편이 아니다. 육신이 잘 사는 삶의 지름길을 가르치는 강의는 더욱 아니다. 진정한 설교는 하나님의 말씀 앞에서 회중의 심령이 구원과 은혜와 사랑과 공의와 소망의 하나님을 만나게 해야 한다. 그 말씀으로 한 심령이 새로운 활력소를 얻어 이 땅에 하나님의 나라와 의를 위한 역군으로 살도록 하는 데 우선적인 목적을 두어야 한다. 한국의 재래종교들이 인간들의 소원 성취에 초점을 두어 민중 속에 파고들어 오늘에 이름은 사실이다. 그러나 우리의 기독교는 차원이 다르다. 그러하기에 설교자도 회중도 재래 종교의 틀을 속히 벗어나 복음의 본질 안에 머물러야 한다.

2. 설교자가 성찰해야 할 항목들

1) 설교 문장의 주어로 등장한 설교자

전통적으로 설교 사역자는 하나님의 말씀을 오늘의 회중에게 그들의 언어로 운반하는 '말씀의 사자'로 이해되어 왔다. 이러한 관점에서 존 칼빈은 설교자를 하나님의 위탁을 받은 대사(ambassador)로 이름하였다. 그리고 칼 바르트도 설교를 정의할 때 "하나님이 선택한 설교자를 통하여 인간들에게 들려준 하나님 자신의 말씀"[4])이라고 말하고 있다. 이러한 전통적인 설교자에 대한 견해는 오랫동안 기독교의 강단에서 지속되어 왔다. 그래서 설교자는 언제나 오직 하나님의 말씀을 선포하고, 해석하고, 삶의 장에 적용해 주어야 하는 운반자로서의 당위성을 가지고 오늘에 이르고 있다.

이러한 맥을 이은 한국의 교회에서도 설교자를 처음부터 그렇게 가르쳐 왔다. 한국 신학 교육의 초창기부터 설교학을 가르쳤던 곽안련은 그가 펴낸 초기 설교학 교과서였던 「講道要領」에서 설교자의 사명을 철저히 강조하였다. 목사의 가장 긴요한 사명은 설교이며 설교자는 성경 말씀으로 터를 세워 오직 그 말씀을 전하는 데 전념할 것을 강조하였다. 거기에 더하여 그 말씀을 설교자의 임의대로 전하는 것이 아니라 강도(설교)의 규칙을 철저히 준수할 것을 당부하였다. 특별히 그는 설교자들이 배운 성경과 설교 정신과 훈련을 성실히 이행하지 않고 새로운 계시를 추구하는 것은 "하느님을 만홀이 녁임이라."고 역설하였다.[5])

한국교회의 초기 설교자들은 그들이 받은 설교 훈련을 목회의 현장에서 실천하는 데 최선을 다하였다. 감히 자신의 이야기나 경험담이나 예화 일변도의 설교를 하지 않았다. 설혹 회중이 흥미를 느끼지 못하는 일이 있더라도 그들은 철저히 하나님 말씀만을 운반하는 데

제2장 한국 강단의 미래를 어둡게 하는 적신호들

심혈을 기울였다. 설교자라는 존재는 언제나 말씀의 주인이신 성삼위 하나님 뒤에 감추어진 것을 당연시했다. 오직 성령님의 도구로서 말씀을 전한다는 철저한 의식을 갖추었다.

그러나 오늘의 설교자들은 전혀 다른 세계를 달리고 있다. 설교학 교육을 바르게 이어받지 못하고 오직 자신들의 경험담을 들려주는 것으로 설교를 배운 설교자들에게서 문제의 심각성이 보인다. 바른 설교 교육을 받지 못한 설교자들은 대부분이 신언(神言)과 인언(人言)을 분간하지 못한 경지 속에서 설교의 사역을 감당하고 있다. 어디서 어디까지가 하나님의 말씀이고 어디서부터 설교자의 말인지 분간할 수 없는 혼란스러운 설교를 흔히 듣게 된다. 그 이유는 설교 문장의 주어가 대부분 설교자로 구성되기 때문이다.

다음의 실례에서 설교 문장의 주어를 살펴보자. 여기에는 설교자가 전혀 보이지 않는다. 오직 말씀의 주인이 문자의 주어로 자리잡고 있다. 바로 이 점에 오늘의 설교자가 깊은 관심을 두어야 한다. 그리고 이것을 설교자가 필연코 지켜야 할 하나의 공식으로 인식해야 한다. 이 공식이 허물어지면 언제나 설교자가 말씀의 주인 자리를 차지하게 되는 거대한 우를 범하게 된다.

"<u>하나님은</u> 이사야 선지자를 통하여 다음과 같이 말씀하고 계십니다. 그 말씀의 뜻은 바로 이런 말씀입니다. 예를 들면, 이러한 경우(간단한 실례-예화)를 가리킨 말씀입니다."

또는,

"<u>우리 주님은</u> 오늘도 우리를 향하여 세상의 빛과 소금이 되라는 명령을 하고 계십니다. 그 뜻은 이러한 의미를 내포하고 있습니다. 예를 들면, 이러한 사례의 경우입니다."

이처럼 모든 설교 문장의 주어는 성삼위(하나님, 예수님, 성령님)로 분명하게 구성하고 그 뜻을 밝혀 주며 적용함이 설교의 본질이다. 이럴 때만이 메시지의 주인이 뚜렷하고 설교자가 단순히 도구(instrument)의 역을 감당함이 분명해진다.

이토록 말씀의 주인을 특징지어 두드러지게 함은 주어를 중심하여 엮어진 인도 유럽 어족의 경우는 조금도 지장을 받지 않고 너무나 당연하게 지켜지고 있다. 그러나 알타이 어족에 속한 우리의 언어는 술어 중심의 언어로서 주어가 너무 많이 생략된다. 더욱이 일인칭 주어는 아예 생략하여도 조금도 어색하지 않고 오히려 정감을 더해 주기에 주어 없는 문장의 활용이 너무 보편화되고 있다.

이러한 결과는 한국의 설교자들이 가장 많이 사용하고 있는 종결어(終結語)를 분석할 때 뚜렷하게 나타난다. 그로 인한 설교와 설교자의 탈선은 한국교회에 심각한 위기를 심고 있다. 한국의 설교자들이 사용한 종결어를 살펴보면 대부분의 경우가 설교자(나) 자신이다. 나를 주어로 사용하지 않아도 되는 우리의 언어 구조는 설교자 자신의 말을 하는 데 전혀 부담을 느끼지 않게 한다. 그 결과 외국의 설교자와는 달리 한국의 설교자들은 자신의 등장을 극심한 경지까지 끌어올린다. 이러한 현상의 결과, 설교 내용이 설교자의 말과 경험과 지식과 그가 즐겨 쓰는 예화로 완전히 채색된다.

우리 언어 구조와 얽혀져 있는 이 문제는 오랜 언어 관습과 연결되어 있기에 고치기가 어렵다. 그러나 설교자의 철저한 언어 관리만 수행된다면 그 수정은 어려운 문제가 아니다. 여기에 대한 설교자의 관심이 없이 설교가 이어진다면 그 설교자에게는 불행한 결과만이 기다리고 있게 된다. 거기에는 설교자가 말씀의 주어로 등장됨으로 인하여 설교자만 우뚝 솟게 되는 효과만이 있을 뿐이다. 막상 전해져야 할 하나님의 말씀은 설교자의 말에 가리워 보이지도 않고 들리지도 않게 되며, 회중은 설교자만을 만나고 돌아가는 결과를 초래한다. 그러나 설교를 통하여 회중이 정작 만나야 할 대상은 설교자가 아니다.

회중이 갈급하게 찾고 만나야 할 대상은 말씀의 주인이신 하나님이시다. 그러한 까닭에 말씀의 주인이 나타나지 않은 설교, 그것은 가장 심각한 설교의 위기를 몰고 온 위급한 요소라 아니할 수 없다. 여기에 대한 좀더 상세한 분석은 제3장에서 이어지게 된다.

2) 남의 설교를 복사하는 도용(盜用)의 심각성

설교란 이스라엘 백성들이 광야에서 매일 받아먹었던 만나로 비유된다. 그 때의 만나는 어제의 것을 오늘 다시 먹을 수 있는 것들이 아니었다. 만나는 안식일을 제외한 모든 날들 동안 그날 받아 그날 먹어야 했던 가장 신선한 양식이었다. 생각하면 오늘의 설교도 언제나 신선한 만나와 같은 양식으로 회중의 심령에 넣어 주어야 하는 것이 너무나 당연하다. 그러므로 설교자는 한 주간 내내 말씀의 전달 때문에 하나님 앞에 나아가 몸부림을 치면서 메시지를 받고, 그 말씀의 깊은 뜻을 헤아리기에 자신의 시간을 아낌없이 내놓아야 한다. 그리고 자신이 그 말씀에 먼저 용해되는 감각을 경험하고 난 후에 회중 앞에 서서 그 감격의 메시지를 전해야 한다.

그런데 한국교회에서는 어느 나라에서도 볼 수 없는 하나의 이변이 발생하고 있다. 그것은 설교집이 당연한 경쟁처럼 쏟아져 나오고 있는 점이다. 그 목적이 뚜렷하지 않다. "나는 이렇게 설교를 했다."는 자랑인지, 아니면 단순히 자신의 설교를 기록하여 교인들에게 다시 읽도록 하는 목적인지 분간하기 어렵다. 그러나 두 가지의 뜻하지 않은 부작용을 수반하는 경우를 본다. 하나는 동역자된 설교자들이 그 설교문을 그대로 복사하여 강단에 들고 나서는 부끄러운 죄를 유발하는 것이고, 둘째는 자신이 펴낸 설교를 교인들이 읽고 난 후 어느 때인가 "목사님은 지난번 했던 설교들을 다시 재탕하십니다." 하면서 새로운 실망을 불러일으킨다는 사실이다.

여기서 필자는 후자보다는 전자의 사건에 더욱 깊은 두려움을 가져본다. 자신이 먹이고 이끄는 양들을 위하여서 목자는 더 좋은 꼴을 찾아 헤매는 수고를 해야 함이 너무나 당연한 일이다. 그러나 그러한 땀 흘림이 없이 다른 목자가 이미 먹여버린 것을 가져다가 자신의 것인 양 내 양들을 먹여도 되는 것인지를 반성해 볼 필요가 있다. 그리고 이런 행위가 습관화되는 날 찾아오는 결과는 참으로 비참한 것들이다. 그것은 자신의 설교 능력이 급격히 저하되어 그 회복이 너무 어려운 지경에 이른다는 사실이며, 또 하나는 회중이 다른 곳에서 듣거나 동일한 설교집을 읽은 경우 조금의 동정도 없이 경멸의 시선을 자신에게 보내게 된다는 사실에 깊이 유의해야 한다.

현대를 사는 설교자가 분명하게 알아야 할 것은 교회마다 그들의 환경과 수준과 신앙의 특수성을 가지고 있으며 그들만을 위하여 필요한 양식이 요구된다는 사실이다. 따라서 결코 남의 설교를 복사하여 그대로 먹일 수 없는 자신들의 양들임을 먼저 생각해야 한다. 삯군이 된 목자는 그 이마에서 땀 흘리기를 거부하고 쉽고 편한 곁길을 즐겨 찾을 수 있다. 그러나 참 목자는 눈물과 땀을, 때로는 피까지 흘리기를 두려워하지 않으면서 양들의 먹이를 찾아 먹인다.

홍수처럼 쏟아진 설교집이 오늘의 설교 사역에 에덴동산의 과일처럼 설교자들에게는 뿌리치기 어려운 유혹이 되고 있다. 특별히 자신이 설교하려는 본문과 주제를 결정한 후에 설교자의 손이 서서히 남의 설교집을 만지고 그 눈길이 거기에 머물려는 유혹은 참으로 곤혹스러운 것임에 틀림이 없다. 그러나 참된 설교자는 거기서 과감한 결단을 내리면서 야곱처럼 자신의 환도뼈가 상하더라도 하나님을 붙들고 내 양들이 살찔 수 있는 양식을 달라고 매달리면서 펜을 잡고 자신의 설교 원고에 받아쓰는 과정을 밟아야 한다.

본회퍼가 조국에 돌아가 히틀러의 칼날을 피하여 지하의 신학교에서 설교학 교수로서 열강을 토하면서 남긴 말이 새삼스럽게 한국의 설교자들을 향하여 들려지고 있다.

"설교는 성육신하신 그리스도 그 자신이다.……말씀으로서 회중 가운데를 걷고 있는 그리스도 그 자신이다."

그렇다. 자신의 간절하고 진지한 기도와 땀 흘린 준비 가운데서 그리스도가 나에게 맡겨진 회중에게 오셔서 그 가운데 걷도록 해드리는 것이 오늘 한국의 강단을 지키는 설교자의 진정한 사명이다.

3) 설교 준비의 불성실

최근에 평신도들을 대상으로 여론 조사를 한 바 있는 어느 통계에 의하면, 오늘의 그리스도인들은 자신들이 속해 있는 교회의 목사에 대한 만족도에 가장 큰 영향을 미치는 것이 '목사님의 설교'라고 대답을 하고 있다. 그들은 목사의 지도력이나 생활이나 행정 능력보다 설교가 최우선임을 밝히고 있다. 그리고 목사의 설교 때문에 자신이 그 교회에 속해 있다는 대답을 서슴없이 하고 있다.[6]

이러한 응답은 설교자들의 생활 속에 그대로 반영이 된다. 그들은 계속적으로 이어지는 설교에 대한 부담을 안고 살아가는 현실이다. 그러나 문제는 설교자들이 막상 설교 준비를 위하여서 내놓은 시간은 전체 활동 시간의 30%도 되지 않는다는 데 그 심각성이 있다. 설교가 목회의 장에서 70%의 비중을 차지한다면 자신의 시간도 그 정도를 할애해야 하는데 그렇지 못한 모순을 안고 있다.

설교자는 성령님의 손에 잡힌 도구임에는 틀림이 없다. 그러나 설교가 수록되어진 녹음기와 같은 단순한 도구가 아니다. 설교 사역은 언제나 하나님의 살아 있는 말씀을 하나님으로부터 받아 전달하는 일이다. 그러므로 설교자는 하나님의 말씀을 전달하기 위하여서 자나

한국교회의 설교학 개론

깨나 명령을 기다리고 생각하고 자료를 찾아 애씀이 생활의 전부가 되어야 한다. 사실 설교는 끝없는 정성과 준비가 요구되는 특수한 사역이다. 이런 까닭에 설교자는 남달리 건강한 영성을 가꾸어 영적으로 건강한 호흡을 하는 존재여야 하며, 하나님의 말씀을 터득할 수 있는 지적인 바탕과 성장을 쉬지 아니해야 할 존재이다.

이토록 설교 준비에 최우선을 두는 설교자는 25분의 설교를 위하여 최소한 25시간을 쏟을 수 있는 열정이 필요하다. 즉, 매일의 오전 4시간은 설교 준비를 위하여 바치는 설교자여야 한다는 결론이다. 그리고 삶의 장에서 주어진 말씀을 적용할 수 있는 정황을 누구보다 예민하게 감지할 수 있는 예지의 감각이 요구된다는 말이다.

그러나 한국교회의 설교자들은 심방을 비롯하여 각종 행사와 기타의 일에 너무나 많은 시간을 쏟아버리고 피곤한 주말에 설교를 준비한다고 앉아 있게 된다. 이러한 설교자에게 신선한 만나가 주어지고 그 말씀의 깊은 의미를 터득할 수 있는 길이 열릴 수 있는가 의심하지 않을 수 없다. 피곤과 졸음의 산실(産室)에서 과연 생명을 깨우치는 설교가 이룩될 수 있는지를 묻지 않을 수 없다.

4) 본문 말씀(Text)을 떠난 설교의 범람

설교가 하나님의 말씀으로 들려지지 않는 가장 직접적인 원인은 기록되어진 말씀이 설교자에 의하여 현장의 언어로 선포되지 않고 해석되지 않는 데 기인한다. 설교는 설교자의 사상이나 경험, 혹은 유명한 이야기를 들려주는 종교 수필 또는 교양 강좌가 아니기에 언제나 기본적으로 봉독되어진 성경의 말씀을 선포하고 해석하고 적용하는 것이 설교자의 정도(正道)임은 계속적으로 강조해 온 사실이다. 그러기에 진정한 설교자는 자신의 설교 현장에 얼마나 많은 회중이 모여 열광적으로 '아멘'을 연발하는가에 눈을 뜰 것이 아니라 자신이 얼마나 충실히 하나님의 말씀을 순수하게 그들에게 들려주었는지에 깊은 관심을 갖는다.

　그러나 오늘의 한국의 강단에서는 참으로 부끄러운 설교자의 연출이 속출하고 있다. 즉, 설교자가 하나님의 말씀인 본문의 봉사자가 아니라 지배자로서 군림하고 있다는 사실이다. 설교자가 자신의 생각과 사상, 그리고 세상 돌아가는 이야기와 흥미진진한 예화를 나열한 후에 설교를 마무리지으면서 하나님의 말씀인 본문을 들려주는 현상이 너무나 빈번하게 발견되고 있다. 다시 말하면, 자신의 지식과 분석, 또는 경험을 실컷 이야기하고 난 다음에 그 경험담에 좀더 튼튼한 신빙성을 부여하기 위하여 본문을 들먹인다. 이 때마다 설교가 시작되기 전에 봉독한 본문은 설교자가 하고자 하는 말을 위한 하나의 징검다리 역할 이상을 하지 못하고 만다. 이러한 안타깝고 부끄러운 장면은 한국교회에서 너무나 쉽게 만나게 되는 설교 현실로 등장하고 있다.

　여기서 한국의 강단이 인식해야 할 또 하나의 사실은 설교가 단순한 신앙 간증과는 너무나 다른 구속력을 가지고 있다는 문제이다. 신앙 간증은 자신이 전하고자 하는 메시지가 자신의 경험과 판단에 기준을 두기 때문에 회중으로부터 공감대만 형성하면 된다는 지극히 한정된 제약을 받는다. 그러나 설교는 그 기준이 그날의 설교 본문에 있다. 그 본문은 설교자와 회중 모두에 의하여 함께 읽혀진다. 거기서 회중은 그 말씀에 대한 기본적인 이해를 소유한 상태에서 설교자가 그 말씀을 어떻게 선포하고 해석하고 자신들의 삶의 장에 적용시켜 주는지를 주시하게 된다.

　그러하기에 설교는 수많은 회중의 감시를 받으면서 본문이 말씀한 깊은 뜻을 수준 높은 석의와 함께 밝혀 주어야 한다는 엄격한 제한을 받고 있다. 결과적으로 설교자는 말씀의 주인이신 하나님으로부터, 그리고 그 말씀을 듣기 위하여 설교자의 앞에 앉아 있는 무리들로부터 우선적으로 봉독된 말씀의 지배자가 아닌 봉사자가 될 것을 철저히 요구받게 된다.

5) 설교의 내용과 설교자의 삶이 보여 주는 괴리 현상

필자가 한국교회의 평신도를 대상으로 하여 연구 조사한 바 있는 "설교 사역자에 대한 평신도의 의식 구조 분석"[7)]에서 다음과 같은 질문을 한 바 있다. "귀하가 아는 설교자들에 대하여 생각할 때 그들의 설교와 삶의 연관성이 어떠하다고 보십니까?" 여기에 대한 응답자의 80.2%가 "완전치는 못하지만 설교대로 살려고 노력한다."고 응답을 하였고, 10.3%는 "설교자는 설교하는 대로 생활한다."라고 대답한 바 있다. 이러한 응답의 비율은 서구교회에 비교하여 월등하게 높은 비율로, 이 땅이 유교 문화의 영향권에서 오랫동안 정착해 온 결과, 도덕성 강조와 선비와 비견되는 그들의 고결한 인격에 대한 높은 기대가 그대로 나타난 현상이라고 본다.

문제는 오늘의 설교자들이 가장 고결한 성직인 목사로서 자신이 전달한 메시지를 먼저 실천하는 본을 보이고 있는가 하는 질문에 대한 설교자 자신들의 대답이다. 이에 대한 솔직한 대답은 최근에 들어 대단히 부정적으로 나타나고 있다. 이 사회에서 실종의 위기에 직면한 윤리와 도덕성이 설교 사역자들의 삶과 인격에 의하여 살아나지 못한 채 오히려 심각한 탈선이 여기저기서 일어나고 있다. 성전에서의 살인 사건, 밀수에 가담한 목사들의 이름, 수표의 위조, 그리고 외화 낭비의 선두 주자로서의 목사의 생활, 외국 신학교의 분교를 설치하고 박사 학위를 남발하는 주범들로 신문에 그 이름이 오르내리는 현상은 오늘의 설교 사역을 가장 멍들게 하는 치욕적인 보도들이다. 신부처럼 제복을 입고 설교자임을 외형적으로 표시하는 제도적 장치가 없는 한 설교자가 범할 수 있는 탈선의 유혹은 앞으로 더욱 심화되리라 본다.

설교자가 이 땅에서 풍겨오던 고유한 상은 남다른 것이었다. 일상생활에서는 누구도 따를 수 없는 헌신적이고 검소한 생활의 주인이며, 풍기는 인격에 있어서는 누구도 따를 수 없는 고결한 품성과 지식을 소유한 것이 한국의 설교자상(像)이었다.

그러나 오늘의 현실에서 목사는 물질의 풍요를 앞서서 누리는 상류사회의 생활인들로 변화되고, 때로는 극소수의 설교자들에 의하여 자신이 외친 메시지가 자신의 삶과 인격과는 무관할 수 있다는 생각을 드러내어 이 땅의 설교 사역을 어둡게 하고 있다. 여기서 우리는 한국교회의 설교자들이 '생활하는 집과 말씀의 집'을 따로 지을 때 설교 사역에 찾아드는 비극적인 결과는 실로 엄청날 것이라는 데 유의해야 한다.

6) 목회의 수단과 방편으로 활용된 설교

설교는 기본적으로 어떤 경우에 있어서도 설교자 개인의 불편한 심기를 표현하거나 자신의 유익을 추구하려는 목적을 달성하기 위한 방편이 될 수 없다. 설교는 어떤 상황에서도 자신의 감정을 발산하는 무대가 될 수 없고, 설교자는 설교를 통해 회중을 선동하여 자신을 옹호하는 개인적인 집단으로 만드는 시도를 할 수 없다.

그런데 현대의 소수의 설교자들에 의하여 설교의 본래적인 성격이 퇴색되기 시작하고 있다. 무엇보다도 자신의 지식과 연구의 결핍을 회중이 보지 못하게 하는 방법으로서 신비주의를 도입하는 사례를 본다. 방언과 예언의 신비한 현상을 유도하여 그것이 말씀 위에 군림하도록 하는 실수를 범하고 있다. 그것만이 아니다. 자신을 따르지 않는 사람들을 향하여 직접적인 지적을 하면서 때로는 위협을 한다. 순종이라는 미명 아래 설교자를 맹종하도록 한다. 그리고 자신의 권위를 절대화하고 비판자를 향한 저주를 예사롭게 행하는 모습을 본다. 하나님의 이름을 빙자하여 헌금을 강조하며 수집하는 무대로 설교를 활용한다. 이럴 때는 마치 설교자가 하나님으로 둔갑한 듯한 모습을 연출한다. 이러한 비참한 모습을 가리켜 설교가 '목회자의 뜻'을 펼치는 수단의 도구가 되었다고 한다.

한때 목회자들의 사회에서는 부끄러운 이야기들이 오고갔다. 부흥집회를 위하여 강사를 모실 때 특유한 방법으로 헌금을 많이 하게 하는 강사를 초빙하면서 수입을 어떻게 분배한다는 약속을 했던 시절도 있었다. 생각하면 얼마나 한국교회의 강단이 철저하게 탈선했었는지를 잘 말해 주는 사례이다. 이처럼 설교가 목회 수단으로 이용되는 효과적인 이기(利器)로 전락한다면 거기에는 밝은 내일이 있을 수 없다. 오직 어둡고 침울한 장래만이 있을 뿐이다.

언제나 설교는 "은혜의 효율적인 방편으로서 하나님이 정해 주신 것"이지 결코 인간적인 욕구를 채우기 위하거나 설교자의 정신적 피곤을 풀기 위한 수단이 아니다. 자신을 통하여 하나님이 말씀하신다는 의식을 갖춘 설교자는 어떤 경우도 설교를 목회의 방편으로 전락시킬 수 없다. 언제 어디서나 설교가 진행되는 순간에는 설교 자체가 설교자의 권위나 목회를 위한 수단으로 전락할 수 없다. 비록 설교자의 입을 통한 설교지만 그 주인은 절대로 설교자가 아니기 때문이다. 1980년대 후반에 설교학계에 새로운 감각을 일깨웠던 데이비드 버트릭(David Buttrick)은 개혁자들의 설교 신학을 그대로 이어받아 그의 「설교학」에서 다음과 같은 말을 우리에게 하고 있다.

> 우리의 설교 가운데서 그리스도는 교회에 말씀을 계속하신다. 이는 그 말씀이 교회를 통하여 세상에 들려지기 위함이다. 이러한 차원에서 설교는 은혜의 방편이다. 그러므로 설교는 내가 말하되 내가 주인이 아니다. 오직 그리스도께서 나를 통하여 말씀하실 뿐이다.[8]

7) 설교자의 착각이 불러온 과신(過信)의 문제

인간이란 자신이 행하고 있는 일에 대한 확신을 가질 필요가 있다. 자신감을 가지고 자신의 임무를 수행하는 일은 일의 진전에 절대적인 요소가 될 수 있다. 그리고 일정한 일을 수년을 넘게 계속하면 스스로 진전시킬 수 있는 요령과 기술이 터득되면서 전문인의 세계에 들어선다. 그럴 때 누구의 추종도 불허하는 자신의 고유한 영역을 구축한다.

설교 사역 역시 이상과 같은 이론을 도입할 수 있다고 본다. 그러므로 어느 설교자나 자신의 강단에 설 때 자신이 넘치는 모습을 보이고 유창한 설교를 펼쳐나간다. 그 몸가짐에서, 그리고 슬슬 쏟아져 나오는 달변에서 회중은 설교자의 전문성과 그 성스러운 직책에 대해 인정을 한다. 그리고 아멘을 연발하면서 그 설교에 심취되는 경우를 본다. 이런 현상 앞에서 어떤 설교자도 자신의 부족에 대한 인정을 좀처럼 하지 않는다.

그러나 설교자 자신의 설교를 비디오에 담아 설교자 자신이 보도록 할 때마다 거의 모든 설교자가 반응하는 다음의 말은 우리가 깊이 음미해 볼 만하다.

"저게 나의 설교인가요? 저 정도의 수준에 불과하던가요? 실망인데요."

이 반응의 응답은 바로 자신의 설교가 자신이 생각했던 수준에 미달한다는 뜻을 내포하고 있다.

그렇다. 필자가 20년이 넘도록 경험해 온 설교학 교실에서의 실태는 아무도 자신의 설교가 자신이 생각했던 것보다 우월하다는 반응을 보이지 않는다. 환언하면, 거의 모든 설교자가 착각이 불러온 과

한국교회의 설교학 개론

신의 늪에 빠져서 설교 사역을 진행하고 있다는 결론에 도달한다. 많은 설교자들이 설교의 향상을 위한 겸허한 노력이 얼마나 시급한지를 모른 채 이어지는 설교를 메우면서 달리고 있다. 그러다가 자신도 모르는 사이에 어느덧 자신감이 형성되게 되는 드높은 권위의 의자에 앉아 교주(敎主)와 같은 자세를 취하게 된다는 슬픈 그림을 그린다.

이러한 과정은 자연스럽게 스스로를 성공적인 설교자라고 자부하게 되는 교만의 자리에 앉게 한다. 설교가 진행되는 동안 은혜의 파장이 일어나는 것을 본 설교자가 그 순간 그러한 도구로 쓰임 받음에 행복감을 조심스럽게 느낄 수는 있다. 그러나 결코 만족이나 자만의 감정이나 자세는 금물이다. 많은 설교학자들은 설교자가 자신의 설교에 자만심을 가질 때 사단의 손에 이끌리기 시작하고 내리막길을 걷게 된다는 경고를 하고 있다.9)

설교자의 착각은 막을 길이 없다. 그러나 그 착각이 거듭되었을 때 설교자는 실로 엄청난 속도로 퇴화(退化)의 길에 접어들게 된다. 시대의 변화는 결코 멈추지 않는다. 오늘 나의 설교의 형태와 전달의 기술이 탁월했더라도 어느새 구물(舊物)이 되어 버리는 시대에 오늘의 설교자는 살고 있다. 언제나 설교학의 새로운 이론들을 알아보고 변화에 적응하는 설교자만이 달리는 시대의 설교 무대에 설 수 있다.

이제 미래의 설교자들은 완벽한 설교를 추구하는 설교자는 있으나 완벽한 설교는 있을 수 없다는 사실을 가슴에 새겨야 한다. 자신이 아무리 훌륭한 설교를 했다 하더라도 그것은 절대로 완벽할 수 없다. 만에 하나 그러한 느낌을 갖는 순간이 있다면 그것은 과신(過信)이 착각을 가져온 순간이다. 그리고 그 느낌은 내리막길을 걸어가는 실패의 발길이 자신에게서 시작되었다는 기미가 보이는 조짐이다.

솔직히 한국교회의 강단에는 자신의 설교가 최상의 단계에 이른 것 마냥 믿고 더 이상의 발전을 추구하지 않는 착각에 빠진 과신의 주인공들이 너무 많다. 이 때마다 한국교회 설교 사역의 미래가 염려

제2장 한국 강단의 미래를 어둡게 하는 적신호들

되지 않을 수 없다. 진정 설교의 자만과 교만에 빠져 있는 설교자에게는 성령님의 도움이 떠나고 다음의 말씀만 그 귀에 들려질 뿐이다.

네 마음의 교만이 너를 속였도다. 네가 독수리같이 보금자리를 높이 지었을지라도 내가 거기서 너를 끌어내리리라. 여호와의 말이니라.10)

8) 설교자를 위한 응답의 강요

감정이 풍부한 사회에서는 대화의 대상이 즉각적인 표현을 해주기를 바라는 풍경이 자주 나타난다. 그리고 나의 말에 즉각적인 반응을 보이는 사람을 우선 좋아한다. 훗날 그 반응이 설혹 거짓이었다고 해도 그 현장에서는 반응을 신속히 보이는 사람에게 시선을 주고 대화를 한다. 역사적으로 어전(御前)에서도 왕의 말끝마다 신하들은 "지당하신 말씀이옵니다." 또는 "황공무지(惶恐無地) 하옵니다."의 긍정적인 대답을 한다. 특별한 청원의 경우 깊이 헤아려 살펴 달라는 말로서 "통촉하시옵소서."를 할 뿐이다. 왕은 여기서 다시 한번 권좌의 위력을 느낀다. 왕을 맹종하는 신하들은 왕의 손에 생명을 맡기고 일편단심 그 뜻에 따라 살다가 간다. 우리의 사극(史劇)에서 흔히 보게 되는 장면이다. 윗사람의 말에는 긍정적으로 표현하고 부정적인 표현은 삼가는 것이 우리의 언어 문화이다.

우리의 설교 현장에 1970년대 이후 날이 갈수록 심화되어 가는 현상이 있다. 그것은 설교자가 회중에게 무조건 '아멘'의 응답을 보내도록 강요하는 문제이다. 이러한 아멘을 유도하는 종결어는 다음과 같은 것들로 한정되어 있다.

"바랍니다.", "믿습니다.", "주님의 이름으로 축원합니다."

이상과 같은 표현들은 설교에서 전혀 사용될 수 없는 표현들인데도 불구하고 '아멘'의 응답을 받기 위하여 고의적으로 사용하고 있는 현실이다. 한국교회의 대표적인 교단에서는 "주님의 이름으로 축원합니다."는 기도의 표현이기에 설교에서 사용할 수 없다고 총회에서 결의했음에도 불구하고 아무런 효과를 보지 못하고 있다.[11] 오히려 오늘의 한국 강단의 설교자들은 '아멘'의 응답을 듣고 싶어 앞을 다투어 위의 종결어미를 사용하는 현실이다. 남의 설교를 도용하여 외치는 부끄러운 순간에까지 '아멘'의 함성을 강요하고 있다.

이 '아멘'이라는 응답이 하나님의 말씀 앞에서는 언제나 있을 수 있는 회중의 응답이다. 그러나 설교자가 믿고 축원하는 말끝마다 '아멘'을 해야 하는 장면은 냉정한 분석을 필요로 한다. 설교자는 반드시 다음의 질문에 먼저 대답을 정리해야 한다. 첫째, 그 아멘의 진의대로 하나님 말씀에 긍정을 나타내는 말인가? 둘째, 한 인간인 설교자의 의견이나 바람이나 기원에 주어진 아멘인가? 셋째, 설교자의 기분을 북돋기 위함인가? 넷째, 설교의 분위기를 고조시키기 위한 방편인가?

만에 하나 설교의 내용에 감동이 되지 않는데도 설교자의 강요에 의하여 '아멘'의 응답을 보낸다면 그것은 심각한 문제이다. 좀더 정확히 말하면, 설교자의 창(唱)을 위해 고수(鼓手)의 장단을 맞추는 행위라면 그 설교의 탈선은 심각한 경지에서 적신호를 켜고 있다고 보아야 한다. 이것은 설교의 위기를 고조시키는 무서운 함정이다. 설교자가 자신의 기분이나 만족을 위하여 회중에게 억지로 '아멘'의 응답을 강요했던 기록은 기독교 설교의 역사에서 찾아볼 수 없다. 언제나 설교의 암흑기는 설교에서 하나님의 말씀이 사라지고 강단이 인간 설교자의 독무대로 변할 때 발생되었다. 설교자의 기분이 고조되고 맹종의 함성이 들리는 강단의 미래는 매우 위험하다. 설교자를 떠받들어 주기를 바라는 심성은 있을 수 있다. 그러나 그것이 형식화되는 날

제2장 한국 강단의 미래를 어둡게 하는 적신호들

거기는 퇴보가 있을 뿐임을 미래의 설교자들은 마음에 새겨야 한다. 여기 탈선을 거듭한 설교자들을 향한 심각한 부탁이 있다.

'아멘'을 그토록 강요한 설교자들이여! '아멘'을 제일 뜨겁게 한 사람에게 다가가서 물어 보라. 그대가 외친 오늘의 메시지를 그 가슴에 얼마나 안고 집으로 돌아가는지를……

주〉
1) 곽안련, 「講道學」, 고려위 역(京城:耶蘇敎書會, 1925), p. 3.
2) Ilion Jones, 「설교의 원리와 실제」, 정장복 역(서울:생명의 말씀사, 1986), p. 8.
3) Clyde Reid, 「설교의 위기」, 정장복 역(서울:대한기독교출판사, 1982), p. 18에서 재인용.
4) Karl Barth, *The Preaching of the Gospel*, trans. B. E. Hook (Philadelphia:The Westminster Press, 1963), p. 9.
5) Herrick Johnson, 「講道要領」, 곽안련 역(평양:대한예수교장로회 출판부, 1910), pp. 1-3.
6) 한미준/한국갤럽, 「한국 개신교인의 교회 활동 및 신앙 의식 조사 보고서」(서울:도서출판 두란노, 1999), pp. 110-11.
7) 정장복, 「설교 사역론」(서울:대한기독교서회, 1990), pp. 155-56.
8) David Buttrick, *Homiletic*(Philadelphia:Fortress Press, 1987), p. 451.
9) Ilion Jones, op. cit., p. 10.
10) 예레미야 49:16.
11) 대한예수교장로회(통합측)는 1981년 65회 총회에서 이 문제에 대한 연구보고서를 채택한 바 있다.

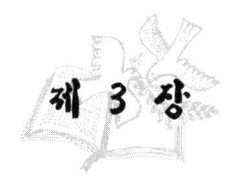

제 3 장
한국의 언어 구조와 설교의 탈선 문제

> **함축된 의미의 질문들**
>
> ◆ 한국의 설교자로서 우리의 언어 구조를 진지하게 생각해 보았는가?
> ◆ 설교 메시지의 주인을 설교자로 만드는 한국 언어의 습관을 관찰해 보았는가?
> ◆ 자신의 설교 문장 중에서 1인칭 주어를 어느 정도 생략하고 있는지 살펴보았는가?
> ◆ 현재와 같은 종결어를 계속 사용할 경우 한국교회 설교 사역의 미래는 어떤 결과를 가져올 것인가?

1. 말의 소중함과 개신교

인간이 다른 피조물과 구별되는 것이 있다면 그것은 풍부한 어휘를 동원해 언제 어디서나 말과 글로 표현하는 언어를 사용할 수 있다는 점이다. 이것을 가리켜 많은 사람들은 창조주의 특별한 선물이리

한국교회의 설교학 개론

고 이름한다. 성경에 의하면, 이러한 언어는 지상의 인간 간에 서로가 통용할 수 있도록 되어 있어서 인종과 문화의 간격을 좁힐 수 있었으며 막강한 위력을 발휘할 잠재력도 있었다. 그러나 그 언어가 창조주 하나님을 향한 도전의 도구로 사용되어질 때 하나님은 그것을 용납하지 않고 언어를 분산시키셨고 그것에 따라 인간들은 이합집산(離合集散)을 거듭하였다.

사실 인간은 그 종족과 문화에 따라서 각각 다른 양태로 언어를 소유하고 있다. 바벨탑 사건 이후 분열된 언어로 인해 타 종족과의 수평적 의사소통에는 허다한 시일과 노력이 필요하게 되었다. 따라서 어느 민족이나 그들이 가지고 있는 언어를 통하여 자신의 공동체를 확인하고 그 언어는 스스로의 정체성을 이어가는 데 소중한 도구의 역할을 감당해 오고 있다. 그러나 신(神)과의 수직적 관계 유지에는 언어의 다름이 아무런 지장을 주지 않는다. 다만 각 종족이 자신들의 신을 섬기는 데 있어서, 그리고 그 신의 메시지를 듣는 데 있어서 각각의 언어는 단순한 서술이나 묘사의 차원을 벗어나서 새로운 현실과 사건을 창조하는 중요한 역할을 감당해 오고 있다. 그래서 불트만이나 하이데거 같은 신학자들은 언어를 사건(event)으로 보면서 자신들의 신학을 전개한다.[1)]

기독교는 어떤 종교보다도 언어의 소중함을 높이 간직하고 있다. 요한복음의 기자는 태초에 하나님과 함께 있었던 실체가 말씀이었고, 그 말씀은 곧 하나님과 똑같은 분이셨다고 말하며, 모든 것은 말씀을 통하여 생겨났고 이 말씀 없이 생겨난 것은 하나도 없다(요 1:1-3)고 말하고 있다. 여기서 개신교는 기독교를 예전의 종교에서 말씀의 종교로 전환시키는 근거를 갖게 되었고 그리스도이신 예수님을 말씀의 화신으로 믿고 그 말씀을 곧 하나님의 말씀으로 영접하고 있다.

그래서 개신교는 어떤 종교와도 다르게 섬기는 신의 실체보다는 그 말씀에 보다 많은 관심을 갖게 되어 그 말씀의 운반과 전달에 지

대한 관심을 가지고 있다. 이러한 절대적인 관심은 '말씀의 사자'라는 특수한 직책을 설정하여 선지자의 대열에 서게 한다. 그리고 그 '말씀의 사자들'은 그들이 살고 있는 땅과 문화 속에서 생성된 언어를 누구보다 깊게 연구하고 그 언어를 통하여 신언(神言)을 바르게 전달하는 사명자로서 일생을 내놓게 된다. 그러므로 설교자와 회중이 사용하는 언어는 신언의 전달과 이해에 있어서 일차적인 사건이며 도구이다.

여기에 대한 보다 밝은 이해를 가지려면 설교 사역에 대한 정확한 이해가 선결되어야 하고, 나아가 자신이 사용하는 언어의 구조와 실상을 정확히 파악함으로써 스스로의 문제점을 현실로 느껴야 한다.

2. 설교 사역의 재음미

설교가 인간이 할 수 있는 일 가운데 가장 어렵고 소중한 사역이라고 일컫는 데 대하여 많은 학자들이나 설교가들은 이의를 제기하지 않는다. 그 이유는 설교가 단순한 인간의 지식이나 사상의 발표가 아니기 때문이다. 이러한 맥락에서 존 칼빈은 설교자를 가리켜 하나님의 위탁을 받은 대사(ambassador)로 이름하였고, 하나님의 부름과 보냄을 받은 존재라고 정의를 하고 있다.2) 이러한 입장을 이어받은 칼 바르트도 설교를 "설교자를 통하여 인간들에게 들려준 하나님 자신의 말씀"3)이라고 정의하고 있다. 이러한 견해는 신학자 자신들의 깊은 신학적인 통찰력에서 발표되어진 단순한 창조적 이론이 아니다. 그들의 주장은 성경 가운데서 사도들이 자신들의 설교 사역을 정의하고 확신하는 내용을 그대로 반복하는 입장을 취할 뿐이었다.

신약에서 설교의 주역들로 나타난 사도들을 보면 그들은 역사의 주인이신 예수님의 사절로서 그분을 대신하여 간곡하게 외치는 자들(고전 5:20)로 자신들의 존재와 사명을 확신하였다.

이상과 같은 설교자로서의 이해와 사명은 수천 년의 역사 속에서 지속되었고 그 힘찬 사역은 순교의 제물이 되는 순간까지 주저함이나 탈선을 보이지 않았다. 그렇기 때문에 지금도 설교란 하나님에 의하여 선택을 받고 합법적인 훈련의 과정을 거친 사람에 의하여 그들의 문화와 언어와 사역 속에서 하나님과의 만남을 필요로 하는 사람들에게 전해지는 하나님 말씀의 선포(proclamation)요, 해석(interpretation)이요, 적용(application)이다. 그리고 이러한 사역은 결코 인간 자체의 능력과 지식으로는 이어질 수 없고 성령 하나님의 역동적인 역사 아래서만 가능하다. 이러한 설교의 사실과 내용을 예리하게 보아온 에밀 부르너(Emil Brunner)와 같은 학자는 설교를 가리켜 "아무리 아니라고 하더라도 이 지구상에서 일어나는 일 중의 가장 중요한 일이 행해지고 있는 것"이라고 결론을 맺기에 이른다. 그 이유는 간단하다. 설교란 인간의 사건이나 기록을 알리는 것이 아니라 신언을 전달하는 특별한 사역이기 때문이다.

　이러한 설교의 기본 이해를 음미하면서 한국 설교의 장(場)을 진단해 볼 때 한국의 설교는 신언(神言)의 전달이라는 실감을 좀처럼 심어 주지 않는다. 오히려 설교자의 지식이 나열되고 성경의 말씀을 이용하여 설교자의 명령이 펼쳐지고 있음을 뚜렷이 느끼게 된다. 환언하면, 이러한 결과는 우리의 설교가 더 이상 신언(神言)으로 들리지 않고 하나의 간증, 경험의 발표, 또는 적절한 예화의 나열로만 들려지는 경우가 적지 않다는 문제점을 유발시키고 있다. 그리고 막상 선포되고 해석되고 효율적으로 회중에게 적용되어야 할 말씀(본문)은 설교라는 이름을 위한 징검다리로 이용되고, 그 본문 속에 나타난 하나님의 말씀은 순수하게 언급되어지지 않는 위험한 실상을 보이고 있다. 이러한 탈선적 현상이 편만해 있는 이유는 원천적으로 설교를 신언의 전달로 이해하고 자신은 단순히 전달하는 심부름꾼에 불과하다는 사실의 망각에서 발생된다. 특별히 한국 강단에서 이러한 설교자의 자기 인식의 결여는 설교 사역을 위한 그 동안의 전문적 교육의 부재에서 그 원인을 규명할 수 있으나, 앞에서도 언급한 바와 같이 우선적으로 우리의 언어 구조에서 나타나고 있는 또 하나의 새로운 발견에 깊은 관심을 둘 필요가 있다.

3. 한국의 언어 문화와 주어 생략의 문제

언어란 언제나 한 민족의 삶의 양태(樣態)와 그 역사 가운데서 생성된다. 그러므로 언어를 통하여 한 인종의 사회와 전통, 그리고 그 형태와 특성까지를 추적하게 된다. 우리의 언어도 이러한 보편적인 틀 안에서 이해될 수밖에 없다. 일반적으로 한 생명이 종족의 일원으로 태어나 성장하게 되면 사용하는 언어의 표현이나 문법적인 구조에 깊은 관심을 두지 않아도 충분히 의사소통을 하게 된다.

이러한 입장에서 우리 설교의 표현과 문장의 구성도 타 문화권의 것과는 다를 수밖에 없다는 당위성을 인정하게 된다. 그러나 설교라는 사역은 단순한 인간 언어의 유희(遊戲)도 아니고 자신들이 가지고 있는 문화의 운반도 아니기에 사용되어야 할 바른 언어의 선택과 활용은 필수적으로 있어져야 한다. 사실 루엘 하우(R. Howe)의 말대로 이러한 깊은 주의력을 기울이지 않은 언어의 사용이 설교 사역에서 계속된다면 언어란 오히려 의미를 전달하는 데 장애 요소가 되는 모순을 남기게 된다.[4]

그러한 이유 때문에 설교자가 자신의 언어 문화권에서 생성된 언어를 가지고 설교를 할 때 문제성이 발견된다면 설교를 위한 바른 언어 문화를 창조해야 한다. 유전된 언어 문화가 삶에는 아무런 지장이 없다 하더라도 그것이 하나님의 말씀을 전달하는 데 걸림돌이 되는 부분을 가지고 있다면 그 모순의 제거에 설교자들은 대담한 노력을 기울여야 한다. 이러한 변화의 시도는 전혀 어려운 문제가 아니다. 그 가능성은 국어학자들에 의해서도 제시된 바 있다. 이들에 의하면,

인간은 언어 능력(linguistic competence)을 가지고 있기에 부모로부터 어떤 언어를 유전받았느냐 하는 것과는 아무런 관계가 없다고 말한다.5) 이러한 사실은 인간이 누구나 다른 문화권의 언어들을 습득하게 되는 데서 입증되고 있다. 그러하기에 설교자들은 하나님의 말씀을 운반하는 데 바른 언어를 습득하고 그 언어를 다음 세대의 설교자들에게 전수해 주어야 할 책임이 있다.

우리의 언어 문화는 아름답고 소중한 것으로 설교 사역에서 적지 않은 공헌을 해오고 있으며, 더욱이 한글 문화는 이 땅의 기독교 확산에 절대적인 공헌을 남기고 있다. 그러나 단 한 가지의 사실이 설교의 사역에 적지 않은 장애 요소로 등장하고 있다. 그것은 바로 우리말이 술어 중심의 언어라는 사실이다. 유럽 말은 주어와 술어의 이원적인 구조의 언어로서 주어를 중심으로 해서 술어가 이를 수식하는 형식을 갖추고 있으나 우리말은 술어를 중심으로 한 다원적인 구조의 언어이다. 그래서 주어는 술어에서 필요로 하는 경우를 제외하고는 생략을 해도 훌륭하게 의사소통이 된다. 특별히 문어체가 아닌 대화체에서 주어의 생략이 너무나 많은 것을 우리의 언어 구조에서 발견하게 된다.6)

특별히 유교 문화가 남겨 준 장유유서(長幼有序)의 언어 습관은 우리의 사회에서 이러한 주어의 생략 문제를 더욱 짙게 야기하고 있다. 즉, 윗사람이 아랫사람에게 의사를 표현할 때 주어의 생략은 일반적인 현상이고, 아랫사람이 윗사람에게 말씀을 드릴 때는 주어를 되도록 활발히 사용하는 것을 보게 된다. 이러한 문화권의 실상은 윗사람에 의한 제안(suggestion)이나 조언(advice) 또는 안내(guide)가 너무나 빈약하고 오히려 명(命), 령(令), 분부(分付), 또는 의무 부과로 일관하고 있다. 우리는 이러한 언어와 사고의 실상이 우리의 교육과 정치와 사회의 구석마다 편만해 있는 것을 쉽게 관찰하게 된다.

여기에서 한국 설교의 문제가 심각하게 발생된다. 즉, 설교자는 지도자라는 위치에 있게 되고, 설교는 '윗사람'으로서 '아랫사람들'에게 내려지는 메시지라는 문화적 고정관념이 설교자들에게 심어져 있다는 사실이다. 이러한 문화적인 언어 습관은 한국의 설교자들에게 설교의 문장에서 주어를 생략해 버린 채 설교를 계속하게 하는 현상을 보편화시키고 있다. 여기에 대하여 지금껏 별다른 관심을 보이지 않은 채 우리의 설교 사역은 100년을 넘기면서 지속되어 오고 있다. 그리고 아무도 그 문제점을 지적하지 않는다. 이 모순은 무서운 설교의 질병으로 날로 깊어 가고, 이 질병은 설교의 본질마저 흔드는 무서운 파괴력을 가지고 있다. 다음의 말에서 한국의 설교자들은 우리 언어의 실체를 다시 한번 음미해 볼 필요가 있다.

> 우리말에서는 그것이 단수인지 복수인지, 남성인지 여성인지 분간하기 힘들 뿐만 아니라 말이나 대화의 전체를 파악하지 않으면 그것이 누구를 의미하는지 잘 알 수 없을 때가 많다. 이것은 사고가 어떤 객관적인 것을 대상으로 하지 않는다는 것, 주체에 대한 의식이 박약하다는 것을 의미한다.[7]

새로운 세기의 한국교회 설교자들은 분명히 우리의 언어가 안고 있는 문제를 정확히 파악해야 한다. 그리고 그 문제가 가져온 결과들이 어떤 것들인지를 정확히 살펴야 한다. 여기서 우리는 주어의 생략이 가져온 문제점을 좀더 구체적으로 살펴볼 필요가 있다.

첫째, 일반적인 인도 유럽의 어족의 문장에서는 철저히 주어가 술어에 선행된다. 그러나 우리의 언어는 주어 없는 술어만의 문장이 빈번히 등장한다. 주어의 생략이 가장 심한 문장은 말하는 자신(1인칭 단수)과 명령형의 문장을 쓰는 경우이다. 3인칭을 사용할 때는 반드시 주격조사 '은, 는, 이, 가'를 사용하게 되어 주어가 비교적 잘 지켜진다. 그러니 '너'를 주어로 사용하게 되는 말에는 1인칭 단수인 '나'

를 생략하는 경우가 태반이다. 예를 들어, 남편이 아내를 포옹하면서 "당신을 사랑하오."라고 한다. 분명히 주어는 '나'이다. 그러나 영어에서 "love you"라는 문장은 존재하지 않는다.

한국의 강단에서 쉽게 발견되는 것은 설교자들이 주어를 생략한 언어 습관을 예사로 사용하고 있다는 점이다. 그들이 주어 없이 사용하는 문장을 엄밀히 분석하면 그 주어는 모두가 설교자 자신이다. 실로 놀라운 일이다. 앞에서 본 대로 영어권에서는 어떤 경우에서도 주어의 사용이 없이는 문장 구성이나 의사 전달이 되지 않음을 본다. 그렇기 때문에 그들은 설교자를 주어로 사용하는 경우가 드물고 사용을 해야 하는 경우는 언제나 dare(감히 ~하다)라는 조동사를 사용하는 사례를 쉽게 발견하게 된다.

둘째, 이상과 같이 강단에서는 말씀의 주인이 불분명하거나 보이지 않는다. 설교 문장의 주어가 밝혀지지 않을 때는 일반적으로 설교자가 그 주어의 자리에 서 있기 마련이다. 이 때마다 회중은 그 말씀의 주인을 찾는 데 혼돈을 가져온다. 그것이 성삼위 하나님이신지 아니면 설교자인지 분간하기 어려워진다. 설교 문장의 주어는 성삼위되신 하나님이어야 한다는 원칙이 모두 무너지게 됨을 본다. 이 때마다 성경에 나타난 선지자나 사도들의 메시지 전달의 형태를 유심히 보라. 그들의 설교 가운데서는 언제나 "하나님(주님)이 이렇게 말씀하셨다."라는 표현과 함께 자신들이 전하는 말씀의 한 마디 한 마디가 모두 자신이 전달받은 말씀이며, 그 말씀의 주인은 자신이 아님을 밝히고 있다.

셋째, 주어를 생략하게 되는 또 하나의 경우는 명령형의 문장이다. 영어에서나 우리의 언어에서 주어를 사용하지 않는 경우는 공통적으로 명령어를 사용할 때이다. 설교는 때로는 하나님의 명령을 들려주는 경우가 많다. 그러나 그 명령형은 현대의 회중에게는 거부감을 준다. 예를 들어, 하나님의 명령을 받들어 "회개하시오."라고 했을 때 그 반응은 순조롭지 않다. 정확하게 "하나님은 여러분이 회개하기를 명령하십니다."의 표현이 오히려 효과적이다. 그러나 설교자가 주어 생략을 일반화하는 명령형이라도 자주 사용할 경우 한국의 설교는 명령적인 형태로 일관하게 되고 그것을 바로 하나님의 명령으로 연결지어 나가는 비성경적인 모순을 쉽게 본다.

4. 설교 문장의 술어(종결어) 실태

우리의 언어는 주어를 너무나 많이 생략하기 때문에 결국 술어 중심의 언어라는 사실을 앞에서 서술한 바 있다. 그러므로 회중은 술어를 보아서 문장의 주어를 파악한 후 이것이 하나님의 말씀인지 설교자의 말인지를 분간하게 된다. 많은 설교자들은 자신만은 설교의 모든 문장에 말씀의 주인을 반드시 주어로 하고 있으며 자신은 그 말씀의 전달자와 해석자의 역할만을 감당한다고 생각하기 쉽다. 그러나 이제 현장을 분석해 보면서 다시 한번 자신과 연결을 지어 볼 필요가 있다. 일반 문장의 구성에 있어서 필수적으로 있어야 하는 부분은 주어와 종결어이다. 그 가운데서도 종결어는 언제나 주어의 존재나 의사를 최종적으로 표현한다. 바로 이러한 원칙은 우리의 설교에서 너무나 자주 대면한다. 설교에서 자주 듣게 되는 종결어는 다음과 같다.

"축원합니다.", "믿습니다.", "원합니다.", "바랍니다.", "생각합니다.", "느낍니다.", "기원합니다." 등등.

설교 문장마다 이어지는 이러한 종결어의 주어가 누구인가를 분석해 보면 대답은 간단하게 요약된다. 위 문장들의 주어는 하나님, 성령님, 또는 주님이나 그리스도이신 예수님이 아닌 바로 설교자 자신이다. 여기서 우리의 대부분의 설교가 신언의 전달이 아니라 설교자의 생각과 지식의 선포라는 사실을 간단하게 발견하게 된다.

더욱 진기한 현상은 이러한 종결어에 설교자들이 강한 액센트를 더하여 사용하고 나면 회중은 그 액센트의 강약에 따라 높고 낮은 "아멘"의 응답을 한다는 사실이다. 여기서의 아멘은 앞에서 서술한 대로 모두가 하나님의 말씀에 감격하여 나오는 아멘이라고 말할 수 없다. 그것은 설교자의 축원이나 기원, 생각에 맞추는 아멘이 대부분이다. 그리고 설교자를 더욱 흥겹게 해주려고 장단을 맞추는 고수의 역할을 할 뿐 진정한 감동의 발로가 아니라고 보는 견해가 지배적이다.

그럼에도 불구하고 설교자는 자신의 말에 뜨겁게 응답해 줌에 더욱 힘을 얻어 아멘의 유발에 진력을 다하며, 이러한 응답이 없을 때 "아멘"의 응답을 하라고 강요하는 모습은 한국의 강단을 급진적으로 병들게 하고 있다. 이러한 진풍경은 1960년대와 70년대에 이르는 우리의 부흥 운동에서 깊은 사려가 없이 행하여졌던 대중 집회의 부흥사들로부터 시작되어졌다. 이러한 설교의 탈선은 1960년 이전에는 이 땅에서 찾아볼 수 없는 것들이었음을 오늘의 설교자들은 조용히 음미해 볼 필요가 있다.

최근에는 유난히도 설교를 끝내면서 "~하기를 주님의 이름으로 축원합니다."를 사용하는 설교자가 급증하고 있다. 이 문장 역시 주어는 생략된 채 사용되고 있다. 이 때마다 회중은 여전히 "아멘"으로 화답한다. 어떻게 보면 문제가 없어 보일 수 있다. 그러나 이 역시 앞에서 언급한 문제점의 연속이다. 이러한 문제점이 심상치 않게 등장하던 1981년 한국의 대표적인 한 교단에서는 연구위원회의 보고를 통하여 그 부당성을 다음과 같이 지적한 바 있다.[8]

첫째, 설교는 하나님의 말씀이어야 하기에 설교에 인간의 기도식 기원이나 기도 등의 형식을 개입하는 것은 바람직하지 않다.

둘째, 설교는 설교대로, 기도는 기도대로, 축도는 축도대로 하는 것이 좋다.

셋째, "주님의 이름으로 축원합니다."의 사용은 회중에게 자극을 주고 흥분시켜 "아멘"으로 응답하지 않고는 안 되게 만들어 설교의 질서를 문란케 하고 미신적 기복 사상을 키워 줄 우려가 있다.

넷째, 설교의 근본 목적이 흐려지고 회중에게는 설교의 내용과는 관계없이 "아멘"만을 하면 된다는 식으로 유혹되기 쉽다.

이상과 같은 내용을 연구위원회는 보고하면서 설교를 할 때는 "주님의 이름으로 축원합니다."를 하지 않도록 건의하였고 총회는 이를 아무 이의 없이 통과시킨 바 있다.

어느 나라에서도 찾아볼 수 없는 이러한 종결어의 사용은 생각 밖으로 다음과 같은 중요한 오류를 범하게 된다.

첫째, 설교자가 하나님 대신 군림하여 자신의 경험과 판단과 지식으로 하나님 말씀을 대신하게 하며 봉독되어진 하나님의 말씀을 지배하는 무서운 죄를 범하게 된다. 설교의 순간에는 말씀과 함께 하나님이 나타나야 하는데 설교자가 설교자의 잡다한 인언(人言)과 함께 등장하는 강단으로 변하게 된다.

둘째, 설교자에게 주어진 본문을 통하여 하나님이 무엇을 말씀하고 계시는지에 대한 진지한 석의(exegesis)와 주해(exposition)의 필요성을 느끼지 않은 채 자신이 보고 느끼는 것을 자신의 생각과 적절한 예화로 연결지어 버리는 비성경적인 설교를 하게 되는 경박한 설교자의 준비를 가져온다.

셋째, 이러한 설교가 계속될 때 회중이 설교를 하나님의 말씀으로 받아들이는 데에 거부감을 갖게 되며, 언젠가는 하나님과의 만남을 지속해야 할 설교보다 차라리 미사와 같은 예전이나 기도원의 뜨거운 기도를 통한 만남의 경험을 추구하게 된다.

넷째, 설교의 고유한 사역에 회의를 느끼면서 회중이 그런 정도의 설교는 자신들도 할 수 있다는 자신감을 갖게 되면서 강단에 서는 것을 예사로 생각하게 되고 신학 교육을 받은 설교자의 필요성마저 느끼지 않게 될 날이 오게 된다.

개신교의 고유한 설교 사역을 감당함에 있어서 우리의 언어 습관이 적지 않은 탈선을 유발하고 있다는 사실을 확인할 때 오늘의 설교자를 비롯하여 미래의 설교자들은 심각한 책임을 통감하지 않을 수 없다. 이 때마다 "인간 내부에서 나오는 말들이 설령 감동을 준다 할지라도 거기에는 생명력이나 권능도 존재하지 않음을 알아야 한다. 단언하건대, 능력이 인간의 혀에서 나오지 않고, 단순한 소리에서도 나올 수 없다."9)고 설파한 칼빈의 말을 다시 음미하게 된다.

사실 설교자란 성실한 도구로서 말씀의 전달에만 집착해야 한다. '어떻게 하면 하나님의 말씀이 설교자의 잡다한 수식과 표현 속에 시달리지 않고 순수하게 전달되어질 것인지'를 고민하는 설교자를 하나님이 사랑하신다. 자신이 무엇을 들려주어야 한다는 태도는 대단한 위험을 수반한 행위이다. 참된 설교의 사역은 언제나 자신이 숨겨지고 말씀의 주인과 회중이 서로 만날 수 있도록 하는 데 최선을 다해야 한다. 그리고 설교는 명령적인 형태보다는 하나님의 실상을 보여주는 사실적인 방향의 추구에 집중해야 한다. 그렇게 하기 위해서 우리의 언어 문화에서 발견되는 1인칭 주어의 생략 습관을 설교자가 강단에 섰을 때는 중단해야 한다. 그리고 설교의 종결어가 하나님이 맺는 것인지 아니면 자신의 것인지를 면밀히 생각하는 설교의 사역자들로서 나서야 한다.

'설교의 몰락', '설교의 임종'이 이 땅에 다가오기 전에 오늘의 설교자들은 정신을 가다듬고 다음의 두 문장을 비교해 보고 설교자가 어느 길을 택할 것인지를 가늠해 보자.

"(나는) 여러분이 많이 심고 많이 거두어 하나님의 축복이 여러분의 창고에 차고 넘치기를 축원합니다."

　"하나님은 하나님의 나라와 의를 위하여 땀과 눈물을 흘리는 성도들에게 오늘도 헤아릴 수 없는 은총을 더해 주십니다."

주>
1) Robert W. Funk, *Language, Hermeneutic, and Word of God* (New York:Harper & Row, 1966), pp. 20-46.
2) Calvin's *Commentary on Isaiah* 55:11.
3) Karl Barth, *The Preaching of the Gospel*, trans. B. E. Hook (Philadelphia:The Westminster Press, 1963), p. 9.
4) Reuel L. Howe, 「설교의 파트너」, 정장복 역(서울:양서각, 1982), p. 65.
5) 노대규 외 5인 공저, 「국어학 서설」(서울:신원문화사, 1994), pp. 16-19.
6) 여기서 말한 술어 중심의 우리 언어의 구조는 이규호, 「말의 힘」(서울: 제일출판사, 1988), 제9장에서 상세한 예문과 함께 잘 설명되어지고 있다.
7) 윤태림, 「한국인」(서울:현암사, 1987), p. 65.
8) 대한예수교장로회(통합) 1981년 65회 총회 특별연구위원회 보고.
9) Calvin's *Commentary on Hebrew* 4:12.

제 4 장

설교자가 알아야 할 설교의 정체(正體)

> **함축된 의미의 질문들**
>
> ◆ 구약에 나타난 예언자들의 설교 사역의 형태를 예의 주시해 보았는가?
> ◆ 신약 시대 사도들의 설교 사역의 특성은 어떠했는가?
> ◆ 종합적인 설교의 정의를 무엇이라고 할 것인가?
> ◆ 수많은 신학자들의 설교 정의는 어떤 것들인가?

1. 구약에서 보여 준 설교 세계

설교자의 중요한 임무 중의 하나는 자신이 감당하고 있는 설교 사역이 무엇인지를 분명하게 이해하는 일이다. 설교자가 자신이 하는 일에 대하여 명확히 정의를 내릴 수 있고, 그 일을 위하여 자신의 정체성을 확실히 파악하고 있다면 그는 자신의 일에 대하여 그만큼의 확신과 자신을 갖고 있다는 의미이다. 그러나 설교자로서 설교 사역에 관한 분명한 정의를 가지고 있지 못하면 그 사역의 내용과 방향은 정상적인 궤도를 탈선하는 무서운 결과를 가져온다. 그러므로 성경에서 보여진 설교자와 그 사역의 내용을 확실히 파악하고 그 뿌리를 이어가는 것이 무엇보다도 시급한 과제라고 아니할 수 없다.

구약성경에 나타난 설교 사역과 설교자에 대한 기록은 곧 선지자(예언자)들을 통하여 알 수 있다. 구약에서는 많은 부분에서 참 선지자와 거짓 선지자에 대한 기록을 남기면서 그 차이점을 여러 곳에서 밝히고 있다. 하나님이 부르시고 사용했던 구약의 설교자(선지자)들은 다음의 두 가지에서 그 특성을 보여 준다.

먼저 표현을 보면, 그들은 철저히 하나님으로부터의 소명(Calling)을 받아서 자신의 전 생애를 바쳐 하나님의 말씀을 전하는 순수한 심부름꾼의 사명을 감당하였다. 비록 인간적으로 자신의 직책을 수행함에 있어서 때때로 후회와 싫증을 느끼며 자신의 출생 자체를 한탄하는 경우도 있었다.1) 그러나 그들은 말씀의 사자(使者)라는 신분과 그 사명의 수행은 자신이 원하든 원치 않든 전능자의 손에 붙들려 나아가는 것이며 하나님의 필요에 의하여 살아가는 실존임을 깨닫고 있었다.2)

또 하나의 사실은, 그들이 전했던 메시지의 형태를 주시할 때 알 수 있다. 그들은 하나님에 대하여 자신들이 해석을 하고 자신들의 주관적인 견해를 외친 것이 아니었다. 그들은 오직 하나님의 실존을 알리고 그의 말씀을 전하는 데 집중적인 관심을 두었다. 그렇기 때문에 그들의 메시지는 하나님이 인간을 위하여 무엇을 어떻게 하셨고 그의 말씀은 어떠하시다는 내용을 담고 있다. 다시 말하면, 하나님을 향한 인간의 말이 아니라 인간을 향한 하나님의 말씀으로 이스라엘 백성들에게 설교하였다.

어떤 경우에도 구약의 선지자들은 하나님의 말씀을 인간들에게 알리는 것을 그들이 수행해야 할 사역으로 이해했다. 그들은 하나님에 관한 자신들의 생각이나 인간의 말을 구사한 것이 아니고 하나님께서 역사의 현장에 어떻게 개입하시고 구속의 역사를 어떤 방법으로 이루어 가시는지를 알리는 것을 주 임무로 삼았다.3) 그리고 그들은 자신들을 불러 사용하신 하나님께서 직접적으로 말씀의 종들인 자신들의 입을 주관하신다는 사실을 철저히 인식하였다.4) 그러므로 그들은 "주 여호와의 말씀이 이러하시다."5)라는 순수한 전달을 할 수 있었으며, 명령의 수행에 최선을 다하였다.

그 결과 하나님은 선지자들의 설교에서 언제나 주체(subject)였지 결코 설교의 대상(object)이 아니었다. 즉, 하나님이 스스로 선지자를 통하여 말씀하셨다는 사실이다. 그렇기 때문에 구약의 설교자들은 그들의 삶 전체가 하나님의 장중에 사로잡혀 그 주인의 뜻대로 말씀을 전하고 행동해 가는 것이 자신들이 살아가야 할 당연한 길임을 인식하였다. 그리고 어떤 역경이나 위험에도 전혀 개의치 않고 용기있게 생명 전체를 바쳐 하나님의 말씀을 선포했음을 성경은 기록하고 있다.

2. 신약에서 보여 준 설교 세계

신약에서의 설교는 하나님의 구속사의 실현을 증언하는 일이었다. 즉, 그리스도이신 예수님의 오심과 그 생애와 교훈과 십자가의 수난과 부활과 승천과 재림을 선포하는 일을 주로 하게 된다.6) 그들은 이 그리스도의 사건을 과거의 사건으로 보지 않고, 현재적이고 전체적인 사건으로 창조 때부터 재림까지를 이어 주는 사건으로 외치고 있다.

히브리서 기자에 의하면, 구약의 선지자들을 통해 말씀하셨던 하나님이 그의 아들 그리스도이신 예수님을 통하여 동일한 말씀을 계속하고 계심을 알 수 있다.7) 그러므로 예수님 자신이 그대로 하나님의 말씀이었지 하나님에 관하여 말씀하신 제 삼자적 입장이 아니었다.

이와 같이 직접적으로 말씀이 육신이 되어 이 땅에 오시어 하나님의 나라를 선포하고 대속의 죽음과 부활과 승천을 보이신 그를 믿으면 살고, 믿지 않으면 죽는다는 단순하면서도 의미 깊은 진리를 사도들은 계속 외쳤다. 그리고 사도들은 역사의 주인이신 그리스도이신 예수님의 사절로서 그분을 대신하여 간곡하게 외치는 자[8]로서 자신들의 존재를 확신하였다. 그러므로 구약에서와 같이 그리스도이신 예수님이 사도들의 생각과 그 메시지의 주체였지 결코 대상이 아니었다. 그러므로 사도 바울은 다음과 같이 말하고 있다.

> 우리가 늘 하나님께 감사하는 것은 우리가 여러분에게 하나님의 말씀을 전했을 때에 여러분이 그것을 사람의 말로 받아들이지 않고 사실 그대로 하나님의 말씀으로 받아들였다는 것입니다.[9]

이처럼 사도들은 자신들이 외치는 말씀의 증언이 단순한 인간적인 사건의 전달이 아니고, 그리스도의 사자들로서의 외침이었다고 확신하고 있다.

구약의 선지자들이나 신약의 사도들은 한결같이 하나님 앞에 붙잡힌 사자들로서 전 생애를 말씀을 외치는 데 바쳤다. 그리고 그들은 하나님이 무엇을 해오셨고, 오늘은 무엇을 하고 계시며, 장차 무엇을 하실 것인가(What God has done, is doing, and will do)를 사실 그대로 전달하는 말씀의 증언자들이었다. 그러므로 현재도「제2 스위스 신앙고백」(The 2nd Helvetic Confession)[10]에서 말한 대로 의법 소명자(lawfully called)들인 설교자들은 하나님의 말씀과 그 뜻을 전달하는 하나의 도구로서 인간들의 심장을 두드리며 그 인생에 새로운 삶의 길을 열어 주는 소중한 존재들이다.

이상과 같은 입장을 이해한 도널드 밀러(Donald Miller)는 현대 설교자들의 임무를 다음과 같이 규정하고 있다.

설교를 한다는 것은 역동적인 사건(dynamic event)의 일부분이 되는 것이다. 바로 이 역동적인 사건 속에서 살아 계신 하나님은 설교자를 통하여 한 인간과의 생생한 만남을 갖게 되며, 이 만남 속에서 구속의 역사를 집행하신다. 그러므로 진정한 설교는 현재의 순간 속에 말씀이 육신이 되는 연속적 사건이다. 그러므로 과거의 십자가와 부활 사건은 오늘의 현장 속에서 살아 있는 사건으로 그 실제성을 드러낸다.[11]

이상과 같이 진정한 설교의 사역은 특별한 부름을 받은 존재가 언제나 성경에 기록되어진 대로 살아 있는 하나님과 그분이 행하시는 구속의 역사를 증언하고, 그 기록에서 주어진 말씀을 전달하기 위한 운반(Convey)의 사명을 감당함으로써 이루어진다. 그러므로 성경의 예언자들에게 뿌리를 둔 현대의 설교 사역을 감당하는 설교자는 다음의 기본 진리를 언제나 가슴에 간직해야 한다. 그것은 하나님은 구약이나 신약의 시대와 동일하게, 오늘을 살아가고 있는 영혼들을 사랑하시고 그리스도의 구속의 역사를 통하여 그들을 구원하시려는 경륜을 지금도 펼치고 있다는 기본 주제이다. 이 주제로부터 오늘의 설교자들도 구약의 예언자들과 신약의 사도들처럼 특별한 소명을 하나님으로부터 받아 주어진 사명을 감당해야 한다. 이러한 말씀의 사역은 하나님과 그 백성 사이에서 지속되어야 하고 하나님의 나라를 이 땅에 확장해 가는 데 더욱 강화되어야 한다.

3. 설교의 본질적인 뜻과 소중한 질문들

한국의 강단에서는 언제나 설교라는 이름 아래 선포의 작업이 계속되고 있다. 때로는 은혜의 말씀으로 많은 회중에게 감동을 주는가 하면, 때로는 설교자가 만담가로 바뀌어 신성한 강단을 어지럽히는 경우를 쉽게 발견하게 된다. 특별히 설교에 관한 전문적인 교육이 결여된 설교자의 경우 그들의 설교는 성경에서 보여진 그 본성을 너무나 심각하게 이탈한다. 이럴 때마다 설교자가 설교의 본질적인 뜻을 심도 있게 이해하고 실천해야 한다는 당연한 주문을 받게 된다.

강단에서 하나님의 말씀을 봉독하고 외치면 그것이 무조건 다 설교가 되는 것은 아니다. 적어도 현대의 설교자들에게 있어 "설교란 이것이다."라는 확고한 이해와 정의(定義)가 있을 때 그 설교는 정확한 방향을 설정할 수 있고, 그 준비에서부터 올바른 자세를 확립할 수 있게 된다. 그리고 자신에게 맡겨진 책임과 의무를 고수하게 된다. 이러한 설교의 정의에 대한 중요성을 인정할 때 다음의 대표적이고 종합적인 뜻매김을 찾게 된다.

첫째, 개혁교회의 신학에 절대적인 영향을 끼친 존 칼빈(John Calvin)은 "하나님은 하늘로부터 누구나 다 들을 수 있도록 말씀하시지 않고 오직 그의 도구로 인간을 선택하여 말씀하신다."[12]고 하면서 선택된 설교 사역자를 하나님의 종(Servant) 또는 대사로 정의하여 그 정체성을 강조한다. 그리고 설교는 하나님이 예배의 현장에 임재하셔서 그의 종을 통하여 말씀하신 것이며, 그 말씀을 통하여 하나님의 약속과 계명이 성취되는 효과를 거두게 된다고 설명한다.[13]

존 칼빈에 의하면, 하나님은 구약의 선지자들과 같이 설교자를 매체로 하여 그가 원하시는 말씀을 들려주시며 이 사역을 통하여 말씀의 선포 사역을 계속하심을 강조한다. 그에 따르면, 설교자란 먼저 부름을 받지 않고서는 성경의 진리를 소개할 수 있을 정도는 될지 모르나 하나님의 말씀을 선포할 수는 없다는 것을 알게 된다.

둘째, 말씀 중심의 신학에 뿌리를 내린 칼 바르트(Karl Barth)가 가지고 있는 설교의 견해를 본다. 그는 목회의 장에서 계속적인 설교 사역을 수행하면서 설교의 중요성을 남달리 경험한 바 있는 학자이다. 그는 자신이 수행한 설교 사역을 자신이 펼친 말씀의 신학의 기초로 삼으면서 설교를 다음과 같이 정의하고 있다.

> 설교는 하나님 자신의 말씀이다. 그러나 하나님 자신의 선하신 뜻을 따라 하나님의 이름으로 한 인간(설교자)을 선택하고 성경의 말씀을 방편으로 하여 인간들에게 증거하게 하신다.14)

칼 바르트의 정의에 의하면, 설교는 하나님의 말씀이며, 하나님은 변천하는 역사 속에서 교회의 설교를 통하여 그 자신의 말씀을 그 시대의 인간들에게 전파하고 계신다. 또한 교회란 하나님의 말씀이 외쳐지고 경청되어지는 하나님 백성들의 모임이며, 그 곳에서 말씀은 시대를 따라 늘 새롭게 소생되어야 함을 그는 강조하고 있다.15)

셋째, 세계교회의 설교학자들과 시대적으로 뛰어난 설교의 거성(巨星)들을 매년 초청하여 설교의 이론과 실제를 발표하는 장으로서 대표적인 곳인 미국 예일대학의 비쳐 기념 설교학 강연(Yale Lectures on Preaching)에서 필립스 브룩스(Phillips Brooks)가 언급한 견해이다. 1877년 미국 성공회의 대표적인 설교가로서 세계적인 명성을 떨친 바 있는 필립스 브룩스는 이 곳의 기념 강연회에서 자신의 설교관을 발표하면서 "설교란 한 사람에 의하여 다수의 사람들에게 주어지는 진리의 전달(communication)이다."16)라고 정의를 내린 바 있다.

이 정의에 의하면, 진리와 설교자라는 인격체의 두 요소가 주종을 이루고 있다. 이 진리란 하나님의 말씀으로서 인간들에게 전달되어야 할(to be communicated) 주제이고, 설교자란 그 진리를 전달해 주어야 할 운송 책임자(conveyer)이어야 한다는 주장이다. 브룩스는 앞에서 살펴본 설교의 견해처럼 설교자의 철저한 소명의 문제와 하나님 말씀의 강조 등이 결여된 면을 보여 주고 있다. 그러나 최초로 하나님의 말씀이 설교라는 형식에 담길 때에 일방적(one way)인 선포에 머무를 수 없는 것으로 반드시 양방적(two way)인 이해의 관계가 성립되어야 한다는 커뮤니케이션의 이론을 주장하여 현대 설교학자들의 공감을 불러일으킨 바 있다.

이상의 대표적인 설교의 견해들의 바탕 위에 본서에서는 몇 가지의 요소를 더 부가하여 설교의 정의를 다음과 같이 정리해 본다.

> 설교란 택함받은 설교자가 당대의 커뮤니케이션을 통하여 회중에게 하나님의 말씀인 성경의 진리를 선포하고, 해석하고, 이 진리를 회중의 삶에 적용함이다. 이것은 반드시 성령님의 감화하심(under dynamic of Holy Spirit)에 의해 이루어져야 한다.

이러한 설교의 정의를 오늘의 설교자들이 받아들인다면 설교자로서 다음의 몇 가지 핵심적인 질문을 하게 된다. 그리고 이 질문들은 설교자로서 일생동안 그 마음에 간직되어야 한다. 이 질문들 앞에 바른 대답을 할 수 없는 설교자는 설교 사역에 자신을 잃게 된다. 설교자가 이 질문들 앞에 떳떳한 대답을 갖출 때 하나님 앞에 부끄러움이 없는 설교자로서 그 소임을 다할 수 있게 될 것이다.

첫째, 나는 택함받은 설교자로서 충실한가?
둘째, 나는 하나님의 말씀인 성경의 진리를 바르게 선포하고, 정확하게 해석하고, 효율적으로 적용시키고 있는가?
셋째, 나의 전달 방법과 기술이 오늘의 시대와 동떨어져 있지 않은가?
넷째, 나는 이 모든 준비와 외침을 성령님의 감화하시는 역사(役事) 속에서 실천하고 있는가?

4. 설교에 관한 다양한 견해들

제4장 설교자가 알아야 할 설교의 정체(正體)

　앞에서 정리한 설교의 정의는 개혁교회가 가지고 있는 설교 사상이다. 거기에 커뮤니케이션을 가미하여 오늘과 내일의 한국교회 설교자들이 수용해야 할 설교의 정의로서 정리하였다. 그러나 이상의 설교의 정의가 완벽하거나 절대적인 것은 아니다. 그 외에도 많은 설교학자들과 이론신학자들이 내린 설교의 정의가 많다. 이들의 설교에 관한 견해 역시 소중한 가치를 가지고 있다. 이러한 설교의 견해들을 설교자들이 접하여 자신의 설교관과 비교하면서 설교의 방향을 잡아 가는 것은 매우 값진 일이라 하겠다. 그럴 때 설교에 관한 이해의 폭도 넓어질 수 있게 된다. 이러한 차원에서 본서는 설교자들이 눈여겨 보아야 할 설교의 견해들을 수집하여 여기 소개하고자 한다.

* 하나님의 말씀을 설교하는 것은 바로 하나님의 말씀이다.
　　　　　　　　　　　　　　　－「제2 스위스 신앙고백」－

* 설교는 하나님의 생각과 인간의 생각이 만날 수 있도록 접촉점을 찾아내려고 노력한다.…… 모든 설교자들은 먼저 그리스도 안에 계시된 하나님의 생각을 이해한다. 둘째, 이해된 내용을 자신의 생각과 경험에 동화시킨다. 셋째, 그 진리를 듣는 회중의 마음에 적합하게 설명할 수 있도록 한다.
　　　　　　　　　　　－ Ilion Jones,「설교의 원리와 실제」－

* 설교는 행위의 변화를 일으키려는 명백한 목표를 가지고 한 사람이 다수의 사람들에게 성경의 진리를 전달함이다.
　　　　　　　　　　　－ Daniel Baumann,「현대 설교학 입문」－

* 설교는 하나님의 말씀에 기초하고 사람을 구원하려는 계획과 목적에서 사람을 감동하도록 권면하는 법이 있는 종교적 간화(講話)이다.

- 곽안련(Allen Clark), 「강도요령」, 「강도학」 -

* 설교는 회중의 구체적인 상황에서 성경의 의미가 표현되기 위해 성경이 설교 안에서 해석되어지는 사건이다.
  - David James Randolph, *The Renewal of Preaching* -

* 웅변은 사람을 움직이게 하는 기술로서 정의되어져 왔다. 그러나 설교는 이에 부가적인 특징을 갖고 있는데 그것은 사람을 낮은 세계로부터 좀더 높은 차원의 삶으로 움직이게 하는 기술이다. 설교는 사람들에게 더욱 고상한 인간성을 넣어 주는 기술이다.
  - Henry Ward Beecher, *Yale Lectures on Preaching* -

* 인격을 통한 진리가 우리의 진정한 설교에 대한 묘사이다.
  - Phillips Brooks, *Lectures on Preaching* -

* 설교는 설득을 추구하는 하나님의 진리에 대한 커뮤니케이션이다.
  - T. Harwood Pattison, *The Making of a Sermon* -

* 설교는 복음을 확장하고 있으며 선포하고 있다.……그 복음은 영원한 것이고 그리스도 안에서 하나님의 영구한 행위이며, 그 선포 안에서 복음이 반복되고 있다.
  - P. T. Forsyth, *Positive Preaching and the Modern Mind* -

* 설교는 최선의 상태에 있는 단지 하나의 붓이다. 설교는 그림이기보다는 붓인데 설교자의 설교에 의해 만들어진 그리스도인들은 바로 설교자의 그림이다. 분명히 그들은 설교자의 걸작들이다.
  - Charles R. Brown, *The Art of Preaching* -

제4장 설교자가 알아야 할 설교의 정체(正體)

* 성찬에서와 같이 설교에서도 회상은 살아 계신 하나님께서 그의 백성에게 자기를 나타낼 전주곡이라 할 수 있다. 그것은 그리스도 안에서 하나님과 사람의 직접적인 교제이며, 이것을 위해 모든 설교는 기회를 제공해야 한다.
  - Henry Sloane Coffin, *Communion Through Preaching* -

* 설교는……비기독교 세계를 향한 공식적인 선포이다.
  - C. H. Dodd, *Apostolic Preaching and its Development* -

* 교회의 근본적이고 우선적인 기능은 설교의 기능이다. 왜냐하면 설교는 교회를 말씀의 모든 의미 안에서 세우는 바로 그것이기 때문이다.
  - Emil Brunner, quoted in Arthur W. Conen,
  The Primacy of Preaching Today -

* 설교 활동은 단순히 기독교 신앙의 내용을 전달하기 위한 수단이 아니라 실제적 의미에서 그 자체의 내용과 깊이 연관되어 있다. 신앙에 대한 설교의 영향은 나무에 대한 꽃과 같다.
  - H. H. Farmer, *The Servant of the Word* -

* 설교는……하나님의 위대한 영위를 선포하기 위해 존재한다.
  - James S. Stewart, *Heralds of God* -

* 설교는 말씀으로 화신이 되어 그의 회중 가운데를 걷고 있는 그리스도 자신이다.
  - Dietrich Bonhoeffer, *Gesammelte Schriften*,
  ed. Eberhard Bethge, vol 5 -

한국교회의 설교학 개론

* 복음을 전한다는 것은 사람들이 그 복음을 향해 결단하거나 혹은 저항하도록 그들 앞에 복음을 설명하는 것을 의미한다.
 - Paul Tillich, *Theology of Culture* -

* 설교단은 한 가지 이유에서 존재하는데, 우선적으로 그리스도 안에서 하나님의 구속의 은혜에 대한 복음을 전파함이다.
 - Don M. Wardlaw, "Preaching as means of Grace" -

* 교의학(Dogmatics)은 교회가 존재하기에 있는 것이며, 교회의 존재 목적은 복음의 선포를 원초적인 기능으로 한다. 선포가 없는 곳은 더 이상 교회라 할 수 없다.
 - Heinrich Ott, *Theology and Preaching* -

* 설교는 메시지를 선포한다. 즉, 하나님의 산물인 생명에 관해 말하며 그 이상의 것을 말한다. 설교는 그것을 통하여 이 세상에 하나님 그 자신을 내준다.
 - Richard. R. Caemmerer, *Preaching for the Church* -

* 설교자의 임무는 단순히 성경의 착상들을 성경으로 푸는 단순한 작업이 아니다. 설교자는 하나님 앞에서 그 성경 말씀의 의미를 풀어 주고 그 가르침을 회중의 삶에 적용시켜야 한다.
 - T. H. L. Parker, *Portrait of Calvin* -

* 설교는 인간이 하나님으로부터 마음이 교류되는 기도 중에 성신의 속삭여 알려 주심(講示)을 받아서 회중에게 나아가 그것을 가감 없이 역설함이다.
 - 이명직,「설교집」1 -

제4장 설교자가 알아야 할 설교의 정체(正體)

* 설교는 단순한 말이 아니다. 그것은 한 사건이다. 진정한 설교에는 무엇인가가 일어난다. 그러므로 설교의 주요 관심은 그리스도 안에서 하나님의 구속 역사를 예시하며, 그것이 설교의 행위 안에서 살아 있는 실제가 된다.

  – Donald G. Miller, *The Way to Biblical Preaching* –

* 설교는 하나님에 대한 말이라기보다 하나님에 의해서 되어진 말이다.

  – J. J. Von Allmen, *Preaching and Congregation* –

* 설교는 전달되어진 계시이다.

  – Domenico Grasso, *Proclaiming God's Message* –

주〉
1) 예레미야 20:14.
2) 예레미야 20:7.
3) Donald Miller, *Fire in Thy Mouth*(New York:Abingdon Press, 1954), p. 23.
4) 예레미야 1:9.
5) 에스겔 2:4.
6) 사도행전 4:12.
7) 히브리서 1:1.
8) 고린도전서 5:20.
9) 데살로니가전서 2:13.
10) *The Second Helvetic Confession*, Chapter I. in John Leith, ed., *Creed of the Churches*(Richmond, Virginia:John Knox Press, 1973), p. 133.
11) Donald Miller, op. cit., p. 17.
12) Calvin's *Commentary on Isaiah* 55:11.
13) 여기에 대한 설명은 존 칼빈의 말씀과 성례에 대한 연구를 집대성한 다유의 책을 참고하라.

Ronald S. Wallace, *Calvin's Doctrine of the Word and Sacrament*(London:Oliver and Boyd, 1953), pp. 82-95.
14) Karl Barth, *The Preaching of the Gospel*, trans. B. E. Hook (Philadelphia:The Westminster Press, 1963), p. 9.
15) Ibid., pp. 12, 14.
16) Phillips Brooks, *Lectures on Preaching*(London:S.P.C.K., 1959), p. ix.

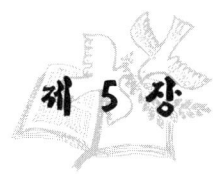

제 5 장
선택받은 설교자의 길

> **함축된 의미의 질문들**
>
> ◆ 설교자로서 소명의 경험을 실토한 존 칼빈과 존 웨슬리의 고백을 들어 보았는가?
> ◆ 소명이라는 말마저 생소하던 초기 한국교회 설교자들에게 주어진 소명에 대한 가르침은 어떤 것들이었는가?
> ◆ 설교자로서 자신의 소명에 대한 확신과 다짐을 하고 있는가?
> ◆ 한국교회의 설교자로서 요구된 항목들에 대한 자신의 대답은 무엇인가?

1. 소명(召命) 앞에 선 설교자

사실 설교자는 평범한 하나의 인간이다. 사회를 구성하는 한 시민이며, 죄성(罪性)을 그대로 가지고 있는 인간(sinful humanity)이다.1) 하나님은 그러한 인간들 가운데서 말씀의 운반자들을 부르신다.

사회가 고결한 인격과 신앙인으로 추앙하는 사람들에게만 소명을 제한하시지 않는다. 때로는 인간들이 기대하거나 상상할 수 없는 실존들을 불러 위대한 말씀의 종으로 세우신 기록을 우리의 교회는 많이 가지고 있다.

오늘의 설교자들은 소명(召命)을 너무 쉽게 이야기한다. 신학교를 찾아온 지망생들에게 소명에 대한 질문을 던질 때 모두가 소명을 받았다는 대답을 한다. 그러나 여기서 유의해야 할 것은 소명이란 일시적인 감정에 의한 것이 아니다. 수천 명의 교인 앞에서 예배를 인도하고 유창한 설교를 진행하는 설교자를 보고 그러한 자리에 서고 싶은 유혹을 소명으로 간주할 수 없다. 인간의 욕망과 소명은 별개의 주제이다. 흔히들 인간의 욕망을 채우기 위하여 소명이라는 너울을 쓰고 나서는 사람들을 본다. 그러한 경우 지쳐 쓰러지거나 탈선의 길을 걷는 것을 흔히 보게 된다. 그러한 까닭에 진정한 설교자는 한 인간의 욕구보다는 하나님의 부르심(召命-Calling)에 의하여 이루어진다. 이 소명이 분명한 사람마다 그들의 행보는 빨랐고 흔들림이 없었다. 이러한 실례는 허다하다.

첫째, 16세기의 대표적인 말씀의 개혁자였던 존 칼빈과 18세기에 대각성 부흥 운동의 주역으로 등장하여 설교의 황금기를 장식했던 존 웨슬리가 남긴 소명의 감격을 들어 보자.

먼저, 말씀 중심의 개혁자로 살았던 존 칼빈(1509-1564)은 하나님의 말씀을 전하는 사역이 은총의 선물임을 갈파하면서 무엇보다도 소중한 직책임을 밝히고 있다. 그 자신이 말씀을 가르치고 설교하는 직책을 수행하는 신념은 "하나님께만 영광을"(Soli Deo Gloria) 돌리는 일이었다. 이러한 신념이 불타오르게 됨은 그의 해박하고 지적인 바탕 위에서 이루어지지 않았다. 자신의 이성적인 기능을 초월한 하나님의 부르심에 의하여 그의 말씀의 사역이 이루어졌음을 그는 다음과 같이 고백한다.

제5장 선택받은 설교자의 길

나는 보았습니다.…… 마치 빛이 내 위에 막 쏟아져 비취는 것 같이…… 나는 내가 지금까지 얼마나 과오의 돼지우리에서 뒹굴고 있었는가를, 그리고 내가 얼마나 부정하고 더러워졌는가를 밝히 보았습니다. 내가 빠져 떨어진 그 비참한 상태에 대한 나의 두렵고 떨리는 심정, 영원한 죽음의 절망에 대한 더 무서운 위협, 이런 것 때문에 나는 한 시간도 참을 수가 없었습니다. 그리하여 즉시로 나는 당신이 지시하시는 길을 걷게 되었습니다. 많은 통곡의 눈물로 나의 과거를 저주하면서 나는 떠났습니다.……2)

다음으로 존 웨슬리(1703-1775)를 보자.

200년 전 존 칼빈과 같은 말씀 중심의 철저한 개혁자들의 혼이 사라져가고 있던 18세기는 불안과 혼돈의 구름이 전 유럽의 하늘을 덮고 있던 시대였다. 교회는 합리주의 이론에만 매달렸고 설교마저도 주지적(主知的) 논쟁에 급급하던 때 웨슬리의 출현은 실로 혜성과 같았다. 그는 영국뿐만 아니라 미국에까지 영적인 위기가 도래했을 때 말씀으로 경건(敬虔)과 성화(聖化)의 뿌리를 내린 선택받은 설교자였다.

그 역시 단순히 자신의 희망이나 지적인 바탕 위에서 하나님 앞에 나선 것은 아니었다. 그가 옥스퍼드 대학의 복음주의 운동에서 그러한 거대한 힘을 얻은 것도 아니었다. 미국의 조지아 주에 인디언 선교를 위하여 파송을 받아 열심을 냈으나 실패가 있었을 뿐이었다. 그러나 그에게 하나님의 철저한 구원과 소명을 깨달았던 다음과 같은 순간이 있었기에 그는 새로운 힘을 얻어 훗날 하나님의 소중한 도구가 되었음을 고백한다.

어느 날 저녁이었다. 나는 덤덤한 심정으로 알더게이트 가(Aldergate Street)에서 열린 모라비안 모임에 갔었다. 그때 누구인가 루터의 「로마서」 서문을 읽고 있었다. 8시 45분쯤 인간의 진정한 변화는 하나님께서 그리스도 안에서 갖게 된 믿음을 통하여 이루어 주신다는 설명을 그가 하고 있었다. 그때 나는 나의 심장이 뜨거워짐을 느꼈다. 그 때에야 내가 그리스도를 나의 구원의 주님으로 신뢰하게 되었다. 그분만이 세상 죄를, 나의 구체적인 죄까지 담당하셔서 나를 죄로부터 해방시켜 주심을 확신하게 되었다. 죄와 죽음으로부터 나를 구원하셨음을 나는 확신하게 되었다.3)

그후 그는 죄의 멍에를 벗어버리고 하나님의 부름을 받아 나선 감격을 "이제 될 수 있으리(And Can It Be)"라는 찬송시 속에서 쏟고 있다. 이 시 속에서 하나님의 부르심을 깨닫고 나서는 사람들은 언제나 새로운 세계의 주인들로 기쁨을 향유하면서 사명을 수행한다는 사실을 다시 발견하게 된다.

> 나의 갇힌 영혼 길게 누웠고
> 죄와 본성의 밤에 단단히 묶였으나
> 주님의 눈, 빠른 광선을 비추이사
> 나 깨어났고, 감옥은 빛으로 타오르네
> 나의 사슬 풀어졌고, 내 마음 자유를 얻었네
> 나 일어나 앞으로 달려가며 주님을 따랐네!4)

둘째, 한국의 초기 설교자들이 받은 소명에 대한 교육을 되새겨 보자. 그들은 어떤 교육을 받았기에 그토록 성언운반일념의 삶을 살면서 한국교회를 일구어 내는 도구들이 되었는지를 그들의 후예들은 알아야 한다.

칼빈이나 웨슬리와 같은 수많은 역사적인 설교자들은 소명을 받고 난 다음에 구원의 확신뿐만 아니라 자신의 할 일이 무엇인지를 깨달았다. 그리고 말씀을 바르게 전하는 종으로서 평생을 살게 되었다.

이러한 사상을 이어받은 한국의 초기 선교사들은 한국교회의 설교자들을 배출하면서 소명에 대하여 각별한 교육을 시킨 바 있다. 그 대표적인 기록은 한국교회 목사들이 기초적으로 알아야 할 제반사항을 열거했던 「牧師之法」(1920)이었는데 그 가운데 "上帝의 召하심"에서 소명에 대한 철저한 다짐을 펼치고 있다. 한국교회 초기 목사들이 받았던 소명에 대한 교육의 내용을 요약하면 다음과 같다.5)

첫째, 목사가 되기 위하여 하나님의 소명을 받았는지, 받았으면 어떻게 그 소명을 입증할 수 있는가라는 질문을 던진다.

둘째, 소명은 삶의 일터에서 찾는 것과는 달리 임의로 드나들 수 없는 하나님의 명령으로 어떤 시험이나 위험이나 곤란에 직면해도 소명을 따르는 일념(一念)만이 있을 뿐이다.

셋째, 소명은 하나님의 전권이기에 인간이 논할 성질의 것이 아니며, 참된 소명은 단순한 인간에 의한 감동의 단계를 넘어 성령님의 직접적인 역사 아래서 이루어진다. 구약의 선지자들과 신약의 사도들을 어떻게 부르셨는지를 유의해야 한다.

넷째, 소명을 받은 자는 하나님의 공사(公使), 청지기, 종이라 칭하게 되고 자신을 택하여 세운 하나님의 뜻을 따라 그 말씀만을 전하여야 한다.

이상과 같은 소명의 내용을 밝힌 바 있는 초기 교육의 장에서는 소명에 의하여 신학교에 입학을 했을지라도 그 철저한 소명 의식(召命意識)을 계속적으로 깨우치도록 노력한 바 있다. 특별히 이러한 교육의 장에서 하나님의 부르심을 알게 되는 경로는 많은 논란을 불러일으키고 있었다. 물리적인 현상으로 주어진 소명이 아니었기에 여기에 대한 교육은 매우 흥미 있는 부분이었다. 「牧師之法」에서는 하나님의 부르심을 알게 되는 과정을 다음 세 가지로 요약하여 알려 준 바 있다.

첫째, 한 인간이 복음의 진리를 깨닫고 무력했던 자신에게서 전도의 사명이 불타올라 피할 수 없는 지경에 이르러 영혼을 불쌍히 여기면서 소명을 확인하는 경우이다.

둘째, 자신이 육신적으로 누릴 수 있는 유익한 모든 조건을 외면하고 험난한 삶의 목회 길에 깊은 연민을 느끼고 기도하면서 확인하는 경우이다.

셋째, 육체적인 조건과 설교를 할 수 있는 자질을 갖춘 자로서 신령한 믿음과, 구령(救靈)의 애착과, 지적 바탕 등이 구비된 자로서 주위의 권면이 있어 기도하면서 소명을 받은 경우이다.

이상과 같은 소명에 대한 초기 교육은 시대의 변천과 함께 결코 사라질 수 없는 소중한 내용들이다. 그 수를 헤아릴 수 없을 정도로 난립한 오늘의 신학교들을 통하여 목사들이 부지기수로 배출되고 있는 한국교회는 이 교육을 다시 회복시킬 필요가 있다. 이 소명의 철저한 교육과 다짐이 있을 때 교회는 그 면모를 새롭게 하게 된다. 그리고 하나님의 말씀이 진정한 하나님의 말씀으로 이 땅에 운반되어진다.

셋째, 설교자가 되기 전에 설교자로서 나서려는 자신에게 주어진 소명을 다짐할 필요가 있다. 불확실한 소명 의식은 언제나 위태롭기 때문이다. 확고한 소명 의식이 없는 설교자는 확고한 사명을 가지고 하나님의 말씀을 전할 수 없다. 자신이 아는 말씀에 대한 지식을 가르칠 수는 있을지 몰라도 결코 하나님 말씀의 종으로서의 소임을 수행할 수는 없다.

앞 장에서 엮어 보았던 설교의 정의에서 설교자는 언제나 하나님과 회중 사이에서 중간적인 매체의 역할을 감당하는 존재로 서술되어 있다. 특별히 현대라는 시대에서 설교의 사역을 감당하게 되는 설교자들은 그 자신들이 어떤 존재로서 어떻게 살아야 하는가에 대한 심각한 질문을 우선적으로 던지지 않을 수 없다. 그 이유는 어두운 밤으로 퇴

락해 가는 세태 속에서 말씀의 선포란 가장 소중한 사역이며 그 사역은 수행자에 따라서 성패의 가름이 쉽게 판정되어지기 때문이다.

그런 까닭에 언제나 설교자는 설교의 정의에서 제기된 "나는 선택받은 설교자로서 충실한가?"라는 질문에 대한 대답을 내놓아야 한다. 앞에서 본 필립스 브룩스의 말대로 설교란 한 사람에 의하여 다수의 사람들에게 전해지는 진리의 전달이다. 그러므로 설교를 통하여 인간들에게 진리를 전달하고 이 진리를 회중이 받아들이는 과정에서 설교자의 책임은 막중한 비중을 차지하고 있음을 부정할 수 없다. 특별히 듣는 회중보다는 외치는 설교자에 대한 자질과 기본적인 소명 의식이 현대 설교학에서는 가장 중요하게 취급되고 있다.

「미 연합장로교의 예배모범」6)에 있는 대로 설교자란 자신의 생활과 목회에서 구별된 삶의 요소를 가지고 활동해야 한다. 설교자가 되는 것이 결코 우발적이 되어서는 안 되고 직업의 선택으로 취급되어서도 안 된다. 주님은 구별된 은사를 말씀의 종들에게 주셨기 때문에 그 구별된 은사의 소유자들은 그 기능뿐만이 아니라 소유자의 전 인격이 다른 차원의 사람들의 생활과 생각과는 다른 의식 속에서 자신의 임무를 수행해야 한다.

여기에 부름받은 인간으로서 자신을 다짐하는 것이 설교자의 중요한 요소라 아니할 수 없다. 즉, 자신은 하나님의 말씀을 외치기 위해 이 땅에 보냄을 받았고, 이 길만이 평생 동안 설교자가 걸어야 할 외길임을 믿는 사람이어야 한다. 구약의 선지자들이 바로 이러한 투철한 소명 의식 때문에 하나님의 메시지를 바르게 외칠 수 있었으며, 하나님의 사람으로서 그 생애 전체를 바칠 수 있었다. 이러한 구약의 배경을 이용하여 제임스 밴스(James Vance)는 유명한 책「설교자가 된다는 것」(Being a Preacher)에서 다음과 같이 말하고 있다.

설교자를 부르심은 한 영혼을 구원하기 위한 하나님의 메시지를 선포하기 위함이다. 그 메시지는 한 개인에게 가장 숭고한 체험을 가져와야 한다. 이 속에서 아버지 하나님의 은총이 인간들에게 계시된다.7)

제임스 밴스에 따르면, 하나님은 현대인들에게 설교를 통하여 그의 은총을 베푸시며, 설교가 영혼들을 구원하기 위한 우선적인 통로가 된다고 한다. 따라서 설교자가 부름받은 자로서의 의무와 책임을 크게 느끼지 않을 수 없다. 다시 말하면, 부름은 하나님으로부터 왔고, 그 부름은 자신을 깨닫게 하고 응답하게 한다. 여기에 하나 더 제기되어야 할 문제는 설교자가 그 부름을 어떻게 받게 되느냐는 질문이다. 이 질문의 대답은 이미 한국교회 초기 교육에서 정확하게 주어졌다. 그러나 그 시기에 관하여 레슬리 티자드(Leslie Tizard)의 말은 중요한 의미를 갖는다.

> 소명이란 어떤 극적인 순간에 올 수도 있고 오랜 시간을 거쳐 점진적으로 오기도 한다. 자신을 향한 하나님의 소명이 언제, 어떻게 왔다고 정확히 시간과 장소를 밝힐 수 있는 설교자는 많지 않다. 그러나 설교자가 되는 것만이 자신의 갈 길임을 점진적으로 확신하게 되며 다른 길은 없다고 느끼게 된다. 마틴 루터도 수 년 후에야 인간이 늙고 눈이 어두운 말을 끌고 간 것처럼 하나님이 자신을 이끌어 가셨음을 깨달았다고 고백한 바 있다.8)

이처럼 극적이든, 점진적이든 자신의 소명을 확인하고 확신하는 것이 중요하다. 이 확고부동한 소명이 한 설교자에게 예언자적인 용기와 남들은 알지 못하는 책임감 속에서 말씀을 준비하게 하고 선포하게 한다. 그리고 말씀을 운반(運搬)하는 도구로서의 만족과 행복의 삶을 살게 한다.

2. 아무나 따를 수 없는 설교자의 길

1) 경건한 영적인 생활

부름받은 설교자가 그 정체성을 유지하기 위해서는 남다른 부단한 노력을 기울여야 한다. 그 노력이 시들 때 소명받은 존재로서의 열기가 식게 된다. 소명받은 말씀의 종에게서 열기가 식어질 때 말씀은 생명력을 잃게 된다. 그러므로 설교자는 은총으로 주어진 소명을 받은 신분을 유지하기 위해 각별한 땀과 눈물을 흘려야 한다.

첫번째로 요구되어지는 것이 소명의 주체이신 하나님과의 영적 교제이다. 여기서의 영성(靈性)이란 예언이나 치유나 방언을 추구하는 삶을 의미하지 않는다. 다만 하나님의 형상대로 지음 받은 인간으로서 그 형상의 회복을 목표로 하고 살아가는 한 인간의 삶을 말한다. 맑고 고결한 인간 회복을 위한 경건한 삶의 지속은 설교자에게 주어진 일차적인 삶의 양태이다. 이 삶은 설교자로서 하나님의 인도와 음성을 들을 수 있는 귀가 열리고 말씀을 보고 깨달을 수 있는 눈과 마음을 갖게 하는 가장 소중한 지름길이다. 설교의 역사에 우뚝 솟은 설교의 거성들은 바로 이 경건한 영적인 삶을 튼튼히 가꾸고 키우면서 하나님과의 교제를 성공적으로 가져왔다.

그러므로 지금도 설교 사역자는 자기를 부르신 주인과 밀접한 관계를 유지하는 길이 언제나 시급하고, 이 일을 위하여 영적 생활을 충실히 실천해야 한다. 1974년 제임스 보이스(James Boice) 교수가 미국 신학생들의 영적 생활에 관한 조사를 한 후에 미국의 신학생들의 약 93%가 영적인 생활을 하지 않고 있다고 발표했을 때 많은 신학교와 교회들이 깜짝 놀란 바가 있다.9) 물론 월남전 종전을 앞두고 병역을 면제받기 위해 신학교에 들어간 결과도 있겠지만, 이 보고서는 충격적인 것이었다. 그런 의미에서 70년대 후반부터 이러한 현상이 줄어들고 교회를 염려하는 새로운 물결이 일고 말씀의 회복을 위한 노력이 시도되었음은 퍽 다행스러운 일이라 하겠다.

눈을 우리에게로 돌려 보자. 그 동안 뜨겁게 살아왔던 경건한 영적인 삶의 노력이 지금도 지속되는지를 살펴보아야 한다. 높은 지성과 물질적인 풍요 속에 밀려난 경건의 삶은 어느 정도인지 성찰하면서 다음과 같은 질문에 자랑스러운 대답을 찾아야 한다.

- ◆ 한국의 신학교에 들어와 있는 선지생도들의 경건과 영적인 삶의 형편은 어떤 상태인가?
- ◆ 21세기에 들어선 오늘의 신학 교육에 이 경건의 훈련은 소기의 목적을 달성하고 있는가?
- ◆ 신학 교육을 시키는 교육자들은 피교육자보다 더 나은 경건한 삶을 추구하고 말씀과 기도로 이어진 영적인 생활을 지속하고 있는가?
- ◆ 아니면 단순히 학문을 전수시키는 교육자로서 머물고 있는가?

이러한 질문들은 실로 소중한 질문으로서 21세기의 신학 교육을 좌우하게 되는 내용들이다.

초기 한국교회 신학 교육에서 펼쳤던 경건의 열과 질이 어느 정도인지를 자성하는 함성이 들려지는 곳에서 참된 말씀의 종들이 배출될 수 있다. 성경 읽기, 기도, 충실한 예배, 명상을 통하여 영적 생활을 계속해 가는 설교자는 그런 생활을 하지 않는 설교자와는 판이하게 차이가 난다. 설교학자 드와이드 스티븐슨(Dwight Stevenson) 교수는 "설교자 자신이 외치고자 하는 말씀 속에서 하나님의 음성을 듣지 않고서는 아무에게도 그 말씀을 외칠 수 없다."[10]라고 한 바 있다. 이처럼 자신이 증거하고자 하는 한 편의 말씀 속에서 하나님의 음성을 듣기 위하여 설교자가 얼마만큼의 뜨거운 영적 생활을 해야 하는

가는 재론의 여지가 없는 중요한 문제이다.

한국의 문화를 일컬어 제의적 문화(Ritual Culture)라고 이름하여도 손색이 없을 정도로 우리의 역사와 문화는 깊은 종교성을 유지해 왔다. 그리고 그 종교의 사역자들은 모두가 깊은 영성을 추구하면서 범인들이 따를 수 없는 경지를 달리는 사람들로 인정을 받으면서 자신들의 종교를 이끌어왔다. 이러한 고차원적인 영성을 추구하는 사람들은 그들 앞에서 어떠한 가르침도 수용하고 자신들이 몸담은 종교의 발전을 위하여 최선을 기울였다. 특별히 초기의 한국교회 설교자들은 깊은 기도와 명상과 말씀의 묵상 속에서 경험한 거대한 영성의 위력을 소유하였고 그 힘을 기반으로 하여 황무지와 같은 이 땅에 복음의 활착(活着)을 가져왔다. 성화(聖化)를 향한 설교자의 노력은 소명 받은 설교자의 당연한 과정이다. 이 단어를 단순한 교리적인 차원에서 해석해서는 안 된다. 이것은 거룩한 영성을 이룩하려는 노력이다. 거룩한 길을 걷는 것은 설교자의 경건성을 확고히 하려는 지극히 힘든 과정이다. 남달리 성화를 부르짖었던 존 웨슬리는 이 성화를 다음과 같이 풀이하고 있다. "성화(sanctification)는 의와 참된 거룩함 안에서 하나님의 형상으로 갱신되는 것이며, 그리스도인으로서의 완전함이란 마음을 다하고 성품을 다하고 힘을 다하여 하나님 여호와를 사랑하는 것"(신 6:5)이라고 설명한다.[11]

여기에서 오늘의 교회는 깊은 고민에 빠지게 된다. 그 이유는 현대가 맑은 정신의 세계보다 물질의 풍요에 휩싸여 모두가 헤어나오지 못하는 지경에 이르렀기 때문이다. 거기에 설교 사역의 주역들도 함께 오염되어 버리는 현상이 너무나 흔하게 발견되어지기 때문이다. 그러나 설교자에게 있어서의 경건한 영적인 삶이란 자신의 내적 삶을 위한 영양을 공급받고 그 안에서 자신의 생명을 지속시키는 소중한 생명줄이다. 그러므로 설교자가 지속해야 하는 영성은 대중에게 보이기 위한 전시적인 것이 될 수 없고 하나님과 자신과의 개인적인 관계

속에서 형성되고 지속되어야 한다. 설교자는 소명을 받은 순간부터 바쳐진 종으로서 남다른 생활이 계속되어야 하고, 주인과의 관계는 성실한 영적인 세계를 통해 교제가 이루어져야 한다. 이 지속성은 설교자의 끊임없는 기도 안에서 이룩되어야 한다. 존 웨슬리는 이러한 기도의 실태를 "당신은 영원한 영광의 광채이시니 나의 입이 소리 없이 당신에게 향하옵고 나의 침묵이 당신을 향해 말합니다."[12]로 설명한다. 진정 마음을 다하고 성품을 다하고 힘을 다하여 나를 부르신 하나님 앞에 때와 장소를 가리지 않고 나아가는 삶이 설교자의 영성이 참으로 건실해지는 길이다.

2) 어질고 신실한 인격인의 생활

그리스도이신 예수님만이 완전한 인간이요, 완전한 신이라는 사실은 설교자들에게 깊은 의미를 더해 주고 있다. 한 인간으로서 하나님으로부터 부름을 받고 그의 사자로서 말씀을 전해야 하는 설교자는 분명히 남다르게 어질고 신실한 인격의 소유를 요구받게 된다.

현대의 설교자들이 심각하게 고민하는 문제는 설교자 자신도 설교를 듣는 사람과 동일한 인간인데 그들이 우러러볼 수 있는 인격을 소유해야 한다는 막중한 부담감이다. 그러나 어떤 경우도 설교자가 부끄러운 인격인으로서 강단에 서는 것을 허용하지 않는 것이 한국의 교회이다.

거기에 더하여 자신이 선포하는 메시지의 내용과 설교자 자신의 생활과 인격의 일치 문제이다. 설교자가 그 메시지를 살아 있는 말씀으로 자신의 인격을 통하여 승화시킬 수 없을 때 이미 선포된 말씀은 아무런 메아리를 회중으로부터 가져올 수 없다. 여기서 바울의 고백은 한층 더 그 필요성을 우리에게 깨우쳐 주고 있다.

제5장 선택받은 설교자의 길

내가 달음질하기를 방향 없는 것같이 아니하고 싸우기를 허공을 치는 것같이 아니하여 내가 내 몸을 쳐 복종하게 함은 내가 남에게 전파한 후에 자기가 도리어 버림이 될까 두려워함이로라(고전 9:27).

설교를 통하여 선포한 메시지의 내용을 자신이 얼마나 믿고 실천하느냐에 따라 그 메시지를 듣는 사람들도 그 내용을 받아들이고 실천에 옮기는 것이 설교의 장에서 발생되는 현상이다. 예를 들어, 강단에서 선행을 외치는 설교자가 어느 정도 그 선행을 직접 행동에 옮기느냐에 따라 그 진리의 실현 가능성을 진단할 수 있게 된다. 특별히 한국교회에서는 설교자의 언어와 행동과 마음가짐, 인격 등에 교인들이 지나칠 만큼 관심을 기울이고 있음을 볼 때 설교자의 인격의 신실성은 참으로 중요한 부분이 아닐 수 없다. 그러므로 존 엘리슨(John Ellison)의 말처럼 설교자는 성실한 기독교인으로서, 종교 지도자로서, 그리고 인격적 표준인으로서 자신을 보여 주어야 한다.[13] 17세기 영국교회에 혜성처럼 나타났던 리처드 박스터(Richard Baxter)는 이 심각한 문제에 대하여 다음과 같은 감명 깊은 말을 남겨 주고 있다.

여러분이 **거룩**하고 **훌륭한** 모습을 지닌다면 양떼들도 그렇게 될 것입니다. 여러분의 기도와 찬양과 교리가 양떼들에게 **훌륭하고 달콤하게** 나타나면 양떼들은 여러분이 하나님과 함께 있다는 것을 느끼게 됩니다.……나의 심령이 싸늘해지면 나의 설교도 싸늘해지며, 나의 심령이 혼돈되면 설교도 혼돈됩니다.……내 설교가 냉랭해질 때 내 양떼들이 냉랭해진 것을 관찰할 수 있었습니다.……

오 형제들이여! 그러므로 먼저 여러분 자신의 마음을 돌보시기 바랍니다. 정욕과 정열과 세상적인 경향으로부터 떠나십시오.

신앙과 사랑의 생활을 유지하십시오.……하나님과 함께 계십시오. 자신의 마음을 보살피고 부패를 극복하며 하나님과 함께 살기 위해 자신을 매일 보살피지 않는다면……모든 사람들은 잘못 인도되며 여러분의 양떼들은 굶어죽게 될 것입니다.……무엇보다도 남이 알지 못하는 기도와 묵상을 많이 하십시오. 거기에서 여러분의 제물을 태울 수 있는 하늘의 불을 얻게 될 것입니다.14)

3) 끊임없이 학문을 추구하는 생활

설교자의 자격을 구비하는 데 절대적으로 요청되는 것은 학문을 계속해서 추구하는 자세이다. 설교자가 한 손에 성경을, 다른 한 손에 신문을 들어야 한다는 것은 주지의 사실이다. 현대 교인들에게 하나님의 말씀을 해석해 주고 그 말씀을 삶의 자리에 적용시켜 주어야 할 설교자가 역사적인 것과 삶의 현장에 대한 정보의 수준이 너무 낮을 때 발생하는 잡다한 문제들을 우리는 흔히 본다. 설교자가 여기에 맹안을 가지고 있을 때 과연 하나님의 말씀이 기대한 것만큼 효과를 가져올 수 있을까?

클라이드 팬트(Clyde Fant)는 학문적 자세의 노력을 회피하는 설교자들에게 무거운 말을 남기고 있다. 그는 "역사적인 말씀과 삶의 현장의 실제성이 말씀을 선포하는 한 인간 속에서 성육화되어야 한다."15)고 말하면서 한 설교자의 설교 형태에서, 그리고 그가 선포한 설교의 내용 속에서 설교자는 그 시대의 뒷전에서만 머물러 있어서는 안 된다고 역설한 바 있다.

특별히 한국인의 심성은 글을 사랑하는 선비 문화 속에서 오랫동안 자리를 잡아 오고 있다는 점에 오늘의 설교자는 깊은 관심을 두어야 한다. 현대의 회중은 자신들의 교회에서 말씀을 전하는 설교자가 학문적 감각과 자세를 가지고 살아 주기를 바란다. 자신들은 TV 앞에서 즐거운 연속극이나 대중가요를 즐기면서도 설교자만은 언제나 독서로 시간을 보내고 말씀의 연구와 사려 깊은 설교의 구성과 표현을 해주기를 바라고 있다.

이러한 회중의 기대를 벗어나서 일상 언어 생활이나 설교, 어디에서든지 설교자의 입에서 비천한 구어체가 변함없이 계속되고 말씀의 석의는 회중의 수준을 넘기지 못할 때 실망어린 눈길이 설교자 앞에 가득하게 된다.

사실 바삐 움직이는 현대인들은 시간이 주어질 때 한 권의 책이라도 읽겠다는 생각보다는 자신들이 받아 온 긴장을 풀고 여가를 즐기려는 것이 일반적인 현상이다. 그러면서도 자신들의 목사만은 대신 책을 읽어 주고 자신들의 낡은 지성을 목사가 설교나 교육을 통하여 채워 주기를 바란다. 이러한 요구가 설교자들에게 과다한 부담이라고 간주하기보다는 오히려 서재를 떠나기 쉬운 목사들에게 다행스러운 기대라고 여길 필요가 있다.

생각하면 설교자가 학문을 즐기는 자세 속에서 오늘의 말씀을 진지하게 연구하고 모자란 자신의 실력을 계속해서 연마해야 함은 회피할 수 없는 책임이요, 의무이다. 한때 한국교회의 보수 신학자로 신학교육에 오랫동안 영향을 끼쳤던 박형룡은 그의 신학 교육의 이념으로 "인간이 되시오. 신자가 되시오. 학자가 되시오. 목사가 되시오."의 표어를 사용한 바 있다. 목사를 위한 이러한 교육의 이념은 오늘도 충분히 수용될 수 있는 좋은 충고라고 여겨진다.

설교자가 전해야 할 메시지는 단순한 감정의 이입이 아니라 이성을 통하여 접촉되어지고 수용되어지는 것이 올바른 전달의 과정을 밟아야 한다. 이럴 때의 이성은 단순한 일상 생활의 대화의 수준을 벗어나서 좀더 진지하고 깊이 있는, 그리고 사려 깊은 선비의 모습과 내용으로 구성될 것이 요구된다. 그러므로 설교 사역의 주역들은 학문하는 자세와 노력 속에 그 생을 다하여야 한다는 논리가 성립된다.

그럴 때 하나님의 말씀은 설교자 속에서 성육화되고, 동시에 현대인들의 눈과 귀, 그리고 마음 속 깊은 자리로 파고들어 가는 힘이 발휘될 수 있다.

4) 건강 관리의 책임 이행

그 외에도 설교자는 하나님의 도구로서 육적인 건강 관리에 깊은 관심을 두어야 한다. 병들고 허약한 육체의 소유자는 그 정신 상태마저 매사에 부정적이고 의욕을 상실한 현상을 종종 보여 준다. 특별히 심약한 사람은 도저히 도전할 수 없는 한국의 목회 상황에서는 설교자의 튼튼한 마음과 육체가 절실하게 요구된다. 목회의 장에서 흔히 본 대로 설교자가 병색이 가득한 채 소리 높여 메시지를 전하고 있을 때 회중은 막중한 부담을 안게 되고 얼마 있지 아니하여 목사의 사임을 요구하는 비정한 사회가 바로 교회이다.

다니엘 바우만이 지적한 대로 "많은 목사들이 주님을 위하여 전심전력의 헌신을 한다고 하면서 어리석게도 건강에 필요한 기초적 지혜를 무시하고 젊어서 죽어 가는 모습"[16]을 한국교회에서도 흔히 볼 수 있다. 이것은 모두가 설교자의 건강을 단순히 하나님의 손에 맡긴 채 자신의 노력을 쏟지 않았다는 것을 입증하고 있다.

설교자가 자신의 건강을 위한 의무를 다하지 않고 믿음만을 이야기한다는 것은 태만한 인간의 독백이다. 규칙적인 식사의 습관과 생활의 리듬을 비롯하여 적당한 운동과 휴식을 통하여 주신 건강을 간수하는 것은 모두가 본인의 책임 하에 실현되어야 한다. 하나님은 기본적으로 병든 몸의 설교자를 이 땅에 보내지 않으셨다. 특수한 경우를 제외하고는 거의 모두가 정상적인 육체의 건강을 가지고 이 땅에 나왔다. 그러나 그 건강을 최선을 다 기울여 지키지 못하였을 때 가정과 교회에 막대한 손실을 가져오게 된다. 그리고 설교의 사역에 밝고 힘찬 행진을 하지 못한 채 신음하게 된다.

그러므로 설교자의 강인한 의지와 근면과 철저한 시간의 활용은 적당한 식사량과 체중의 조절까지도 가져오게 된다. 이럴 때 설교자는 건강에서도 회중에게 본을 보일 뿐만 아니라 손색없는 설교의 도구로 강단에 서게 되고 능력 있는 말씀을 선포할 수 있다.

주>
1) David Buttrick, *Homiletic*(Philadelphia:Fortress Press, 1987), pp. 255-56.
2) T. H. L. Parker, *Portrait of Calvin*, p. 31. 정장복, 「인물로 본 설교의 역사」(서울:장로회신학대학교 출판부, 1991), p. 207에서 재인용.
3) Percy Livingstone Parker, ed., *The Journal of John Wesley* (Chicago:Moody Press, 1951), p. 64.
4) Steven Harper, 「현대인을 위한 존 웨슬리의 메시지」, 김석천 역(서울:도서출판 세복, 1998), p. 35.
5) 곽안련, 「牧師之法」(京城府:朝鮮耶蘇教書會, 1920), pp. 35-68. 직접 인용을 피한 이유는 거의 모든 글이 한문과 옛글로 되어 있기 때문에 독자들의 편의를 위하여 내용을 풀고 설명을 첨가하여 본글의 뜻을 전하고자 함이다.
6) PCUSA, *Book of Order*(1976-1977), 38.01.
7) James Vance, *Being a Preacher*(New York:Fleming H. Revell, 1923), p. 75.
8) Leslie J. Tizard, *Preaching:The Art of Communication*(New York:Oxford University Press, 1958), p. 18.
9) James Boice, "The Great Need for Great Preaching", *Christianity Today*(December 20, 1974), p. 8.
10) Dwight E. Stevenson, *In the Biblical Preacher's Workshop* (New York:Abingdon Press, 1967), p. 67.
11) 이 내용은 *The Works of John Wesley*(1872 ed. by Thomas Jackson), vol. 11, 29, pp. 366-446을 실은 다음의 홈페이지에 있다. http://www.whatsaiththescripture.com/Fellowship/Wesley.

Christian.Perfectio.html
12) *The Works of John Wesley*, 9:37.
13) John Ellison, *Thy Who Preach*(Nashville:Broadman Press, 1956), p. 3.
14) Richard Baxter, 「참 목자상」, 박형룡 역(서울:생명의 말씀사, 1970), pp. 23-24.
15) Clyde Fant, *Preaching for Today*(New York:Harper & Row, 1975), p. 50.
16) Daniel Baumann, 「현대 설교학 입문」, 정장복 역(서울:엠마오, 1990), p. 48.

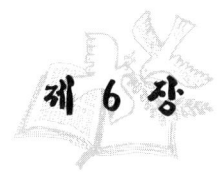

제 6 장

성경을 초석으로 하는 설교

> **함축된 의미의 질문들**
>
> ◆ 성경을 벗어난 설교 현장의 비극이 어떤 것인지 눈여겨보았는가?
> ◆ 설교의 본문을 성경에서 가져온 이유는 무엇이며 그 본문에 대해 설교자는 어떻게 설교에서 봉사하여야 하는가?
> ◆ 성경적 설교가 필히 갖추어야 할 과제는 어떤 것들인가?
> ◆ 성경이 설교의 원천이 되어야 하는 타당성을 어떻게 설명할 것인가?

1. 설교가 성경을 벗어났을 때

1936년 패턴(Carl S. Patton)이 "때는 바야흐로 성경적 설교(Biblical Preaching)의 부흥기이다."[1]라고 말했던 시절, 세계교회의 설교가들은 하나님의 말씀인 성경에 모든 설교를 기초하고 그 범주 안에서 설교하기 시작하였다. 그러나 지금 세계교회의 강단은 성경을 벗어난 설교 사역의 장으로 서서히 변질되어 가고 있다.

　하나님의 말씀인 성경을 기독교의 생명으로 알고 우리 땅에 들어온 선교사들이 가지고 있던 설교의 기본 이해나 그 실천은 정확한 것이었다. 그들의 영향을 받은 한국교회의 초기 설교자들은 한결같이 설교란 성경에 수록된 하나님의 말씀을 받아 그 말씀을 우리의 언어로 옮겨 전하고 해석하여 삶에 새로운 방향을 제시하는 것으로 이해하고 있었다. 이러한 설교 이해는 어떤 경우라도 준수되어져야 했고 인위적인 설교의 내용이나 구성은 심각한 탈선으로 간주되었다. 심지어 설교자의 사상이나 학문적 소개나 인간 경험의 나열도 설교 가운데서는 허용되지 않았음이 다음과 같이 나타나고 있다.

> 대게 說敎에 두 가지가 잇스니 (一) 人이 神으로부터 心交의 기도를 하는 中에 聖神의 讖示를 받아가지고 公衆前에 出하야 그것을 加減업시 譯說함이요, (二) 聖經本文을 朗讀한 後에 그 쯧을 聖神이 말하게 하시는 데로 하난 것이라. 然則 人이 만일 神의게 듯고 본 것이 업시 다만 自己의 心思대로 그 時代에 適應한 思想이나 學說 갓튼 것을 蒐集하야 글짓듯하여 가지고 하는 그것은 神爲的이 아닌 同時에 쏘 說敎가 아니라 人爲的인 一種의 思想과 學術의 講演이라. 그런 고로 이것이 비록 喝采는 밧을지 모르나 神의 祝福은 밧지 못하니라.2)

　이처럼 한국의 강단에서 메시지를 외치던 초기의 설교자들은 설교의 교육에서 주장한 대로 설교를 단순한 인간의 사역으로 생각하지 않고 하나님으로부터 위탁받은 막중한 사명으로 인식하였다. 사실 설교란 제임스 스튜어트(James S. Stewart)의 말대로 어느 인간의 의견, 견해 또는 사상을 위함이 아니고 하나님의 전능하신 역사(The Mighty Acts)를 선포하기 위하여 존재한다.3) 그렇기 때문에 강단

제6장 성경을 초석으로 하는 설교

(Pulpit)에서 설교자 자신이나 인간 주변에 관한 언어들이 속출할 때 설교란 그 실상을 잃어버리게 된다.

이러한 설교의 본래적 이해는 퓨리탄들의 후예들에 의하여 100년 전 한국교회에 손상 없이 운반(convey)되었고, 오랫동안 그 설교의 혼은 우리의 훌륭한 말씀의 종된 선배들에 의해서 지속되어 왔다. 그들은 강단의 탈선에 언제나 민감한 반응을 보이면서 한국의 교회가 하나님의 말씀만이 외쳐지는 고귀한 사명을 다하는 신성한 현장이 되기를 소원했음을 다음의 표현에서 한 번 더 읽을 수 있다.

> 그런즉, 하나님의 말씀만이 왕성하여야 할 그리스도의 몸이 되신 거룩한 교회 강단에서 흘러나오는 소리는 대체로 세속적이요, 진정한 설교의 의의는 몰각(沒覺)되고 있으니, 이것이 무슨 변고일까? 이는 곧 하나님의 신성을 모독하는 큰 죄를 범하는 것뿐이요, 하등 신앙에 대한 영적 유익을 끼쳐 주지 못한다.……그런 고로 설교자는 죄인을 구원하기 위하여 언제든지 순복음적 설교만을 준비할 것이요, 결단코 자기의 학식이나 지혜의 탈선적 설교를 준비치 말 것이며, 또한 자기의 유창한 언변도 자랑하여서는 안 된다.4)

이상과 같은 초대교회 설교의 주역들의 관점을 오늘의 시각에서 볼 때 말씀의 현장화를 도외시했다는 부정적 측면을 들 수도 있다. 그러나 설교의 순수성을 원했고, 하나님의 말씀만이 외쳐지기를 바랐던 선배 설교자들의 간절했던 바람은 오늘의 설교자들에게 새롭게 주목받고 있는데, 그 이유는 오늘의 강단에서 하나님의 말씀이 들리거나 보이지 않은 채 설교자의 모습만 보이고 그의 인간적인 말만 들리는 경우가 너무나 많기 때문이다. 따라서 듣는 회중에게는 설교가 더 이상 하나님의 말씀의 전달로 들려지지 않고 하나의 간증, 경험의 발표, 또는 적절한 예화의 나열로만 인식되고 있다. 그 결과 누구나 설교를 손쉽게 할 수 있는 단순작업으로 착각하게 되어 부름받은 말씀의 종들이 감당해야 할 고유한 사역(a Unique Ministry)으로서의 설교가 아니라, 예수 믿는 사람이면 누구나 할 수 있는 값싼 설교로 전락되어 가고 있다. 그리고 그 설교 사역(Preaching Ministry)을 위한 전문적 교육의 부재도 이러한 현상을 가중시키는 결과를 가져왔다.

이런 설교 현장의 상황 속에서 하나님의 말씀인 설교의 본문은 격식을 위하여 있는 하나의 징검다리로 이용되었고, 설교자는 그 본문 속에 나타난 하나님의 뜻은 전혀 언급하지도 않는 범법 행위를 저지르게 되었다. 그리고 성구를 설교자의 생각이나 경험을 입증해 주는 근거로 전락시켜 버리는 무서운 과오를 범하게 되었다. 이러한 비성경적 설교의 팽배로 말미암아 설교 사역의 주인으로부터 분노의 말씀이 들려오고 있다. 그리고 그 설교를 듣는 회중으로부터 비참한 반응이 나타나고 있다.

> 그 예언자들은 내 이름을 팔아서 거짓말을 하였다. 나는 그런 말을 한 적이 없다. 그런 말을 하라고 예언자들을 보낸 적도 없다. 그들은 엉뚱한 것을 보고 허황한 점이나 치고 제 욕망에서 솟는 생각을 가지고 내 말이라고 전하는 자들이다(렘 14:14).

그리고 회중의 입에서는 다음과 같은 말들이 서슴없이 표현되고 있다.

"설교라는 이름 아래 주어지고 있는 저 말 가운데서 하나님의 말씀은 찾을 길이 없다."

"우리는 설교자 개인의 경험담과 지식의 전달을 필요로 해서 여기에 나온 것이 아니라 오직 하나님이 오늘 나의 삶의 장에 주시는 말씀을 찾을 뿐이다."

제6장 성경을 초석으로 하는 설교

"세상에서 사는 동안 우리는 인간의 말에 시달릴 수 있는 데까지 시달려 지쳐 있는 현실이다. 부디 인간의 잡다한 말이 강단에서마저 터져 나오지 않기를 소원한다."

"우리의 믿음이 없어지고 확신이 약해진 것은 오히려 설교 때문이라고 여겨진다."

"너무나 영력이 없고 나의 삶과 무관하고 고루한 설교자의 말과 가식으로 가득한 음성에서 혐오감이 솟구침을 느낀다."

이상과 같은 설교에 대한 부정적 반응은 개신교에 몸을 담았던 회중이 어떤 현상을 나타내는지 살펴볼 때 더욱 뚜렷해진다. 갈급한 심령을 채워 주어야 할 신언(神言)이 들려지지 않고 불필요한 인간의 말만이 귓가에 머물 때 그들은 더 이상 우리의 교회에 머물 이유를 찾지 못하고 천주교나 또는 기독교와 전혀 무관한 불교로 떠난다는 사실이 공신력을 가지고 있는 한 여론 조사 기구에 의하여 다음과 같이 나타나고 있다. 그 내용을 도식화해 보면 한국의 개신교가 얼마나 무력하고 이 국민의 저변에 정착되지 못하고 있는지를 발견하게 된다.5)

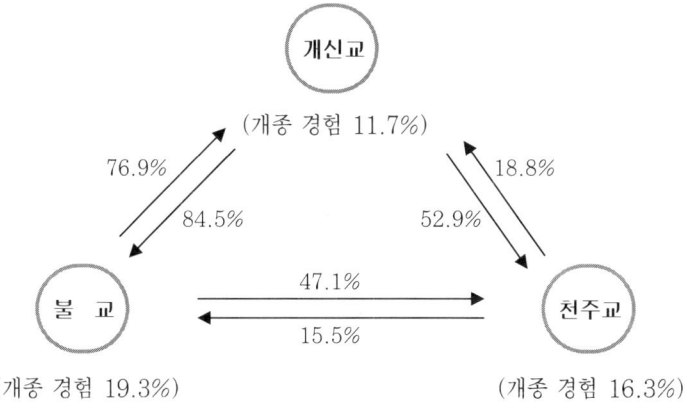

이 조사에 의하면, 현재의 종교 이전에 다른 종교를 믿은 적이 있었다는 대답이 불교에서는 19.3%, 개신교에서는 11.7%, 그리고 천주교에서는 16.3%로 나타나고 있다.

여기서 우리의 개신교가 깊은 관심을 두어야 할 부분은 과거에 어떤 종교에 있다가 현재의 종교로 왔는가를 보는 일이다. 이 조사에서는 불교의 19.3%에 속한 사람들 중 84.5%가 개신교에서 갔으며, 천주교에서는 겨우 15.5%만이 갔다고 한다. 거기에 비례하여 타종교에 있다가 개신교로 왔다는 사람은 11.7%에 불과하다. 그 중에 불교에서 온 사람은 76.9%, 천주교에서 온 사람은 18.8%였다. 그리고 타종교에서 천주교로 간 사람은 16.3%로 나타나고 있다. 그 중에서 47.1%가 불교로부터, 52.9%가 개신교로부터 개종을 했다는 보고이다. 결산을 하면 개신교에서는 52.9%가 가고, 천주교에서는 18.8%만이 왔다는 통계이다. 가감의 결과만으로 볼 때 천주교의 16.3%의 구성원은 개신교 52.9%, 불교 47.1%로 이루어졌다는 결론이다. 불교와 개신교 사이를 보면 역시 개신교가 손실을 보고 있다. 불교의 19.3%의 사람들 중 84.5%가 개신교에서 갔으며, 개신교의 11.7%의 사람들 중 76.9%가 불교에서 왔다는 결과이다.

우리의 성도들이 천주교로 또는 불교로 떠나야만 했던 원인은 다각적인 측면에서 분석될 수 있다. 그러나 여기서는 목회의 비중에 절대적인 비율을 차지하고 있다는 설교의 사역에 그 일차적 책임을 묻지 않을 수 없다. 환언하면, 시간이 가면 갈수록 더욱 짙어지는 인간의 이야기와 언어의 유희만이 강단에서 들려오기에 하나님의 말씀을 듣기를 원하는 무리들은 동요하게 된다는 결론이다. 사실 비성경적인 설교가 성행하는 현장에 서서 설교자가 자신의 귀를 열고 있을 때 심각한 음성들은 끊임없이 들려온다. 먼저, 하나님으로부터 "내 이름을 팔아서 거짓말을 하는 존재"라는 책망을 받는가 하면, 회중으로부터는 "자신들과 무관한 설교자"라는 비난을 듣게 된다. 바로 이런 현상은 설교 사역의 복합적 이유들로부터 발생된 것이라고 본다. 그러나 그 중에서도 설교가 비성경적으로 나아가는 탈선에서부터 그 일차적인 원인과 책임을 묻는 것이 타당하다. 그러므로 오늘만이 아니라 어느 때든지 설교에서 하나님의 말씀이 보이지 않고 들려지지 않을 때 설교의 위기 현상은 나타나게 된다.

2. 성경적 설교(Biblical Preaching)의 재해석

교회의 강단이 평범한 강의실의 교탁과 구별되는 이유는 간단하다. 강의는 인간의 지식이 전달되는 시간이지만, 설교는 하나님의 말씀이 선포되는 엄숙한 순간이다. 그러므로 모든 부류의 인간들이 그 앞에서는 겸허하고 경건한 자세로 말씀을 경청하게 된다. 만일 설교가 성경을 떠나서 종교 수필이나 종교 강연의 성격을 갖게 된다면, 회중은 당연히 날카로운 비판과 거부의 의사를 표현하게 된다. 여기에 대한 바렛(Barrett)의 말은 매우 의미가 있다.

> 설교자는 자신을 나타내거나 자기 주장을 교인들에게 펴기 위해서 강단에 서는 것이 아니라 가능한 한 인간적인 설명은 적게 붙이고 성경에 담겨 있는 하나님의 진리를 드러내고 표현하기 위하여 강단에 서야 한다.[6]

그러나 설교자는 하나님의 말씀을 회중의 언어로 표현하고 조명해 주어야 하는 과정에서 너무나 자주 부차적 논설에 휘말리는 경향이 있고, 자칫 비성경적 설교로 흘러가 버릴 수 있는 어려움을 겪게 된다.[7] 이때 설교자들에게서 무엇을 어떻게 하는 것이 성경적 설교이며, 또한 비성경적 설교인가 하는 질문이 나오게 된다.

지금껏 성경적 설교란 성경의 구절을 최대한 많이 인용하고 그 말씀을 적절히 배치해 전개하는 것이라고 생각하는 경향이 적지 않았다. 그러나 존 낙스(John Knox)와 같은 설교학자는 "성경 본문에 기초한 전혀 비성경적 설교를 할 수도 있고, 전혀 본문에 매달리지 않고도 매우 성경적인 설교를 할 수도 있다."[8]는 주장을 펴고 있다. 실질적으로 설교의 현장을 관찰하여 볼 때 설교자가 자신의 인간적인 내용과 생각의 합리화를 위하여 성경의 구절들을 최대한 동원하는 경우가 적지 않다. 이것을 가리켜 결코 성경적인 설교라고 말할 수는 없다. 그러나 한 구절의 본문을 가지고 그 말씀의 섬세한 풀이에 얽매이지 않더라도 그 말씀만을 중심으로 그 말씀의 깊은 뜻을 전달하며 조명해 주려는 모습으로 설교의 현장에 서 있는 설교자라면, 그의 설교는 충분히 성경적 설교가 될 수 있다. 그러나 이러한 단순한 이해로 성경적 설교의 출발을 시도한다는 것은 바른 자세라고 할 수 없다. 적어도 성경적 설교로서의 내용과 면모를 갖추는 데는 다음의 특수한 성격을 내포하여야 한다.

① 설교의 내용 전체가 성경적 관념에 근접해 있는 가운데서 그 특징과 본질을 나타내야 한다. 막연한 추상적 표현에서가 아니라, 실존적 차원에서 구체화된 성경에 있는 진리의 제시가 있어야 한다.[9]
② 설교 가운데서 그리스도의 현존(Presence)이 보여져야 한다. 많은 설교 가운데 설교자의 지식과 그의 인간적 면모만이 나타나고, 그리스도이신 예수님은 그 설교자의 그늘에 묻혀 보이지 않는 모습을 본다. 그리스도가 중심이 되지 않은 채 이상적인 말씀의 수집 또는 계시의 설명으로 끝나는 것은 결코 성경적 설교라고 할 수 없다. 그래서 "기독교 메시지는 그리스도요, 바로 그분의 인격이다."[10]라는 말을 하게 된다. 그러므로 "그 설교 가운데 그리스도가 어디 있느냐?"는 질문에 선

명한 대답이 언제나 주어져야 한다.
③ 참된 성경적 설교 가운데는 언제나 하나님과 인간과의 만남의 현장이 마련되어야 한다. 즉, 하나님이 말씀하시고 인간이 그 앞에서 응답하는 가장 기본적인 대화의 관계가 형성되어야 한다. 설교라는 도구를 통하여 하나님은 개체의 인격 속에 찾아오시고, 그 가운데서 만남의 감격을 경험할 수 있게 된다. 여기서의 만남이란 설교자를 매개로 하는 것이 아니라 설교자가 전해 주는 순수한 하나님의 말씀에 의하여 이룩되어야 한다는 사실이 중요하다.
④ 성경적 설교의 메시지는 현재적 의미를 부여해야 한다. 말씀의 생명력은 '지금 여기(here and now)'에서의 새로운 결단의 발생을 항상 추구한다. 하나님의 말씀은 언제나 살아 있는 과거로부터 오늘의 활기찬 응답을 촉구하는 현재적 사건으로서 그의 백성들 가운데 나타난다. 그러므로 설교자는 과거의 사건을 전달할 것이 아니라, 오늘이라는 현재성에 초점을 두어 말씀을 전달해야 하고 여기서 하나님의 현존하심을 실감하게 되어야 한다.
⑤ 성경적 설교자는 언제나 구약과 신약을 하나의 성경으로 보는 관점을 가지고 있어야 한다.11) 많은 설교자들이 구약을 외면한 채 신약만을 설교의 본문(text)으로 택하는 경향은 모두 말씀의 전체성을 외면한 행위라고 하겠다. 성경을 계속되어진 하나님의 말씀이라고 믿는다면, 오늘날 설교의 원천으로서 똑같은 비중과 기준으로 구약과 신약의 말씀을 설교의 본문(text)으로 택해야 한다.
⑥ 성경적 설교는 하나님의 말씀으로서의 확신을 회중에게 심어 주어야 한다. 설교자를 비롯한 회중 전체는 그 설교 자체가 하나님의 말씀임을 신뢰하는 것이 설교의 가장 기본적인 문제

임을 깨달아야 한다. 그 신뢰와 확신은 흔히 사용하는 방식처럼 "하나님의 말씀인 줄 믿습니까? 믿으면 아멘하시오." 하는 강요하는 성격의 질문으로 이룩되는 것이 아니다. 듣는 회중의 가슴 속 깊이 찾아오는 하나님의 말씀으로서의 순수성과 권위가 보여지지 않고 들려지지 않는 상태 속에서는 그토록 흔한 응답으로서의 "아멘"은 무가치한 함성이다. 보다 더 말씀에 근접해 있는 설교의 내용과 설교자의 진지성이 없이는 설교가 단순한 인간의 말로 격하될 위험을 항상 내포하게 된다.

⑦ 끝으로, 참된 성경적 설교는 명령과 책망과 훈계 중심보다는 은총과 사랑과 용서의 하나님을 보여 주는 것이 되어야 한다. 하나님이 설교자에게 부여한 말씀의 권위는 회중보다 우위에 있는 존재로서 그들에게 명령하고 훈계하는 데 있는 것이 아니다. 일차적으로 설교자에게 하나님의 사랑과 은총과 용서를 전달하는 복된 소식(Good News)의 전달자로서의 사명을 주셨다. 이때 설교는 구원의 복음으로 나타날 것이며, 은혜의 방편으로서의 설교로 하나님의 선하신 뜻을 펼쳐 나가게 된다.

3. 설교가 성경을 원천으로 했을 때

설교가 성경을 떠나서 존재할 수 없다는 사실은 계속적으로 강조해 온 바이다. 성경적 설교를 누구보다 앞서서 강조했던 밀러(Donald Miller)는 "성경을 바탕으로 하는 설교는 사람들의 삶을 위한 하나님 말씀의 주해(註解)이다. 성경적 설교는 현대인들을 위해 성경의 진리들을 밝히는 설교이다."[12]라고 서술한 바 있다. 사실 올바른 설교는 항상 하나님의 말씀에 얼마만큼 충실하고 있는가에 초점을 둔다. 흔히 설교자들은 주해 설교를 할 때에만 성경을 설교의 주된 원천으로 생각할 뿐 다른 형태의 설교에서는 본문에 대한 관심을 별로 느끼지 않는 경향이 있다. 그러나 어떤 형태의 설교든지 설교의 텍스트(본문)로부터 이탈하거나 현장의 자료에만 급급하여 본문을 언급조차 하지 않는 것은 결코 용납될 수 없다. 그 이유는 이러한 일이야말로 말씀의 주인이신 하나님에 대한 이탈 내지 무관심의 결과로서 설교자가 흔히 범하기 쉬운 범법 행위이기 때문이다.

설교란 그 자체가 그리스도를 통한 하나님의 구원의 역사와 그 역사를 이루신 성경의 대 진리를 선포하는 데 그 존재 가치가 있다. 그러므로 성경을 떠난 설교란 하나의 종교 수필이거나, 또는 단순한 인간의 사고를 발표하는 종교적 연설에 불과하다는 평가를 받게 된다. 설교는 하나님에 대한 인간의 설명이 아니라, 인간을 향한 하나님의 말씀이다. 그러므로 성경 속에서 하나님은 수많은 선지자들의 말씀 사역이 그 인간 스스로의 이익을 위하여 만들어 낸 거짓 외침인지, 아니면 하나님의 명령과 위탁하심을 받아 외치는 참 말씀인지 분별하도록 하셨음을 다음과 같은 성구에서 읽을 수 있다.

> 너희가 두어 움큼 보리와 두어 조각 떡을 위하여 나를 내 백성 가운데서 욕되게 하여 거짓말을 곧이듣는 내 백성에게 너희가 거짓말을 지어서 죽지 아니할 영혼을 죽이고 살지 못할 영혼을 살리는도다(겔 13:19).

이 말씀은 오늘의 비성경적 설교를 일삼고 있는 설교자들의 양심을 두드리는 하나님의 준엄하신 말씀이다. 현대에는 설교라는 이름 아래 자신의 생각과 자신의 말을 하나님의 말씀이라고 이름 붙여 외치는 설교자들이 적지 않다. 자신의 의식주를 위한 수단으로 설교 사역이 이용되고 있는 현장에서 하나님의 이름으로 거짓말을 지어 외치는 '거짓 말씀'을 우리는 종종 듣게 된다. 이것은 분명히 설교자들이 저지른 비극이요, 부끄러운 현상임에 틀림없다. 존 낙스(John Knox)

는 1956년 듀크 대학에서 주최한 설교학 특강을 통해, 설교는 반드시 하나님의 말씀인 성경에서 발상되어져야 하고, 성경만이 설교의 주된 원천이 되어야 한다고 강조하면서 다음과 같이 말한 바 있다.

> 메시지의 재원이 시대적인 사건, 문학, 철학, 정치, 이데올로기 등이 될 수는 결코 없을 뿐 아니라, 심지어 설교자 자신의 경험과 감정까지도 설교의 원천이 되어서는 안 된다. 오직 설교의 메시지는 성경에만 그 원천을 두어야 한다.13)

이처럼 설교란 성경의 진리에 기초하여 그 말씀을 전하고, 해석해 주고, 적용시켜 주어야 한다. 그러므로 참된 설교란 하나님의 말씀을 떠나서 독자적으로 존재할 수 없다. 성경의 말씀(text)이 설교의 격식을 위하여 그저 읽고 지나가는 말씀에 불과하다든가, 설교의 내용이 그 말씀과 무관한 방향으로 나아가든가 어느 경우라도 결코 용납될 수 없다. 존 칼빈은 오늘의 설교가 근본적으로 성경의 말씀 안에서 출발하고 결론을 맺어야 하기에 모든 설교자는 성경의 충실한 문하생(Disciple)이 되어야 함을 강조한 바 있다.14) 그리고 그는 인간을 위한 모든 하나님의 진리는 성경 안에 주어져 있다고 주장하면서 성경을 가리켜 하나님으로부터 받은 모든 "교의의 보고(A Depository of Doctrine)"15)라고 말하고 있다. 그러므로 시대의 발전이 어떤 형태로 변화를 가져오더라도 설교의 본질만큼은 이 진리를 떠나서 존재할 수는 없다. 즉, 성경이 설교의 주된 원천이 되어야 한다.

성경의 중심적인 메시지가 인류의 구원에 있다는 사실을 믿는 설교자는 자신의 설교에서도 동일한 목적과 내용을 지켜야 한다. 실질적으로 설교의 가장 기본적인 기준은 성경이다. 이러한 입장에서 성경은 "지상에서 가장 위대한 설교"16)라고 말할 수 있다. 그러므로 설교자가 성경을 모른다거나 성경에 설교의 원천을 충실히 두지 않을 때, 그 설교자가 행하는 설교는 하나님의 말씀을 선포한다고 말할 수 없다. 말씀 중심의 설교를 계속적으로 강조해 오고 있는 로이드 페리(Lloyd M. Perry)는 성경과 설교의 관계를 다음과 같이 말하고 있다.

> 성경은 하나님께서 인간들에게 그 자신과 진리를 펴신 유일한 커뮤니케이션이며 진리와 빛과 능력의 가장 고귀하고 거룩한 원천이다. 그러므로 설교자가 성경을 벗어나 설교를 해야 할 이유가 없다.······ 설교자는 하나님의 메시지를 외치는 하나님의 예언자이다.······그리고 인간들이 교회를 찾아 나설 때 그들 자신과 생활에 성경의 말씀이 선포되고 해석되고 적용되어질 것을 기대하고 있다.[17]

이상과 같이 하나님의 메시지를 충실히 선포해야 할 설교자는 자기 감정이나 경험 또는 지식보다는 성경의 진리를 우선으로 해야 한다. 사실상 한국의 교회는 성경 중심의 설교를 많이 해온 아름다운 역사 속에서 오늘의 부흥을 가져왔다. 그리고 많은 그리스도인들도 하나님의 말씀과 자신의 상호관계를 찾아서 바른 신앙 생활을 하려고 노력하는 흔적을 우리는 많이 본다. 이러한 말씀 중심의 한국교회 강단에 계속적으로 서야 하는 오늘의 설교자들이 설교의 원천으로서 하나님의 말씀인 성경과 어떻게 하면 바른 관계를 형성할 수 있을 것인가 고민하는 문제는 실로 소중한 과제임에 틀림없다. 그러므로 설교자가 성경의 진리를 보다 더 정확히 이해하고 전달하는 과정의 인식과 실현은 설교 사역에 있어서 가장 우선적인 임무가 아닐 수 없다. 하나님께서 불러 주신 말씀의 종으로 정직하고 성실하게 내일을 이어 가려는 사람들은 밀러의 다음의 말을 다시 음미해 볼 필요가 있다.

> "오늘의 강단에 성경이 중심의 자리로 돌아오기 전에는 참된 진리의 선포와 항구적인 영적 회복이란 있을 수 없다."[18]

주>

1) Carl S. Patton, *The Use of the Bible in Preaching*(Chicago: Willett, Clark & Co., 1936), p. 1.
2) 李明稙,「李明稙 說敎集 I」(東洋書院, 1930). 정성구,「韓國敎會 說敎史」(서울:총신대학 출판부, 1986), p. 96에서 재인용.
3) James Stewart, *Heralds of God*(New York:Charles Scribner's Sons, 1946), p. 5.
4) 김웅태,「제단의 복음 설교법 개요」(서울:성문학회, 단기 4287), pp. 1-2.
5) 한미준/한국갤럽,「한국 개신교의 교회 활동과 신앙 의식」(서울:도서출판 두란노, 1999), p. 41.
6) C. K. Barrett, *Biblical Problems and Biblical Preaching* (Philadelphia:Fortress Press, 1964), p. 30.
7) Karl Barth, *The Word of God and the Word of man*, trans. Douglas Horton(New York:Harper & Brothers, 1957), p. 111.
8) John Knox, *The Integrity of Preaching*(New York:Abingdon Press, 1957), p. 19.
9) Ibid., pp. 19-20.
10) Samuel M. Shoemaker, *Beginning Your Ministry*(New York: Harper & Row, 1963), p. 27.
11) Elizabeth Achtemeier, "Preaching and the Old Testament" in Michael Duduit, ed., *Handbook of Contemporary Preaching* (Nashville:Broadman Press, 1992), p. 247.
12) Donald Miller, *The Way to Biblical Preaching*(New York: Abingdon Press, 1957), p. 21.
13) John Knox, op. cit., p. 3.
14) John Calvin, *Institutes of the Christian Religion*, John T. McNeil, ed.(Philadelphia:The Westminster Press, 1967), IV. 2:4.
15) Ibid., I. 6:4.
16) P. T. Forsyth, *Positive Preaching and the Modern Mind*(Grand Rapids, Mich:Wm. B. Eerdmans. 1966), p. 3.
17) Lloyd M. Perry, *A Manual for Biblical Preaching*(Grand Rapids, Mich:Baker Book House, 1965), p. 7.
18) Donald Miller, *Fire in Thy Mouth*(Nashville:Abingdon Press, 1954), p. 8.

제 7 장

설교의 출발과 단계적인 발전

> **함축된 의미의 질문들**
>
> ◆ 설교자에게 주어진 설교의 본문을 어떻게 찾을 것인가?
> ◆ 하나님은 성경의 기본 언어로 한글을 사용하시지 않았다는 사실을 설교자가 인식할 때 어떤 자세를 취해야 하는가?
> ◆ 석의의 기본 목적을 설교자는 무엇이라고 정의내릴 것인가?
> ◆ 지금 여기에서 하나님의 계시를 듣는 성경 해석의 단계는 어느 부분에서 이룩되는가?
> ◆ 말씀의 현장화는 기록되어진 말씀을 오늘의 말씀으로 받아들이는 중요한 과정이다. 여기서 설교자가 쉽게 탈선하기 쉬운 것들은 무엇이라고 생각하는가?
> ◆ 참 선지자와 거짓 선지자의 구별은 어떻게 할 수 있는가?

1. 설교의 본문 선정

설교자의 일차적인 임무는 설교의 본문이나 주제를 찾는 일이다.

어떤 경우에는 회중의 삶을 보고 경험하면서 본문을 찾거나, 또는 본문을 먼저 정하고 회중의 정황을 살피는 경우가 있다. 어느 것이 먼저이든 큰 문제는 없다. 오직 본문과 주제의 일관성만 있으면 된다. 설교자는 실질적으로 존 스토트의 책 이름대로[1] '두 세계의 사이'에 머물고 있다. 설교자는 성경과 사회, 강단과 회중석, 하나님과 회중의 두 세계 사이에서 양쪽에 관한 지식과 정보를 가지고 말씀을 준비하는 존재이다. 이 사이에서 설교자의 역할은 하나님의 진리를 분명한 언어로 선포하며 동시에 그 진리를 회중의 필요와 경험에 적절하게 적용하는 일이다. 그렇기 때문에 설교자의 기도 중에 일차적인 간구는 "말씀하소서. 내가 어떤 말씀을 가지고 나아가 전하오리까?"이다.

이상과 같이 자기의 위치와 사명을 알고 설교의 본문을 조심스럽게 찾고 있는 설교자들에게는 다음의 몇 가지의 충고가 기다리고 있다.

첫째, 원칙적으로 본문의 선정은 기도와 명상 가운데 이루어져야 한다. 하나님이 무슨 말씀을 들려주기를 원하시는지, 그리고 회중이 무엇을 필요로 하는지를 알기 위한 길은 일차적으로 기도와 명상이다.

둘째, 설교자 자신이 조금의 노력만 기울이면 충분히 이해할 수 있는 본문이어야 한다. 어려운 본문을 가지고 자신도 알지 못한 가운데 모호한 해석을 하면서 설교한다는 것은 전혀 용납할 수 없는 일이다.

셋째, 회중에게 친숙하지 않은 새로운 본문만을 찾는다거나 이미 설교한 본문은 피하려는 자세를 버려야 한다. 예를 들어, 시편 23편에는 수 편의 메시지가 담겨 있음을 유의해야 한다.

넷째, 설교 본문은 매주일마다 임박하여 찾는 것보다 교회력에 따른 성서일과나 그 외의 방법에 따라 미리 정하는 것이 매우 유익하다. 본문이 정해지면 수시로 그 다음 단계를 위한 준비를 계속할 수 있기 때문이다.

다섯째, 본문의 길이는 강해 설교의 경우는 한 장이나 한 문단이 될 수 있으며, 본문 설교나 주제 설교의 경우에는 5절 이내가 보통이다. 그러나 설교자는 본문의 길이보다는 이어지는 의미를 따라 단락을 정하여 본문으로 받아야 한다.

2. 해석을 위한 다양한 접근 방법

앞 장에서 서술한 대로 충실한 설교는 언제나 설교의 본문에 기초를 둔다. 그렇기 때문에 본문이 그 설교의 방향과 내용과 성격을 규정짓게 된다. 여기에서 본문이란 설교자가 자신의 회중에게 전달해야 할 기록되어진 하나님의 말씀이다. 이 말씀이 우리의 언어로 처음부터 기록되어졌다면 한국의 설교자는 그 말씀의 뜻을 헤아리는 데 큰 부담을 느끼지 않았으리라 본다. 그러나 우리에게 주어진 기록되어진 하나님의 말씀은 우리의 언어와는 거리가 먼 히브리어나 헬라어로 대부분 기록되어졌고, 우리는 거기에서 번역을 해왔기에 그 말씀의 뜻을 완벽하게 터득하는 데는 설교자의 절대적인 노력이 요구된다.

설교에 있어서 무엇보다도 긴급한 사항은 설교자가 주어진 본문을 들고 그 본문이 무엇을 말씀하고 있는지를 경청하는 일이다. 설교자는 우선적으로 "나의 양들에게 이 말씀을 통하여 주시는 하나님의 음성을 정확하게 들려주기 위하여 나는 어떻게 이 본문을 이해할 것인가?" 하는 진지한 책임 의식을 가져야 한다. 그리고 이 책임을 완수하기 위하여 자신의 맑은 영성과 충분한 지성을 동원하여야 한다.

기독교 역사상 성경의 해석은 어느 고정된 방법을 지켜오지는 않았다. 성경 해석의 역사는 그 교단이 가지고 있는 교리적 특성에 의하여 변하기도 하며, 시대적인 발전과 향상된 지식의 수준에 의하여 변하기도 한다. 성경학자에 따라 성경 해석에 대한 다양한 방법을 각각 달리 제시하고 있음을 쉽게 볼 수 있다. 그리고 설교학 교수에 따라 어떤 해석 방법이 본문의 접근과 터득에 가장 유익한 것인지 그 견해가 일치하지 않고 있다.

그러나 브라운(H. C. Brown) 교수 외 2명이 「설교의 구성론」에서 정리하여 제시한 해석의 방법들은 일반적으로 고대 기독교부터 지금 시대에 이르기까지 설교의 세계에 절대적인 영향을 끼친 바 있다.2) 비록 여기에 제시된 방법들 가운데 현대의 설교자들이 수용할 수 없는 것들이 있다 하더라도 그 해석 방법들이 어떤 것이었고, 어느 시대에 활발하게 수용되었는지를 살펴보는 작업은 우리의 흥미를 북돋아 준다.

1) 은유적 해석(Allegorical Interpretation)

이 해석 방법은 180년 알렉산드리아의 기독교 내에서 활약했던 판타이누스(Pantaenus) 학파에 의하여 발전된 것으로서 그 대표적인 인물들로 알렉산드리아의 클레멘트와 오리겐을 들 수 있다. 이들은 성경이 기본적으로 문자적, 도덕적, 영적인 의미를 주고 있는데 그 중에서도 영적인 의미가 최상의 것으로 간주되어야 한다고 주장하였다. 이 성경 해석 방법은 초기의 성경 이해 방법으로 성경 본문마다 암시적으로 표현되어 있는 심오한 영적인 의미를 발굴하는 데 초점을 두고 있다. 예를 들면, 다음과 같은 내용들이다.

- ◆ 아브라함의 3일 간의 여행은 판단, 희망, 통찰력을 상징한다.
- ◆ 창세기의 '포도주'는 그리스도의 피를 말한다.
- ◆ 요셉의 여러 빛깔 채색옷은 다양한 지식을 의미한다.
- ◆ 부정한 고기에 관한 규칙은 검소함을 가르치는 것을 뜻한다.
- ◆ 발굽이 갈라지고 되새김질하는 깨끗한 동물은 하나님의 율법을 확고하게 전달하는 정통파를 가리킨다.
- ◆ 욥이 모태로부터 벌거벗고 태어난 것은 악으로부터의 해방을 뜻한다.

◆ 보리떡과 기적은 유대인과 이방인을 가리키며, 물고기는 희랍철학을 의미한다.3)

그러나 이 해석 방법은 개연성이 있는 영적인 의미의 발굴을 가져오는 장점이 있으나 성경의 확실한 근거가 없이 해석자의 주관적인 해석으로 말씀의 참뜻을 오도하게 되는 위험성을 가지고 있다.

2) 교리적 해석(Dogmatic Interpretation)

교리적 해석 방법은 해석자가 속해 있는 교단의 교리를 모든 석의 작업의 지배적인 원리로 삼고 성경을 해석하는 방법이다. 이 해석은 2세기 초반부터 발전하기 시작하여 아우구스티누스에 이르러서는 성경의 해석에 너무나 이질적인 현상이 나타나자 어느 본문을 해석하기가 어려울 때에는 먼저 그 본문을 정통교회(신앙의 원칙)와 '교회의 권위'에 비추어 해석해야 할 필요가 있다는 주장들이 나왔다. 이러한 결과는 개 교회가 속해 있는 교단의 신학적인 이론이 성경 해석의 원리로 등장하고 신조상의 전통에 얽매인 성경 해석을 가져와야 하는 지극히 한정된 범위를 벗어나지 못하는 아쉬움을 낳게 되었다.

3) 신비적 해석(Mystical Interpretation)

이 해석은 버나드(Bernard of Clairvaux)로부터 시작되어 종교 개혁 이후 독일의 경건주의자들과 미국의 퀘이커 교도들이 아주 활발하게 사용했던 해석 방법으로서 엄격한 교리적 해석에 대한 반작용으로 중세에 널리 알려진 해석 방법이다.

이들은 문법적인 원칙이나 단어의 분석보다 우선적으로 성령님의 감동과 인도를 통하여 느껴지고 깨달아진 내적인 조명을 절대시하였다. 예를 들어, 아가서와 같은 책들은 하나님과 신비주의자와의 연애 관계 및 그 결과로서 일어나는 영적인 즐거움을 취급하고 있으며, 그것이 신체적인 즐거움을 통하여 표현되어 있다고 해석한다. 그러나 이 해석 방법이 가지고 있는 약점으로 과도한 은유화와 피상적인 해석 및 주관주의에 빠지게 된다는 점이 지적되고 있다.

4) 합리주의적 해석

19세기 중엽에 절정을 이룬 합리주의는 성경의 해석에까지 막대한 영향을 끼친 바 있다. 그 영향으로 인간의 지성과 경험에 의하여 종교적인 것도 합리적으로 해석되고 이해되지 않으면 안 된다는 고정관념이 발생되었고, 초자연적인 현상과 기적, 또는 전능하신 하나님의 역사(役事)와 계시에까지 인간 지성과 연결된 합리성을 추구하기에 이르렀다. 그 결과 그리스도는 초대교회가 창조해 낸 신화적인 인물로 단정하게 되는 오류를 가져오기도 했다. 심지어는 기적, 대속적인 희생, 제사, 부활, 영원한 심판, 천사와 악마의 존재들은 당시의 미신적인 생각과 편견 및 무지에 동조한 결과로 생겨난 것으로 해석하기도 하였다. 그리고 이 합리주의적인 해석의 일부는 성경에 나타난 주로 도덕적이고 윤리적인 내용에 초점을 맞추어 연구를 하여 해석자의 특유한 신앙의 형태나 상상력의 지배를 받기도 하였다.

5) 현대적 해석(Modern Interpretation)

독일을 중심하여 발생된 현대 성경 해석 방법은 크게 분류하면 양식사(Formgeschichte)와 신정통주의적 해석(Neo-orthodox interpretation), 그리고 비신화화 및 실존적 해석(Demythologizing and existential interpretation) 등을 들 수 있다.

첫째, 양식비평적인 접근 방법은 성경 전승의 다양한 층들을 인식하고 탐구하려는 노력으로서 "원시복음 전승의 연속적인 계층을 판별하고 그것을 형성시킨 역사적인 요소들을 탐지하려는 노력"4)에 그 초점을 둔다고 하겠다. 다나(H. E. Dana)는 이 해석 방법을 가지고 복음서의 내용을 다음과 같이 설명하고 있다.

> 복음서는 뚜렷한 전승의 층들로 구성되어 있는데 이러한 전승의 층은 먼저 초대교회의 전도자들이 사용하였던 독자적인 예화들로부터 시작하여 예증들(paradigms), 또는 기독교 민간 전승(Christian folklore)들이 그 위에 놓이게 되고, 다음에는 어록의 층이 교훈적인 의도를 지닌 집성물로 편집되었으며, 마침내는 전설적인 첨가 부분이 윤색되고 신화가 삽입된 전체를 형성하게 되었다.5)

둘째, 신정통주의적 해석은 일반적으로 상징적 해석의 경향으로서 신화적으로 성경을 해석하려는 방법들이다. 여기서는 무오한 성경을 인정하려 들지 않고 신화가 역사 안에 감추어진 신학적인 진리를 운반하는 수단이 된다는 것을 의미한다. 이러한 방법을 따르면, 신학적인 진리는 그것이 제시된 역사적인 지평에 의존하지 않고 있다는 문제를 야기할 수도 있다.

셋째, 반신화적이고 실존적인 성경 해석 방법의 대표적인 인물은 루돌프 불트만(Rudolf Bultmann)으로 이 해석 방법은 복음의 본질, 곧 케리그마는 복음서의 내용에 부착된 신화적인 요소를 제거하거나 파악함으로써만 확정될 수 있다고 본다. 이러한 입장은 성경에 나타난 신화는 현대 과학 시대의 감각 감정(感覺感情)과 사고방식과는 양립할 수 없다는 주장이다. 여기서 성경의 의미를 인간의 현재적 삶과의 관계를 통하여 파악하고자 하는 노력이 극대화되고 그 결과로 성경의 역사적인 배경과 성격을 박탈하기도 하다.

6) 문법적, 역사적(Grammatico-historical), 신학적 해석

이 성경 해석 방법은 문법적인 원리와 역사적인 사실들에 의거한 것으로 초기 기독교 시대에 안디옥을 중심으로 활동하던 시리아 학파(The Syrian school)에서 활발하게 사용하였으며, 종교 개혁 시대에는 마틴 루터와 존 칼빈과 같은 종교개혁자들이 건전한 성경 해석 방법으로 사용한 바 있다.

이 해석은 문법적인 구조와 수사학적인 양식, 어휘 등과 같은 문학적인 요소를 상세하게 연구하고, 또한 해석하고자 하는 본문이 기록되어진 그때 당시의 삶에서 찾아진 역사적인 사실까지 연구하면서 본문을 이해하려는 해석 방법이다.

신학적인 해석은 성경의 각 본문이 담고 있는 본질적인 진리를 이해하고자 하는 노력을 강조한다. 여기서의 신학적인 해석은 위에서 본 문법적인 연구와 역사적인 연구를 제외시킨 독자적인 해석 방법이 아니다. 이 해석 방법은 먼저 해석하고자 하는 본문을 철저하게 문법적으로 분석을 하고, 그리고 그것에 수반된 역사적인 컨텍스트(Context)를 연구하면서 그 본문(Text)이 가지고 있는 신학적인 진리를 찾는다.

이 방법은 가장 성실한 것으로 오늘의 성서 신학에서 활발히 사용되고 있는 해석 방법 중의 하나이다.

이상과 같은 성경 해석의 여러 방법은 설교자를 때로는 혼돈에 빠뜨리게 하는 오류도 남기고 있음을 부정할 수 없다. 그러나 설교자가 어떤 방법을 택한다 하더라도 다음의 기본적인 해석의 단계는 반드시 거쳐야 말씀을 이해하고, 진리와 계시를 발견하여 회중에게 전달할 수 있게 된다.

주어진 본문에서 설교자와 회중이 보다 더 정확하게 하나님의 깊은 뜻을 받기 위해서 필요한 단계를 제임스 클리랜드는 다음과 같이 제시하고 있다. 그 첫째 단계는 그 말씀이 주어질 때, '삶의 자리'를 중심한 고찰 혹은 석의(Investigation or Exegesis)를 통하여 그 당시의 의미를 찾아야 하고, 둘째 단계로 그 말씀의 중심에 흐르는 기쁜 소식의 진리성을 해석, 또는 강해하여 줌으로써 항존적인 진리를 발견해야 하며, 마지막 단계로는 발견된 절대 진리의 메시지를 복된 소식으로 오늘의 현장에 적용시켜 선포된 진리가 구체화되어져야 한다.6)

이상 제임스 클리랜드가 제시한 3단계의 방법은 현대 설교자들에 의하여 본문과의 대화에 있어서 널리 알려져 있는 방법이긴 하지만, 실제로 이 단계대로 본문과 대화를 나누려는 노력을 포기해 버린 경우를 종종 본다. 그러나 설교자가 전달해야 할 말씀에 관한 접촉과 대화를 갖지 않은 채 설교 말씀을 준비한다는 것은 심각한 문제이다. 이러한 경우 설교자가 하나님의 말씀을 준비하지 않고 인간의 말을 준비한다는 간단한 논리에 접하게 된다. 그러므로 최소한 다음의 단계는 설교자들이 거쳐야 하고, 그 단계를 거치면서 하나님이 말씀하시려고 하신 메시지의 내용이 무엇인지를 확실히 알아야 한다.

3. 설교자가 통과해야 할 세 단계

1) 석의(Exegesis)

말씀의 운반자가 운반해야 할 말씀의 뜻을 이해하지 않고서는 한 발자국도 뗄 수 없다. 어느 장소, 어느 시간에도 그 말씀을 언급할 수 없다. "하나님이 주신 그 말씀의 뜻이 무엇인가?"라고 누군가 물어 볼 때 "예! 하나님은 이 말씀에서 이러한 뜻을 가지고 우리에게 말씀하십니다."라고 대답할 수 있는 설교자여야 한다. 설교자가 자신의 생각대로 그 말씀을 이해하여 함부로 해석을 했다가 그 뜻을 벗어났을 경우 그 책임은 실로 막중하다.

  신학자들은 그 최선의 방법으로서 기록된 언어의 문법적인 분석과, 본문의 삶의 자리(Sitz im Leben)에 대한 깊은 연구를 통하여 그 의미를 포착하도록 권하고 있다. 그 이유는 그 말씀이 필연적으로 선포되어야 할 시대적인 상황이 있었기 때문이다. 그리고 성경 언어의 문법적 분석은 언어가 의사소통의 주된 수단이며, 시대적 제한이 있기 때문에 성경 본문의 저자와 독자 간의 독특한 의사전달의 의도를 파악하기 위해 필요하다.

  설교자가 성경 원어를 읽고 분석하는 데는 큰 어려움이 따르긴 하지만, 본문의 정확한 이해를 위해 유용한 사전과 주석 등을 확보해서라도 이 기본적인 본문 연구의 단계를 꼭 거쳐야 한다. 미국 설교학계의 거성이며 저자의 은사였던 웨이드 휴이(Wade Huie Jr.)는 자신이 한 편의 설교를 위해 주어진 본문에 대한 일차적 연구를 다음과 같이 하고 있다고 밝혔다.

> 주어진 본문이 무엇을 말씀하고 있는지를 찾기 위하여 원어성경과 각각 달리 번역된 여러 권의 성경을 내 앞에 펼쳐 놓는다. 그리고 원어 사전을 비롯하여 성구 대사전, 성경 사전, 본문을 문법적으로 분석해 놓은 책들을 펴놓고 그 본문을 나의 말로 다시 쓴다. 그리고 누가, 언제, 어디서, 무엇을, 왜, 어떻게라는 질문을 던진다. 그리고 그 말씀의 전후 관계와 시대적인 상황들을 비롯하여 중심된 단어와 구절들을 세밀히 연구 분석한다.[7]

  한 설교자로서 하나님의 말씀인 본문을 정확하게 이해하고 책임 있게 선포하려는 모범을 보여 주는 좋은 실례이다. 이상과 같은 과정은 어느 특정인만이 할 수 있고, 또 해야 하는 것이 아니라 설교자라면 누구나 이행해야 하는 당연한 임무이다.

이러한 과정을 거친 다음에 제2단계로 설교자는 다음과 같은 질문을 던져야 한다. "본문의 저자는 누구이며, 그는 어떤 사람이며, 그가 처한 배경은 어떠한가? 또한 이 본문은 누구에게 말해졌으며, 그 시대와 장소의 사회, 경제, 정치, 문화적인 배경과 특징은 무엇인가?"라는 질문을 해야 하고, 그에 대한 대답을 찾아내야 한다.

이런 과정을 거치는 동안 본문의 깊은 뜻이 파악되고 서서히 설교자의 머리에는 설교를 통하여 선포되어져야 할 소중한 생각들이 떠오르는데, 이것을 가리켜 영상(靈想, Eisegesis)이라고 한다. 이 때에 순간순간 떠오르는 영상은 미리 준비한 노트에 빠짐없이 기록해 두어야 한다. 그런데 이 영상의 활용에 있어서 자칫 잘못하면 설교자는 그것이 하나님으로부터 받은 영감, 또는 계시로 생각하고 바로 옮기는 과오를 범하기 쉽다. 그렇기 때문에 본문을 연구하는 동안에 메모를 해둔 자기의 영상을 절대적인 것으로 믿어서는 안 된다. 설교자는 이 과정에서 발견되어진 영상을 성경학자들이 쓴 주석들과 대조하고 확인할 필요가 있다. 본문의 깊은 뜻과 일치된 경우는 그대로 활용될 수 있는 설교의 소중한 부분이 될 수 있다. 그러나 석의되어 있는 학자들의 견해와 거리가 먼 경우라면 그것은 자신의 환경과 지식과 경험에 의한 자기 발상적인 단순한 생각이었음을 깨닫고 아낌없이 버리는 용단도 필요하다.

2) 주해(Exposition)

설교자가 텍스트와의 대화를 위와 같이 갖게 될 때, 그 본문이 의도하는 근본적인 의미와 그 배경을 알게 된다. 이런 단계가 끝난 후 설교자는 다음의 단계인 주해의 작업을 펼쳐야 한다. 그 작업은 본문이 지금 여기의(here and now) 역사 속에서 무엇을 말씀해 주고 있는지를 찾아내는 일이다. 이 과정을 가리켜 강해 또는 주해라고 한다.

이 과정에서 설교자에게는 깊은 명상과 기도가 필요하며, 하나님의 진리를 볼 수 있는 눈과 들을 수 있는 귀가 필요하다. 여기에서 바로 말씀을 통한 하나님과 설교자와의 개인적인 관계가 형성되고, 이 순간에 소중한 메시지를 부여받아 메시지가 선포되어질 현장을 찾게 된다. 다시 말해, 주어진 본문으로부터 설교자 자신이 아무런 메시지를 듣지 못하고서는 올바른 설교를 할 수 없다.[8] 그러므로 설교자는 이 과정을 통하여 다음과 같은 질문을 해야 하고, 그 대답들을 경청하도록 해야 한다.

- ◆ 하나님은 이 본문 속에서 무엇을 계시하시고 있는가?
- ◆ 나 자신과 나의 양들은 어느 지점에 서서 이 설교의 말씀을 듣고 있는가?
- ◆ 이 말씀 속에 나타난 하나님과 나는 어떻게 해야 성공적인 만남을 이룰 수 있는가?

모름지기 설교자는 이상과 같은 질문을 하면서 메시지의 주인이신 하나님 앞에 초라한 한 인간의 모습을 숨김없이 나타내고 그 응답을 받아야 한다. 여기에서 주어진 응답들은 지체 없이 정리되어야 하고 앞서서 나온 자기 영상들과 연결시켜 설교의 골격을 세워나가기 시작해야 한다. 이 지점에서 주어진 메시지는 살아 계신 하나님이 자기의 종을 통하여 자기 백성들에게 주시는 긴급한 말씀으로 받아들일 수 있는 겸손한 설교자의 자세가 필요하다. 그렇기 때문에 이 과정에서는 말씀과 설교자와 그 말씀을 전달받을 회중과 삼각관계를 갖고 있는, 언제나 새로운 대화의 현시(Manifestation)가 이룩되어야 한다. 클라이드 팬트는 이에 대하여 보다 더 풍성한 결실을 맺기 위해서 먼저 그 본문 가운데 하나님이 만날 수 있는 인간들의 형편을 열거하고, 그 만남을 통하여 주어지게 될 영향과 변화를 상상해 보며, 설교

가 감동을 줄 초점들을 생각해 볼 것을 권하고 있다.9)

본문의 메시지를 명확하게 발견하고, 그 가운데서 대면하는 하나님 앞에 설교자 자신과 그 회중을 비추어보며, 거기에서 설교자가 먼저 말씀의 화신이 되는 감격적인 체험을 할 수 있다면 이것은 훌륭한 주해의 결실이라 아니할 수 없다. 클라이드 팬트의 "말씀과의 밀착이 설교자 안에서 먼저 형성되지 못하면, 그 메시지는 결코 말씀의 화신을 이룰 수 없다."10)는 주장은 너무나 당연하다.

여기서 부언해 둘 문제는, 설교의 주제를 이미 정한 후 본문을 연구하고 주해를 해나가는 경우이다. 이미 설정된 주제와 본문이 자신이 생각한 것과 일치점을 이루지 못했을 때 설교자는 어떤 자세를 취할 것인가의 문제이다. 이 때에 설교자는 주제를 바꾸든지, 아니면 본문을 바꾸든지 하는 솔직한 결단이 필요하다. 아무리 그 동안의 준비가 아깝더라도 다음에 사용할 기회를 찾고 과감한 결단을 내려야 한다. 또 하나는 자신의 석의 준비가 부족하거나 순간적으로 떠오르는 영적인 해석을 최우선적으로 취급하는 우를 범해서는 안 된다. 이런 영적인 생각들이 본문과는 전혀 무관한 의미를 남발한 오류가 허다했음을 한국의 설교자는 기억해야 한다.

3) 적용(Application)

"모든 위대한 성경기자들이 관심을 가졌던 것은 인간의 삶이었다. 그러므로 오늘날 그들을 따르고자 하는 설교자라면 인간의 삶으로부터 시작해야 한다."11)는 말은 설교가 단순한 하늘의 음성만을 들려주는 데 목적이 있지 아니하고 땅에서 듣는 사람들의 삶과의 관계가 중요함을 설파하고 있다.

사실 설교자가 철저한 본문 석의와 그 메시지를 부여받는 주해의 과정을 끝냈을 때 다음으로 이어져야 할 일은 말씀의 현장화를 위한 적용 작업이다. 말씀이 현대인들에게 적용되지 못한다면, 그것은 불발탄 같은 메시지가 되기 쉽고, 거기에 대한 책임은 설교자에게 돌아온다. 그리고 지금껏 수고한 모든 단계가 무용지물이 되기 쉽다. 그렇기 때문에 다니엘 바우만은 "충실한 석의와 주의 깊은 주해를 하고서도 전혀 무가치한 적용을 한다는 것은 비판을 받을 수밖에 없다."12)고 말한 바 있다.

실질적으로 설교가 회중에게 결단을 촉구할 수 있는 적용이 없을 때에 그 설교는 성공했다고 말할 수 없다. "그러므로 적용이 시작될 때 설교가 시작된다."13)고 말할 정도로 적용의 비중은 현대 설교학에서 높이 평가되고 있다. 이 적용이 실질적으로 본문과의 대화에서 최종적인 목표가 된다. 적용이란 현대인들과 메시지와 성령님 간에 만나는 역사가 일어나는 순간이다. 그러므로 거기에는 인간의 기대를 초월한 생생한 결실들이 발생한다. 베드로가 설교를 했을 때 수많은 사람들이 "우리가 지금 어찌할꼬?" 하는 즉각적인 반응을 보임은 적용이란 단계가 원하는 전부라 해도 과언은 아니다. 어떻게 하면 이런 역동적인 적용을 가져올 수 있을까 하는 것은 많은 설교자들의 공통적인 관심사이다.

나단이 다윗의 면전에서 비유를 들어 말을 할 때 다윗은 자신과는 무관한 선지자의 말로 여겼다. 그러나 그 말씀을 다윗의 삶에 적용시킬 때 다윗은 통회의 눈물을 흘리면서 하나님을 향하여 무릎을 꿇었다. 이것이 말씀이 현장화되는 적용의 장면이다. 이러한 적용은 오늘의 설교 현장에서 발생되어야 하는 중요한 부분이다.

문제는 어떻게 이러한 중요한 과정을 수행할 수 있는가에 달려 있다. 이 문제의 해결을 위해서는 무엇보다도 효과적인 적용에 설교자가 먼저 깊은 관심을 가져야 한다. 설교자를 포함하여 주위의 환경, 그 시간과 장소, 문화적인 배경을 참고하고자 하는 노력을 설교자가 기울여야 한다. 그 메시지를 들을 대상과 그들의 환경, 그리고 그들이 처한 시간과 장소를 찾는다는 것은 한 설교자의 진지한 관심에 속한 문제이다. 그리고 여기에 더하여 좀더 구체적인 도움을 줄 수 있는 점들은 다음과 같다.

효과적인 적용은 메시지가 누구에게나 이해와 공감을 가져올 수 있도록 준비되는 데서 출발한다. 그 메시지의 중심과 삶의 장에 초점을 맞추어 호소를 해야 하고, 회중이 그 메시지를 삶의 현장에 적용할 방법을 구체적으로 제시해야 한다. 다니엘 바우만은 보다 더 효과적인 적용을 위하여 다음과 같은 여러 가지 방법을 제시하고 있다.14)

첫째, 메시지와 회중과의 간격을 메울 수 있는 예화를 통하여 그들의 생활과 말씀을 손쉽게 연결할 수 있는 가능성을 발견하도록 한다.

둘째, 회중이 자유롭게 선택할 수 있는 여러 가지 경우를 제시하여 타의가 아닌 자의에 의한 결단을 내리도록 돕는다.

셋째, 암시를 하거나 제안하는 형태의 적용을 설교 속에서 시도한다.

넷째, 개인이 복음과의 만남으로 발생한 감동적인 간증 등을 들어 결단의 산 예증들을 보인다.

이상과 같이 다양한 방법들은 한국의 설교자들이 참고해야 할 좋은 보기들이다. 한국의 강단은 너무나 직선적이고 강압적인 메시지의 적용을 회중에게 강요해 왔음을 부인할 수 없다. 효과적인 말씀의 적용은 진실하고 부드럽게 회중의 마음속에 스며들도록 해야 한다. 지혜와 간절한 기도 속에서 성령님의 역사와 선포된 메시지와 듣는 회중의 심령 안에서 만나게 되고 그 가운데서 결단이 생성되도록 해야 한다. 특별히 유의해야 할 것은 말씀이 적용되어지는 부분이나 말씀의 적용을 위하여 사용하는 예화에서는 어떤 경우도 설교자가 보이지 않도록 해야 한다. 예화의 길이도 2분을 초과할 수 없다는 예화 사용의 기본 상식을 지켜야 한다. 이를 어기는 경우 잘못하면 설교의 시간을 메우기 위한 설교자의 태만이 나타나고 설교를 만담이나 예화의 진열장으로 전락시키는 무서운 과오를 범하게 된다.

복음이 이 땅에 심어진 지 100년의 역사를 넘기면서 우리의 교회는 새로운 시대에 진입하고 있다. 눈앞에 펼쳐진 새로운 여건들이 어떠한 형태로 우리 앞에 도전해 올지 예측을 불허한다. 그러나 분명히 하나님의 말씀이 선포되어지는 설교의 사역은 교회의 존속과 성장에 가장 으뜸가는 사역(ministry)이 될 것임에 틀림없다. 이 사역의 주역들로서 내일을 맞이해야 할 오늘의 설교자들은 언제나 마음 깊이 생각에 생각을 거듭해야 한다. 자신이 외친 설교가 정직한 의미에서 하나님 말씀의 대언 또는 전달인지, 아니면 자신의 말을 하나님의 말씀이라고 고집하는 모순을 범하고 있는지 스스로 평가해 보는 지혜를 갖추어야 한다.

솔직히 한국의 강단이 위기를 맞게 된 원인은 바로 여기에 있다. 하나님의 말씀이 뜻하는 바가 설교자에 의하여 가려지고 사람의 말이 설교의 장(場)을 채우는 데서 설교 사역의 탈선은 발생된다. 이러한 까닭에 설교자는 외쳐야 할 본문에서 하나님이 무엇을 말씀하시는지를 터득하기 위해 우직한 자세를 최우선적으로 갖추어야 한다. 이럴 때 설교자는 말씀의 사자로서 힘을 얻게 되고 '하나님의 말씀을 전하는 전권대사'의 권위를 부여받게 된다.

4. 성경적 설교를 위한 석의 과정의 실례

성실한 석의는 설교학 교수들에게는 끝없이 강조되는 부분이다. 거짓 선지자가 되지 않아야 하는 미래의 설교자들을 보고 그 책임을 느끼기 때문이다. 다음의 「성경적 설교를 위한 석의 과정」은 35년이 넘도록 설교학 교수로 봉직한 바 있는 저자의 은사 휴이(Wade Huie)의 강의 노트이다. 그가 개인적으로 이 제자에게 넘겨 준 강의 노트에서 발췌하여 여기에 그 줄기를 실례로 제시한다.

첫째 단계

1. 먼저 설교자가 사용할 본문의 시작과 끝이 설교로 전개시킬 수 있는지 결정을 내리자. 석의를 해나가는 중에 어쩌면 자신의 생각을 바꿀지 모르기 때문이다.

   a. 장, 절의 구분을 무시하라. 그리고 사상과 문장, 단락의 일치에 더욱 주의를 집중하라.
   b. 변화를 주의해 보라.
      ⇒ 스타일에서   예) 산문체에서 시문체로
      ⇒ 분위기에서   예) 위로에서 심판으로
      ⇒ 장소에서   예) "산에서 내려오신 후에, 예수께서는"
      ⇒ 행위에서   예) "그 때에 예수께서 가르치시기를 시작하시고, 이르시되……"

2. 가능한 한 본문을 가장 정확하게 번역하라. 후에 여러분은 읽기 편한 번역을 원할는지도 모른다. 그러나 지금은 원래의 본문에 충실한 것을 찾으라. 이것을 위해 다음과 같은 일을 할 수 있다.

   a. 최선의 방법은 성경 원문으로부터 본문을 번역하고, 주요한 변화에 주목해야 한다. 그리고 자신의 번역을 각각 달리 번역된 현대 성경과 비교하라. 거기에 나타나는 중요한 차이에 유의하라.
   b. 이 문제의 실마리를 풀기 위하여 주석이 달린 성경의 사본들을

가지고 각주를 대조하라.
  c. 번역상의 차이를 발견했을 때 어떤 것이 중요한지를 가늠하며 연구해 보라. 어떤 차이가 있는가, 왜 차이가 나는 것일까를 스스로 질문해 보자. 그것이 중요한 것이라면 표시를 해두었다가 후에 주석을 찾아 대조하도록 하라.

3. 성구의 '순수한 의미'를 확실하게 이해하라.

  a. 문법과 문장 구조는 명확한가? 만약 그렇지 않다면 문맥을 검토하거나 따로 적어 놓았다가 뒤에 주석책에서 확인하라.
  b. 본문 안에 좀더 상세히 설명할 필요가 있는 단어나 구절들이 있는가? 만일 있다면 신학용어 사전, 성경 사전, 주석들을 찾아보라.
      예) 본문이 "그 때에 바리새인들과 서기관들이 예루살렘으로부터 예수께 나아와 가로되 당신의 제자들이 어찌하여 장로들의 유전을 범하나이까? 떡 먹을 때에 손을 씻지 아니하더이다."라고 한다면 여러분은 바리새인, 서기관, 장로들의 유전, 제자 등에 관해 조사할 필요가 있으며, 더불어 유대의 의식 중 손 씻는 행위에 관한 것들을 연구해 보아야 한다.

4. 좋은 주석이나 기타 서적들에서, 각 책의 개요 가운데 여러분이 택한 본문이 위치한 곳이 어디인지를 찾으라. 그 구절이 들어 있는 부분의 일반적인 주제가 무엇인지를 발견하라.

5. 이제 여러분이 이미 알고 있는 것에 근거하여 한 사람의 신앙인으로서 본문에 귀를 기울이고, 가능한 문제들이나 사상들, 질문들, 그리고 여러분이 생각할 수 있는 본문의 부분적 의미들의 항목을

적어 보자.

> 둘째 단계

먼저, 신중한 석의를 위하여 다음의 질문을 가지고 설교자의 착상을 테스트해 보라.

① 그 구절 속에 감추인 어떤 놀라운 것이 있는가?
② 이 구절은 갈등의 상황에서 이루어진 것일까? 여러분은 이 대목을 어떻게 설명할 것인가?
③ 그 구절이 내포하고 있는 하나님의 뜻은 무엇인가? 그리고 인간의 견해는 무엇이며 교회의 견해는 어떠한가?
④ 이 말씀이 기록되기 전에 이 본문은 어떻게 사용될 수 있었는가?

6. 문학 분석

   a. 여러분이 찾은 본문은 어떤 문학 장르인가? 비유인가? 잠언인가? 또는 산상수훈인가? 예전적 본문인가? 그 형태에 대해서 여러분은 무엇을 알고 있고 또 무엇을 발견할 수 있는가?
   b. 그 본문은 내부적으로 어떻게 구성되어 있는가? 흥미로운 문학 형태가 보이는가? 그 본문은 어떤 형태를 돋보이게 하는 어떤 구성 방법을 쓰고 있는가?

7. 역사적 분석

   a. 여러분이 선택한 본문과 관련된 성경의 개론서에서 그 배경이 되는 글들을 다시 읽으라. 특히 글 속에 나타난 날짜, 저자,

목적, 정치적·문화적 배경들을 유념하라. 이렇듯 배경이 되는 글들을 선택함에 있어서 기본적인 성서개론들로부터 시작하는 것이 좋다.
b. 그리고 다양한 역사적 배경이나 편집 안에서 본문이 사용되었던 방법에 관하여 무엇을 배웠는가? 예를 들어, 여러분이 택한 본문이 예수님의 비유에 대한 것이라면, 그것은 예수님의 사역 안에서 한 배경과 한 목적을 위하여 사용되었을 것이다. 또한 복음서 저자들에 의해 다소 다르게 쓰여졌을 것이다.

8. 신학적 분석

   a. 본문 안에서 표현하고 있거나 내포되어 있는 '인간과 관련된 하나님'에 관한 중심된 주장들을 문장 안에서 규명하도록 노력하라.
   b. 여러분이 택한 본문 속에 있는 신학적인 문제들이 성경의 다른 부분에서 어떻게 발전되어 왔는지를 보라. 그리고 신구약의 기본적 신학 자료들에서 어떤 도움을 받을 수 있는지 분석해 보라.

9. 이제 본문에 대한 스스로의 분석에 자신을 가질 때가 왔다. 그러나 여러분의 분석을 전문가의 것에 비추어 확인해 보아야 한다. 몇몇 좋은 주석이 본문에 관해서 어떻게 쓰고 있는지를 보라. 분명 견해의 차이를 보게 될 것이다. 주석과의 대화를 통해 그것들을 수용할 수 있어야 한다.

10. 드디어 여러분은 가능한 모든 것들을 동원하여 석의를 해냈다. 그러나 아직은 중심된 설교의 아이디어를 갖지는 못했다. 앞으로 주해라는 한 단계를 뛰어넘어야 한다. 본문에 대해서 연구한 모든 것-그리고 여러분이 설교할 사람들에 대해서 알고 있는 모든

것-에 근거해서 이 본문이 그들에게 이르고자 하는 것이 무엇인가? 그리고 이 본문이 그들의 삶에 관해 무엇을 말해 주고 있는가를 생각해야 할 것이다.

주〉

1) John R. W. Stott, *Between Two Worlds:The Art of Preaching in the Twentieth Century*(Grand Rapids, Mich.:Wm. B. Eerdmans, 1982).
2) H. C. Brown, Jr., H. Gordon Clinard and Jesse J. Northcutt, 「설교의 구성론」, 정장복 역(서울:엠마오, 1991), pp. 76-84 참고.
3) John Kerr, *Lectures on History of Preaching*(New York:A. C. Armstrong & Son, 1889), pp. 61-65.
4) H. E. Dana, *Searching the Scripture*(New Orleans:Bible Institute Memorial Press, 1936), p. 147.
5) Ibid.
6) James T. Cleland, *Preaching to Be Understood*(New York: Abingdon Press, 1965), p. 77.
7) Wade Huie, Jr., "The Poverty of Abundance:From Text to Sermon on Luke 16:19-31" in *Interpretation*(October, 1968), p. 412.
8) Dwight E. Stevenson, *In The Biblical Preacher's Workshop* (New York:Abingdon Press, 1967), p. 67.
9) Clyde Fant, *Preaching for Today*(New York:Harper and Row, 1957), pp. 132-33.
10) Ibid., p. 50.
11) John Knox, *The Integrity of Preaching*(New York:Abingdon Press, 1957), p. 42.
12) Daniel Baumann, 「현대 설교학 입문」, 정장복 역(서울:양서각, 1983), pp. 138-39.
13) Faris D. Whitesell, *Power in Expository Preaching*(Fleming H. Revell Co., 1964), p. 91.
14) Daniel Baumann, op. cit., pp. 249-51.

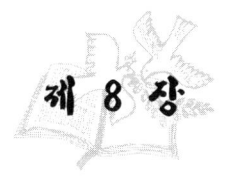

제 8 장

과녁을 향한 메시지와 그 실상

> **함축된 의미의 질문들**
>
> ◆ 한 편의 설교가 가고자 하는 분명한 목적이 보이지 않을 때 회중에게 어떤 영향을 준다고 생각하는가?
> ◆ 설교의 목적을 무엇이라고 정의할 수 있는가?
> ◆ 설교의 목적이라는 기준을 가지고 볼 때 한국 설교의 탈선은 어느 정도인가?
> ◆ 광의적으로 볼 때 설교의 목적은 어떻게 분류할 수 있는가?
> ◆ 한국교회에서 균형 잡힌 설교의 목적 이행은 어느 정도가 타당하며 그 이유는 무엇인가?

1. 설교 목적의 설정과 그 필요성

예배 가운데 우뚝 선 하나님 말씀의 전달이 적중해야 할 과녁이 없다면 그 설교의 존재 가치는 무의미하게 된다. 그러므로 한 편의 설교를 준비할 때부터 설교자는 반드시 스스로에게 "내가 무엇을 이 설교의 과녁으로 삼고 준비하고 있는가?"를 물어야 한다. 언제나 올바른 설교자는 자신이 가야 할 길을 출발 전에 확정하고 거기에 필요한 모든 것을 확고히 준비하여 목적한 지점에 성공적으로 도달되도록 해야 한다. 도날드 밀러(Donald Miller)는 설교자가 설교를 준비하는 과정이나 또는 준비 이전에 정확한 목표를 선정할 것을 촉구하면서 다음과 같은 흥미 있는 실례를 말해 주고 있다.

유명한 설교자였던 벤자민 레이시(Benjamin R. Lacy) 목사가 그의 초기 목회에서 겪었던 일이다. 어느 토요일 저녁에 다음 날 주일 설교를 완전히 탈고한 후에 자기 부인에게 와서 그는 유창한 화술과 함께 읽었다. 유심히 듣고 있던 부인은 "여보! 그 설교는 어느 때보다도 구성이나 표현에 있어서 너무도 아름답습니다. 그런데 그 설교가 실현하거나 도달하려는 목표가 무엇이죠?"라고 간단한 질문을 던졌다.
레이시 목사는 오랜 시간의 수고 끝에 완성된 자기의 설교에 대한 부인의 질문에 선뜻 대답을 하지 못한 채 생각을 거듭하게 되었다. 몇 시간이 되어도 작성된 설교의 목적을 찾지 못하자 자신이 이 설교를 준비하는 과정이나 작성해 나가는 중에 분명한 목적을 세운 바가 없었음을 깨닫게 되었다. 그는 부인 앞에서의 수치감과 앞으로 12시간밖에 남지 않은 내일의 예배에 대한 초조감을 느끼면서도 손에 쥐고 있는 설교 원고를 모두 휴지통에 버렸다. 그리고 온 밤을 지새우면서 그제야 교회력을 들춰보고 자기의 목회 계획과 자신이 과거에 어떤 설교들을 했는지 정리하기 시작했다. 그런 다음에 나아갈 목적을 세우고 간절한 기도와 함께 온밤을 새워서 설교를 준비하여 감격적인 예배를 드렸다.[1)]

밀러 교수가 말한 사례 속에서 나타난 대로 목적 의식이 분명한 설교만이 언제나 성공적인 결실을 거둘 수 있다. 구체적인 목적을 설정한 후에 준비하고 선포되는 설교만이 그가 목적한 과녁을 정확히 맞추게 되는 기쁨을 갖는다. 그러므로 설교의 사역에 있어서 아무리 위대한 진리라고 해도 아무런 목적 의식을 갖지 않고 외친다면 책임 없는 씨앗의 뿌림이다. 그러므로 "설교자들은 설교를 듣는 사람들이 결단하고 행동할 수 있는 목적과 능력을 가지고 설교를 해야 한다."[2] 는 말은 너무나 타당하다. 환언하면, 설교자가 한 편의 설교를 작성하기 전에 자신이 무엇을 위하여 이 말씀을 전해야 하는가 질문을 먼저 던져야 하고, 확고한 목적을 설정함은 설교의 절대적인 요소로서 현대 설교학에서 강조되고 있다.

2. 설교 목적에 대한 기본 이해

철학자 아리스토텔레스의 우주는 형상(Form)과 질료(Matter)를 가지고 성립되며, 질료는 형상에로 발전하여 가나, 그 발전은 어떤 목적을 실현하기 위하여 행하여진다는 목적론의 주장은 데모크리투스(Democritus)의 기계론과 대조를 이루는 고대철학의 흥미 있는 논쟁이었다. 아리스토텔레스는 그의 목적론적 이론을 수사학에도 철저히 적용하여 "논리의 전개란 어떤 목적을 실현하기 위하여 행해진다."[3]는 주장을 계속하였다.

이처럼 설교학에서 말하는 설교의 목적은 이론적인 표적을 넘어서 행동적이고 구체적인 목표의 설정과 실현 가능성의 확인까지를 파고드는 것을 말하고 있다. 흔히들 예배를 드리고 돌아가는 교인들의 입에서 "그 설교는 참 유창하게 잘한 설교인 듯한데 무엇에 초점을 두고 행하여진 설교인지 나는 알 수가 없었어."라는 말을 종종 들을 수가 있다.

이와 같은 경우는 첫째, 목회 경험이 짧은 젊은 설교자들 가운데서 비교적 발생하기 쉬운 문제들이다. 철학적인 사고와 문학적인 표현에 너무 치중한 나머지 설교가 갖추어야 할 기본적인 것을 놓쳐 버리기 때문이다. 그 외에도 시간에 쫓겨 설교에 대한 계획을 치밀하게 세우지 못한 채 급조한 설교의 경우에서도 흔히 발견되어지는 현상이다. 둘째, 너무나 설교 사역이 기계화되어 버린 오랜 목회자의 경우에서도 종종 발견되어진다. 안일한 강해 일변도의 설교나 오랜 경험담의 활용 등에서 시간의 균형을 잃어버린 채 막상 전해야 할 메시지를 전하지 못하고 시간에 쫓겨 설교를 끝내 버리는 경우에서 흔히 볼 수 있는 현상들이다.

설교의 목적을 좀더 구체적으로 설명함에 있어서 아더 알렌(Arthur Allen)은 다음과 같이 말하고 있다.

"설교의 목적이란 표적된 진리를 더욱 분명하게 하여 요구되는 임무를 더욱 절실하게 한다. 그리고 듣는 사람들을 더욱 계발(啓發)시키며 기본적인 양심을 불러일으키고 가슴을 두드려 메시지를 받아들이게 한다."[4]

이 설명 속에서 요구되는 것은 설교자가 한 편의 설교를 준비할 때부터 내가 어떠한 목적을 위하여 이 설교를 준비하고 있는지를 물으면서 주어진 텍스트가 뜻하는 방향과 일치된 목적을 설정해야 한다는 점이다.

사실 설교는 한 인간의 생애 자체에 변화를 가져오는 대 사건을 일으키게 된다. 그러므로 설교가 설교로서의 존재 가치를 발휘하는 것은 바로 설교를 들은 사람의 행동 변화를 얼마만큼 가져오느냐에 있다. 다시 말하면, 구원에 이르는 경험, 하나님을 향한 경외의 자세, 소명에 대한 주저함 없는 반응, 애통하는 고백, 실천적인 사랑의 표현, 행동하는 신앙의 표현 등이 설교를 들은 후 구체적으로 표현되어지는 그 지점을 볼 때에 설교가 얼마나 그 목적을 달성했는지를 알게 된다. 목이 쉬도록 설교자가 설교를 하였고 아멘의 함성이 성전을 떠나도록 울려 퍼졌는데도 성전을 나서는 성도를 붙들고 "오늘의 메시지가 어떤 것이었고 자신에게 어떤 변화를 일으켰는가?"를 물을 때 메시지의 내용이 아무것도 기억되지 못하고 아무런 변화의 필요성도 발생하지 못했다면 그날의 설교자는 완전한 실패의 메신저로 시간을 채우는 도구에 불과했다는 슬픈 결론을 얻게 된다. 그러므로 설교자는 설교를 준비하기 전에 이 설교를 통하여 어떤 결과가 내 양들에게서 발생되기를 원하는지, 나는 이 설교를 무슨 이유 때문에 해야 하는지의 질문에 대한 분명한 대답을 갖추어야 한다.

3. 목적이 추구하는 설득의 지점

설교자가 그 출발점에서 자신이 어디로 가고 있는지, 무엇을 위하여 가고 있는지를 모르고 있는 상태를 가리켜 정처 없이 고향을 떠난 아브라함과 같은 자세라고 설교가들은 말을 한다. 어떤 설교자는 하나님의 손에 의하여 정처 없이 이끌려 가는 아브라함처럼 자신도 성령님의 손에 의하여 끌려가다 보면 전해야 할 말씀이 주어지지 않겠느냐는 시대 착오적인 말을 한다. 그러나 현명한 설교자는 자신의 노력을 기울이면서 언제나 행선지를 정하고 거기에 필요한 모든 것을 준비하면서 성령님의 동행과 역사를 간구한다. 기도와 명상으로 설교의 무거운 여정길이 해결될 수 있다면 이 땅에 모든 사람이 설교자가 될 수 있다.

문제는 목적의 달성을 위하여 우선적으로 가장 필요한 과정이 무엇인지를 설교자는 먼저 알아야 한다는 점이다. 책임감이 약한 설교자는 자신이 준비한 설교의 원고만 적당히 읽고 전하면 되는 것처럼 생각한다. 그러한 설교자들은 다음과 같은 말들을 하면서 설교의 중

압감을 벗으려 한다.

"듣는 것은 회중의 책임이다."
"귀 있는 자는 들을 것이고 귀 없는 자는 듣지 못할 것이다."
"메시지를 준비하는 것만이 나의 책임이다."

여기서 설교자들이 유의해야 할 것은 설교는 강의가 아니라는 점이다. 강의실의 교수가 가지고 있는 정신과 자세와는 전혀 다른 것이 설교이다. 강의실에서는 지식을 다루고 있으나 설교에서는 생명을 다루고 있다. 강의실은 나의 지식에 바탕을 두고 있으나 설교는 하나님의 말씀에 바탕을 둘 뿐만 아니라 하나님 자신이 주인이 되어 설교자를 통하여 주시는 말씀이다. 20세기 중반까지 미국 교회에 설교의 큰 파장을 일으키면서 말씀을 전했던 해리 포스딕(Harry Emerson Fosdick)은 강의와 설교의 차이점을 밝히면서 "강의란 전제된 주제를 설명해 주는 데 그 관심이 있을 뿐이지만 설교란 던져진 목적을 성취시키는 데 집중적인 관심을 쏟는 것"이라고 말하고 있다.[5]

목적을 성취시키기 위하여 필요한 것은 설득(persuasion)이다. 설교 이론에서 설득이라는 단어는 목적을 이룩하기 위한 하나의 과정으로 사용되고 있다. 이 말은 원래 수사학에서 대상이 자신의 말에 공감을 하고, 말하는 사람이 원하는 방향으로 움직여 줄 때 사용된 말이다. 이 어휘에 대한 현대의 행동과학자들의 개념을 빌리면 화자가 시청각의 상징적인 계기(計器)들을 통하여 듣는 이의 행동에 영향을 끼치는 의식적인 행위로 해석하고 있다.[6] 그러나 설교의 이론에서는 설득이란 목적을 설정하고 선포된 메시지의 전달을 통하여 표적된 인격체의 변화를 의식적으로 시도하는 것이라고 말한다.[7] 여기서 유의해야 할 점은 설득이 행동과학에서는 어떤 형태이든 특별한 구애를 받지 않고 영향이나 변화를 가져오는 것을 의미하나 설교의 이론에서는 이미 정해진 목적을 위하여 거기에 알맞은 메시지를 전해야 하고, 그 목적 속에 한 인격체를 끌어들이는 계획적이며 적극적인 행위임을 강조한다는 사실이다. 그러하기에 진정한 설교의 목적은 회중으로 하여금 설교를 듣고 하나님 앞에 필요한 응답을 하도록 안내하고 부르고 설득하는 것이어야 한다.8)

그러므로 설교란 단순하게 무엇을 알려 주고, 위로해 주고, 감동을 주고, 확신을 주는 데서 끝나는 것이 아니다. 이러한 단계를 거쳐서 최종적인 단계에 진입해야 한다. 그것이 바로 메시지의 실현을 가져오는 일이다. 이것은 커뮤니케이션에서 말하는 이해와 수용과 내면화와 실천이라는 단계의 마지막 지점을 말한다. 그러므로 설교자가 설정한 목적이 설득이라는 단계에서 빛을 보지 못한다면 그 설교는 성공을 거둔 설교라고 말하기 어렵다.

4. 목적에 따른 설교의 분류

신약에서 설교라고 불려지는 말은 복음의 선포를 뜻한 '케리그마'라는 단어였다. 그러므로 데이비스(H. Grady Davis) 같은 설교학자는 "설교의 내용이나 형태에 있어서 신약에 나타난 케리그마를 나타내지 않는다면 그것은 설교로서 합리적인 것이 못된다."9)고 주장한 바 있다. 그러나 현대 설교학자들의 입장은 데이비스의 주장에 수정을 가하고 있다. 이들은 설교에 있어서 케리그마의 내포를 부정한 것이 아니라 케리그마만이 설교의 목적이 되어야 한다는 입장에 동의를 하지 않는다. 이들의 입장에 따르면, 말씀의 사역이란 불신자를 개종시키는 데 목적을 둔 케리그마만이 설교의 전부가 되어서는 안 되고, 적어도 오늘을 그리스도의 사람으로 살고 있는 그들의 신앙에 새로운 활력소를 계속 공급해 주어야 한다. 그리고 현대 사회 속에서 많은 문제와 병을 안고 있는 그리스도인들에게 진리의 말씀으로 주명해 주

고 치유해 주는 임무를 설교가 감당해야 한다는 주장이다.10)

　이상의 두 입장을 놓고 생각해 볼 때 현대 설교의 내용과 목적을 사도 시대적인 형태에만 머물게 한다는 것은 그 타당성을 인정받기가 어렵다고 본다. 왜냐하면 그리스도이신 예수님의 오심, 생애, 교훈, 수난, 부활, 승천과 재림을 시급히 전파해야 할 그 시대는 케리그마가 설교의 전체가 되어야만 했지만 현대는 그 복음 선포에 따라 이미 하나님 앞에 와 있는 무리들에게 케리그마 밖의 진리를 비추어 주고 오늘의 책임 있는 기독교인들이 되도록 하는 것도 너무나 중요하기 때문에 케리그마와 함께 하나님의 명령과 가르침을 선포하는 것이 현대 설교의 올바른 목적이 되어야 한다.

　여기서 유의해야 할 것은 교회의 역사에 있어서 이단들의 출현과 그 성장 과정을 보면 언제나 교리나 교회의 생활을 단 하나의 주장에만 초점을 맞추었고 그것을 기독교의 전부로 주장하는 데서 수많은 비극이 파생되었다는 사실이다. 설교 역시 케리그마 하나만을 설교의 전체로 주장하고 그것과 함께 있어야 할 중요한 것들을 외면해 버린다면 설교의 불균형을 초래할 것이며, 오늘을 어떻게 살아야 할지 알지 못하고 헤매는 양들에게 참된 방향과 위로를 줄 수 없다. 그러므로 균형 잡힌 설교의 목적 설정이란 설교자들에게 찾아온 시급한 요청이라 하지 않을 수 없다.

　설교의 목적을 세분하려면 수많은 설교의 주제가 여기에 해당된다. 예를 들면, 구원, 찬양, 회개, 기도, 십자가와 같은 수많은 주제를 들 수 있다. 학자들에 따라 세분화된 설교의 목적을 모아서 설교를 분류하고 있다. 제임스 콕스(James Cox)와 같은 설교학자는 전도 설교, 강해 설교, 교리 설교, 윤리 설교, 목양 설교, 봉헌 설교 등으로 분류하고 있다.11) 그러나 여기서는 그 목적들을 좀더 광의적(廣義的) 차원에서 분류하여 다음의 네 가지로 정리하고 그것을 분석하여 목적에 따른 설교의 내용과 주의점들을 살펴보고자 한다.

1) 선포적인 설교(Kerygmatic Preaching)

지금껏 '전도 설교'라고도 불리는 이 설교의 내용은 성경적으로 누가복음에 기록되어진 대로 "그리스도가 고난을 받고 제3일에 죽은 자 가운데서 살아날 것과 또 그의 이름으로 죄사함을 얻게 하는 회개가 예루살렘으로부터 시작하여 모든 족속에게 전파될 것"[12]이라는 그리스도의 명령에 근거를 두고 있다. 그리고 이 설교의 가장 대표적인 예는 사도행전 2장에 나타난 베드로의 설교를 들 수 있다. 베드로는 이 설교에서 선지자들의 예언대로 이룩된 그리스도이신 예수님의 죽음과 부활과 승천을 주 내용으로 다루면서 그 예수님이 주님이시요, 그리스도이심을 밝히고 그 앞에서 인간들은 회개하고 용서함을 받을 것을 선포하고 있다. 이러한 내용은 복된 소식으로 죽어 간 인생이 영생의 삶으로 전격적으로 회전되는 것을 알려 주고 있다. 이처럼 이 형태의 설교는 기본적으로 그리스도를 모르는 사람들에게 예수님을 구세주로 영접토록 하는 데 그 일차적인 관심을 두는 설교이다. 이런 입장에서 이 설교는 전도 설교라고도 부른다.

그러나 이 설교가 반드시 불신자들만을 대상으로 해야 하는가라는 질문에는 많은 회의가 있다. 그 이유는 이미 예수님을 구세주로 영접한 무리들에게도 그리스도이신 예수님의 구속 사건은 수시로 강조되어야 하고 오늘의 사건으로 새롭게 각인시켜야 하기 때문이다. 그러므로 이 선포적인 설교는 어느 특수 개인이나 집단을 대상으로 삼는 것보다 전체를 위한 것이어야 한다.

이 설교에서 특별히 다루어져야 할 요소들은 예수님의 구속 사건과 거기에 대한 인간의 응답이다. 이 주요한 초점을 어떻게 하면 더욱 분명하게 노출시킬 수 있으며 듣는 사람의 행동 속에 침투시킬 수 있는가에 대하여 다음과 같은 주안점들을 볼 수 있다.

먼저, 하나님의 거룩하신 속성이 이 설교 속에서 나타나야 한다.

그 이유는 이사야서 6장에 나타난 거룩한 신과 그 앞의 부정한 인간과의 대화에서 나타나는 현상이 우선적으로 이 선포의 설교에서 요구되기 때문이다.

둘째, 한 인간의 구원은 인간의 행위에서 나타난 것이 아니고 하나님의 값없이 주시는 은혜[13]임을 이 설교에서는 뚜렷이 명시하고 듣는 사람들이 그 은혜를 깨닫고 감격하는 자세를 유발하도록 해야 한다.

셋째, 본 설교의 내용은 죄인된 인간을 대신하여 희생당하신 그리스도이신 예수님이 중심이 되어야 한다. 사도행전에서 베드로의 설교와 같이 그리스도의 수난과 부활이 메시지의 핵심이 되어야 하고, 이 수난과 부활 앞에서 인간의 회개가 선결될 것을 요구해야 한다.

넷째, 전도 설교의 성격을 가지고 있는 본 설교는 보편타당한 전개와 표현과 전달이 수반되어야 한다. 복음적인 설교가 인간 이성으로 이해할 수 없는 저차원적이거나 감정만을 이끌어가는 비지성적인 설교가 되어서는 안 된다. 누구나 수긍할 수 있고 마음의 문을 스스로 열 수 있는 진리의 보편성이 있어야 한다. 성경학자로서 목회 사역에 일생을 바친 조지 버트릭(George Buttrick)이 "교회의 문전은 누구나 머리를 들고 들어갈 수 있도록 충분히 넓고 높아야 한다."[14]고 갈파한 말은 역시 진리의 보편성을 이해하는 데 도움을 주고 있다.

다섯째, 이 설교는 내세와 현실의 일체감이 있어야 한다. 지금껏 한국의 강단에서 많은 전도 설교가 "예수 믿고 천당 가라."는 지극히 내세지향적인 면을 지나치게 강조해 왔고, 오늘이라는 현실에 하나님의 나라와 그 의의 정착은 외면했던 모순이 허다하였다. 그러나 구원이란 내세적인 것만이 아니고, 지금 여기의 현실적인 사건으로 인식되어져야 한다.

여섯째, 선포된 설교 앞에서 듣는 회중이 생각할 수 있는 여유를 주어야 한다. 지금 당장 결단을 내리지 않으면 영원히 멸망을 초래할 것이라는 마지막 선언을 던져 버리는 것은 납득할 수 없는 부분이다.

제8장 과녁을 향한 메시지와 그 실상

생각하는 존재들로 피조된 인간이기에 던져진 메시지에 대하여 생각하고 결단을 내릴 수 있도록 하는 말씀의 현장화(application)는 필연적이다.

끝으로, 구속의 진리가 선포되어지고 듣는 무리들이 행동적인 결단을 불러일으키게 되는 것 모두가 성령님의 역사임을 설교자가 언제나 그 마음에 새겨야 한다. 만일 메시지의 내용과 구성, 그리고 결단의 촉구가 설교자의 지나친 인위적인 분위기 조성이나 테크닉에 의존한다면 기독교의 본질이 인간 조작의 결실로 타락될 위험성을 언제나 갖게 된다.

2) 교훈적인 설교(Didactic Preaching)

유명한 영국의 신약학자인 도드(C. H. Dodd)가 「사도들의 설교와 그 발전」이라는 책에서 사도들의 설교를 선포와 가르침으로 분류한 작업은 목적에 입각한 설교의 형태 연구에 중요한 공헌을 남겼다. 그는 "케리그마는 설교자들의 행동이 아니라 메시지였으며 가르침은 대부분이 윤리적인 가르침이었다."15)고 말하면서 "초대교회에서 복음을 외친다는 것과 도덕적인 교훈이나 훈계를 준다는 것은 별다른 구별 없이 행하여졌다."16)고 주장한 바 있다. 이러한 그의 주장은 현대 설교학에 직접적인 영향을 끼쳐 지금껏 이 설교 형태의 성경적 근거를 확실하게 한 바 있다. 구속사의 선포를 통하여 '예수님을 구세주로 믿는 사람'이 된 후에 그 후속조치를 성공적으로 취하는 것은 설교자들에게 필수적인 단계라 아니할 수 없다. 그러므로 무엇을 어떻게 믿고 어떻게 행동하느냐에 관한 행동 지침의 제공이 바로 이 교훈적인 설교의 내용과 형태이다.

도드는 후기에 내놓은 「율법과 복음」이라는 책에서 사도들이 윤리적인 가르침이나 진리의 구체화된 교훈을 준 이유는 이방종교로부터 기독교로 개종한 사람들에게 새로운 세계의 이해와 삶의 원칙을 가르쳐 주지 않으면 안 될 필연적 과정이었다17)고 서술하고 있다. 이러한 과정은 초대교회에서나 현재 교회에서나 조금도 다를 바 없다. 오늘도 교회의 문을 두드리고 찾아온 사람들에게 이 새 세계의 내용과 그 질서와 책임을 가르쳐 준다는 것은 중요한 일임에 틀림없다. 이러한 차원에서 이 설교를 교리 설교라고도 부른다.

이 교훈적인 설교는 실질적으로 다른 부류의 설교에 비하여 어려움을 많이 안고 있다. 그것은 이 설교의 기본 성격이 회중들 지성에 호소하는 것이기 때문에 흥미의 유발이나 감정적 동화 등을 쉽게 가져올 수 없다는 데 문제를 안고 있다. 본 설교는 그 내용에 있어서 딱딱한 신학적인 문제의 풀이, 교단이 가지고 있는 교리의 특수한 해석을 비롯한 어려운 본문의 차분한 주석, 그리스도인들의 엄격한 훈련과 생활 원칙 등을 가르친다. 그러므로 설교자의 지식이나 표현의 정도에 따라 회중이 보여 주는 흥미나 관심의 정도가 다른 설교에 비교하여 현격하게 차이가 생긴다.

이러한 이유 때문에 오늘의 설교자들이 교리 설교를 회피해 버리고 가급적 쉽게 이어지고 회중의 감성(emotion)과 연결되는 설교만을 하려는 경향을 볼 수 있다. 그 실례로서 한국의 초기 교회는 사경회(査經會) 중심으로 연례적인 집회를 열어 일정기간 성경과 교리를 공부하고 또 그것에 대한 강의를 주로 들으면서 저녁이면 전도집회를 가졌다. 그러나 지금 그러한 지성에 호소하는 집회보다 감정에 호소하는 부흥회만을 여기저기서 갖는 것은 교훈적인 설교의 회피현상이라고 이름하여도 무리가 아니다.

예수님을 영접한 후에 전개되는 새로운 세계에 진입하여 살아가는 사람들에게 그 세계를 살아가는 기본 질서와 그 세계의 진리를 학습한다는 사실은 너무나 당연하다. 로버트 넌스(Robert Nounce)가 갈파한 다음과 같은 말에서 선포적(Kerygmatic) 설교와 교훈적

(Didactic) 설교의 동반적 관계를 새롭게 이해할 수 있다.

> 믿는 자들은 선포된 말씀의 함축된 의미를 알기 위하여 배워야 한다. 교회에서 가르침이란 선포된 사건과 진리의 구체성을 풀어나가는 것을 주 임무로 삼는다. 교리 설교의 최대의 효과는 진리를 설명하고 정돈시켜 주는 과정을 통하여 진리를 자명케 함에 있다. 그런 의미에서 케리그마는 놓여진 초석이요, 디다케는 그 초석 위에 세워진 진리의 체계이다. 그러므로 이 두 요소가 병존하지 않고는 완벽한 진리의 집을 지을 수가 없다.[18]

복음을 던지는 데에만 관심을 갖는 설교자들에게 좋은 지침이 될 만한 말이다. 던져진 진리를 받고 찾아온 사람들에게 그 진리를 밝게 해주는 후속 조치를 취한다는 것은 지혜 있는 설교자의 자세이다. 이런 의미에서 이 교훈적인 설교는 기독교 신앙을 바르게 깨우쳐 주는 역할을 담당하게 된다. 필립스 브룩스는 이 교훈적인 설교가 단순한 믿음의 발전보다는 진리를 깨닫고 구원을 받는 첨단의 중요성을 내포한 설교이기에 설교자가 최대의 노력을 기울여 이 설교에 집중할 것을 강조한 바 있다.[19]

이토록 중요한 설교를 진행하는 설교자가 갖추어야 할 과제는 어떻게 하면 기독교의 진리가 보편타당성을 갖도록 할 것인가, 그리고 내가 이끄는 양들이 언제 어디서나 "내가 믿는 진리와 나의 신앙은 이렇다."고 내놓을 수 있는 간결하면서도 분명한 대답과 확신을 갖도록 할 것인가 하는 문제에 있으며 이를 수행하기 위하여 시간과 정성을 모아야 한다.[20] 이러한 교훈적인 설교를 보다 더 성공적으로 수행하기 위하여 설교자는 다음과 같은 사항을 참고할 필요가 있다.

(1) 본 설교는 기본적으로 하나의 내용에 초점을 맞추어야 한다.

설교자가 한 설교 속에서 여러 가지의 교리를 모아서 내놓는 것은 지혜롭지 못하다. 언제나 준비로 가득한 현명한 설교자는 한 주제만 가지고도 새로운 내용으로 몇 번이고 설교를 감당할 수 있다. 예를 들어, 회개에 대한 설교라면 회개란 무엇인지 교리적인 측면에서 한 편의 설교를 작성할 수 있다. 그리고 다음에는 회개를 해야 할 동기와 방법과 결과, 그리고 의무 방법 등을 가지고도 수 편의 설교를 더 계속하게 된다.

(2) 교훈적인 설교는 언제나 필요성의 강화와 흥미의 유발이 있어야 한다. 교리 설교라고도 지칭되는 본 설교가 흔히 실패하기 쉬운 것은 듣는 회중에게 흥미를 주지 못하는 딱딱한 설교라는 데 문제가 있다. 그러므로 적절한 예화와 함께 관심을 불러일으키고 흥미를 돋우어 가면서 진리를 가르쳐 주어야 한다. 어떤 설교자들은 회중이 듣고 안 듣고는 그들의 책임이며 자신의 책임은 아니라고 말할지 모르나 현대 커뮤니케이션에서는 메시지가 전달이 되지 않은 경우 그 일차적인 책임은 전달자에게 있다고 지적하고 있다.

(3) 이 설교에서는 근본적으로 설교하고자 하는 주제에 대한 정의를 정확히 밝혀 준다. 그리고 그 정의는 설교자의 시각이나 지식에 근거하기보다는 본문을 따라 풀어 주면서 석의와 주해에 충실해야 한다. 그리고 오늘의 삶에 무슨 의미를 주고 있는지를 실례를 들어가면서 전개해야 한다.

(4) 교리 또는 신학적인 주제들은 흔히 막연한 추상적인 해석에 머무를 가능성을 가지고 있다. 그러므로 우리 생활 가운데 현장화될 수 있다는 사실을 제시해 주고 실현성 있는 진리의 보편성을 심어 주어 행동으로 연결할 수 있는 진리로서 밝혀 주어야 한다.

3) 치유적인 설교(Therapeutic Preaching)

현대인들은 고도의 발달된 문화권 속에 살면서 개발된 기계 문명과 첨단 전자 시대의 혜택을 받고 또 그것을 즐긴다. 그러나 정신적인 고통은 어느 시대보다 심각하게 현대인들을 압박하고 있다. 일찍이 스위스가 낳은 유명한 심리학자 칼 융(Carl G. Jung)은 그의 「묻혀 있는 자신」이라는 책에서 "불안한 소망과 함께 미래를 보는 인간들의 눈이 육체적, 정치적, 경제적, 정신적인 고통이 계속된 오늘 속에 집결되어 있다."[21]고 오래 전에 이미 갈파한 바 있다. 시대가 흐를수록 현대인들은 병들어가고 있다. 오늘의 교회 안에 들어와 있는 회중 가운데 그들의 생활 속에서 상처 입지 않은 심령이 드물 정도로 모두가 번민과 권태와 좌절과 불안 등등의 상처를 입고 있다. 이들 모두가 어떤 면으로든지 치료를 받아야 할 정신적인 또는 육체적인 질환의 소유자들에 가깝다고 볼 때 현대 교인들에게 절실하게 필요한 설교가 목양 설교(牧羊說敎)라고도 불리는 이 치유 설교이다.

그레이디 데이비스는 이 설교야말로 신약에서 선포와 교훈에 이어 전파되었던 것으로서, 소중한 목적 중의 하나가 "한 인간의 삶 속에서 병든 생활의 조건, 정신적인 문제, 정서적인 결핍, 그리고 종교적인 방황으로부터 변화를 가져오는 것"[22]이라고 갈파한 바 있다. 위의 변화란 바로 치유(Therapeutic treatment)를 가져와야 할 설교의 일차적인 책임을 밝히는 일이다. '데라페이아(therapeia)'라는 헬라어의 근본 뜻은 '봉사, 병을 고치는 것, 건강을 회복시키는 것' 등의 의미를 가지고 있다. 토마스 오덴(Thomas C. Oden)에 의하면, 이 말은 단순한 치료보다 본래는 죽은 시체를 다루는 사람들의 손길들을 가리킨 말이었다고 한다.[23] 이 말의 뜻을 광의적으로 의역하면, 병들어 버려진 인간들을 고쳐 회복시키는 따뜻한 손길을 가리킨다고 할 수 있겠다. 이러한 치유의 손길은 바로 우리 주님의 목회 현장에서 수없이 발생되었던 육신과 마음에 병든 자들의 회복을 통하여 잘 나타나고 있다.

　　이러한 입장에서 1930년대의 미국에 어두운 구름이 쌓일 때 삶의 정황 설교(Life-Situational Preaching)가로서 시대의 거성으로 자리잡은 바 있는 포스딕은 "모든 설교는 번잡한 마음의 문제점, 괴로워하는 양심의 고통, 그리고 혼탁한 삶의 문제들을 해결해 주기 위한 노력에 최대한의 정력을 기울여야 한다."[24]고 그의 목회 현장에서 부르짖은 바 있다.

　　비록 21세기의 문전에 서서 첨단의 삶을 살고 있는 현대인들이지만 오늘도 대부분의 회중은 교회에서 포근하고 부담 없는 말씀을 받아 보려고 이곳저곳을 방황하고 있음을 본다. 1960년대 후반부터 1980년대 중반까지 정치, 경제, 사회가 불확실한 가운데서 회중은 한국의 강단에 어느 때보다 이 치유 설교를 갈구하면서 모여들기 시작하였다. 이런 현장에서는 어느 설교자가 더욱 선명하고 확실하게 성령님을 통한 하나님의 현재적 사랑과 그의 위로와 복 주심을 잘 외치느냐에 따라 교회의 부흥의 속도가 결정되기도 하였다. 이러한 결과로 한때 '성령님의 위로와 축복'을 지나치게 도구화하고 강조하여 물량적인 성장만을 추구하게 함으로 선포의 본질을 망각한 것이라는 지탄을 받는 부작용을 초래하기도 하였다. 더욱이 아무런 원칙과 이론적 바탕 없이 많이 모이는 교회 설교자의 발음까지 따라가는 무조건적인 모방을 계속하는 설교자들을 볼 때 설교 사역의 미래를 염려하지 않을 수 없다.

　　이러한 현실적인 문제 인식 가운데 어떻게 오늘의 설교자들은 치유 설교, 즉 삶의 정황 설교 또는 목양 설교를 바르게 할 수 있을 것인가 하는 문제를 제기해 보면서 다음과 같은 현실적 지침을 찾아본다.

　　(1) 설교자가 삶의 장에서 발생된 어려움을 자신의 것으로 인정

한다.

포스딕의 말대로 "설교는 삶과 죽음의 문제를 안고 있는 개인들과의 씨름이다."[25] 그러므로 설교를 경청한 사람은 누구나 오늘의 메시지가 자신의 삶의 장과 연결되어지기를 바라고 그 가운데서도 심각한 문제의 해결이 오늘의 말씀에서 이루어지기를 바라는 기대를 가지고 설교자 앞에 앉아 있다. 이 순간 설교자가 회중이 경험하고 있는 불안, 좌절, 슬픔, 증오, 피곤 등에 대한 이해나 경험이 없이 "예수 믿고 천당 가라."는 현실과 동떨어진 메시지나 고상한 신학 강의만 계속한다고 가정을 해보자. 고단한 삶의 장에서 헤매는 그 회중이 찾고 있는 하나님과의 진정한 만남이 이룩될 수 있겠는가? 그러므로 설교자는 회중이 직면하고 있는 삶의 아픈 부분을 자신의 것으로 느낄 수 있는 깊은 연민(憐憫)의 정을 소유해야 한다. 이것을 가리켜 우리는 '오염되지 않은 설교자의 인도주의(Humanism)'라 일컬을 수 있다.

(2) 고유한 문화 속에서 형성된 심리학적인 지식과 이해가 수반되어야 한다.

21세기를 넘기면서 어느 민족마다 고유한 문화의 존속이란 서서히 시들어져 가는 형편에 놓여 있다. 특별히 지구촌의 개념이 보편화되어진 젊은 세대들에게는 한국인의 특유한 환경과 체질과 역사적 배경에서 발생된 문화적 특유성이 지속되어야 한다는 당위성이 약해져 가고 있다.[26] 그러나 우리 민족만큼 질기게 민족적 동질성을 내면적으로 지속하고 있는 민족도 드물다. 그러므로 설교자는 한국인의 심성에 대한 깊은 이해와 연구를 가지고 그것에 말씀이 적절히 융화되도록 해석하고 적용해야 한다. 예를 들면, 설교자가 적절한 예화 하나를 찾더라도 외국인의 것보다는 우리의 땅에서 발생된 것을 찾아 공감대를 쉽게 형성하려는 노력도 기울여야 한다.
(3) 한 편의 설교에서 모든 문제를 다 해결하려는 무리한 시도는 삼가야 한다.

지각이 있는 설교자는 자신의 한계를 먼저 아는 것이 중요하다. 특별히 설교자 자신이 회중이 직면한 모든 문제의 대답을 줄 수 있는 해결사로 착각하는 오류를 범해서는 안 된다. 그러므로 치유 설교를 준비하는 설교자는 회중이 직면한 문제를 철저히 분류하고 해당된 문제를 과녁으로 삼아 말씀을 준비해야 한다. 예를 들어, 회중이 질병에 대한 공포를 가지고 있는데 설교는 절제에 대한 것이라면 그 설교의 성과는 기대하기 어렵다.

(4) 본 설교는 상담과 심방에서 기본적인 목표물을 찾는다.

한국의 목회는 전통적으로 심방이 큰 비중을 차지하고 있다. 거기서 목사의 위로가 있고 그들을 위한 기도가 있어 왔다. 그러나 심방에서는 가정의 문제를 듣는 것보다는 그 가정을 위하여 기도회를 갖는 데 주안점을 두어 왔다. 최근에는 삶의 양태가 바뀌어 감에 따라 심방보다는 상담실을 통하여 교인들의 문제들을 듣게 되는 경향으로 바뀌고 있다. 어떤 경로이든지 바우만의 말대로 "설교자가 직접 그들 사이에서 살고, 그들의 소리를 들으며, 그들의 맥박을 피부로 느끼고, 그들이 당하는 위기 속으로 몸소 들어갈 때"[27] 설교자가 전하는 메시지와 회중의 감정이 통할 수 있다.

(5) 끝으로, 이 설교에 있어서 설교자는 회중이 안고 있는 문제와 병들을 성경의 진리로 조명해 주고 치료해 주려는 복음적인 기본 자세를 견지해야 한다.

설교자가 가장 조심해야 할 순간은 성령님의 권능으로

인간 이성을 초월하는 사건이 발생할 때이다. 이때 설교자는 자신이 바로 반신적(半神的)인 존재로 둔갑을 하는 경우를 쉽게 본다. 그리고 성령님의 역사라는 이름으로 최면을 거는 사례가 적지 않다. 그러므로 치유 설교를 하는 설교자는 어떤 순간에 임하더라도 언제나 자신을 단순한 전달자로 제한하는 지성을 지키려는 노력을 기울여야 한다. 현재 한국교회에 출현한 대부분의 이단들이 이 한계를 정확히 지키지 못한 데서 이단으로 전락한 현실을 뜻있는 설교자는 관심을 두어야 한다.

4) 예언적인 설교(Social-Prophetic Preaching)

구약의 수많은 예언자들과 신약의 세례 요한이 하나님의 뜻과 그 진리가 혼탁해진 당시의 사회에 외쳤던 것이 바로 이 설교의 전형적인 형태라고 할 수 있다. 설교자가 이끌고 있는 양들의 개인적인 타락과 불신앙의 모습을 비롯하여 그 시대의 부정부패와 비도덕적인 문제점들을 하나님의 말씀에 조명하고 그 길을 바르게 걷도록 외치는 것이 이 설교의 목적이다.

이 설교는 다른 설교와는 차원을 달리하는 설교로서 설교자의 목숨을 내건 선지자적인 용기와 도전 속에 외치게 되는 참으로 값지고 귀한 설교이다. 예언자라는 어휘 자체가 "영감에 의하여 노래하고 말한다."는 뜻을 내포하고 있듯이 참 예언자들은 언제나 하나님의 신실한 도구로 등장하였고 하나님의 백성에게 하나님의 뜻을 빠짐없이 전달하는 것이 그들의 임무였다.

현대의 설교자들이 구약 예언자들의 임무를 계승하고 신약의 세례 요한과 같은 책임을 수행하기 위하여 부름을 받아 나섰음을 자각할 때 이 예언적인 설교는 피할 수 없는 명령이라고 하지 않을 수 없다. 그러나 한국의 강단에서 이러한 설교 사역을 감당함에 있어서 두 가지의 걸림돌에 부딪히게 된다. 그 하나는 오늘의 설교자들이 현실이라는 각박한 정황 속에서 몸조심과 말조심에 너무 민감하다는 점이다. 여기에 사로잡힌 오늘의 예언자들은 한날 한날을 적당히 안주하여 살아가려는 현실과의 타협이 너무 심화되어 있으며, 기회주의적인 기류에 편승하고 있는 설교자들이 너무 많다. 그리고 또 하나의 문제는 내가 살고 있는 사회와 정치의 부조리를 지적하고, 그들의 비진실과 도덕적인 타락을 하나님의 말씀에 의하여 지적할 때 그 설교자를 '비복음적인 설교자', 또는 '정치적 설교자'라고 지칭하는 오늘의 한국 교회 풍토가 심각한 과제로 남아 있다.

다니엘 바우만은 사회적인 관심을 가지고 외치는 예언적 설교에 있어서 거침돌이 되는 요소들을 다음과 같이 지적하고 있다.[28]

첫째, 사회적인 문제에는 초연하고 목회 활동과 설교 준비에만 전념하려는 설교의 안일 추구.

둘째, 목사들이 신학 교육 기간에 사회 문제를 다루는 사회학 분야의 학문을 충분히 배우지 못한 학구적 결함.

셋째, 사회적 관심을 강조하다가 신학적 자유주의로 오해를 받는다는 우려감.

넷째, 사회 구원은 자신의 힘으로 성취될 부분이 아니거나 또는 그 실현 여부가 불확실하기에 목사는 개인 구원에 최우선적이어야 한다는 이해.

다섯째, 설교자의 지나친 종말론적인 관심과 신앙의 강조로 인한 현실에 대한 외면.

여섯째, 정치는 깨끗하지 못한 것이기에 성스러운 교회의 순수성이 오염될 가능성을 배제시켜야 한다는 고정관념.

일곱째, 언어와 행동을 조심하는 침묵이 자신의 위치를 고수함에 보탬이 된다는 판단.

그는 이상과 같은 일곱 조항을 분석하면서 이러한 항목의 쇠사슬에 설교자가 묶여 있는 것은 바른 길이 아님을 밝히고 있다. 다니엘 바우만은 먼저 성경에서 그리스도이신 예수님의 가르침이 "네 이웃을 네 몸과 같이 사랑하라."는 것이었고 몸소 어두운 사회의 빛과 소금으로 그 생애와 교훈을 보여 주셨음을 상기시키고 있다. 그리고 우리 교회의 역사를 보면 전통적으로 보수주의자들에 의하여 사회의 실종된 도덕성의 회복이 부르짖어졌기에, 오늘도 진정한 복음주의적 설교자들이라면 빈곤과 실업과 핵전쟁과 정신질환과 자연의 생태계와 인종분규와 범죄 문제 등에까지 깊은 관심을 두어야 한다고 강조하고 있다. 이에 더하여 설교자는 사회적 연관성 속에 놓여 있는 실존으로서 인간성의 기본적인 발동이 끊이지 않아야 함을 강조한다.29)

여기서 현대의 설교자들이 사회와 개인을 향해 날카로운 예언적인 설교를 한다는 사실이 얼마나 어려운 일인가를 다시 실감하게 된다. 그러나 예언자의 길은 언제나 형극(荊棘)의 길이었다는 역사적 기록 앞에 깊은 관심을 두어야 한다. 설교자는 언제나 하나님이 자비의 손길을 베푸신 만큼 공의의 채찍도 사용하시고 계심을 인식하고 말씀을 받아 전달해야 한다. 그러므로 이 예언적인 설교는 언제나 그 반응에 지나친 관심을 두지 않아야 하고, 외쳐야 할 하나님의 말씀은 반드시 외치는 것이 그 정도(正道)이다. 이러한 예언적인 메시지를 준비하고 외침에 있어서 다음의 몇 가지 주의점을 설교자의 마음에 두어야 한다.

첫째, 목표물이 확실하지 않은 곳에 설교의 총을 쏘는 우를 설교자가 범하는 일이 없어야 한다. 아무리 영감이 풍부하고 권위 있는 말씀의 사자라고 하더라도 아무런 관계가 없는 곳에서 회개나 공의를 외침은 하나의 구경거리에 지나지 않는다. 그러므로 설교자는 자신과 회중이 머물고 있는 사회 속에서 발생된 문제들이 무엇인지를 정확히 파악하는 슬기가 필요하다. 뿐만 아니라 섬기는 양들의 개체가 하나님으로부터 책망을 받아야 할 부분들이 있다면 어떤 것들인지 정확한 분석과 자료를 가지고 있어야 한다. 그때 발견되어지는 문제와 사건들에 대해 하나님의 말씀이 바른 책망과 인도를 해줄 수 있게 된다.

둘째, 설교자가 자신의 설교에서 지적하고 있는 문제점들을 평생 동안 초월하거나 범할 가능성이 없는 성자(聖者)적인 모습이나 표현을 하는 일이 없어야 한다. 그 이유는 설교자도 한 인간으로서 어느 때 어떤 실수를 범할지 모르는 존재이기 때문이다. 그러므로 예언적인 메시지의 전달에서는 설교자의 모습이나 언급이 완전히 배제되어야 한다.

셋째, 도덕성의 타락과 부정부패의 현장에 완벽한 시행세칙을 하나님의 말씀으로 제시하려는 욕심보다는 원칙을 제시하는 것이 더욱 타당하다. 세칙은 언제나 개인과 상황에 따라 변할 수 있는 것이기에 하나님의 말씀이 거기에 휘말리지 않고 근본적인 방향을 제시하는 원리가 되도록 해야 한다.

끝으로, 이 설교에서는 어느 설교보다 회중이 행동하는 양심과 그 결실을 가시적(可視的)으로 나타내도록 촉구해야 한다. "행함이 없는 믿음은 그 자체가 죽은 것"(약 2:17)임을 아는 양들이 되도록 해야 한다. 회중이 머리로 알고 행동으로 외면하는 이중적인 인간들이 된다는 것은 가장 괴로운 일이다. 그러므로 지적된 모순과 선포된 말씀을 스스로 먼저 실천에 옮기는 결단과 행동이 있도록 해야 한다.

주>

1) Donald G. Miller, *The Way to Biblical Preaching*(New York: Abingdon Press, 1957), p. 64.

2) Theodore F. Adams, "Preaching with Purpose and Power" in Don M. Aycock(ed.), *Preaching with Purpose and Power* (Cacon, Ga.:Mercer University Press, 1982), p. 178.
3) Robert W. Daniel, *A Contemporary Rhetoric*(Boston:Little, Brown and Co., 1967), pp. 189-91.
4) Arthur Allen, T*he Art of Preaching*(New York:Philosophical Library, 1943), p. 64.
5) Harry Emerson Fosdick, *The Loving of These Days*(New York :Harper & Brothers, 1956), p. 99.
6) Thomas M. Scheidel, *Persuasive Speaking*(Glenview, Ⅲ:Scott, Foresmen & Co., 1967), p. 1.
7) Daniel Baumann, 「현대 설교학 입문」, 정장복 역(서울:엠마오, 1991), p. 223.
8) J. I. Parker, "Why Preach?" in Samuel T. Logan, Jr. ed., *The Preacher and Preaching*(Phillipsburg, N.J.:P&P Publishing Co., 1986), p. 9.
9) H. Grady Davis, *Design for Preaching*(Philadelphia:Fortress Press, 1958), p. 106.
10) 이상과 같은 주장을 함께하고 있는 설교학자들의 이름과 그들의 대표적인 책은 다음과 같다.
John Knox, *The Integrity of Preaching*(New York:Abingdon Press, 1957); Robert Nounce, *The Essential Nature of New Testament*(Grand Rapids, Mich.:Wm. B. Eerdmans, 1960); Robert C. Worleg, *Preaching and Teaching in the Earliest Church*(Philadelphia:The Westminster Press, 1967).
11) James W. Cox, *Preaching*(New York:Harper & Row, 1985), pp. 89-115.
12) 누가복음 24:46-47.
13) 에베소서 2:8-9.
14) George Buttrick, *Jesus Came Preaching*(New York:Charles Scribner's Sons, 1963), p. 1.
15) C. H. Dodd, *The Apostolic Preaching and It's Development* (New York:Harper & Row, 1964), p. 7.
16) Ibid., p. 8.
17) C. H. Dodd, *Gospel and Law:The Relation of Faith and Ethics in Early Christianity*(New York:Columbia University

Press, 1951), p. 15.
18) Robert Nounce, *The Essential Nature of New Testament Preaching*(Grand Rapids:Wm. B. Eerdmans, 1960), pp. 42-43.
19) Phillips Brooks, *Eight Lectures on Preaching*(London:S.P.C.K., 1959), p. 129.
20) 참고:Arthur Allen, op. cit., pp. 71-72.
21) Carl G. Jüng, *The Undiscovered Self*, Trans. by R. F. Hull (New York:The New American Library, 1958), p. 11.
22) Grady Davis, *Design for Preaching*(Philadelphia:Fortress Press, 1958), p. 127.
23) Thomas C. Oden, *Kerygma and Counselling*(Philadelphia:The Westminster Press, 1966), p. 147.
24) Harry Emerson Fosdick, "What is the Matter with Preaching", *Harper's Magazine*, vol. 157(July, 1928), p. 134.
25) 참고:Ibid., pp. 134, 139, 141.
26) 참고:이규태, 「한국인의 의식 구조」 한국인시리즈 2(서울:시원문화사, 1990), pp. 362-65. 여기서 필자는 오늘의 우리 문화가 고유성을 상실하면서 어디까지가 자생의 것이고 타생의 것인지를 분간하기 어려움을 잘 지적하고 있다.
27) Daniel Baumann, op. cit., p. 301.
28) Ibid., pp. 302-04.
29) Ibid., pp. 304-06.

제 9 장

설교의 분류와 그 형태

> **함축된 의미의 질문들**
>
> ◆ 설교의 유형과 그 전개 형태가 필요한 이유는 무엇인가?
> ◆ 강해 설교의 특성 및 그 장단점은 어떤 것들인가?
> ◆ 분석 설교란 어떠한 특성을 가지고 있으며 그 형태는 어떠한가?
> ◆ 대지 설교가 가져온 문제점을 현대의 상황에 비추어 무엇이라고 말할 수 있겠는가?
> ◆ 서사 설교 중 설화체 설교와 이야기체 설교의 실제는 어떤 것들인가?
> ◆ 귀납법적 설교에 대한 이해는 어느 정도인가?

1. 설교 유형(類型)에 대한 기본 이해

한국 땅에서 일찍이 있었던 기초적인 학문의 형태는 서구의 것과는 대단한 차이점을 보이고 있다. 우리의 땅에서는 일반적으로 한문

(漢文)으로 엮어진 문장을 터득하여 그 뜻을 헤아리고 그것을 삶의 장에서 도덕적 표준으로 삼고 살아온 것이 학문의 주종을 이루었다. 따라서 "누구의 말이 이러했으니 우리도 그렇게 해야 된다."는 다분히 명령적이고 일방적인 메시지의 전달이 전부였다.

그러나 그리스와 같은 세계에서는 주전 15세기경부터 듣는 사람을 설득시키기 위하여 논리적인 전개를 하고 거기에 따른 질문과 대답을 엮어 가는 수사학적 기술이 발전을 가져왔다. 이러한 수사학의 발전은 사건의 기술을 비롯하여 문학, 예술, 강연에 절대적인 공헌을 한 바 있다.

설교학은 수사학자였던 아우구스티누스를 기점으로 하여 말씀의 바른 전달을 목표로 시작된 학문이다. 이 때부터 설교는 효과적인 메시지의 선포와 해석과 적용에 수사학의 기초 이론을 도입하여 많은 발전을 가져왔다.

현대 교회의 예배에서 30분 간이라는 짧은 시간에 행해지고 있는 설교가 만일 논리적인 바탕을 고려하지 않고 아무렇게나 전해진다고 하면 그것은 효과의 극대화를 부르짖는 오늘의 상식에 어긋나는 행위임에 틀림이 없다. 그러므로 설교자는 일차적으로 어떻게 하면 하나님의 말씀을 회중에게 중언부언하지 않고 보다 더 분명하고 질서 있게 증거할 것인가를 스스로 묻고 고민해야 한다. 설교자가 메시지의 근본적인 목적과 그 맥락을 지켜가면서 듣는 회중의 가슴을 파헤치고 들어가 그 인생을 차원 높은 삶으로 승화시키는 작업은 설교자들에게 주어진 가장 중요한 과제임에 틀림이 없다.

이러한 막중한 책임의 완성을 위하여 설교 사역에서는 자연적으로 설교의 형태가 어느 고정된 틀에 머물지 않아야 함을 느끼게 되었고 여러 형태를 개발하게 되었다. 설교의 윤곽이나 주안점의 필요 없이 다만 본문을 구절구절 풀어 가는 강해 설교를 비롯하여 아무 대지도 설정하지 않은 채 자연스럽게 논리를 이어가는 방법에 이르기까지 시도된 방법들은 실로 다양하다. 제럴드 노췌(Gerald Knoche) 같은 학자는 성경이 역사적인 기록을 비롯하여 시, 산문, 편지, 노래 등 다양한 내용을 포함하고 있으며, 예수님께서도 자유자재로 아무런 형태의 구애도 받지 않고 말씀으로, 때로는 비유로 가르치셨는데 우리 설교자들은 한 설교에 세 대지(大旨)를 선택하는 전통을 계속 지켜나가야 하는지 의문을 제기하며 설교의 자유형을 주장한 바도 있다.[1]

이 글에서 설교 유형론의 논쟁에 대하여 어느 한 편만을 고수하고 싶지는 않다. 그 이유는 설교가 언제나 틀에 박힌 일정한 형태로 지속되는 것이 아니라 다양성을 지닌 형태로 나와야 하기 때문이다. 그리고 본문의 성격이나 듣는 회중의 상황에 따라 한 편의 설교가 얼마든지 그 형태를 자유롭게 할 수 있기 때문이다. 폴 틸리히(Paul Tillich)도 "복음은 실제 상황과 직면하기 때문에 설교의 형태도 그 현장의 커뮤니케이션에 맞추어 나가야 한다."[2]고 주장한 바 있다. 사실 설교의 형태란 성경적으로, 또는 교리적으로 구속을 받지 않기에 설교자의 자율적인 선택과 진행이 허용된다.

그러나 메시지의 논리와 구조를 필요로 하는 이 시대에 설교들이 어느 정도 일정한 형태를 갖추지 않는다면 설교는 쉽게 무질서하게 될 것이 자명하다. 설교의 이론과 실제의 훈련을 받지 못한 설교자들에 의하여 확산되어 가는 수많은 설교 사역의 문제점들은 날로 심각해 가는 현실이다. 그 하나의 실례로서 인간적인 경험과 생각을 처음부터 발표해 나가다가 마지막에 성경의 한 구절을 인용한 후 이것이 하나님의 말씀이라고 강조하면서 "믿으면 아멘하라!"는 호령을 치는 경우를 쉽게 볼 수 있다.

이런 까닭에 설교 사역에 임하는 설교자들이 최소한 기본적인 설교의 형태를 익히고 그 형태를 준수하는 훈련을 우선적으로 쌓아야 한다는 주장이 설득력을 갖게 된다. 이 입장에 따라서 다음에는 설교 학자들이 발굴한 기본적인 설교의 유형과 그 전개 형태를 찾아보자.

다음의 도표에서 보는 바와 같이 설교에는 기본적으로 세 종류가 있다. 즉, 본문 설교와 주제 설교, 그리고 강해 설교이다.3) 이러한 설교는 그 본문과 주제의 내용과 성격에 따라서 적절한 형태를 도입하고 메시지를 보다 명료하고 효과적으로 엮어 가는 형태들이다.

2. 설교의 기본 유형

1) 본문 설교(Textual Sermon)

설교의 기본적인 틀은 언제나 본문(Text)과 주제를 갖추어야 한다. 이 기본적인 틀을 벗어나서는 설교로서의 성립이 어렵다. 즉, 무슨 말씀(Text)으로 무엇(Topic, Subject)에 대하여 설교할 것인지 정하지 않고서는 어떤 경우도 설교로서의 출발을 할 수 없다는 것이 기초적인 설교의 상식이다.

이때 본문 설교는 결정되어진 본문의 접근에 있어서 그 심도가 어느 설교보다 진지하다. 그리고 메시지의 내용과 성격에 있어서 본문만을 중심으로 한다는 엄격한 제한을 둔다. 좀더 구체적으로 이 설

교가 가지고 있는 고유한 특성을 열거하면 다음과 같다.4)

첫째, 본문의 길이를 3~4절 이내로 짧게 정한다.
둘째, 설교의 주제를 비롯한 주안점들이 모두 본문에서만 유출되도록 하여 설교자와 회중의 시각이 본문 이외의 곳에 가지 않도록 한다.
셋째, 본문에 함축되어 있는 메시지의 발굴에 집중하여 본문의 핵심과 쉽게 만나게 한다.
넷째, 본문의 정황(context)을 비롯하여 중심된 단어들에 이르기까지 철저한 석의를 시도하여 본문의 깊은 뜻을 정확하게 이해하도록 한다.

이상의 특성을 내포한 본문 설교의 장점은 다음 세 가지로 요약할 수 있다.

첫째, 무엇보다도 설교자가 우선적으로 본문의 연구에 집중해야 한다는 당위성에 의하여 성경 언어와 그 주변 도구들과의 접근이 쉬워진다는 점이다.
둘째, 설교자의 개인적인 사상과 경험을 들려주는 잡다한 수식의 필요가 대폭 삭감될 수 있다는 점이다.
셋째, 회중이 정확한 메시지를 받을 뿐만 아니라 좀더 깊이 있는 성경 지식을 전수받을 수 있다는 점 등이다.

본문 설교는 이러한 장점들과 함께 설교자가 언제나 주의를 기울여야 할 다음의 문제점들이 있다.

첫째, 무엇보다도 설교자의 취향과 지식의 정도에 따라 성경의 어느 부분에만 머물기 쉬운 함정을 안고 있다. 즉, 통일성 있는 말씀의 전달이 아니라 단편적인 부분에 늘 머물게 되는 오류가 동행한다는 사실이다.

둘째, 이러한 오류는 자연스럽게 회중에게 영향을 주어 편협되고 제한된 성경의 지식을 소유하게 되고 진리의 왜곡이 있게 된다는 문제가 발생한다.

셋째, 설교자가 자신의 사상과 주장을 전개하는 데 필요한 본문을 선택하여 자기 합리화의 도구로 삼을 가능성이 적지 않다는 점이 본문 설교의 가장 위험한 부분이다.

이러한 문제점들은 본 설교를 시도한 설교자들이 극복해야 할 과제이다. 설교자가 이러한 문제점들을 성공적으로 잘 풀어갈 수만 있다면 본문 설교의 효과는 적지 않으리라 본다.

2) 주제 설교(Topical Sermon)

오늘의 한국교회 설교자들을 비롯하여 심지어 설교학을 강의하는 강단에서까지 제목과 주제를 구분하지 못하는 경우를 본다. 특히 설교의 유형을 말할 때마다 '제목 설교'라는 이름을 듣게 되는데 이것은 '주제 설교'를 잘못 일컫는 말이다. 제목(title)은 준비된 설교의 이름을 무엇이라고 붙여 주보 등에 알릴 때 사용할 수 있는 말이고, 무엇에 관하여 설교를 할 것인가를 논할 때는 주제(topic, theme, subject)라는 용어를 씀이 타당하다.

주제 설교는 설교자들에게 가장 보편적으로 사용되는 설교의 유형으로 한국교회에서도 이 설교가 주종을 이루고 있다. 이 설교는 삶의 장에서 발견되어진 주제를 선택하고 거기에 맞는 본문을 찾는 과정을 밟는다. 또는 성경에서 주제를 찾아 삶의 장으로 이어가기도 한

제9장 설교의 분류와 그 형태

다. 이처럼 주제 설교는 주제의 선정과 본문의 선정에 아무런 제한을 받지 않고 설교자가 자유롭게 진행한다. 그러나 설교의 전반적인 흐름은 주제를 중심으로 하여 내용이 전개되어 나간다.5)

이 설교는 수사학의 영향을 가장 많이 받은 형태로 말하고자 하는 주제를 위하여 수집된 자료와 함께 논리적인 전개를 펼쳐 나가는 현대적 감각을 수반하기 때문에 현대인의 공감을 쉽게 얻을 수 있다. 그러나 주제 설교가 바른 설교의 면모를 갖추기 위하여 설교자는 다음의 몇 가지를 필수적으로 지켜야 한다. 즉, 주제 설교 역시 성경의 개념에 연접해 있어야 하고 하나님 말씀의 전달이라는 기본적인 의무를 이행해야 한다. 그러기 위해서는 다음과 같은 원칙들이 지켜져야 한다.

첫째, 주제의 근원이 비록 설교자의 개인적인 생각이나 회중의 삶의 장이었다고 하더라도 그 주제를 제어(control)할 수 있는 본문(Text)과의 연관을 가져야 한다.

둘째, 대지별로 주제가 전개될 때 주제와의 통일성을 기해야 한다.

셋째, 설교자의 주관적 판단과 사상을 열거하면서 그것이 하나님의 말씀과 동일하다는 오류를 범해서는 안 된다.

넷째, 주제를 풀어나가기 위한 방편으로서 본문을 사용하거나 자신의 말을 합리화시키기 위하여 본문을 징검다리로 사용하는 오류를 범하지 않도록 섬세한 노력을 기울여야 한다.

이상과 같은 원칙을 지키면서 본 설교를 활용한다면 주제 설교만이 갖는 다음과 같은 장점들이 설교자에게 주어지게 된다.

첫째, 무엇보다도 주제 설교는 설교자의 구상이나 구성의 범위가 대체적으로 자유롭다.

둘째, 주제 설교는 설교자의 분석과 창작의 능력을 계속적으로 향상시킨다.

셋째, 회중이 설교의 메시지를 쉽게 이해할 수 있으며 현대적 감각을 공유하게 된다.

넷째, 주제 설교는 설교의 방향과 목적을 정확하게 제시해 주면서 회중을 이끌어 갈 수 있다.

다섯째, 설교의 주안점(대지)을 열거함에 있어서 통일성(Unity)을 유지할 수 있다.

그러나 어떤 유형의 설교보다도 주제 설교에는 설교자가 이탈하기 쉬운 함정이 기다리고 있는데 그것은 무엇보다도 주제 설교가 비성경적인 설교의 길을 걷게 되기 쉽다는 점이다. 성경에 근거한 말씀의 전달이라기보다는 자신의 사상과 지식과 정보를 본문을 징검다리로 하여 전달하는 오류를 쉽게 범한다는 문제이다.

설교자가 강단에 서기 전에 알아야 할 중요한 사실은 하나님의 백성들이 교회를 찾아와 예배의 장에 앉아 말씀을 기다린다는 것이 한 주간의 시사나 사건의 나열을 다시 듣기 위함이 아니라는 점이다. 그들은 싱싱한 말씀의 푸른 초장을 바라고 하나님이 설교자를 통하여 말씀에 굶주린 자신들을 채워 주기를 바라는 사람들이다.[6]

이상과 같은 가장 근원적인 문제가 주제 설교의 함정이라는 사실을 아는 설교자는 주제 설교를 지혜롭게 활용할 수 있게 된다. 자신의 위치와 의무가 하나님 말씀의 운반이라는 사실에 대한 확신만 갖고 있다면 원만한 유혹과 오류의 덫을 넘기는 슬기가 있게 되리라고 본다.

3) 강해 설교(Expository Sermon)

앞에서 제시된 제6장의 '성경을 초석으로 하는 설교'와 제7장의

'설교의 출발과 단계적 발전'은 모두 강해 설교를 위한 기초 이론이라고 볼 수 있다. 뿐만 아니라 본서가 계속적으로 강조한 '하나님 말씀의 진솔한 운반' 등은 모두 강해 설교의 기본 정신을 더욱 철저히 심는 데 주안점을 두었다. 그 이유는 이 땅의 설교자들이 "모든 참된 설교는 강해 설교이다. 그리고 강해가 아닌 설교는 설교가 아니다."[7]라는 도날드 밀러의 말을 인정하기를 바라기 때문이다.

강해 설교의 정의를 찾는 설교자들은 스코틀랜드 교회의 영적 지도자로 인정을 받았던 포사이드(P. T. Forsyth)의 유명한 다음의 말을 음미하면 바로 그 대답을 쉽게 얻을 수 있다.

"강해 설교를 보다 많이 하라. 본문으로 더 많은 구절을 택하라. 설교자는 회중이 성경을 잘 해석해 주기를 얼마나 간절히 바라고 있는지 모르고 있다. 그들은 단순히 그 말씀의 의미를 성경 본래의 그 풍부한 표현에 따라 잘 설명해 주기를 바라고 있다. 그들은 설교자의 어떤 특정한 창의력으로 말씀을 해석하는 데서 오는 혼돈보다는 단순한 해석을 더 좋아하고 있다. 그런데 설교자는 그런 것을 모르고 있다."[8]

강해 설교는 주해 설교라고도 이름하는 설교로서 그 정의가 약간의 차이가 있다. 한국교회에 이미 소개된 바 있는 프레드릭 마이어(Frederick B. Meyer)는 그가 1910년에 펴낸 강해 설교에 대한 책에서 강해 설교의 정의를 "성경 가운데 한 권이나 또는 어느 일정한 부분을 본문으로 하여 그것을 연속적으로 주석해 나가는 설교"라고 한 바 있다.[9] 그러나 이러한 정의를 따를 때 그 교회가 직면하고 있는 문화와 국민들이 지키고 있는 특별한 절기를 비롯하여 교회력과 같은 교회의 중요한 목회 방향과 무관한 설교를 지속해야 하는 데 문제점들이 적지 않다.

다음으로 좀더 광의적인 차원에서 강해 설교를 설명한 복음주의 설교학자로 알려진 하던 로빈슨(Haddon W. Robinson)의 견해를 주시할 필요가 있다. 그는 설교란 하나님과 설교자와 회중이 다 함께 연관되어 있는 살아 있는 과정(a living process)이기에 설교의 어떤 정의도 그 역동성을 그대로 나타낼 수 없다고 전제하면서 다음과 같이 강해 설교의 정의를 조심스럽게 내리고 있다.

"강해 설교는 어떤 본문의 문맥에 맞는 역사적, 문법적, 문학적 연구를 통하여 얻어지고 전달되는 성경적 개념을 전달하는 설교이다. 성령님은 그것을 먼저 설교자의 인격과 경험에 적용시키고 그 다음에 그를 통하여 그의 회중에게 적용시킨다."[10]

이상과 같은 정의를 다시 설명하면서 로빈슨은 대단히 의미 깊은 설명을 하고 있다. 강해 설교는 성경이 기본 내용이 되어 지속되어야지 마치 경기장에서 연주되는 국가(國歌)처럼 시작할 때 들리고 경기가 끝날 때까지 다시는 들리지 않는 경우와 같아서는 안 된다는 지적을 하고 있다. 동시에 설교자는 베스트셀러의 작품을 읽으면서 도취되는 것처럼 강해하고자 하는 본문에 도취되어야 한다는 의미 깊은 설명을 하고 있다.

이러한 의미를 생각할 때 강해 설교란 엄격한 의미에서 유형적으로 분류될 것이 아니라 설교자가 본문에 어떻게 봉사하는가의 기본자세에서 분류된다고 보아야 한다. 즉, 설교자가 자신의 생각을 본문에 복종시키려고 하는지, 아니면 자신의 생각을 주장하기 위하여 본문을 사용하려고 하는지의 자세에 따라 강해 설교와 비강해 설교의 갈림길이 발생된다고 하겠다.[11]

이상의 견해들을 종합하여 강해 설교의 특징을 열거하면 다음과 같이 정리할 수 있다.

첫째, 강해 설교란 다른 유형의 설교보다 많은 분량의 성경 구절을 설교의 본문으로 하고 구절을 따라 강해적 형태를 취한다.

둘째, 본문의 석의적 접근보다는 주해적 접근을 더 강조하여 진리의 현재성을 밝히고 발견되어진 진리를 회중의 삶에 조명해 준다.

셋째, 하나의 단일한 목적과 주제로 통일성을 갖추며 설교의 전개가 본문에서 발생되어야 한다.

넷째, 설교자가 본문에 완전히 심취되어 본문에서 나오는 진리와의 만남이 먼저 이루어져야 한다.

다섯째, 설교자가 본문의 지배자가 아니라 완전한 봉사자로서 진리의 전달에만 집중해야 한다.

이상과 같은 특성을 가진 강해 설교가 설교자에 의하여 충실히 이어진다면 그의 설교 사역에 구체적인 효과가 발생되고 적지 않은 보람을 느끼게 되리라 본다. 그 중요한 몇 가지를 정리하면 다음과 같다.

첫째, 설교자가 강해 설교를 계속하는 동안 자연적으로 성경과의 밀접한 관계를 유지하면서 성경 연구생으로의 기본 자세를 갖게 한다.

둘째, 설교자가 자신이 말씀의 운반자 또는 말씀의 메신저라는 자신감을 갖게 된다.

셋째, 설교를 듣는 회중이 하나님의 말씀으로 성장을 하면서 삶에 변화를 보이기 시작한다.

넷째, 설교자의 주관적인 사상이나 경험 또는 지식을 설교에서 나열하지 않게 되고 순수한 성경의 말씀에만 설교를 의존하게 된다.

그러나 어떤 유형의 설교도 완벽한 장점만을 가지고 있지 않다는 점에 설교자는 깊이 주의해야 한다. 강해 설교가 최상의 설교 유형이라고 생각할 수는 있으나 거기에 따른 문제도 적지 않다. 성경 중 한 권을 선택하여 한 장씩 주해를 해나가는 설교의 현장에서 설교자가 빠지기 쉬운 문제점들은 다음과 같다.

첫째, 무엇보다도 설교자의 태만함이 나타날 가능성이 있다. 강해 설교는 어떤 설교보다 더 많은 석의 작업을 이행하여야 함에도 불구하고 본문을 읽고 자신이 이해하는 바탕에서 설교를 끝내버리는 우를 범하기 쉽다는 지적이다.

둘째, 설교란 언제나 지금 여기(here and now)에 살고 있는 회중이 경험하는 현장과 연관을 맺어야 하는데 말씀의 강해에 치중하다 보면 이러한 부분을 뚜렷하게 상관 짓지 못하는 제한성을 갖게 된다.

셋째, 강해 설교가 마이어의 주장대로 성경의 한 책을 지정하여 연속적으로 강해를 계속하는 형태가 된다면 교회의 중요한 교회력뿐만 아니라 민족적인 절기나 긴급하게 다루어야 할 회중의 삶과 무관한 설교를 해야 하는 모순을 갖게 된다.

넷째, 변천하는 시대의 정치, 경제, 사회가 필요로 하는 말씀을 적재적소에 선포하는 사역을 이행할 수 없다.

다섯째, 주제의 선정을 본문에만 의존하는 관계로 다양한 설교의 메시지를 전할 수 없다는 제한성이 따른다.

이상에서 열거한 설교의 기본 유형들을 보면서 오늘의 설교자들은 자신의 취향과 가장 근접한 설교를 계속하고 싶은 충동을 느끼게 된다. 그러나 설교 사역은 어느 한 가지의 유형에 구속될 수 없다. 그 이유는 모든 유형의 설교가 장단점을 다 내포하고 있기 때문이다. 그러므로 복합적인 사회 속에 서 있는 오늘의 교회를 섬기는 설교 사역자들은 단편적인 설교의 형태보다는 다양한 유형의 설교를 때와 장소에 따라 사용함이 바람직하다는 결론이다.

3. 설교 전개의 다양한 형태들

여기서 서술하고자 하는 설교의 형태들은 앞에서 본 설교의 유형에 따라서 활용될 수 있는 효과적인 전개 방법들로 보는 것이 타당하다. 즉, 본문과 주제의 성격에 따라서 적절한 형태를 가지고 설교를 구성할 수 있다는 점이다. 예를 들면, 지금까지 한국의 강단이 다음의 8가지 형태 중에서 대지 설교만이 설교의 형태라고 생각하고 대부분의 설교가 '첫째, 둘째, 셋째'의 분류를 철저히 지켜 오고 있는 현상을 볼 때 설교의 이론에 한국교회가 얼마나 어두웠는가를 스스로 내보이고 있다 하겠다.

1) 대지 설교와 분석 설교

대지(大旨)라는 말은 사전에서는 글이나 말의 대략적인 뜻을 가리키는 대의(大意)와 동의어로 사용하고 있다. 영어에서는 이 대지를 major points라고 하여 중요한 요점을 의미한다. 한국교회 설교자들은 그 동안 설교마다 이 대지를 3개 정도 취하지 않으면 설교가 형성되지 않은 것처럼 생각해 올 정도였다. 그래서 대지라는 말은 설교자들에게 매우 익숙해져 있다. 이처럼 대지 설교는 가장 많이 설교자들이 활용해 온 설교의 전개 형태이다. 설교자가 정한 설교의 주제를 가지고 설교자가 임의대로 자신의 지식과 경험을 바탕으로 하여 3개의 대지를 선정하여 풀어 온 것이 대표적인 대지 설교의 형태였다. 본 장에서 제시하는 대지 설교의 형태는 그 구조와 내용의 전개에 있어서 지금까지 진행하여 온 것들과는 근본적으로 많은 차이를 두고 있다.

분석(分析) 설교는 대지 설교보다 몇 가지의 단계를 더 첨가하여 보다 더 논리적이고 지성적인 현대인들을 향한 설교의 구조를 가지고 있다. 이 설교는 현대인들의 사고 구조에 본문이 가지고 있는 메시지를 어떻게 합리적으로 운반할 것인지를 깊이 연구하여 내놓은 설교 전개의 한 형태이다.

이상의 두 설교가 그 전개에 있어서 공통적으로 갖추어야 할 부분들로서 서론, 본문 접근, 본문의 재경청, 주제의 부상 등은 본론 전에 있어야 할 부분들로서 동일한 형태를 취하고 있다. 이상의 단계는 본론이 있기 전 단계로서 필수적으로 구성해야 할 단계이다. 그리고 대지 설교에서는 대지의 형태가 분석 설교에서 보여 주는 주제의 실천 방안과 동일한 형태를 가지고 있다. 특별히 대지와 주제의 실천 방안에 주안점을 표기하는 문장의 주어는 반드시 성삼위 하나님으로 해야 한다. 그리고 그 안에는 선포, 해석, 적용이라는 단계를 필수적으로 갖추어야 한다. 독자들은 다음에 제시된 두 설교의 도표와 제시된 설교의 실례에서 동일한 부분과 구별된 부분을 쉽게 비교할 수 있게 되리라 본다. 우선 동일성을 가지고 있는 부분들을 설명하면 다음과 같다.

먼저, 서론이다. 여기서 말하는 서론이란 설교의 도입을 위하여 매우 중요한 부분으로 제10장에서 상세하게 설명하게 된다. 여기서 말하는 서론은 7개의 형태로 제시된 서론 중에 하나만을 사용하도록 한다. 서론이 한 개 이상이어서는 회중의 설교를 향한 시각을 오히려 혼돈스럽게 한다는 점을 반드시 유의해야 한다.

둘째, 본문 접근이다. 설교자가 본문을 앞에 놓고 철저한 석의를 한다는 것은 가장 기초적인 상식이다. 여기서 본문은 오늘의 메시지를 담고 있는 본문이 있기까지의 과정을 설명하면서 핵심적인 단어의 의미와 저자와 수신자의 실상을 밝혀 주는 단계이다. 이 단계를 거침으로 회중이 본문에 대한 전이해를 할 수 있게 된다.

셋째, 본문의 재경청이다. 우리의 개역성경은 최근에 개역개정판이 나왔으나 아직도 본문만을 가지고 회중에게 봉독하였을 때 그 내용이 시원스럽게 이해되지 않는다. 그러므로 설교자는 본문에 대한 전이해를 본문의 접근 단계에서 준 다음에 바로 자신과 회중의 언어로 쉽게 이해하도록 사역(私譯)을 하여 읽어 준다. 그럴 때 회중은 본문을 우선적으로 자신들의 일상용어로 이해를 하고 거기에 실린 메시지에 관심을 갖게 된다.

넷째, 주제의 부상이다. 주제의 부상이란 그 동안 설교자들이 설교가 시작되자마자 바로 "오늘은 ○○○○이라는 제목으로 은혜를 받고자 합니다."를 새롭게 제시하는 부분이다. 즉, 설교의 주제를 알리는 방법이다. 여기서 설교자는 자신이 설교하고자 하는 주제에 대해 좀더 다각적인 접근을 시도하여 5회 이상 언급함으로 회중이 오늘의 설교 주제가 어떤 것인지를 파악하게 만들어야 한다.

다섯째, 두 설교 모두 정확한 결론을 갖추어야 한다. 이 결론 역시 10장에서 제시하겠지만 6가지의 틀을 연구하고 그 중에 하나를 선택하여 효과적으로 사용해야 한다.

(1) 대지 설교

대지(major points) 설교는 지금까지 많은 설교자들이 설교의 주제에서 또는 본문에서 얻어진 착상들을 주안점으로 정리하여 자신의 시각과 언어로 3~4개 정도 열거하고 거기에 대한 설명을 붙여 나가는 형태를 취해 오고 있다. 그리고 각 대지에 적절한 예화를 열거하여 회중의 흥미와 공감대를 이끌어 낼 수 있다면 그 설교는 성공적인 설교로 이해되었다. 이러한 이해 때문에 예화 3개만 있으면 한 편의 설교를 충분히 할 수 있다는 말을 하게 되었다.

물론 지금까지 지켜온 이러한 방법들도 하나의 설교 형태라고 말할 수 있다. 그러나 여기서 유의해야 할 것은 봉독된 하나님의 말씀은 보이지 않고 설교자의 분석과 시각만이 나타나 숱한 예화와 함께 모든 설교가 채워진다는 데 문제가 제기된다. 이러한 문제의 해결을 위하여서 다음의 몇 가지를 유의하여 보면 대지 설교의 기본 틀이 바르게 형성될 수 있다.

첫째, 설교자는 설교의 주안점(대지)이 봉독한 본문 가운데서 나오도록 해야 한다. 본문에서 대지가 충분히 형성되지 못하면 한 개 정도를 66권의 어느 부분에서도 가져올 수 있다.

둘째, 주안점이 성경 말씀에서 나왔을 때는 대지로 형성된 문장의 주어를 성삼위 하나님으로 하도록 노력한다. 예를 들어, 성삼위의 직접적인 말씀이 아니고 고린도전서 13장의 사랑에 대한 말씀이 바울의 말이면 다음과 같이 말해야 한다.

"하나님은 바울을 통하여 사랑이란 오래 참는 것이라고 말씀하십니다."

또는 "하나님은 사랑이란 오래 참는 것이라고 바울의 고백을 통하여 오늘 우리에게 들려주십니다."

셋째, 대지에서 제시된 말씀은 다시 한번 해당된 본문을 강조하여 하나님의 말씀임을 선포의 차원에서 보여 주어야 한다. 그리고 이어서 해석의 단계에서 철저한 설교자의 석의를 통하여 의미가 확인되고 그 대지가 제시되어 바로 회중이 알아들을 수 있는 언어로 해석되어야 한다. 여기서 설교자는 회중이 하나님의 말씀이 이 지점에서 무슨 의미로 무엇을 말씀하시는지 확인하고 자신의 삶의 장과 연결할 수 있도록 준비를 시킨다.

넷째, 대지에서 들려진 말씀과 그 의미가 회중의 삶에(here and now)에 적용되도록 한다. 여기서 자신이 섬기고 있는 양들의 시대적 상황과 개인의 삶의 여건을 깊숙이 이해한 설교자는 말씀을 효율적으로 적용하게 된다. 효율적인 적용은 설교자의 시각과 분석으로 될 수도 있으나 예화의 활용을 통해서도 더욱 실감 있는 효과를 기대할 수 있다.

다섯째, 예화는 어떤 경우에도 설교의 시간을 메우기 위한 방편으로 사용될 수 없다. 예화로 가득한 설교 앞에서 회중은 허무감을 쉽게 느끼며 설교자의 준비의 부족을 직감하게 된다. 그러므로 어떤 경우도 예화는 한 편에 2분을 초과해서는 안 된다.

여섯째, 설교의 대지는 너무 추상적이고 복잡한 전개를 피해야 한다. 대지는 언제나 분명하고 신선미를 주어야 한다. 간결하면서도 누구에게나 어렵지 않게 공감을 줄 수 있어야 한다.

일곱째, 설교자는 흔히 대지 설교가 설교의 준비나 회중이 알아듣는 데 가장 쉬운 형태라고 생각하여 이 한 가지의 형태만을 계속 사용하는데 이것은 설교를 개발함에 있어 스스로의 발전을 지연시키는 행위임을 알아야 한다.

여덟째, 대지 설교는 주제 설교에서 가장 활발하게 사용될 수 있으며 본문 설교에서도 활용될 수 있다. 그리고 강해 설교에서도 이 형태를 사용할 수 있으나 좀더 폭넓은 주해를 계속해야 하는 경우에는 굳이 본 설교 형태를 사용할 필요가 없다.

아홉째, 설교는 어느 한 부분에서 필연코 복된 소식(Good News)을 선포해야 한다. 대지 설교의 경우는 마지막 대지가 기쁨과 희망과 감사가 우러나오는 좋은 소식이 되도록 설교자가 각별히 유의를 해야 한다. 설교자가 그 주일에 준엄한 회개를 외치는 설교를 했다 하더라도 마지막 대지는 회개를 하게 되면 어떠한 결과가 발생하는지 희망과 기쁨이 주어지도록 구성해야 한다.

<도표로 본 대지 설교의 구성>

```
본문(Text) : 요 10:11-18        주제 : 진실된 목자의 상

              제목 : 오직 나의 양을 위하여
```

* 서론(8가지 형태 중 어느 하나를 선택한다.)

  ① 성경적 접근   ② 인간적인 경험담
  ③ 문제의 제기   ④ 뉴스의 활용
  ⑤ 인용구의 사용   ⑥ 읽은 책의 인용
  ⑦ 계절의 언급   ⑧ 유머의 사용

* 본문 접근

  ① 본문과 그 정황(context)의 제시
  ② 중심단어의 해석   ③ 당시대의 정황
  ④ 저자와 수신자   ⑤ 표현의 장르

* 본문의 재경청

  자신과 회중의 언어로 재번역

* 주제의 부상

  주제를 5회 이상 언급한 현장 언급

* 본론

  1. 주님은 삯군 목자의 모습과 그 불행을 말씀하신다.

     선포 : 해당 본문을 제시한다.
     해석 : 당시의 양들과 목자들과의 관계
            당시의 삯군에 대한 설명

제9장 설교의 분류와 그 형태

```
                ┌─────────────────────────────────────┐
                │ 현장 적용 : 회중의 삶의 장, 예화 사용,  │
                │   우리 주변의 삯군들의 사례            │
                └─────────────────────────────────────┘

   ┌─ 2. ┌──────────────────────────────────────────────┐
   │     │ 주님은 양들이 목자의 음성을 듣고 한 무리가 됨을 말 │
   │     │ 씀하신다.                                     │
   │     └──────────────────────────────────────────────┘
   │              ┌─────────────────────────────────────┐
   │              │ 선포 : 해당 본문을 제시한다.            │
   │              ├─────────────────────────────────────┤
   │              │ 해석 : 주인의 음성을 따르는 양들의 실태  │
   │              │        여기서 말하는 주인의 음성의 내용 │
   │              ├─────────────────────────────────────┤
   │              │ 현장 적용 : 쉬임없이 부르시고 찾으시는 우리 목 │
   │              │        자의 음성을-가정과 일터에서-중심으  │
   │              │        로 하는 하나의 공동체가 시급한 현  │
   │              │        실 → 예화                         │
   │              └─────────────────────────────────────┘

   ┌─ 3. ┌──────────────────────────────────────────────┐
   │     │ 주님은 자신의 양을 위하여 목숨을 버리신다고 말씀하신다. │
   │     └──────────────────────────────────────────────┘
   │              ┌─────────────────────────────────────┐
   │              │ 선포 : 해당 본문을 제시한다.            │
   │              ├─────────────────────────────────────┤
   │              │ 해석 : 목숨의 중요성, 목장의 참 목자들이 취한 │
   │              │        당시의 희생적 자세               │
   │              ├─────────────────────────────────────┤
   │              │ 현장 적용 : 강퍅한 오늘의 현실에 우리를 위하여 │
   │              │        목숨을 버릴 수 있는 목자는 주님밖  │
   │              │        에 누가 있는가? → 예화            │
   │              └─────────────────────────────────────┘

 ─ * **결론**(7가지 형태 중 어느 하나를 선택한다.)
              ┌─────────────────────────────────────┐
              │ ① 설교 요점의 반복                    │
              │ ② 경이적이고 충격적인 표현            │
              │ ③ 격려의 형식                        │
              │ ④ 시의 사용                          │
              │ ⑤ 은총의 선언 형태                    │
              │ ⑥ 명령적이고 교훈적인 형식            │
              │ ⑦ 본문을 비롯한 성구를 읽음           │
              └─────────────────────────────────────┘
```

위의 도표는 내일을 준비하는 설교자에게 지금까지 지속해 온 대지 설교를 좀더 신선하고 정확하게 전개해야 할 필요와 방법을 주고 있다. 설교자가 보다 깊고 섬세한 관심을 기울일 때 대지 설교의 전개형태는 옛날의 묵은 모습에서 벗어날 수 있다. 더욱 구체적인 대지 설교의 안내를 위하여 한 편의 설교문이 부록에 실례로 제시되어 있다.

(2) 분석 설교

분석 설교는 본문을 한 절 한 절 풀어가는 주해식 설교를 제외하고는 어떤 설교의 유형에서도 사용 가능한 형태로서 현대의 지성인들에게 많은 환영을 받을 수 있다. 에반스(William Evans)가 그의 설교이론을 펴는 저서에서 발표한 이래 젊은 설교자들에게 대단한 호평을 받으면서 논리의 중요성을 인정하는 설교의 분야에서 널리 사용되고 있다.12) 이 설교가 요구하는 것들은 다른 설교의 형태와는 차이가 많은 것이 그 특성이다.

에반스의 설교 이론은 주제 설교를 인간 이성에 맞추어서 합리적으로 풀어놓은 전개 형태이다. 그러나 이러한 형태는 인간의 지성과 논리만을 중요하게 생각하고 경우에 따라서는 비성경적인 설교로 나아갈 위험성이 다분하다. 실질적으로 논리정연한 영어권의 세계에서는 이 형태가 한때 활발하게 환영받은 바 있으나 성경 말씀보다는 인간의 지성과 접근된 결과를 가져와 큰 성공을 거두지 못하였다.

본서에서 제시한 분석 설교는 이상의 기본 틀과는 많은 차이점을 가지고 있다. 여기서 제시한 분석 설교는 한국교회에서 보다 더 성경의 진리를 순수하게 운반할 수 있도록 재구성되었다. 여기에는 설교의 본문이 어떻게 하면 가장 충실하게 회중에게 선포되고 해석되며 그들의 생활에 적용되도록 할 것인지를 보여 주고 있다. 본 설교의 새로운 이론과 내용은 다음과 같이 구성되었다.

제9장 설교의 분류와 그 형태

첫째, 설교의 주제는 반드시 본문에서 나와야 한다. 본문은 읽기만 하고 설교는 설교자의 생각대로 이어지는 것을 본 설교는 결코 인정하지 않는다.

둘째, 앞에서 설명한 설교의 서론, 본문 접근, 본문의 재경청, 주제의 부상은 필수적으로 갖추어야 한다. 본론이 있기 전에 설교자가 회중에게 들려주어야 할 이 부분은 대지 설교와 마찬가지로 성실히 준비되어 회중에게 제시되어야 다음의 단계가 효과를 본다.

셋째, 주제에 대한 정의(What)를 내려야 한다. 여기서의 주제에 대한 정의는 "오늘의 주제인 사랑의 의미는 이것입니다."라고 단순하게 처리하는 것이 아니다. 여기서는 먼저 세 번 정도의 부정적 접근을 시도한다. 그리고 이어서 문학, 역사, 철학 또는 신학 등에서 흔히 내리고 있는 정의를 도입하여 보여 준다. 그리고 최종적으로 주제의 정의가 오늘의 본문에서 노출되도록 한다.

넷째, 동기 유발(Why)을 시도한다. 그 방법으로 본 주제가 필요한 현장을 부정적인 사례를 들면서 절박한 동기를 유발시키는 형식을 사용할 수도 있다. 여기에서는 설교 형태의 설명이나 설득을 필요로 하지 않는다. 오직 보여 주는 부정적인 사례를 통하여 회중 자신들이 이 주제의 실천이 필요하다고 스스로 생각하도록 하는 데 초점을 두어야 한다. 이 부분이 시도한 것은 회중이 그 주제의 실천을 느끼면서도 지금껏 그 문제를 해결하지 못했거나 알지 못했음을 느끼게 한다. 그 주제가 없어서 발생한 불행한 사례를 들으면서 자신은 그러한 세계에 빠져서는 안 되겠다는 생각을 하도록 만든다. 여기서 본 설교가 제시하는 주제에 대한 깊은 관심을 가지게 한다.

다섯째, 주제의 실천 방안(How)을 제시한다. 이 실천 방안은 최대한 본문을 통하여 하나님의 말씀으로 주어지는 것이 가장 효과적이다. 여기서는 단순하게 주제의 실천을 위한 방법론만을 제시하는 것이 아니다. 여기서는 오늘의 본문에서 주제에 대하여 무어라고 가르치고 설명하는지 그 주안점을 밝히게 된다.

그 주안점들은 가급적이면 본문에서 유출되도록 하고 본문이 충분하게 방법을 제시하지 못하는 경우는 66권의 어디서든지 한 개 정도의 방법론을 제시할 수 있다. 여기서는 대지 설교와 마찬가지로 주제의 실천 방안을 알려 주는 문장의 주어가 반드시 성삼위 하나님이 되어야 한다. 예를 들면, 사랑이라는 주제의 설교에서 그 실천 방안은 "하나님은 오늘의 본문을 통하여 사랑이란 오래 참는 것이라고 가르쳐 주십니다."와 같이 하여 그 주어를 설교자의 시각으로 하지 않도록 한다.

여섯째, 본 설교의 마지막 부분으로 결과(What Then)를 제시한다. 여기서는 앞에서 제시된 방법대로 실천하여 성공한 사례들을 들어 흡족한 심성, 또는 부러워하는 마음들이 일도록 한다. 이 부분이 모든 설교가 갖추어야 할 복된 소식(Good News)의 부분이다.

일곱째, 정확한 결론이 있어야 한다. 흔히 분석 설교의 형태를 시도하면서 범하기 쉬운 오류는 앞의 부분인 결과의 단계를 결론으로 활용하는 일이다. 그러나 실천의 결과와 결론은 엄연히 차이가 있다. 결론은 전체 설교를 끝맺는 단계이다.

이상과 같은 내용 전개의 특성을 가지고 있는 본 설교는 어떤 설교보다도 설교자의 노력이 집중되지 않으면 실패할 수밖에 없는 형태이다. 무엇보다도 다양한 연구와 자료의 수집이 먼저 요구되고 인간의 언어로 채색되는 부작용을 막기 위하여 설교자가 본문을 깊이 터득해야 한다는 부담이 따르고 있다. 특별히 철저히 원고화하여 자신의 모습이 감추어지고 말씀의 주인이 등장하도록 하지 않으면 이 설교 형태는 설교자의 예리한 분석과 지식의 나열로 끝날 위험성이 너무나 가까이 도사리고 있다는 고민을 언제나 수반한 설교 형태이다.

<도표로 본 분석 설교의 구성>

본문(Text) : 요 10:11-18   주제 : 진실된 목자의 상

　　　제목 : 오직 나의 양을 위하여

* 서론(8가지 형태 중 어느 하나를 선택한다.)

　　① 성경적 접근　② 인간적인 경험담
　　③ 문제의 제기　④ 뉴스의 활용
　　⑤ 인용구의 사용　⑥ 읽은 책의 인용
　　⑦ 계절의 언급　⑧ 유머의 사용

* 본문 접근

　　① 본문과 그 정황(context)의 제시
　　② 중심단어의 해석　③ 당시대의 정황
　　④ 저자와 수신자　⑤ 표현의 장르

* 본문의 재경청

　　자신과 회중의 언어로 재번역

* 주제의 부상

　　주제를 5회 이상 언급한 현장 언급

* 주제의 정의(What)

　　부정, 부정, 부정, 성경 밖의 정의, 성경의 정의

* 주제의 필요성(Why)

　　부정적인 사례를 들어 동기 유발을 가져옴

— * 본론 : 주제의 실천 방안 / 주제에 관한 교훈(How)

— 1. 주님은 삯군 목자의 모습과 그 불행을 말씀하신다.

  선포 : 해당 본문을 제시한다.
  해석 : 당시의 양들과 목자들과의 관계
         당시의 삯군에 대한 설명
  현장 적용 : 회중의 삶의 장, 예화 사용,
             우리 주변의 삯군들의 사례

— 2. 주님은 양들이 목자의 음성을 듣고 한 무리가 됨을 말씀하신다.

  선포 : 해당 본문을 제시한다.
  해석 : 주인의 음성을 따르는 양들의 실태
         여기서 말하는 주인의 음성의 내용
  현장 적용 : 쉬임없이 부르시고 찾으시는 목자의
             음성을-가정과 일터에서-중심한 하
             나의 공동체가 시급한 현실 → 예화

— 3. 주님은 자신의 양을 위하여 목숨을 버리신다고 말씀하신다.

  선포 : 해당 본문을 제시한다.
  해석 : 목숨의 중요성, 목장의 참 목자들이 취한
         당시의 희생적 자세
  현장 적용 : 강퍅한 오늘의 현실에 우리를 위하여
             목숨을 버릴 수 있는 목자는 주님밖
             에 누가 있는가? → 예화

— * 주제의 실천 결과(What then)

  복된 소식으로서 주제를 실천한 결과 성공한 사례들

제9장 설교의 분류와 그 형태

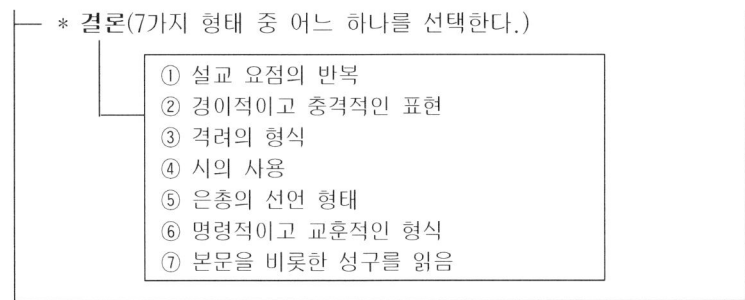

　　이상에서 제시한 분석 설교를 하나의 공식으로 소화했을 때 어느 순간이라도 한 편의 설교를 작성하는 데 간편하게 적용할 수 있다. 공식이라는 것은 하나의 틀로서 손쉬운 길을 제시한다. 설교자가 필요시에 사용할 수 있는 설교의 공식을 갖춘다는 것은 설교 전문인으로서 너무나 당연한 일이다. 본서는 보다 더 구체적인 분석 설교의 안내를 위하여 한 편의 설교문이 부록에 실례로 제시되어 있다.

2) 서사 설교

(1) 서사 설교의 등장

　　현대 설교학에서는 신선한 설교의 개발에 깊은 관심을 기울이고 있다. 특별히 지금까지 교회의 강단을 점유하고 있는 명령 일변도의 설교에 많은 회의를 느끼면서 개신교의 신학과 설교의 거리감에 이의를 제기하기에 이르렀다. 신학적으로 말씀을 중심으로 한 교회는 거의 다 은총론에 입각하여 교리가 형성되어 있다. 즉, 행함으로 구원을 받은 것이 아니라 하나님의 은총 아래 믿음으로 구원을 받는다는 사실이 교리화되어 있다. 그러함에도 불구하고 설교에서는 5세기의 펠라기우스의 도덕론이 사라지지 않고 주종을 이루고 있는 현실이다.

더욱이 한국의 강단은 유교의 엄격한 도덕률이 5세기에 팽창했던 도덕률과 호흡을 함께하고 있는 실정이다. 따라서 우리의 설교에서는 유난히도 "이러해야 한다.", "하지 않으면 하나님의 벌이 있다.", "이렇게 순종해야 복을 받는다." 등이 설교의 줄기를 이어가고 있다.

이러한 설교의 분위기(mood)에 변화를 추구하는 설교 형태의 주장이 바로 미국의 설교학회를 중심하여 일기 시작하였다. 이 이론은 전하고자 하는 진리에 아름다운 색칠을 하고 어울리는 조명을 하여 누구나 흥미를 가지고 들을 수 있는 설교를 개발하자는 주장이었다. 즉, 인간 삶 자체를 하나의 이야기로 엮어가듯이 성경의 진리를 자연스럽게 이어지는 이야기로 표현을 하는 설교가 필요다는 주장이었다. 예수님이 복음에서 보여 준 비유들이 바로 이야기였고 예수님의 생애가 하나의 이야기였기에 설교에서도 이러한 형태의 옷을 입혀 보자는 주장이다.

그러나 이들이 주장한 설화체(Plot Method) 설교와 이야기체(Retelling Story) 설교의 이론을 그대로 우리의 교회에 도입하기에는 무리가 따름을 발견하게 된다. 무엇보다도 설화(narrative)나 이야기(story)라는 어휘에 대한 이해가 우리 문화권과 미국의 문화권에서는 차이가 있다. 그리고 설화나 이야기의 진실성과 가치가 문화권에 따라 다르게 이해된다. 이러한 점들을 고려하여 본서에서는 우선적으로 이러한 형태의 설교를 '서사 설교(敍事 說敎)'라고 이름한다. 그 이유는 서사라는 어휘가 "어떤 일을 사실 그대로 이야기식으로 나타내거나 서술하는 것"이라는 의미를 가지고 있기에 우리에게는 가장 적절한 이름이라고 생각된다. 그리고 서사 설교라는 이름 아래 우리의 실정에 맞게 설화체 설교와 이야기체 설교로 분류한다.13)

(2) 서사 설교의 필요성과 제한성

서사 설교는 철저히 본문이나 주제의 성격에 따라서 지배를 받는 전개 형태이다. 아무 유형의 본문이나 서사 설교로 엮으려고 할 때는 무리가 따르기 쉽다. 가능하면 성경에서 줄기가 이어지는 인물이나 사건, 또는 비유를 본문으로 함이 본 설교체를 구성하는 데 아주 수월하다. '십자가', '부활', '베드로의 부인', 또는 '탕자의 비유'와 같은 주제는 충분한 이야기를 내포하고 있기 때문에 회중을 이끌고 그 당시의 상황과 장면으로 도입할 수 있다. 그러나 본문이 단순한 단어나 교훈에 역점을 두고 있다면 본 형태를 활용하기에는 힘이 든다.

이러한 제한성을 가지고 있는 서사 설교란 성경의 중요한 사건과 인물 또는 비유를 설교자의 수준 있는 문학적 표현과 깊은 통찰력을 가지고 현재적 감각으로 다시 서술하면서 회중을 동참시키는 형태라고 할 수 있다.

서사 설교가 필요한 이유는 단순한 데서 찾아볼 수 있다. 그것은 신앙 생활을 계속한 회중은 성경의 중요한 사건들을 어느 경우 설교자보다 더 잘 알고 있다는 현실에서 출발된다. 그들이 이미 알고 있기에 그 사건에 대한 설교를 다시 할 필요가 없다면 십자가의 사건은 단 1회의 설교로 족하다는 모순된 결론이 나온다. 그러므로 그들이 알고 있는 성경의 사건이나 인물 또는 비유를 어떻게 다시 설교로 엮어 회중에게 새로운 감화를 줄 수 있을 것인가의 대답을 찾는 데서 본 서사 설교는 그 가치를 인정받게 된다.

(3) 서사 설교가 갖추어야 할 요건들

이상과 같은 가치를 발휘할 수 있는 서사 설교의 설화체나 이야기체는 그 전개의 형태에서는 약간의 차이가 있다. 그러나 두 형태 모두가 다음의 항목들에 관하여는 깊은 관심을 두어야 한다. 그 이유는 서사 설교에 있어서 설교자가 특별한 관심을 기울이지 않고 준비하여 회중 앞에 나섰을 때는 거의 실패를 가져오기 쉽기 때문이다. 그러므로 어떤 설교보다도 설교자의 섬세한 관심과 주의를 필요로 한다.

첫째, 본 형태는 설교자가 본문의 사건에 깊숙이 농축되어 그 사건에서 전개된 장면들을 깊은 영성의 눈으로 볼 수 있어야 한다.

둘째, 그 사건 가운데서 보여지는 진리의 장면들을 의미 깊게 관찰할 수 있는 설교자의 남다른 통찰력을 필요로 한다.

셋째, 설교자가 그 사건을 서술하는 과정에서 충분한 문학적인 표현과 함축된 어휘를 활용하여 설교하는 그 순간에 전개되어지고 있는 사건으로 이끌어야 한다.

넷째, 본 설교는 적용의 부분을 3~4회 정도로 최소화해야 한다. 적용을 하고 싶은 경우에는 한두 문장으로 요약하여 순간적인 불꽃처럼 보여 주어야 한다. 예를 들어, 가룟 유다의 돈을 탐하는 모습을 펼치는 경우라면 "마치 돈을 우상으로 여기는 현대인들처럼 말입니다." 정도의 짤막한 적용으로 대치해야 한다.

다섯째, 설교자가 회중에게 무엇을 말해 주려는 의도는 근본적으로 삭제하고 사건을 단순하게 보여 주면서 회중이 자신들에게 해당된 부분을 보고 가져가도록 하는 데 주안점을 두어야 한다.

여섯째, 어떤 경우도 흥미를 돋우기 위하여 사건을 지나치게 허구화(fiction)하는 것이나 본문과 위배되는 허구화는 허용되지 않는다. 오직 성경에서 있었던 사실을 성실히 언어라는 붓으로 색칠을 하는 데 노력을 기울여야 한다. 다만 본문에 근거하여 설교자의 상상력을 적절하게 활용하는 것은 관심을 두어야 할 부분들이다.

(4) '설화체 설교'와 '이야기체 설교'의 공통점

앞서 언급한 대로 서사 설교를 전개 형태에 따라 설화체 설교

(Plot method)와 이야기체 설교(Retelling method)로 분류할 수 있다. 여기서 그 공통점을 열거하면 다음과 같다.

첫째, 이 두 설교 방법론은 이야기가 가지는 특성을 따라 전개된다. 이야기는 인물을 중심으로 하든지, 사건을 중심으로 하든지, 그것들을 묘사하는 특징을 갖는다. 특별히 이야기를 듣는 회중으로 하여금 말씀의 체험(혹은 경험)이 가능하도록 하는 점에서 공통점을 가지고 있다. 스테펜 크라이테스(Stephen Crites)는 이것을 "경험을 불러일으키는 이야기의 특성"이라고 지칭한 바 있다.14) 전통적인 설교가 명제와 개념들을 배열하여 제시하는 "공간적인 특성"(spatial quality)을 가지는 것과는 달리, 서사 설교의 두 방법론은 진행상의 시간적인 특성을 중요하게 여긴다. 그러므로 여기에서는 장면들(stages)과 구상(plot)이 중요한 요소로 등장하며, 사건들이 계속해서 진행되어 가는 구조를 중요하게 여긴다.

둘째, 이 두 설교 방법론은 설교의 전개 과정, 즉 설교의 진행(movement, 혹은 움직임)을 중요시한다. 이야기는 "옛날 옛적에……"로 시작하여 몇 가지의 첨가되는 삽화가 있으며, 절정을 향하여 진행된다. 그리고 이야기는 끝이 난다. 이와 같이 이야기는 움직이는 특징을 가진다.

셋째, 두 설교의 결론적인 내용은 전략적으로 연기되면서 설교가 줄거리를 통해 계속적으로 진행되어 간다. 그리고 마지막 부분에서 "아하!"의 탄성이 터져 나오게 만드는 설교 구성을 꾀한다는 점이 또 하나의 공통점이다. 이러한 점을 유진 라우리는 "결론의 전략적인 연기(strategic delay)"라고 주장한다.15)

넷째, 이 두 방법론들은 설교의 자료를 반드시 성경의 내용만으로 제한하지 않으며, 설교자와 회중을 포함하여 사람의 다양한 경험을 중요시한다. 특별히 설교자의 경험은 서사 설교의 중요한 자료가 된다. 이 두 방법은 성경의 세계와 일상의 세계를 오가며 경험적인 해석을 중심으로 이루어진다. 리처드 에슬링거(Richard Eslinger)는 이것을 이야기체 설교가 관심을 두어야 할 '이중의 해석학'이라고 말한다.16) 이 설교는 성경의 사건을 통해서 오늘의 삶의 상황을 조명하며, 회중의 삶의 상황과 경험을 통하여 성경을 보게 한다.

다섯째, 이 설교 방법론은 설교자의 상상력을 중요시하여 회중이 설교를 듣는 중에 그들의 상상력을 동원하도록 돕는다. 서사 설교자는 상상력을 동원하여 본문의 배경을 읽을 수 있어야 하고 사건과 인물에 대한 심층적인 묘사가 이루어져야 한다.

구약의 예언자들과 시인들을 통해 전해지는 메시지는 풍부한 상상력을 담고 있음을 보여 준다. 이처럼 성경은 많은 메시지가 상상의 언어들로 가득 차 있음을 말해 주고 있다.17) 성경을 거대한 한 편의 설교로 볼 때, 성경은 놀라울 정도로 상상력을 활용하고 있다. 물론 본문의 내용과 위배되는 지나친 묘사나 과장법을 사용한 상상력은 본문의 내용을 왜곡시킬 수 있는 위험이 있다. 그러나 본문을 중심으로 하여 설교자가 상상력을 적절하게 활용한다면 서사 설교는 메시지에 생명력을 더하게 된다.

여섯째, 이 두 방법론은 설교의 언어 사용에 깊은 관심을 둔다. 현대 설교학에 있어서 설교의 언어는 가장 중요한 이슈가 되고 있는데,18) 어떠한 언어가 사용되느냐에 따라 설교가 전적으로 달라지기 때문이다. 그러므로 서사 설교는 언어 사용에 있어서 논쟁적이고, 명제적인 언어 사용보다는 서술하는 언어 표현과 보여 주는 그림 언어(picture language)를 사용하는 데 공통점을 가지고 있다. 이야기의 특징이 권면하고 교훈하는 내용보다는 시작부터 끝까지 이야기의 시간을 통한 줄거리의 구성을 따라 함께 보고, 함께 느끼고, 함께 상상하며, 함께 경험하는 것을 목표로 하는 것과 같이 서사 설교도 그러한 공통점을 갖는다.

(5) '설화체 설교'와 '이야기체 설교'의 차이점

어떤 점에서 두 설교 방법론은 엄밀한 의미에서는 정확하게 구분되기 어려운 하나의 몸통을 가지고 있기 때문에 커다란 차이점을 가지지 않지만 구태여 차이점을 제시한다면, 설교의 구성과 전개에서 그 차이점을 다음과 같이 찾을 수 있다.

설화체 설교는 유진 라우리(Eugene L. Lowry)의 설교 방법론을 주축으로 하는 방법으로 설교의 구상(plot)을 중요시한다. 즉, 모순과 갈등으로부터 시작하여 그것들이 훨씬 심화되고 복잡해지는 과정을 걸친다. 그리고 기대할 수 없었던 역전이 일어나게 되고, 대단원의 종결이 이루어지는 형태를 가진다. 설교는 서두에서 딜레마를 형성하여 서술함으로부터 시작된다. 여기서 회중이 혼동을 일으키는 모호함(ambiguity)이 심화되고, 그것에 대한 해결책이 무엇인지 함께 찾아가는 과정을 거치게 된다. 그러므로 설화체 설교에 있어서 가장 중요한 것은 "어떻게 모호함을 형성할 것인가?"이다.

그러므로 설교의 서론 부분에서 모호함이 야기된다. 여기서 이해할 수 없는 당혹감이 얼마나 제시되느냐가 중요한 관건이 된다. 이러한 원리를 따라 어떻게 설교의 줄거리를 잡아가는가의 문제가 성공적인 설교를 위한 가장 중요한 요소가 된다.[19]

이와 같이 설화체 설교는 모순점 제기(conflict), 갈등의 심화(complication), 문제의 해결이 제시되는 전환(conversion), 그리고 확인의 단계(confirmation)의 구성 단계를 가진다. 이것을 우리는 "4C의 구성 방법"이라고 부른다.[20]

첫 번째 단계는 일상 생활에서 굳어져 있었던 생각이나 판단을 깨뜨리고 모호함을 형성하는 단계이다. 그러나 주제와 무관한 모호함이나 단순히 흥미 유발을 위해 핵심 줄거리에서 벗어나지 않도록 해야 한다.

　　두 번째 단계는 갈등 심화의 단계로 여기에서는 사건의 성격이 복잡해지고 긴장과 갈등이 훨씬 심화되어지는 단계이다. 여기서 회중은 이 갈등의 해결이 무엇인가를 자연적으로 기대하게 된다.

　　세 번째 단계는 모순점에 대한 해답을 제시하고, 복음의 실마리를 제공해 주는 단계이다. 이 해답은 단순한 설교자의 언어가 아니라 본문에 나타난 내용에서 찾아져야 한다.

　　네 번째 단계는 갈등과 모순점이 해결되면서 결론으로 나아가는 단계이다. 지금껏 전개된 내용을 확신하고 수용하게 하는 마지막 단계이다.

　　이야기체 설교는 본문의 내용을 재구성하여 들려주는 방식을 택한다. 이 설교의 방법론은 설화체 설교에 비해 설교 구성에 있어서 유연성과 융통성을 가지고 있다. 설교자가 보다 자유스러움과 창의성을 가지고 구성할 수 있는 방법이다. 모순점을 제시하고 그것을 풀어가는 형식을 따르는 것이 설화체 설교라면, 이야기체 설교는 어떤 틀에 얽매이기보다는 설교자의 창조성을 십분 활용하여 본문의 내용을 중심으로 장면을 구성하여 전달하는 방법이다.

　　그 실례로 마태복음 20장에 나오는 "포도원 품꾼의 비유"를 본문으로 하여 설교를 준비했을 경우 설화체 설교는 일한 만큼 그 수고에 대한 대가가 지불되어야 하는 것이 정의인데 포도원의 주인은 왜 수고한 대로 임금을 지불하지 않는가의 모순점을 제시한다. 여기서 하나님은 이러한 사회 정의와 공의에 대해 깊이 관심을 갖고 계신 분임을 전제하면서 그 모순을 극대화시킬 수 있다. 왜 그는 편애하는 것인가? 예수님이 하나님 나라를 소개하기 위해 이 비유를 말하고 있는 것이라면 포도원 주인은 하나님의 모습인데, 하나님은 참 불공평한 분이시라는 갈등과 모순점을 설교의 시작 부분에서 제시하게 된다.

그리고 그러한 모순점을 풀어가는 문제 해결의 구도를 따르는 것이 설화체 설교가 지향하는 설교의 형식이다.[21]

그러나 이야기체 설교는 그 본문을 풀어가면서 구성을 전혀 달리 한다. 즉, "장면 I"에서 일거리를 찾지 못해 시장에서 서성거리는 일꾼의 심리와 상황이 묘사되어지고, "장면 II"에서는 일꾼을 부르는 포도원 주인의 모습을 그린다. "장면 III"에서는 열심히 일하는 포도원의 정경을 묘사하고, 그 다음에서는 포도원 주인의 최종적인 대답을 듣는다.

이와 같이 정해진 구도 속에 맞추어 치밀한 구성을 하는 설화체 설교와는 달리 이야기체 설교는 구성에 있어서 유연성을 가진다. 그러므로 이야기체 설교는 언어 사용과 인물과 상황 묘사가 중요한 부분을 차지한다. 즉, 권면하고 교훈하는 내용보다는 설교의 시작부터 끝까지 이야기의 줄거리가 있는 구성을 따라간다. 여기서 함께 보고, 느끼고, 상상하며, 경험하는 언어 표현이 한 폭의 그림을 그려 준다. 이를 위한 설교자의 통찰력과 창조성, 그리고 상상력이 어느 정도의 수준을 유지해야 하는 방법이라고 할 수 있다.

이야기체 설교는 일반적으로 시간(time), 인물의 성격(character), 배경(setting), 본문의 분위기와 어조(tone), 문학적 표현(style), 그리고 본문의 관점(point of view) 등을 갖추어야 한다. 설교자가 이러한 이야기체 설교를 구성함에 있어서 이상의 요소들에 깊은 관심을 가지고 장면(stage)들을 효과적으로 설정해야 한다.

특별히 이 장면들은 설교자가 그 설교에서 전달하려고 하는 주제를 중심으로 설정되어야 한다. 설교의 시작부터 마지막 결론까지 일정한 통일성과 연결성을 가지고 진행되어 갈 수 있도록 구성되어야 한다. 이러한 통일성을 유지하기 위해서 설교는 단일 주제를 중심으로 구성되어야 한다. 이러한 단일 주제는 메시지의 선명성을 가져다 줄 뿐만 아니라 회중이 메시지를 수용하는 데 있어서도 흥미를 가지고 들을 수 있게 한다. 이럴 때 전달에 있어서도 강력하고 효과적인 메시지로 지속시켜 준다는 장점이 있다.

그러므로 설교를 구성함에 있어서 본문에서 여러 가지 주제들을 포함할 수 있지만 모두를 다루려고 하기보다는 한 설교에서 한 주제만을 다루는 것이 좋다. 설교에 있어서 통일성을 유지한다는 것이 쉬운 일은 아니지만, 이야기체 설교는 움직임을 통한 설교 진행을 전제하기 때문에 간과할 수 없는 중요한 요소라고 할 수 있다.

그렇다면 한 편의 설교에서 몇 개 정도의 장면을 설정할 수 있을 것인가? 그것 역시 설교자가 판단하여 결정해야겠지만 설교의 내용과 다루는 본문에 따라 달라질 수 있다. 그렇지만 대체적으로 서론, 결론을 포함하여 4~5개의 장면으로 구성하는 것이 좋다. 현대 커뮤니케이션에서는 회중이 어떤 내용에 집중하는 시간을 대략 4~5분 정도로 보는 것을 고려해 볼 때, 25분 정도의 설교에서는 5개 전후의 장면들로 설교가 구성되는 것이 바람직하겠다.

첫 장면은 설교의 서론의 역할을 하는 부분이기 때문에 주제와 관련하여 문제 제기를 하면서 설교의 방향을 잡아가는 내용이 제시되는 것이 좋다. 또한 인물이나 어떤 사건을 중심한 본문이라면 본문 중에서 설교의 핵심이 되는 부분들이 도입 부분으로 설정되도록 함이 효과적이다. 마지막 장면은 설교의 결론으로 나아가는 단계로서 회중이 설교의 결론에 도달하도록 격려하고 인도하는 단계가 되어야 한다.

각 장면에서는 다루려고 하는 내용들을 아무런 원칙 없이 무질서하게 나열하기보다는 '도입부'와 '내용 전개', 그리고 '종지부' 등의 요소를 포함해야 한다. 이것들은 정해진 공식이라기보다는 설교자가 한 장면을 구성할 때에 그러한 원칙을 따라 구성하도록 한다. 도입부는 그 장면에서 이야기하려고 하는 내용으로 연결시키는 부분이며, 내용 전개 부분은 그 장면의 중점 사항 등이 서술되는 부분이다. 그리고 종지부는 그 장면에서 다루어진 내용들을 정리해 주면서 다음 단계로

연결시키는 역할을 할 수 있도록 꾸며져야 한다.22)

이상에서 살펴본 서사 설교의 설화체 설교와 이야기체 설교는 최근의 설교계에서 새로운 관심을 불러일으킨 바 있다. 본서에서는 앞에서 설명한 서사 설교의 구체적인 내용을 바탕으로 하여 작성된 두 형태의 설교의 실제를 보여 줄 필요가 있다고 생각되어 본서의 부록에 실었다. 본장에서 이해한 서사 설교의 이론이 그 실례에서 더욱 익혀지리라 본다.

3) 상관 설교, 인물 설교, 예화 설교, 대화 설교, 독백 설교

(1) 상관 설교

또 하나의 설교 전개 형태는 주해 설교에서 흔히 볼 수 있는 본문의 진리를 강해하고 그 진리를 오늘의 현장에 바로 도입시키는 방법이다. 많은 설교자들이 성경의 과거 사건이나 진리만을 그대로 설명하고 설교를 끝내는 것을 흔히 본다. 그러나 설교에서 적용이 빠지면 설교라고 이름할 수 없다는 이론을 수긍할 필요가 있다. 그렇기 때문에 진리는 언제나 현재성을 가지고 있어야 하고 많은 사람이 따르게 된다.

이러한 설교의 근본 취지에 따라 본 설교의 형태를 상관(Then-Now) 설교라고 이름하게 되었고, 이 설교가 많은 강해 설교자들에 의하여 쉽게 활용되고 있다. 이 형태는 주제 설교나 본문 설교에서 사용하기에는 대단한 불편을 주고 있다는 점을 밝혀둔다. 그리고 이 형태 역시 단순히 한글로 번역된 본문만을 의지하고 철저한 석의 작업이 없다면 자칫 거짓 증거를 하게 되는 무서운 결과를 가져올 위험성이 크다는 것을 다시 강조하고 싶다. 그리고 이 설교의 형태는 너무 단순하고 쉬워서 설교에 대한 두려움이나 진지한 자세를 갖추지 않은 채 형식적으로 진행할 우려를 안고 있다.
　다음은 누가복음 15장의 탕자 비유를 가지고 상관 설교의 형태를 따라 간결하게 그 요점만을 전개해 본다.
　① 12절(Then)　－ 탕자가 아버지로부터 벗어난 독자적 삶을 원했다.
　　지금도(Now) － 오늘의 현대인들도 하나님의 품을 벗어나 마음껏 살려는 심성을 가지고 있다.
　② 13-16(Then) － 탕자는 생을 즐겼으나 처참한 종말을 맞았다.
　　지금도(Now) － 오늘의 현대인들도 하나님 없는 죄의 세계를 만끽하나 어느 때인가는 슬픈 종말을 맞는다.
　③ 17-20(Then) － 탕자는 비참한 말로를 당하자 아버지를 그리워하고 드디어 아버지를 찾았다.
　　지금도(Now) － 오늘의 현대인들도 깊은 수렁에서 언제인가는 하나님을 찾는다. 그리고 그 품을 찾아온다.
　④ 20-24(Then) － 아버지는 탕자를 맞이하여 용서를 넘어선 깊은 부정(父情)의 가슴으로 아들을 안아 주었다.
　　지금도(Now) － 오늘도 하나님은 돌아온 그의 자녀를 용서하시고 그의 후일을 깊은 사랑으로 책임져 주신다.

(2) 인물 설교

　인물 설교의 형태는 본문이나 주제가 어느 성경의 인물이 되었을 경우에 필요하다. 즉, 설교자가 본문으로 선택한 인물을 통하여 하나님이 무슨 메시지를 주시는지를 찾는 형태라고 보면 가장 적합하다. 인물에 대한 설교는 서사 설교의 형태를 빌려 전개하는 것이 보다 효과적이다. 그러나 문학적인 표현이나 철학적 통찰력이 없어 서사 설교로 진행하기에 어려움을 느끼는 설교자는 다음의 전통적인 인물 설교 형태를 빌려 설교를 전개할 수 있다. 그 전개의 내용은 다음과 같

제9장 설교의 분류와 그 형태

은 부분들을 필요로 한다.

 첫째, 인적 사항을 통하여 그 인물이 어떤 사람인지를 밝힌다. 여기서 이름의 뜻이나 가정의 배경 등이 설명될 수 있다.
 둘째, 그 인물이 살았던 시대적 배경을 찾는다. 하나님은 어떤 시대에 무엇을 필요로 하여 이러한 인물을 불렀고 도구로 사용하셨는지를 보는 작업도 바로 여기서 하게 된다.
 셋째, 그 인물이 남긴 인격적인 기록과 업적을 상술하여 무엇을 배울 수 있는지 찾는 작업을 펼친다.
 넷째, 그 인물과 그 공헌 또는 문제에 대하여 평가를 하고 하나님이 이 인물을 통하여 무엇을 오늘의 회중에게 교훈하시는지를 찾는다.

 이 설교의 형태는 회중이 이미 알고 있는 주제를 다루어야 하기에 회중이 알고 있는 수준 이상의 연구를 설교자가 감당하지 않으면 안 된다는 부담이 따른다. 이런 이유 때문에 설교자는 성경 사전을 비롯하여 많은 주석이나 깊이 있는 연구서들을 통하여 상세한 연구를 거쳐야 좀더 진지한 메시지의 발굴들이 가능하다. 그리고 이 설교에서도 역시 설교자가 자신의 시각과 분석이 너무 돋보이지 않도록 하려는 노력을 쏟아야 한다는 부담을 안고 있다. 다시 말하면, 오늘의 본문에 등장한 인물을 통하여 하나님이 무엇을 오늘의 현대인들에게 말씀하시는지를 찾는 일이 본 설교의 형태를 사용하려는 설교자의 가장 소중한 임무이다.

(3) 예화 설교

 설교에 관하여 누구나 쉽게 들을 수 있는 말은 "예화 세 개만 가지면 한 편의 설교는 무난히 해결할 수 있다."는 말이다. 그 뜻은 예화에 자신의 생각을 첨가하고 성경의 본문을 연관시키면 한 편의 설교가 성립된다는 뜻이다. 이것은 설교자로서 가장 태만하고 지극히 부끄러운 설교에 관한 지식이다. 설교를 파멸시키는 요인이 바로 이러한 설교의 견해가 난무하는 데서 발생되고 있다. 그러므로 설교 전문인이 되기 위하여 설교학의 기초 교육을 받은 신학생들에게 솔직하게 예화 설교를 중단할 것을 강하게 권면한다.

예화 설교는 요즈음 한국교회에서 연례행사처럼 계속하는 부흥회에서 회중의 흥미를 돋우고 손쉬운 이해를 가져오기 위하여 시도한 설교 형태이다. 이러한 설교는 주제 설교와 본문 설교에서 가장 왕성하게 사용된 시대가 있었다. 그리고 교육 수준이 낮은 사람들이 더욱 즐기는 설교 형태로서 한때 한국의 강단에서 위력을 발하기도 하였다.

그러나 다음과 같은 부정적인 측면을 생각하면 한국교회 설교 사역을 갱신해 보겠다는 설교자들에게는 합당하지 않은 설교 형태라고 보아도 무리가 아니다. 특별히 저자가 조사한 「설교 사역자에 대한 평신도의 의식 구조 분석」[23]에 나타난 결과를 보면 회중의 교육 수준이 향상될수록 설교에 잡다한 예화들이 많다거나 예화 일변도의 설교들은 환영받지 못한다는 사실을 알게 된다.

특별히 본 예화 설교가 안고 있는 문제는 설교자가 석의 작업이나 기타의 노력을 기울일 필요가 없다는 점이다. 거기에 더하여 설교자가 임의대로 시간을 메우는 방편으로 예화가 사용되어질 수 있다는 점 등은 설교자의 발전을 저해하는 심각한 문제라고 여겨진다. 회중의 편에서 보면 예화 설교를 통하여 말씀의 주인이신 하나님은 흔적이 없고 예화의 주인인 인간만이 가슴에 심어진 채 예배당을 떠나는 사례들이 속출한다. 이것이 바로 설교 사역을 너무나 비참한 세계로 추락시키는 요소 중의 하나이다.

(4) 대화 설교(Dialogue Preaching)

　　20세기의 후반에 커뮤니케이션의 이론이 발전하고 이 이론이 산업 사회를 비롯하여 모든 분야에 적용되기 시작했다는 것은 일반적인 상식에 속한다. 이 이론은 지금까지 전통 사회에서 일방(one way)적으로 진행하여 온 제반구조에 양방(two way)적 관계의 필요성이 강조되면서 급진적인 발전을 가져오게 되었다. 이러한 커뮤니케이션의 발전은 바로 설교 사역에 도입되었고 서구교회에서는 대단한 관심을 불러일으키기도 하였다. 여기에 더하여 메시지의 진정한 선포는 커뮤니케이션이 될 때 이룩된다는 이론이 성립되고 대부분의 설교자들이 여기에 초점을 맞추어 설교 사역을 수행하기도 하였다. 이러한 관심은 회중의 필요에 따른 말씀이 설교의 내용이 되어야 하고, 그 필요에 설교자가 성실히 응답해야 한다는 주장이 나오게 하였다.[24]

　　이상과 같은 양방적 커뮤니케이션을 염두에 둔 설교자들은 설교 원고의 구성에만 이 문제를 국한시키지 않고 설교의 형태까지 새롭게 개발하여 대화 설교(Dialogue Preaching)라는 이름으로 선을 보여 1970년대에 미국 교회 강단에서 활발하게 활용한 바 있다. 이 분야에 앞장 섰던 톰슨(William Thompson)은 이 설교의 정의를 다음과 같이 내리면서 미국 설교 형태의 변화를 시도한 바 있었다.[25]

　　　　대화 설교란 공중 예배 가운데서 이루어진 설교 행위로서 두세 사람이 설교자로 동시에 등장하여 설교의 내용이나 메시지를 구두로 교환하면서 진행하는 설교 형태이다.

　　이상과 같은 정의에 입각하여 본 설교 형태는 대체적으로 두 종류로 분류되고 있다. 하나는 설교자가 자신이 전하고자 하는 메시지의 핵심을 추려 질문을 만든다. 그리고 교회의 부목이나 회중 가운데서 한두 사람을 강단의 인도대에 세우고 그로 하여금 질문을 펼치게 하고 설교자는 대답의 형식으로 메시지를 전하는 형태가 그 하나이다. 또 하나의 형태는 설교자가 설교를 어느 정도 진행한 다음 회중의 질문을 받는 형태이다. 이 전개 형태는 회중이 누구나 회중석에서 질문을 하고 다시 그 대답을 모두가 듣게 된다는 특성을 갖고 있다.

이 설교는 지금까지 설교자의 독무대로 진행해 온 설교의 전통적인 형태에 대단한 변화를 시도한 설교로서 다음 몇 가지에서 그 장점을 들 수 있다.

첫째, 두세 사람이 질문과 답변을 이어가면서 설교를 진행하는 동안에 회중은 우선적으로 여러 설교자를 동시에 접할 수 있다는 사실에 흥미를 갖게 된다.

둘째, 회중이 평소 설교 시간에 묻고 싶었던 질문을 설교자 중에 한 사람이 대신함으로 만족을 느끼고 동시에 그 답변에 특별한 주의를 집중시키게 된다.

셋째, 설교자가 가져다 주는 지금까지의 설교 형태를 벗어나서 토론과 같은 형태를 통하여 들려진 진리를 회중이 훨씬 더 다양하게 이해하고 수용할 수 있게 된다.

넷째, 설교자의 절대 권위가 사라지고 한 인간으로 회중에게 가까이 다가와 그들의 언어로 메시지를 들려줌으로 친근감을 갖게 한다.

다섯째, 회중이 일방적인 수신자의 입장을 떠나서 참여자의 자세로 전환되어 메시지를 받게 되므로 메시지에 대한 신뢰감을 더욱 공고히 하게 된다.

여섯째, 회중의 지루함이 없어지고 설교자가 회중의 반응을 구체적으로 감지할 수 있게 된다.

이상과 같이 대화 설교에는 장점들도 많았으나 새롭게 등장한 본 설교 형태에 많은 저항이 일게 되었다. 무엇보다도 하나님의 신성한 말씀의 선포가 권위를 상실하게 된다는 점이었다. 특별히 설교자에 대한 전통적인 권위의 지속이 어렵다는 부정적인 측면이 없지 않았다. 그러나 회중이 알고 싶고 요구하고 싶은 부분들이 질문으로 추려지면서 메시지를 듣게 되어 이해의 폭이 대단히 성공적이라는 평가가 속출한 바 있다.[26]

그러나 한국교회는 서구교회와는 달리 동일한 회중이지만 교육적으로 수준의 차이가 많고 사회적인 계층의 차이가 아직도 많은 것이 현실이다. 거기에 더하여 절대권위에 의하여 설교가 명맥을 유지하는 현장에서는 이러한 설교 형태의 시도는 대단한 어려움을 맞게 되리라 전망된다. 바로 이러한 현실이 이 설교 형태를 도입하는 데 적지 않은 걸림돌이 되는 문제성을 가져다 주고 있다. 그러나 21세기에 진입한 한국교회는 필연코 많은 변천에 직면하게 될 것이다. 그리고 "진정한 설교의 커뮤니케이션은 한 사람에 의하여 주어지는 것이 아니라 송신자와 수신자가 공동의 관심을 가지고 이룩된다."[27]는 주장이 나오게 되리라 본다. 이러한 설교가 시도될 때쯤은 우리의 회중도 이러한 설교를 충분히 소화시킬 능력이 있게 되리라 기대를 한다.

(5) 독백 설교(Monologue Preaching)

독백 설교는 설교 형태 중의 하나로 분류하지 않고 모노 드라마의 한 형태로 취급하고 있다. '모노-Mono'라는 말 자체가 관객을 향해서 자기의 심경이나 감정을 말하는 독백이기에 설교학에서는 거의 취급을 하지 않고 있는 경향이다. 우리나라에서도 모노 드라마로 성경의 세계를 생생하게 펼치면서 감동을 주는 활동이 일고 있으나 그러한 것을 설교로 취급하지 않고 있다.[28]

본 설교는 성경에 나타난 인물들을 주로 설교자 자신으로 분장하여 그 정황을 생생하게 실토하는 방법을 주고자 하는 설교이다. 앞에서 제시한 서사 설교와는 달리 본 설교는 설교자가 어감과 음정과 행동을 비롯하여 심지어 복장이나 무대까지 그 인물의 정황(context)에 적합하도록 구성하여 연출하여야 한다. 그러한 관계로 자연적으로 이 설교 형태는 드라마의 성격을 벗어나지 못한다. 경우에 따라서는 서사 설교의 형태를 빌려 특별한 무대나 분장이 없이 진행하는 경우가 종종 있으나 이러한 경우는 그 효과성이 미흡하여 설교자의 의도에 미치지 못하는 경우가 많다. 그렇기 때문에 효과의 극대화를 위하여 드라마적 요소를 다 갖추고 등장하게 된다.

실질적으로 신학생들이 설교의 실제 시간에 본문에 나타난 주인공을 1인칭으로 지칭하여 그때 그 현장에서 생생한 메시지를 찾으려는 노력들을 기울이는 현상을 종종 보기도 한다. 이러한 젊은 세대들의 관심에 공감한 맥이천(Alton H. McEachern)과 같은 사람은 이 분야의 책, *Dramatic Monologue Preaching*을 출판하면서 교회의 관심을 끌려고 노력한 바 있다. 뿐만 아니라 그는 설교는 훈계나 이야기체를 벗어나 사실을 생생하게 보여 주어 회중에게 실제적 경험을 주도록 해야 한다는 주장을 펴면서 설교의 드라마적 전개를 주장하기도 하였다.29)

그러나 모든 설교자들이 드라마적 전개를 할 수 있는 재능이 없다는 점에서 이 주장을 도입하는 데 우선적인 문제가 발생되었다. 인간 모두가 드라마적 존재들로서 삶의 무대를 장식하고 있다고는 하나 모두가 연출가나 연기자가 될 수 없다는 점이 문제로 등장되었다. 그러므로 이러한 독백 설교에 대한 주장은 개인의 타고난 성품과 성격과 관계된 것이기에 보편화할 수 없는 주장으로 외면되었고, 드라마의 무대에서만 지탱하는 결과를 가져왔다. 그러나 드라마의 성격을 가지고 시도하는 이 메시지의 전달 형태 역시 복음 선포의 하나의 도구(tool)임에 틀림이 없음을 다니엘 바우만(Daniel Baumann)의 말에서 다시 확인하게 된다.

> 드라마는 분명히 주석을 할 수 없다. 또 어떤 신학적 관념을 설명하는 데 구술적 방법으로 하는 만큼 효과적이 아닐 수도 있다. 그러나 드라마는 설교만으로는 할 수 없는 어떤 방식으로 구체성과 생생함을 준다.30)

본서는 미래의 어느 시기에 이러한 설교 형태도 필요하리라 생각하면서 독백 설교에 심취되어 있는 사람들이 인터넷에 띄운 한 편의 설교문을 부록에 실어 독자들의 이해에 도움을 주고자 한다.

4) 디지털 시대의 설교 형태들

> "설교 양식을 받치고 있던 옛 권위 구조가 이젠 사라졌을 뿐 아니라, 설교자도 이제 새로운 시대의 사람들에게 말해야 한다."31)

이 말은 최근의 디지털 시대에 와서 하는 말이 아니다. 30년 전에 전자 매체의 등장과 함께 인간들의 삶의 양태와 사고가 달라지는 것을 보고 교회를 향하여 외쳐진 말이다.

21세기를 시작하는 지금은 멀티미디어라는 말이 무색할 정도로 전자 문화의 발전이 세상을 바꾸어 놓았다. 사이버 문화는 삶의 질과 양을 변화시켰고 커뮤니케이션의 수단은 새로움을 추구한다. 언어도 디지털 세상에 사는 사람과 그렇지 못한 사람 사이에 심각한 차이를 일으키고 있다. 여기에 더하여 인간성의 변화는 더욱 심각한 경지에 이르렀다. 설교를 듣기 위하여 예배당을 찾는 발길들보다는 자기 교회 설교자보다 우수한 설교자의 설교를 앉은 자리에서 원하는 대로 선택해서 들을 수 있다. 즉, 설교는 백화점의 전시물처럼 자리를 잡아가며, 설교자의 권위는 옛날의 이야기가 되어가고 있다.

디지털 시대의 가상의 공간은 제2의 삶의 공간이 되었을 뿐 아니라 일차적인 삶의 터전과 큰 구분이 불가능하게 되었다. 이런 가상 공간의 확대는 불과 10여 년 전에만 해도 상상하기 힘든 일이었다. 우리 나라는 세계의 어느 나라보다 빠른 속도로 새로운 사이버 세계를 향하여 돌진하고 있다. 이 세계를 향한 행진에는 남녀노소의 구별이 없이 모두가 동참하고 있으며, 신분의 높고 낮음도 관계가 없다.[32] 거기에 더하여 사이버 공간은 특성상 선과 악을 선택하는 과정이 너무 쉽고 순간적으로 이루어진다. 마우스 클릭 한 번으로 선인이 악인으로 돌변하는 사태가 벌어진다.[33] 손바닥 안에 든 전화 하나가 주식을 비롯하여 모든 신용카드를 대신한다. 시간과 공간의 개념과 가치 기준이 완전히 달라진 세상이 바로 디지털 세상이다.

이상과 같은 현상이 디지털 시대에 설교자가 발견하게 되는 회중이다. 이들은 이러한 디지털 문화를 향유하면서 자신들도 모르는 사이에 시각적인 것을 추구하려는 심성에 젖어 있게 된다. 뿐만 아니라 신속하고 충격적인 정보가 아니면 이들의 감각을 일깨우기가 어려운 지경에 이른다. 또 이들은 눈물을 흘리는 신앙 양심들과는 거리가 먼 세계를 달린다. 슬프고 고단하고 어려운 세계는 외면하고 마냥 몸을 흔들며 자신의 시각과 감정을 즐겁게 해주는 이미지의 세계를 추구한다.[34]

이러한 시대에 메시지의 전달을 주목적으로 하는 설교는 어떻게 살아남게 될 것인가? 여기에 대한 질문이 끊임없이 쏟아지고 있다. 솔직히 어떤 대안이 없는 시점에 많은 설교자들이 방황하고 있다. 디지털 시대의 하드웨어와 소프트웨어가 너무 빠른 속도로 발전하여 대안을 무색하게 만들고 있다. 그러나 고유한 우리의 선포 사역을 포기할 수 없기에 다음 몇 가지 방안을 생각해 본다.[35]

첫째, 설교만을 축으로 하고 있는 주일 예배에 변화를 가져와야 한다. 세상의 어떤 디지털 도구로도 대치할 수 없는 성찬 성례전이 원래대로 설교와 함께 예배의 축을 이루어야 한다. 회중이 설교를 듣기 위하여 오는 존재들이 아니라 예배를 드리기 위하여 오는 하나님의 백성들이 되도록 해야 한다.

둘째, 디지털 시대를 달리는 회중은 앞에서 본 대로 시각적인 세계를 추구한다. 그러므로 설교를 듣는 회중의 지각을 움직이기 위한 직선(linear)의 전달보다는 오감(五感)을 움직일 수 있는 설교의 개발에 노력을 기울여야 한다. 다음은 이러한 필요성을 절감하면서 내놓은 한 설교학 교수의 대안이다.

> 즉, 멀티미디어 시대의 변화된 회중에게 효과적으로 메시지를 전달하기 위하여 설교자는 귀를 통하여 눈을 터치(touch)할 수 있는 방법을 알아야만 한다. 그러기 위해서 설교자는 성경의 저자들로부터 상상이 담긴 표현들과 은유와 그림 같은 언어를 통하여 이미지를 전달하는 방법을 배울 수 있어야 한다. 성경은 이야기와 이미지, 그리고 상상의 언어로 가득 차 있다.36)

셋째, 디지털 시대에 회중의 관심을 끌기 위해서는 설교 형태를 다양화해야 한다. 앞에서 본 대로 서사 설교를 비롯하여 대화 설교, 심지어 독백 설교까지 시도하면서 단조로운 설교의 전달을 최대한 탈피하려는 노력이 전적으로 필요하다. 다양한 형태의 설교를 전하고자 할 때 설교자의 노력은 곱절로 필요하게 된다. 다행스럽게 회중은 자신들을 위하여 설교자가 중단 없는 노력을 기울임을 공감하게 되고 새로운 시각으로 설교자를 우러러보게 된다.

넷째, 설교의 언어를 붓과 색깔로 변환시키려는 노력을 기울여야 한다. 디지털 시대에 설교에 사용된 언어는 단순한 의미 전달의 차원을 벗어나야 한다. 디지털 문화가 아무리 변하고 시대의 변화가 극심하더라도 아름다운 언어 앞에는 모두가 귀를 기울인다. 다음의 예를 본다. "오늘 아침 해가 떠서 저녁에 졌습니다."라는 말과 "아침이 되자 어둠에 젖었던 대지에 햇살이 만발하면서 태양이 솟아올랐습니다. 저녁이 되자 서쪽 하늘에 붉은 노을의 그림을 그리면서 해는 자취를 감추었습니다." 전자는 귀만을 생각했으며, 후자는 아름다운 그림을 그려 회중이 보고 듣도록 하고 있다.

다섯째, 어떤 설교자는 단상에 영상 매체를 설치하고 자신은 성단의 한 구석에 서서 설교를 한다. 그리고 이곳저곳에 스크린을 통하여 설교를 진행한다. 그러나 이것은 진정한 설교 사역을 위하여서는 권장할 만한 것이 못된다. 설교는 설교자와 회중의 두 인격이 교류되는 순간이다. 영상이란 언제나 간접적인 느낌을 주게 된다. 예를 들어, 회중은 설교자의 눈앞에서 졸고 있는 것은 미안하게 생각하는 인격적 느낌이 있으나 영상 앞에서 졸고 있는 것은 당연한 휴식으로 이해함을 유의해야 한다.

4. 연역법적 전개론과 귀납법적 전개론

1) 연역법적 전개론

본 전개론은 기독교의 역사와 함께 설교 사역에서 뿌리를 내려온 설교의 전개 형태이다. 수사학자 아우구스티누스는 아리스토텔레스의 수사학의 영향을 받아 「기독교 교리에 관하여」 4권에서 설교의 이론을 정립한 후 지금껏 이어진 설교의 일반적인 전개 형태이다. 많은 설교자들은 이 전개론을 논리학적인 측면에서 서술은 못하면서도 그 활용은 이미 체질화되어 있다.

원래 연역법(演繹法)이라는 말의 사전적 의미는 어떤 명제로부터 추론 규칙에 따라 결론을 이끌어 내는 논리의 형식이다. 설교에서는 하나의 주제 또는 중심 개념을 설정하고 그것을 설명할 때 예화와 같은 특수한 예증을 들어가면서 결론에 이르는 형태로 활용해 오고 있다. 이러한 논리의 틀이 설교자에 의하여 응용될 때는 먼저 다음과 같은 단계를 밟고 있다.

첫째, 설교자는 설교를 해야 할 본문을 결정하고 그 말씀의 깊은 뜻을 찾기 위하여 석의와 주해를 한다. 그리고 적용해야 할 현장을 생각한다.

둘째, 설교자가 설교의 중심이 되는 하나의 주제를 선정한다. 그 주제는 산만하거나 광범위하지 않고 간결하면서도 정확한 개념을 내포하여야 한다.

셋째, 중심개념에 대한 질문을 구성하되 그 뜻이나 실천의 방법 또는 장소, 때를 묻는 질문을 만든다.

넷째, 설교의 주제를 내포하고 바로 이어질 대지(大旨-major points)를 특징지어 주고 구조를 통일성 있게 이어 줄 수 있는 중심어를 설정한다.

다섯째, 본 설교의 목적을 달성할 수 있는 대지들을 설정한다.

여섯째, 그 대지에 해당된 본문의 말씀과 그 말씀의 해석과 적용을 시도한다. 필요에 따라 예화를 적절히 배열하여 예증을 들어 말씀의 뜻을 생활 속에 적용하도록 한다.

이상과 같은 연역법적 전개의 틀은 연역법의 활용을 강조해 온 콜러(Charles W. Koller)에 의하여 다음과 같이 잘 정리되어 있다.[37]

본문 : 마 4:1-11
주제 : 시험에 대처하는 법
도입 : 1. 죄의 유혹은 우리 공동의 운명이다.

　　　　　2. 유혹을 잘 견디어내는 것은 하나님으로부터 복받는
　　　　　　 길이다.
　　주제 : 3. 성공적으로 시험을 견디어낼 수 있다.
　　　　　(질문-왜? 어떻게?)
　　전환문 : 예수님처럼 우리는 어떤 조건들을 충족시켜야 한다.
　　　　　(중심단어-'조건들')
　　　　　대지 1. 우리는 하나님의 말씀을 알아야 한다(본문의
　　　　　　　　 말씀대로).
　　　　　　　2. 우리는 하나님의 말씀을 믿어야 한다(본문의
　　　　　　　　 말씀대로).
　　　　　　　3. 우리는 하나님의 말씀에 순종해야 한다(본문
　　　　　　　　 의 말씀대로).
　　결론 : 만일 광야의 그리스도처럼 우리가 알고, 믿고, 순종한다
　　　　　면 우리도 승리할 것이다.

　여기서 설교자들이 알아야 할 것은 이상의 것이 연역법적 전개론의 한 형태이지 전부가 아니라는 점이다. 본장의 앞부분에서 보여 준 대지 설교와 분석 설교, 그리고 상관 설교 등이 모두 연역법적 전개를 따르고 있다. 본문을 정하고 주제를 정한 후에 대지를 통하여 그 주제를 구체화시켜 온 지금까지의 방법은 모두 연역법적 전개론에 속한다. 다시 한번 연역법적 전개론이 가지고 있는 특성들을 추리면 다음과 같다.

　　첫째, 본 연역법적 전개론은 무엇보다도 성경에 충실하여 본문의 의존도가 어떤 전개 형태보다 높아 복음적인 설교의 강단에서 총애를 받는다.
　　둘째, 논리를 좋아하고 혼돈을 싫어하는 사람들에게 접근하는

데 매우 효과적인 전개 형태로서 작용한다.

　　셋째, 설교자들이 자신들의 삶의 이야기를 들려주는 수준 미달의 설교 형태를 보이지 않고 말씀 중심의 틀을 지킬 수 있다.

　　넷째, 뚜렷한 주제의 설정과 일목요연한 대지의 논리는 단순한 사고에 젖어 사는 회중과 메시지의 만남을 보다 쉽게 가져올 수 있다.

　　다섯째, 연역법적 형태를 취할 수밖에 없는 강해 설교와 같은 경우에 절대적으로 필요한 전개 형태로서 그 가치가 오랫동안 지속될 수 있다.

　이처럼 연역법적 전개는 설교의 세계와 이미 밀접한 관계를 오랫동안 지속해 왔으며 앞으로도 그 왕좌를 지속하리라 생각한다. 그러나 미래를 추구하는 설교자는 이 한 가지의 방법에만 매달려 설교를 하려는 생각을 버려야 한다. 아무리 보수적인 풍토의 회중이라 하더라도 시대의 변함에는 순응하게 된다. 시대의 변화는 사고의 변화를 가져오기 마련이다. 그러한 사고의 변화는 논리의 변화도 가능하게 한다. 이러한 변화는 다양한 커뮤니케이션의 전개를 추구하게 한다.

　그러므로 틀에 박힌 연역법의 추종자로서 첫째, 둘째, 셋째가 아니면 설교를 포기할 정도의 편협된 설교자들이 되어서는 안 된다. 말씀의 성실한 운반자로서 노력이 없는 설교자는 언제나 현실에 안주하지만, 내일의 강단에 새로운 바람을 일으키기 원하는 설교자는 시대의 변화에 따른 커뮤니케이션의 활용에 관심을 기울인다. 그러므로 설교자는 메시지의 준비에만 전념할 것이 아니라 새롭게 나타나는 설교의 이론에 깊은 주의를 기울여야 한다.

2) 귀납법적 전개론

　그 동안 설교는 안일하게 교회의 강단을 차지하고 지내왔다. 자신이 신학교 시절 터득한 설교의 방법론은 평생 동안 사용되는 변함 없는 틀이었다. 그 가운데서 설교의 왕관은 더욱 두꺼워졌고 설교자는 커뮤니케이션의 변화에는 무관하게 살아왔다. 오직 수직적인 관계 속에서 '말씀의 사자'라는 무서운 이름 하나로 설교는 지속되어 왔고 권위에는 변함이 없었다. 그러나 설교학에서는 그 동안 많은 변화가 시도되고 있었다. 특별히 1960년 중반부터 현대의 '설교의 위기론'이 제시되면서 설교는 심한 비판의 대상이 되었다.

1960년대는 기독교의 중심지로 자리를 차지하고 있던 미국교회가 메시지의 전달에 아직도 수직적인 관계를 벗어나지 못하고 있던 시절이었다. 이 때에 루엘 하우(Reuel L. Howe)는 「대화의 기적」(*The Miracle of Dialogue*)을 펴내서 말씀의 전달에 수평적인 새로운 관계를 설정하는 데 절대적인 공헌을 한 바 있다. 그가 1965년 프린스톤 신학교의 동문회 강연회에서 행한 교회의 변화를 추구하는 다음의 말은 미국교회에 신선한 충격을 주었다.

> 우리는 새로운 원료, 새로운 방법, 새로운 기계만을 소유할 뿐 아니라 새로운 교육 수준, 새로운 생활의 표준에 도달하였고 새로운 사고 양식도 얻게 되었다. 이러한 변화는 개개인 생활의 모든 부분에 영향을 미치어 왔고, 사회 조직의 모든 양식에도 영향을 주었으니 교회도 예외로 남아 있을 수는 없게 되었다.[38]

그 외에도 교회의 강단에서 이어진 설교의 변화를 요구하는 목소리는 하비 콕스(Harvey Cox)에 의해서도 이어지고 있었다.

> 오늘날의 설교는 힘이 없다. 왜냐하면 사람들로 하여금 새로운 현실과 직면하지 못하게 하고 있기 때문이다. 그 부르는 어조가 듣고 달려가고 싶은 간절한 것이 아니라 평범한 것이기 때문이다.[39]

이 무렵 루엘 하우의 입장을 더 발전시켜 미국교회 강단을 신랄하게 비판하고 나선 책이 리드(Clyde Reid)의 「설교의 위기」(*The Empty Pulpit*)였다. 그는 각계의 설교에 대한 예리한 비판의 목소리를 담아 미국교회에 "강단은 이제 텅 비어 있다."40)는 기치를 들고 전통적인 설교 사역에 경종을 울렸다.

이러한 경종법 많은 설교학자들과 성경학자들에게 깊은 생각을 하게 했고 새로운 설교의 틀을 향한 연구를 가져오게 하였다. 이러한 과정에서 지금까지의 연역법적 설교 전개를 이어온 설교의 전통에 새로운 패러다임으로서의 귀납법을 주창한 랄프 루이스(Ralph Lewis)의 *Inductive Preaching*과 프레드 크래독(Fred B. Craddock)의 *As One Without Authority*(1971)가 등장하였다. 이러한 등장은 한때 새로운 설교학(The New Homiletics)의 출현이라는 극찬까지 받은 바 있다.

이 가운데서도 가장 많은 주목을 끌었던 책은 프레드 크래독이 펼치는 이론이었다. 그는 이 책에서 설교에 대한 비판을 저항보다는 오히려 설교자가 선용할 수 있는 기회로 수용하면서 다음과 같이 말하고 있다.

> 오늘의 설교자는 설교에 대한 이러한 비판의 목소리가 들리는 지금을 중요한 순간으로 삼아야 한다. 설교의 사건에서부터 복음을 말하고 듣는 경험에 이르기까지 새롭게 생각하고 새롭게 구성할 수 있는 절호의 기회로 받아들여야 한다.41)

설교에 있어서 귀납법적 전개론의 형태는 어떤 것을 말하는가? 여기에 대한 이해를 현대의 설교자들은 유심히 관찰할 필요가 있다. 귀납법이란 논리학에서 연역법과 상반된 개념으로서 전래한 하나의 논법(論法)이다. 이 논법은 개별적인 또는 특수한 사실이나 상황으로부터 일반적이고 보편적인 원리를 찾아내는 논리이다.

앞에서 말한 연역법적 설교의 전개에서는 설교를 시작할 때 이미 그 설교가 추구하는 주제와 방향이 뚜렷하게 부상된다. 그래서 그 결론도 예상을 하게 된다. 그러나 귀납법적 전개에서는 주제와 방향을 밝히지 않고 출발을 한다. 설교의 주제나 명제나 중심개념들이 회중에게 상세하게 열거되지 않고 진행되다가 설교의 결론 부분에 가서야 앞에서 보이지 않던 메시지의 핵심이 밝히 보여지게 되는 형태이다. 이 형태는 결론을 향하여 가는 과정에 회중이 함께하고, 함께 생각하게 하고, 함께 메시지를 발견하게 한다는 데 그 일차적인 의미를 두고 있다.

귀납법적 설교 전개는 설교자가 문제점의 발굴을 일방적으로 자신의 주관적인 주장에 의하여 진행하지 않고 회중의 삶에서 찾아 나서기에 회중은 자연적으로 제시된 주제가 설교자가 어디에서 가져온 것이 아니라 자신들의 삶의 한복판에서 발굴했다는 데 친근감을 느낀다. 그리고 다음에 이어질 단계에 호기심을 갖게 된다. 프레드 크래독은 이러한 전개 형식이야말로 회중에게 "설교의 흐름 중에 동참하며 설교자의 결론이 아닌, 자기 자신의 결론에 도달할 수 있는 권리"[42]를 부여한다고 말한다. 그는 이럴 때 "설교의 결론이 회중 자신의 결론이 되며, 설교의 적용이 그들에게 명확할 뿐 아니라 그들이 회피할 수 없는 그들 자신의 적용이 된다."[43]는 주장을 편다.

다니엘 바우만은 귀납법의 형태가 프레드 크래독이 선두주자가 아니라 일찍이 헤겔의 정(thesis), 반(antithesis), 합(synthesis)의 논법을 비롯하여 문제의 제기와 해결의 방법, 대전제, 소전제, 해결로 이어지는 삼단논법 등이 모두 귀납법의 범주에 속한다고 주장하고 있다.[44] 그러나 여기서는 최근에 많은 설교학도들의 관심을 끌고 있는 프레드 크래독의 이론에 근거하여 귀납법적 설교 전개론이 가지고 있는 특성들을 정리하여 본다.[45]

첫째, 회중이 경험하고 있는 삶의 상황이나 문제점으로부터 본문의 메시지를 찾아 나선다.

둘째, 회중이 설교자의 사상과 상호 작용하는 중에 설교의 동참 의식이 높아진다.

셋째, 설교자가 진행하는 설교의 움직임에 회중이 함께 동승하여 말씀의 결론 지점에 도달한다.

넷째, 지금까지 있어 온 명령 일변도의 설교에서 벗어나 회중으로 하여금 문제의 현장을 보게 하여 경험적 감각이 함께 동원된다.

다섯째, 회중이 동참한 문제의 해결을 위한 기대감과 예상을 향한 흥미를 지속하면서 설교의 종착역에 도달하게 한다.

이상과 같은 귀납법적 전개 형태가 가지고 있는 특성은 연역법적 전개 형태에서는 좀처럼 찾기 어려운 부분들이다. 특별히 현대 커뮤니케이션 시대에서 살고 있는 회중을 대상으로 설교를 해야 하는 설교자는 대담한 시도를 해볼 필요가 있다. 새로운 시대를 달리고 있는 세대는 자기 스스로 생각할 능력을 믿고 있는 사람들이다. 어디서나 자신의 생각과 의사가 참여된 커뮤니케이션 구조에 끌려가는 세대이다. 리드의 말대로 "회중이 추종자로서보다 반려자로서 간주되기를 원하고 자기의 삶에 영향을 주는 결단의 과정에 참여하기를 간절히 바라고 있음"[46]을 설교자가 인정한다면 본 귀납법적 전개론은 거기에 상응하는 가치가 있다고 본다. 특별히 설교자가 비판적 사고와 독서, 그리고 직선적인 논리에 머물게 하는 좌뇌(左腦)의 시대를 벗어나 시각, 감정, 기억력, 상상력이 강조되는 우뇌(右腦)의 시대로 전환되어야 한다는 당위성을 수용한다면 그 경우 역시 본 전개 형태론과 만남을 시도할 필요가 있다.

오직 문제는 귀납법적 전개 형태는 본문의 성격과 설교의 전개 형태에 따라 활용이 결정되어진다는 점이다. 귀납법적 전개 형태는 모든 설교에서 다 활용될 수 있는 전개 형태는 아니다. 그리고 이 설교 형태 역시 위험한 요소가 도사리고 있음을 오늘의 설교자들이 유의해야 한다.

첫째, 오랫동안 연역법적 설교를 섭취해 왔던 회중은 이러한 귀납법적 설교를 쉽게 소화할 수 없다는 문제가 있다. 그들은 설교의 목적이 불명확하며 논의가 제자리를 맴돈다고 느낄지도 모른다. 그래서 설교의 요지나 방향에 대해서 불명확하다고 느끼고 설교에 흥미를 잃어버릴 수 있다.

둘째, 설교자가 자신의 경험의 마당을 자주 이야기함으로써 회중이 설교자에게 초점을 맞추고 말씀의 주인이 되신 성삼위되신 하나님은 간과해 버리는 일이 발생할 가능성이 있다.

셋째, 한국교회가 지금 직면하고 있는 문제는 1인칭 단수를 생략하는 언어 구조에 따라 마음껏 설교자가 자신의 말과 경험과 지식을 나열하면서 말씀을 떠난 설교로 변질하는 데서 생기는 바, 자칫 이러한 혼돈을 오히려 부추기는 결과를 초래할 가능성이 많다.

넷째, 유교의 문화권에서 설교자가 "권위 없는 자로서-As One Without Authority"의 설교 사역을 수행할 때 거기에 따른 어려운 문제이다. 또한 말씀의 존엄성이 잘 지켜져 온 강단에서 인간적인 잡다한 이야기의 나열은 성경의 진리에 집중하고 거기에 따른 상세한 주해와 적용을 사모하는 사람들에게 실망을 줄 가능성을 안고 있다.

이상과 같은 장점과 단점의 부분들을 별개로 분리하여 볼 때는 수용과 거부의 극단적인 자세를 설교자들이 취하기 쉽다. 그러나 오늘의 설교자들은 두 전개 형태를 병합하여 사용해도 설교에는 큰 무리가 없다. 예를 들어, 대지 설교의 경우, 어떤 설교학자들은 예화나 삶의 현장을 이야기한 후 각 대지를 추출하고 결론에서 앞에서 열거한 대지들을 기본으로 하여 설교의 명제를 찾아 제시하도록 하는 방법을 권하고 있다.[47]

3) 두 전개론의 대비

연역법적 전개론이 일반적인 진리에서 구체적인 진리를 도출해 내는 추론 방법이라면, 귀납법은 구체적인 사례들로부터 일반적인 진리를 이끌어 내는 추론 방법이라는 사실은 이미 설명되었다. 이 두 가지 추론 방식 모두 논증이나 설교에 있어 아주 유용한 방법으로 현대 설교학에서는 인정하고 있다. 저자는 앞에서 때로 한 편의 설교에서 이 두 가지 방식이 모두 사용될 수 있음을 이미 서술하였다.

돌이켜보면 1세기의 많은 그리스도인들이 의사 전달 기술에 있어서 "두 문화에 소속되어 있었다(bicultural)."는 것은 흥미로운 사실이다. 그리스-로마 문화가 추론적인 사고에 아주 많이 기울어져 있었다면, 히브리 문화는 시각적이고 감정적인 사고에 영향을 받고 있었다. 하지만 그리스도인들은 그 두 '세계' 모두에서 유산을 받았으며 말씀의 사역도 그 두 개의 영향권을 벗어날 수 없었다. 여기에도 동일한 논리를 적용하게 된다. 내일을 준비하는 설교자는 연역법의 오랜 전통과 귀납법의 신선한 등장을 비교해 가면서 자신의 설교에 어떻게 응용할 것인지를 깊이 생각하여야 한다. 다음의 대비는 이러한 설교자들을 위하여 준비되었다.[48]

연역법적 설교 구성	귀납법적 설교 구성
서론(Introduction)	예화(Illustration)
중심 사상(Central Idea)	통계 자료(Statistics)
대지 I(Main Head A)	대지 I(Main Head A)
통계 자료(Statistics)	예화(Illustration)
예화(Illustration)	사례(Instance)
대지 II(Main Head B)	사례(Instance)
사례(Instance)	대지 II(Main Head B)

사례(Instance)
예화(Illustration)
대지 III(Main Head C)
  소지 1(Subhead 1)
    예화(Illustration)
  소지 2(Subhead 2)
결론(Conclusion)
	인용(Quotation)
	사례(Instance)
	  소지 1(Subhead 1)
	    예화(Illustration)
	  소지 2(Subhead 2)
	대지 III(Main Head C)
	중심 사상(Central Idea)

주〉

1) H. Gerald Knoche, *The Creative Task: Writing the sermon* (St. Louis: Concordia Publishing House, 1977), p. 29.
2) Paul Tillich, *Theology of Culture*, ed. Robert C. Kimbell(New York: Oxford University Press, 1959), p. 74.
3) 이 견해는 설교학의 전통적인 견해임을 다음의 두 책에서 읽을 수 있다. John A. Broadus, *On the Preparation and Delivery of Sermons* (New York: Harper & Brothers, 1944), pp. 133-54. 이 책의 최초의 출간은 1870년이었다. Daniel Baumann, 정장복 역, 「현대 설교학 입문」, pp. 140-45.
4) 본문 설교에 대한 좀더 자세한 연구를 위하여 다음의 글을 참고하라. Al Fasol, "Textual Preaching" in Michael Duduit, ed., *Handbook of Contemporary Preaching*(Nashville: Broadman Press, 1992), pp. 77-83.
5) 주제 설교에 대한 좀더 자세한 연구를 위하여 다음의 글을 참고하라. Francis C. Rossow, "Topical Preaching", Michael Duduit, ed., op. cit., pp. 84-91.
6) James S. Stewart, *Preaching*(London: Hodder & Stoughton, 1955), p. 28.
7) Donald Miller, *The Way to Biblical Preaching*(New York: Abingdon Press, 1957), pp. 13-14. Daniel Baumann, 「현대 설교학 입문」, p. 140에서 재인용.
8) P. T. Forsyth, *Positive Preaching and the Modern Mind*

(Grand Rapids, Mich.:Wm. B. Eerdmans, 1966), pp. 112-13.
9) Frederick B. Meyer, *Expository Preaching:Plans and Methods* (New York:George H. Doran co., 1912).
10) Haddon W. Robinson, 「강해 설교의 원리와 실제」, 정장복 역(서울: 대한기독교출판사, 1987), p. 16.
11) 강해 설교에 대한 보다 깊은 연구를 위하여 다음의 자료를 참고하라. John MacArthur, Jr., and The Master's Seminary Faculty, *Rediscovering Expository Preaching*(Dallas:Word Publishing, 1992).
12) William Evans, *How to Prepare Sermons and Gospel Addresses* (Chicago:Moody Press, 1954), pp. 51-56.
13) 여기에 대한 자세한 안내는 정장복 공저,「새천년의 성경적 설교:서사 설교의 실제 1」(서울:예배와 설교 아카데미, 2000)을 보라. 설화체 설교는 김수중 교수가, 이야기체 설교는 김운용 교수가 자세하게 설명해 놓았다.
14) Stephen Crites, "The Narrative Quality of Experience", *Journal of the American Academy of Religion*, vol. 39, No. 3(September 1971), pp. 291-92.
15) Eugene L. Lowry, *The Sermon:Dancing the Edge of Mystery* (Nashville:Abingdon Press, 1997), p. 24.
16) Richard Eslinger, *Narrative and Imagination:Preaching the Worlds that Shape Us*(Minneapolis:Fortress Press, 1995), p. 8.
17) 이러한 성경이 담고 있는 상상력과 설교에 있어서 상상력의 활용에 대해서는 Warren B. Wirsbe, *Preaching and Teaching with Imagination*(Wheaton:Victor Books, 1994)을 참조하라. 이 책은 요단출판사에서「상상이 담긴 설교」와「이미지에 담긴 설교」라는 제목으로 두 권으로 나누어 번역되었다.
18) 이러한 설교에 있어서 언어 사용에 대해서는 David Buttrick, *Homiletic: Moves and Structures*(Philadelphia:Fortress Press, 1987), Part I을 참조하라.
19) 이러한 관점에서 유진 라우리는 이야기체 설교 구성을 위한 기본적인 단계들을 다섯 가지로 제시한다. 유진 라우리의 이야기체 설교 방법에 대해서는 Eugene Lowry, *The Homiletical Plot*, 이연길 역,「이야기체 설교 구성」(서울:한국장로교출판사, 1996)과 *How to Preach a Parable:Designs for Narrative Sermons*(Nashville:Abingdon Press, 1989)를 보라. 두 번째 책은「설교자여, 준비된 스토리텔러가

되라」는 제목으로 요단출판사에서 번역 출판되었다. 유진 라우리의 설교 방법론에 대한 전반적인 이해에 대해서는 '예배와 설교 아카데미' 홈페이지(http://www.wpa.or.kr)에 소개된 김운용 교수의 "이야기체 설교 방법 및 실제"를 참조하라.
20) 이것은 기본적으로 유진 라우리의 방법을 중심으로 제시된 것으로 유진 라우리는 5단계의 구성 단계를 제시하지만 그의 최근의 책에서는 이와 비슷한 4가지 방법으로 축소하여 소개한다. '4C 구성 방법론'에 대한 보다 자세한 내용은「새천년의 성경적 설교:서사 설교의 실제 1」에 나오는 김수중 교수의 "설화체 설교 구성 방법론"을 참조하라.
21) 이 본문을 통해 설화체 설교(narrative preaching)의 구성을 잘 보여주는 유진 라우리의 설교문은 "예배와 설교 아카데미" 홈페이지에 실린 김운용 교수의 "이야기체 설교의 구성과 실제"를 참조하라.
22) 이야기체 설교 구성 방법에 대한 보다 자세한 것은「새천년의 성경적 설교:서사 설교의 실제 1」에 나오는 김운용 교수의 "이야기를 나누는 것으로서의 설교-이야기체 설교 준비를 위한 지침"을 참조하라.
23) 졸저,「설교 사역론」(서울:대한기독교서회, 1990), pp. 184-89.
24) William D. Thompson, *Dialogue Preaching*(Valley Forge, Pa.: The Judson Press, 1969), p. 9.
25) Ibid.
26) Richard Leliaert, "The Dialogue Homily:Theory", *Preaching*, vol. 2, No. 1(January-February, 1967), p. 20.
27) George W. Swank, *Dialogic Style in Preaching*(Valley Forge, Pa.:The Judson Press, 1981), p. 24.
28) 한국교회에서는 이영식과 같은 평신도들이 "빌라도의 고백" 외 수 편을 만들어 공연을 하면서 많은 감동을 주고 있다.
29) Alton H. McEachern, "Preaching in the Pastorate", *Search* 6 (Fall, 1975), pp. 14-18.
30) Daniel Bauman,「현대 설교학 입문」, 정장복 역(서울:엠마오, 1995), p. 116.
31) Clyde Reid, op. cit., p. 53.
32) http://ncadl.nca.or.kr/main/nca_main.htm(1999년 국가 정보화 백서 원문 소개)에서 한국의 디지털 문화의 수용과 그 미래를 볼 수 있다.
33) 디지털 세상을 좀더 이해하기 위하여서는 정장복, "'사이버 공간'에 대한 목회적 분석과 실천적 대안",「장신논단」(서울:장로회신학대학교 출판부, 2001), pp. 493-514를 참고하기 바란다.
34) 디지털 시대의 이전 영상 매체가 활발하던 시절의 회중이 가지고 있는

특성은 Michael Rogness, *Preaching to a TV Generation*(Lima. OH.:C.S.S. 1994), pp. 23-32에 수록되어 있다.
35) 여기에 대한 좀더 상세한 안내는 다음의 글을 참고하기 바란다.
주승중, "멀티미디어 시대의 교회와 설교",「교회와 신학」제43호(서울:장로회신학대학교 출판부, 2000), pp. 54-66.
36) Ibid., p. 58.
37) Charles W. Koller, *Expository Preaching Without Notes* (Grand Rapids:Baker Book House, 1962). Daniel Baumann, 「현대 설교학 입문」, p. 105에서 재인용.
38) Reuel L. Howe,「대화의 기적」, 정장복 역(서울:양서각, 1982), p. 11.
39) Harvey Cox, *The Secular City*(New York:The McMillan Co., 1963), p. 122.
40) Clyde Reid,「설교의 위기」, 정장복 역(서울:대한기독교서회, 1982), p. 3.
41) Fred B. Craddock, *As One Without Authority*(Nashville: Abingdon Press, 1987), p. viii.
42) Ibid., p. 62.
43) Ibid., p. 57.
44) Daniel Baumann, op. cit., pp. 108-10.
45) 귀납법적 설교에 대하여 좀더 자세한 연구는 다음의 자료를 참고하라.
김운용, "새로운 설교 패러다임에서의 설교와 형태(1)",「기독교사상」(2000년 6월호), pp. 159-72; 계지영,「현대 설교학 개론」(서울:한국장로교출판사, 1998), pp. 102-25.
46) Clyde Reid, op. cit., p. 57.
47) 계지영, op. cit., p.125.
48) Donald L. Hamilton, *Homiletical Handbook*(Nashville:Broadman Press, 1992), p. 97.

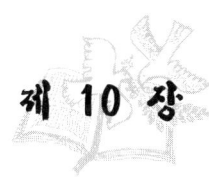

제 10 장

효과적인 설교의 서론과 결론

> **함축된 의미의 질문들**
>
> ◆ 설교에 있어서 서론과 결론이 필요한 이유가 무엇인가?
> ◆ 설교의 서론에 있어서 단조로움을 피할 수 있는 길은 무엇인가?
> ◆ 서론과 결론의 필수 요건들은 어떤 것들이 있는가?
> ◆ 서론과 결론의 효과적인 전개를 위한 형태들은 어떤 것들이 있는가?

1. 서론의 기본 이해와 그 필수 요건

　인간이 말이라는 매개체를 사용하여 의사를 전달하는 과정에 있어서 반드시 시작과 끝을 갖추어야 한다. 설교자가 설교를 하는 과정에서도 역시 시작을 했으면 어디에선가 끝을 맺어야 한다. 한 편의 설교가 많은 감명을 끼치기까지는 여러 요소들이 작용한다. 그 중에서도 설교의 서론과 결론은 그 승패를 좌우하는 중요한 요소 중의 하나라고 보아도 틀림이 없다. 그러므로 많은 설교자들은 자신이 선포하게 될 메시지의 시작과 끝을 어떻게 해야 할지 적지 않게 망설이게 된다. 일찍이 사무엘 맥콤(Samuel L. McComb)이 "설교를 쉽게 무너뜨리는 두 부분이 곧 서론과 결론이다."[1]고 지적했듯이 설교의 시작과 끝은 막중한 책임을 가지고 있는 중요한 부분이라고 아니할 수 없다.

설교의 서론이 무엇이냐고 질문을 던질 때 그 대답은 여러 형태로 나올 수 있다. 존 앨리슨(John Ellison)은 설교의 서론을 집 주인이나 방문객이 들어서는 집의 출입문에 비교하고 있다.[2] 많은 건축가들이 필연적으로 통과해야 하는 건물의 출입문에 대하여 깊은 관심을 갖는 이유는 건물 전체의 첫 인상과 관심이 현관에 들어서면서부터 불러일으켜지기 때문이다. 설교의 서론 역시 듣는 회중에게 전체 설교에 대하여 관심을 불러일으키고, 그 설교의 내용을 듣고 싶어하는 충동을 유발시키는 역할을 하고 있다. 그러하기에 서론을 설교의 출입문이라고 일컫는다.

서론은 전개되어질 설교의 입문적인 초석이 된다고 볼 수 있다. 칼 바르트(Karl Barth)의 말대로 교회를 찾는 사람들의 마음은 세상의 잡다한 사건들로 이미 점유당해 있기 때문에[3] 그들의 주의력을 환기시키고 흥미를 불러일으킨다는 것은 그리 쉬운 일이 아니다. 다행히도 회중은 그들의 마음 상태가 어떤 여건 속에 있든지 설교가 시작되는 수 분 동안에는 최소한 마음과 귀를 열고 "오늘 무슨 설교를 하려는지" 알아보려는 자세를 가지고 경청한다. 이 수 분 동안에 설교에 흥미를 갖지 못하게 될 때 회중은 지체 없이 귀를 닫아버리고(Switched off) 만다. 그리고서 다시 원상으로 돌아가 세상의 잡다한 사건 속을 헤매면서 시간을 다 보내고 만다.

그렇기 때문에 쌩스터(W. E. Sangster) 같은 영국의 유명한 설교자는 "만일 설교자가 설교가 시작된 수 분 내에 회중의 주의력을 집중시키지 못한다면 어떻게 그들을 문안에까지 붙잡고 갈 희망이 생기겠느냐!"4)는 질문을 한 바 있다. 사실상 설교의 서론이란 설교의 기본적인 주제를 비롯하여 텍스트(본문)와 회중과의 상관관계를 간결하면서도 함축성 있게 제시해 주는 부분이다. 이 과정에서 듣는 회중이 설교의 내용에 대하여 특별한 관심을 수반하는 감정을 유발시키지 못한다면 그 설교의 승패는 이미 결정된 것이라고 보아도 무리가 아니다. 그러므로 서론은 설교자가 시도한 설교의 목적 내지 방향과 듣는 사람들의 상태(또는 태도)를 연결짓는 교량 역할을 한다.

어떻게 서론을 전개시켜야 서론이 지닌 본래의 목적을 달성할 수 있을 것인가? 이 질문의 대답을 위하여 서론이 갖추어야 할 기본 요건이 반드시 실행되어야 한다. 설교자가 조금이라도 나태한 자세로 서론을 준비한다면 서론이 본질적으로 가져와야 할 목적을 달성하지 못하는 결과를 초래하게 된다. 그러므로 설교자가 서론의 형태를 연구하기 이전에 먼저 다음 7가지의 기본 요소를 설교자의 마음에 새겨 둘 것을 권한다.

1) 산뜻하고 간결하게 펼친다.

서론은 장황한 설명과 함께 엮어지는 것이 아니다. 짧은 시간에 함축성 있는 어휘들과 함께 간결하게 던져지는 중요한 부분이다. 서론이 설교의 본론이라는 거실을 향하여 들어가고 있는 방문임을 이해하는 설교자들은 거기에서 오랜 시간 동안 머물거나 필요 이상의 수식어를 늘어놓을 여유가 없음을 마음에 두어야 한다. 그렇다면 몇 분 동안을 서론에 할애해야 할 것인지 생각해 보자. 그래이디 데이비스 (H. Grady Davis) 같은 설교학자는 회중이 25분 동안 계속될 설교의 첫 만남인 서론의 길이는 2분 이내가 되어야 한다고 말하고 있다.5) 그 외에도 휫슬(Whitesell)이나 페리(Perry)와 같은 설교학 교수들은 전체 설교가 필요로 하는 시간의 5~15%를 서론이 초과하지 않도록 강조한 바 있다. 간혹 회중의 지적인 수준 때문에 설교 주제에 대한 설명이 필요하여 상기 시간을 초과하는 예외도 있을 수 있다. 그러나 대체로 앞에서 제시한 시간의 한도 내에서 서론을 끝낼 수 있도록 함이 효과적이다.

2) 오직 한 편의 설교만을 위한다.

서론은 해당되는 설교를 위하여 존재하도록 특별히 만들어져야 한다. 언제 어디서나 사용될 수 있도록 만들어진 서론이란 그 존재의 특수성을 갖지 못한다. 간혹 설교자들이 하나의 비슷한 서론을 가지고 여러 설교에 사용하는 실례를 볼 수 있는데, 설교학적인 측면에서 볼 때 이러한 것은 있을 수 없는 일이다. 여기에 대한 데이비스의 말은 매우 유익한 조언이다.

> 한 설교자에서 비슷한 두 편의 설교가 나올 수 없고, 더 나아가서 똑같은 서론을 가지고 시작되는 두 편의 설교가 있을 수 없다. 만일 한 서론이 이 설교 저 설교를 위하여 사용될 수 있다면 그것은 좋은 서론이 전혀 될 수 없다.6)

이처럼 서론이란 해당되는 설교를 위한 고유한 성격(indigenous character)을 지녀야 한다. 이러한 사실은 설교의 연륜이 쌓일수록 더욱 더 실감나게 설교자가 느끼는 문제이다. 서론은 하나의 주장이나 책임 있는 출발이라고 보기 전에 해당되는 설교에 적절한 시작을 가져오게 하는 종속적인 특수성을 지녀야 한다.

3) 신중함이 보이도록 한다.

서론이 설교 전체를 흐리게 하는 이유는 설교자가 서론을 만들 때 신중함이 결여되어 있기 때문이다. 거창한 서론 때문에 귀를 기울였던 회중이 서론과 거리가 너무 멀다든가, 아니면 그 서론에서 언급한 내용이 본론에서 너무나 빈약하게 전개될 때 느끼게 되는 후회 섞인 허탈감을 우리는 많이 듣고 볼 수 있다. 어느 평신도 세 사람이 설교자에게 허심탄회하게 털어놓았던 정직한 비평을 들어 보자.

"목사님! 목사님은 서론에서 마천루(魔天樓)를 지을 기초를 쌓아 놓고서 결국 볼품없는 닭장을 그 위에 세우고 말았습니다."

"목사님! 그 서론은 참으로 흥미로웠으며 주의 깊은 언어 구사와 더불어 기억에 남을 명작이었습니다. 그러나 설교의 내용은 너무나 대조적으로 졸작이었습니다."

"목사님! 서론에 이끌리어 모처럼 설교를 향하여 나의 마음의 문을 열었습니다. 그러나 설교의 안방에서 들려주시는 자장가에 나는 실망하고 편히 누워 잠을 잤습니다."

이 비평 속에서 서론이 얼마나 거창하고 화려한 출발을 했는지 추측할 수 있을 뿐만 아니라 서론에서 쏟아 놓은 설교의 열이 얼마나 무책임하게 본론에서는 식어 없어졌는지를 알 수 있다. 설교자는 본론에서 이행할 수 있는 약속들을 서론에서 던져 주어야 하는 신중성을 보여야 하며, 무책임한 미사여구(美辭麗句)보다는 가능한 언어 구사와 함께 회중의 기대감으로부터 감퇴하지 않도록 하는 진지함이 필요하다.

4) 흥미가 가득한 대문을 만든다.

싫증이라는 단어는 복음 선포에 낄 수 없는 단어이다. 복음은 기본적으로 충격과 감격을 가져오는 메시지이다. 그러하기에 기독교의 말씀은 기쁜 소식으로 땅 끝까지 울려 퍼져 내려온 역사성을 지니고 있다. 만약 복음의 선포자가 복음을 지루하게 느끼도록 전달한다면 그것은 죄에 속한다고 보아야 한다는 주장을 접하게 된다.[7] 그러므로 설교자는 주어진 텍스트가 회중의 가슴속으로 어떻게 들어갈 수 있을 것인가를 묻게 되며 그 대답은 흥미 곧 관심이라는 것에 의하여 시작되어져야 한다.

흥미라는 것은 관심이라는 말과 같은 뜻이며, 관심이란 설교자와 회중 상호간에 소유하고 있는 것으로 경청할 가치가 있는 것에 주의하는 심적인 태도를 뜻한다. 그러므로 설교자가 강단에서 설교를 어떻게 시작할지 알게 된다면 회중은 주의 깊게 경청하게 될 것이다. 만일 호기심을 수반하는 흥미로운 감정이 서론에서 결여된다면 본론의 원만한 전개에서는 어려움을 느끼게 되며, 그것을 회복하기에는 적지 않은 고생을 하게 된다.

5) 노출보다는 넌지시 암시를 한다.

서론은 다음에 전개될 내용을 낱낱이 공개하는 것이 그 목적이 아니다. 서론에서 설교의 내용 전체가 분명하게 요약되어서 발표되고, 시도한 바를 남김없이 공개한다는 것은 아직 성숙하지 못한 설교자의 행동이다. 설교의 주제가 무엇인지를 회중으로 하여금 발견하도록 하고 나의 관심을 불러일으킨 그 주제가 어떻게 전개될 것인지를 기다리도록 만드는 것이 서론이 의도하는 것 중의 하나이다. 예를 들어, "오늘은 오늘의 본문을 통하여 사랑의 위력이라는 제목을 가지고 함께 은혜를 받겠습니다."라는 형태는 옛날 인쇄물도 없던 시절의 이야기이다. 주보를 통하여 설교의 본문과 제목은 이미 회중의 손에 들어가 있기 때문에 이러한 서론은 의미가 없다.

게리 크롱카이트(Gary Cronkhite)는 "유능한 설득자는 그의 목적한 바를 모두 서론에서 말하지 않고 오히려 듣는 이와 말하는 이가 함께 동의해야 할 분야를 강조한다."고 말했다.8)

이처럼 서론은 구체적이고 설명적인 것이 아니고 암시적인 성격을 띠고 있다. 말하지 않은 채 암시로 끝난 그 무엇을 쫓아오도록 유도하는 것이 서론이 갖춰야 할 중요한 요소 중 하나로 설교자에게 주어지고 있다. 여기에 대하여 토마스 롱(Thomas Long)은 다음과 같이 말하고 있다.

> 좋은 설교들은 제시하려고 하는 점을 처음에는 드러내지 않고 베일에 싸이게 하여 감추어 놓는다. 그리고 그러한 제시 사항들을 완전히 드러내놓기까지는 다소의 시간을 필요로 한다.9)

6) 대화체로 설교의 대문을 연다.

설교자가 단에 서는 순간은 긴장할 수밖에 없는 순간이다. 그러나 그 긴장감으로 인해 자신의 음량이나 음질 또는 음폭 등을 조절할 수 없는 지경에 이른다면 그날의 설교는 실패에 이를 수밖에 없다. 특히 서론에서 설교자가 사용해야 할 음정은 매우 중요하다. 흔히 초년의 설교자들이 설교의 서론을 시작하면서 웅변식으로 우렁차게 소리지르는 경우를 본다. 또는 독서식으로 원고에 머리를 숙이고 읽고 있는 경우도 본다. 이러한 설교자의 모습은 보기에 민망하고 듣기에도 거부감이 주어지는 연출이다.

설교자가 먼저 생각해야 할 것은 설교를 기다리는 회중의 마음 상태이다. 그들은 순수한 대화만을 나누다가 온 사람들이다. 어느 웅변장에서 소리를 지르다가 달려온 흥분된 상태의 회중이 아니다. 그들은 정상적인 인간의 음정으로 설교가 흘러나오기를 기대한다. 그런데 한 옥타브 높은 소리로 설교가 시작된다면 곧 이질감을 느끼면서 거부감을 갖는다. 서론부터 회중이 설교자에 대해 거부감을 갖는다는 것은 설교의 실패가 예견되는 안타까운 모습이다. 설교의 대문은 서서히, 그리고 평온한 감정과 음정으로 열리기 시작해야 한다.

7) 설교를 하지 않는다.

서론에서 설교자가 아주 쉽게 범하는 오류는 설교의 시도이다. 예를 들어, 인간적인 경험담이나 문제의 제기를 서론으로 사용한 다음에 바로 이어서 그 대답을 알리는 설교를 하는 예가 허다하다. 서론에서 문제를 제시하고 이어서 설교식으로 해석하고 적용해 주고자 하는 충동을 억제하지 못하기 때문이다.

그러나 서론은 설교가 안고 있는 메시지를 향하여 들어가도록 하는 입구이지 설교를 듣고 나가는 출구가 아니다. 설교의 성 안에 흥미진진한 세계가 펼쳐져 있으니 들어와 보라는 것이 서론이지 이 성 전체를 보일 수 있는 지점이 아니다. 여기서 제시된 서론은 설교를 위한 도입의 부분이지 결코 자체가 아니다. 즉, 본론을 향하여 들어가기 위한 전 단계이다.

언어 생활에 있어서 인간이 가장 싫어하는 것은 자질구레하게 되풀이되는 말이다. 이것을 잔말 또는 잔소리라고 한다. 아무리 좋은 말도 반복을 거듭할 때는 귀를 닫는 것이 인간의 심성이다. 본론에서 충분히 전개될 설교를 위하여 말을 아끼고 설교가 본격적으로 전개되는 지점에 회중이 집중할 수 있도록 하기 위해서는 설교를 남발하지 말아야 한다. 그러기 위해서는 서론은 순수하게 서론으로 끝낼 수 있어야 한다.

제10장 효과적인 설교의 서론과 결론

2. 서론의 형태(Types)

서론의 형태는 크게 두 가지로 분류된다. 그 하나는 본문의 접근을 통한 서론 전개이다. 성경의 인물을 중심으로 한 설교나 그의 특별한 사건을 본문으로 하는 설교인 경우, 사용되는 서론은 그 본문의 정황(context)을 말하든지 또는 인물이나 사건의 장면을 전개하는 것으로 설교를 시작한다. 이 방법은 한국교회 강단에서 제일 많이 쓰이는 것으로 생각된다. 많은 설교들이 "이 말씀은 언제 어디서 쓰여진 말씀으로 그 시대 형편은……" 또는 "오늘 본문에 나타난 사건은 언제 나타난 사건으로 그 내용은……" 하고 시작하는 예가 적지 않음을 우리는 알 수 있다. 이 방법은 기독교 강단의 전통적인 서론의 방법으로 오랫동안 사용되어져 왔고, 칼 바르트 같은 신학자도 서론은 반드시 성경적이어야 한다고 주장한 바 있다.

그러나 본서에서는 서론의 새로운 시도를 하려고 한다. 즉, 본문의 정황 설명은 서론 다음의 '본문 접근'에서 좀더 상세하게 하도록 권한다. 대지 설교나 분석 설교에서 보여 준 대로 본문의 정황과 그 내용을 서론에서 취급하기에는 너무 소홀해지기 쉽다. 그러므로 서론보다는 본문의 배경을 설명하고 그 중심사상을 밝히고 본문을 다시 경청하는 단계를 거치는 것이 본문과 회중의 만남에 더 많은 도움을 주게 된다.

그러므로 다음의 방법을 서론에서 활용하도록 저자는 권한다. 그것은 오늘을 사는 현대인들의 삶의 현장으로부터 서론의 자료를 가져오는 형태이다. 설교의 서론을 성경에서 가져올 때 오늘의 삶과는 거리가 먼 수천 년 전의 사건을 제시하게 됨으로 회중이 먼 옛날의 이야기를 감상하게 만드는 결과를 초래한다. 뿐만 아니라 반복적으로 듣게 되는 고정된 이야기에 회중이 쉽게 싫증을 느끼게 된다. 이사야서의 어느 본문을 선택했을 경우에는 주전 700년 경에 있었던 이사야의 활동을 이야기하기 마련이며, 바울 서신에서 본문을 가져왔을 경우 바울의 전도 여행을 언급하지 않을 수 없다. 그 때마다 회중은 수십 번 들어온 이사야나 바울의 이야기에 흥미를 잃게 된다. 그러므로 본서에서는 현대라는 삶의 현장에서 가져올 수 있는 서론의 자료를 그 형태별로 분류하여 보고, 서론의 다양한 시도를 권하려고 한다.

1) 인간적인 경험담으로 출발한다.

많은 설교자들이 흔히 사용하는 서론의 형태이다. 회중도 이미 경험했거나, 또는 경험할 가능성이 있는 한 인간의 삶에서 있었던 사실을 가지고 설교를 시작할 때 민감한 관심을 보이게 된다. '그러한 인간의 삶이, 또는 그 아픈 경험이 오늘의 텍스트와 어떻게 연결될 것인지'를 생각해 보려는 인간의 당연한 지성의 충동이 발생될 수 있다. 그러나 여기에서 유의해야 할 것은 설교자 자신의 신변에서 있었던 경험담을 사용했을 경우 때로는 회중이 메시지 자체보다는 설교자 개인에게 필요 이상의 관심을 두는 부담이 따르게 됨을 알아야 한다.

설교자들은 자신의 설교에 가장 알맞은 자신의 경험을 실감나게 서론에서 터뜨리려는 유혹을 많이 느낀다. 그러나 그러한 경우는 비록 실감의 농도가 약화되더라도 자신을 감추는 표현이 아름답다. 예를 들면, "내가 잘 아는 사람의 안타까운 이야기입니다." 또는 "어느 한 사람이 여행을 가고 있을 때의 일입니다." 등등의 표현으로 설교자가 나타나지 않을 수 있는 표현은 얼마든지 있다.

설교를 시작할 때부터 자신과 자신의 가족 이야기를 내놓기 즐기는 사람들은 흔히들 설교를 위한 자료의 빈곤이 그 원인이다. 즉, 서론을 찾는 수고를 생략하고 자신의 경험이나 자신의 가족 이야기에서 서론의 자료나 예화를 찾는 습관은 설교자 스스로를 내리막길에 접어들게 하는 무서운 함정이다.

2) 문제를 회중에게 던진다.

그 시대에 대두되고 있는 신학적인 문제들을 비롯하여 정치, 경제, 사회, 윤리적인 문제들을 던지는 방법이다. 회중이 알고 있는 문제들이든지, 아직 모르고 있는 문제들이든지 누구나 공통적으로 관심을 둘 수 있는 문제를 제기하는 형태이다. 현재 주위에서 발생되고 있는 구체적인 문제들을 설교자가 던질 때 회중은 자신이 이해하는 그 문제를 설교자가 오늘의 말씀에 조명하여 어떻게 해석할 것인지 먼저 관심을 갖게 되고 주의를 집중하게 된다.

여기서 설교자가 유념해야 할 것은 자신의 설교를 듣게 되는 회중은 사회의 여러 계층에 관련되어 있는 다양한 인간 모임임을 알아야 한다는 점이다. 여기에는 여당도 있고 야당도 있다. 부한 사람이 있는가 하면 가난한 사람도 있다. 행복한 사람이 있는가 하면 불행한 사람이 있다. 그러므로 설교자는 언제나 중용(中庸)의 슬기를 지키려는 노력을 기울여야 한다. 그러나 가진 자들에게는 지혜를 촉구하고 갖지 못한 자에게는 희망을 안겨 주는 입장을 지킴이 설교자의 바른 길이다.

3) 모두가 아는 뉴스를 활용한다.

뉴욕의 유명한 리버사이드(Riverside) 교회 목사였던 해리 포스딕(Harry E. Fosdick)은 삶의 현장 설교(Life-Situation Preaching)에 선두를 달린 설교자로 손꼽히고 있다. 그가 남긴 설교를 읽으면 매스컴을 타고 알려진 삶의 현장에서 발생되는 인간 사건들을 얼마나 많이 인용하고 있는지 알 수 있다.10) 크고 작은 인간사가 신문의 지면을 계속 메우고 있는데 그러한 생생한 자료들을 서론에서 활용할 수 있는 능력을 키운다는 것은 설교의 현실적인 감각을 더해 주는 좋은 지름길이라 하겠다.

그러나 때로는 언론이 순수성을 잃고 자신들의 이익에 따라 보도의 크고 작음을 오도하는 경우가 적지 않다. 특별히 정치, 경제의 뉴스는 너무나 의도적으로 강약을 조절하는 경우가 흔하다. 옛날과는 달리 최근의 신문들은 주어진 언론의 자유와 함께 정도를 걷기보다는 자신들의 목적 성취를 위하여 편향적인 보도를 하고 있음을 보게 된다. 이럴 때일수록 설교자는 냉정한 설교자의 지성적인 판단을 가지고 뉴스를 서론에 활용해야 한다. 때로는 신문이나 방송에서 소홀하게 취급하는 뉴스이지만 그날의 설교에는 매우 소중한 서론의 자료로 활용될 수 있는 경우가 허다하다.

4) 의미가 함축된 경구를 들려준다.

유명한 고대 철학자들을 비롯하여 인류의 지도자들이 남긴 훌륭한 경구들을 인용하는 것은 회중에게 새로운 감각을 불러일으키는 좋은 방법의 하나이다. 특별히 우리나라의 선조들, 그리고 동양 철학자들의 위대한 말들을 인용하면서 회중의 관심을 불러일으키고 성경의 진리와 연결시켜 설교를 전개하는 것은 생동감을 일으키는 좋은 방편이다.

언어는 역시 장황한 설명보다는 의미가 함축되고 시감(詩感)이 넘치는 간결한 표현 속에서 더 많은 의미의 전달이 이룩된다. 거기에 더하여 설교자 자신이 만든 훌륭한 언어는 회중이 쉽게 스쳐 가는 경우가 있으나 역사적인 인물들의 어록을 이용할 때는 지성을 충족시키려는 욕구와 함께 경청하는 경향이 많다. 그러므로 설교자가 평소에 적절한 인용구들을 설교 주제들에 따라 수집하는 것도 설교 사역에 큰 도움을 준다.

경구(警句)라는 말의 사전적인 뜻은 어떤 사상이나 진리를 간결하고도 날카롭게 표현한 글귀를 지칭한다. 적절한 경구를 설교자가 인용한다는 것은 설교자의 구차한 몇 문장의 표현보다 훨씬 더 함축

제10장 효과적인 설교의 서론과 결론

된 의미를 던져 줄 수 있는 효과를 가져온다. 이러한 경구를 인용했을 경우 서론이 매우 짧게 성립된다는 점이 아쉬울지라도 거기에 얽매일 이유는 전혀 없다. 열 마디의 장황한 서론보다는 한 마디의 경구가 훨씬 더 깊은 뜻을 주기 때문이다.

5) 화제의 책을 보이며 인용한다.

우리의 문화는 글을 사랑하는 문화이다. 그래서 선비의 세계는 존경의 대상이었다. 일터를 누비는 어느 한 젊은이가 책으로 가득한 서재에서 설교자가 책을 읽고 있는 모습을 보면서 새롭게 존경의 자세를 갖추고 자신의 무디어진 지성의 충족을 위하여 무척 노력한다는 이야기도 있다.

현대의 회중은 설교단에 서 있는 목사를 선비적 삶의 주인들로 알고 있다. 그들은 설교자란 언제나 쉼 없이 많은 책을 읽는 직업의 소유자로 알고 있다. 그래서 설교자와의 만남에서는 언어나 생각이나 행동에서 자신과 다르다는 판단을 한다. 그래서 설교자를 우러러보는 경향이 있다. 반대로 많은 현대인들은 책을 읽고 싶어 하면서도 시간적인 여유를 얻지 못한 채 쫓기고 있다. 그래서 많은 지성인들은 자신이 읽지 못한 책의 이름과 그 내용이 설교에서 나올 때 조용히 귀를 기울이는 것을 볼 수 있다.

이러한 형편을 잘 이해한 설교자들은 그날의 설교와 연관된 책의 이름과 내용을 서론에서 인용하면서 설교를 시작하는 경우가 많다. 서론에서 이러한 형태를 취하는 것은 매우 유익한 방법 중에 하나이다. 역시 설교자는 목사이기 이전에 존경받는 인간이며, 모범된 신자이며, 꾸준한 학자임을 보일 수 있는 기회이다. 또 양들을 위하여 쉬지 않고 책을 읽는 존재임을 실증하는 순간이기도 하다.

물론 설교에서 목사의 학문적 삶을 과시하려는 의도가 개입된다는 것은 절대로 허용할 수 없다. 그러나 순수한 차원에서 효과적인 설교의 출발을 위하여 양서(良書)를 읽고 인용한다는 것은 조금도 어색하게 느낄 필요가 없다. 삶의 현장에서 시달리면서 그 해의 노벨문학상을 받은 작품의 이름이나 내용을 전혀 모르고 있는 회중에게 그 책을 들어 보이면서 그 책을 간단히 설명하고 그날의 메시지에 필요한 부분을 설교의 서론으로 활용할 때 지성을 추구하는 세대들이 무척이나 좋아하고 관심을 기울일 것은 자명하다.

6) 계절의 변화에서 서론을 찾는다.

밖에서 눈이 몹시 내리고 있는데 뜨거운 여름에 발생되었던 사건을 설교할 설교자는 없을 것이다. 모두가 심취되어 있는 오늘의 계절을 언급하면서 말씀으로 회중을 끌고 들어가는 감각을 설교자는 갖추어야 한다. 특별히 봄, 여름, 가을, 겨울이 분명한 우리의 계절을 맞을 때마다 그 계절의 변화와 현상을 설교의 서론으로 사용할 수 있는 지혜와 감각은 설교자들에게 필히 있어야 한다고 본다.

계절이 바뀌어도 아무런 반응이 없는 무감각한 인간보다는 계절과 일기의 변화에 정서적인 느낌을 표현할 줄 아는 사람이 상대의 관심을 끌게 된다. 1년이 다 가도록 자연에 대한 관심이 없고 표현이 없는 건조한 설교자보다는 계절을 따라 자연의 변화와 아름다움에 회중의 눈길을 돌리게 하는 설교자가 메말라가는 현대교회에서는 환영을 받게 된다. 물론 그날의 설교와 아무런 연관이 없음에도 무조건 계절의 변화나 아름다움에 감상적인 표현을 한다는 것은 있을 수 없는 일이다.

그러나 설교에 따라 적절한 서론을 계절마다 얼마든지 가져올 수 있다. 예를 들어, 짜증나는 무더운 여름에 푸른 산야에 우거진 삼림이 내뿜는 산소를 묘사할 수 있다. 겨울의 흰눈이 온 대지를 변하게 했을 때 느껴지는 여러 가지의 감상을 서론으로 도입할 수 있다. 설교자가 조금만 노력하면 1년에 4회 이상은 충분히 계절을 언급하는 서론을 작성하는 데 조금도 어려움이 없다.

7) 웃음으로 설교를 연다.

개방된 서구사회에서는 유머란 생활의 필수적인 요소처럼 활용되어지고 있다. 그러기에 많은 설교자들이 설교와 관계된 유머러스(humorous)한 예화나 인용어를 써서 회중을 웃기고 설교를 시작하는 실례를 본다. 웃음이란 잡다한 감정을 모두 쫓아버리며 맑고 소박한 마음을 갖도록 하는 아주 필요한 방편이다. 그러기에 서구교회의 설교자들은 여러 서론의 형태 중에서 이것을 가장 많이 활용하고 있다.

우리의 강단에서는 조심해서 사용되어지지 않으면 실패를 가져올 가능성이 언제나 많다. 윗사람이 자주 웃긴다는 것은 행동이 경솔하고 신중하지 못하다는 평을 하는 사회적인 관습과, 웃고 싶어도 시원스럽게 웃지 못하는 유교적인 문화는 이런 서론 형태를 사용하는 데 방해물이 되고 있다.

그러나 서구의 문화에 깊이 젖어 있는 젊은 세대들에게는 슬픈 이야기보다는 웃기는 이야기가 좋다. 진지한 이야기보다는 경쾌한 이야기가 좋다. 변화를 추구하는 세대들에게 진지한 인상을 짓고 엄숙한 이야기만을 늘어놓는 설교자는 젊은 세대들이 따르지 않는다. 언제나 주변을 밝게 해주고 유머감각이 풍부한 설교자를 현대의 젊은이들이 좋아한다는 사실을 상기할 필요가 있다.

3. 결론의 이해와 그 필수 요건

설교의 마지막 1, 2분이 회중이 설교를 들을 수 있는 최종적인 기회이며, 설교자의 입장에서는 그 설교의 중심 메시지가 무엇인지를 들려주는 마지막 순간이다. 그러므로 결론을 가리켜 설교의 목적을 이룩하는 마지막 순간이라는 말을 한다. 결론이란 설교의 어느 부분보다 중요한 비중을 차지하고 있다. 설교자는 결론에서 듣는 회중이 평생을 통하여 잊을 수 없는 간결하면서도 인상적인 메시지를 던져주어야 하고, 회중은 그것을 가슴속 깊이 새겨 돌아가도록 해야 한다. 이토록 소중한 결론이 설교자의 관심과 준비의 부족으로 충분하지 못하게 맺어진다면 그것은 설교자의 죄라고 오자라 데이비스(Ozara Davis)는 일찍이 지적한 바 있다.[11]

설교의 문을 여는 서론, 주제를 밝히는 정의, 본문의 석의와 강해, 본론의 전개, 이 모두가 마지막 언급될 결론을 위하여 있다. 이러한 결론의 중요성을 설교자가 이해할 때 결론의 소중한 가치는 충분히 이해될 수 있다. 그렇다면 언제 그 결론이 구상되어져야 할 것인가? 설교학 교수 데이비드 브리드(David R. Breed)는 설교를 준비할 때부터 이 중요한 설교의 결론을 마음에 두어야 함을 다음과 같이 권하고 있다.

> 설교의 결론은 설교의 준비 작업이 펼쳐지기 전에 이미 마음에 있어야 하며, 설교자는 본문을 선택할 때 벌써 거기에서 결론이 확정되지 않으면 안 된다. 내 생각의 배열 이전에 무엇이 나의 결론이라는 확고한 신념이 있어야 한다. 그렇기 때문에 내가 왜 이 텍스트를 설교의 본문으로 선택했는지를 스스로에게 묻고 무슨 목적을 가지고 오늘의 말씀을 전하려는지 그 목적 의식이 확고할 때만 이 결론도 분명해진다.[12]

이상과 같이 설교의 결론이 준비의 단계부터 있어야 하며, 또 그것을 위하여 설교 전체가 존재한다는 것에 설교학자들은 모두 의견을 같이 하고 있다. 이토록 중요한 설교의 결론이 가져야 할 기본 요건은 대체적으로 다음과 같이 요약될 수 있다.

1) 설교의 종착역을 놓치지 말라.

설교에는 더 이상 진행할 수 없는 종착역이 있다. 그 종착역을 벗어나면 선로(線路)를 벗어나게 되고 추락을 기다리고 있는 낭떠러지가 있을 뿐이다. 설교는 반드시 끝나야 하는 종점이 있다. 이 종점에서 머뭇거리거나 다른 종점을 찾을 때는 그 설교는 이미 실패의 길에 들어서게 된다.

TV나 영화에서 명감독이 작품을 다루는 솜씨를 보라. 시청자는 현재 눈앞에 전개되는 장면이 좀더 계속되기를 바라지만 가차없이 컷(Cutting)을 하고 다음 장면으로 시청자를 끌고 간다. 특별히 연속극의 경우는 더 심하다. 좀더 보고 싶은데 시간은 다 되어 아쉬움만을 안겨 주고 다음 시간을 기다리게 만든다.

설교에서 우리는 실패의 현장을 무수히 보아왔다. 회중의 생각에 그 설교가 끝나야 할 지점에 이르렀는데도 여전히 설교자는 반복을 거듭한다. 회중은 다음 말을 들은 다음 '이제는 끝을 맺겠지.' 하는 데도 여전히 다른 지점으로 이어간다. 여기까지 이른 회중은 더 이상의 인내를 보이지 않는다. 그리고 짜증을 낸다. 심하면 설교자를 경멸하는 언어가 튀어나온다. 토마스 롱은 이러한 회중의 심리를 다음과 같이 말하고 있다.

> 만약 이 시점을 지나서 설교가 계속된다면 그것은 회중을 놀라게 만들 것이고 짜증나게 만들 것이다. 회중이 청취하는 것을 종결해 버린 이후에 주어지는 설교 결론은 그저 관을 메고 가는 사람 정도로 아무런 도움도 주지 못하는 행동을 계속하는 것에 불과하다.[13]

2) 자연스럽고 적절한 연결을 시도하라.

결론이란 앞에서의 내용을 집합하고 추려내는 역할을 한다. 그 설교가 귀납법적인 설교이든지, 연역법적인 설교이든지 마지막 결론의 시도는 이 설교가 무엇을 말하고 있는지를 밝힘에 있다. 그런데 많은 설교들이 서론과 본론에서 지금까지 말했던 내용과 연관성이 없고, 때로는 거리가 먼 결론을 힘없이 맺어가는 것을 볼 때가 적지 않다. 결론은 자연스럽게 끝이 맺어지도록 하며, 지금껏 외친 내용과 일치되도록 논리적인 연결을 가져와야 한다.

특별히 의도적으로 "이제 결론을 맺겠습니다."라는 표현을 쓸 필요 없이 자연스럽게 결론으로 진입하는 것이 오히려 적절한 연결이라고 하겠다. 물론 설교자의 원고에는 뚜렷하게 결론의 부분이 구분되어 있어야 한다. 그러나 설교가 진행되는 동안에 회중이 자신들도 알지 못하는 사이에 결론에 도달하고 거기서 마음에 결단을 가져올 수 있다면 성공적인 설교의 결론을 이룩했다고 말할 수 있을 것이다.

3) 메시지와 개인적인 만남이 이룩되게 하라.

설교의 기본적인 목적은 설교를 경청한 가운데 메시지를 받은 한 심령이 하나님과의 감격스러운 만남(encounter)을 가져오도록 하는 데 있다. 설교의 본론을 통하여 이러한 만남을 이룩할 수 있다. 그러나 본론에서 이 만남을 이룩하지 못한 회중에게는 이 결론이 마지막 순간이라는 데 설교자는 깊은 관심을 두지 않으면 안 된다.

그렇기 때문에 결론은 지금까지 논리에 맞추어 인간 지성에 호소했던 모든 것을 가슴속 깊이 뜨겁게 말씀이 파고들도록 하는 마지막 종착역이다. 여기서 개개인이 하나님의 은총 앞에 머리 숙이지 않으면 안 된다는 절박감이 설교자에게 있어야 하고 새로운 충동과 감격을 체험토록 해야 한다. 그것을 위해서는 결론의 구성과 문체와 전달의 방법 등이 어떻게 되어야 할 것인지에 대한 깊은 연구와 준비가 있어야 한다.

4) 설교의 절정(絶頂)을 이루라.

인간이 언어를 구사하고 그 언어를 통하여 메시지를 전할 때 단어마다 강한 액센트를 주면서 강조할 수는 없다. 대부분의 문장은 중심적인 사상이나 어느 부분을 위하여 전후로 보조적인 역할을 하면서 구성되는 부분이 많다. 이러한 통상적인 예는 설교에서도 예외가 될 수 없다. 그러므로 설교자는 자신이 전하고자 하는 메시지의 어느 부분을 강조할 것인지 사전에 점검을 하고 강단에 오르는 것이 효과적이다.

이상과 같은 설교의 절정(climax)은 본론의 적당한 부분에서 몇 번 시도될 수 있다. 그러나 최종적이고 가장 결정적인 것은 역시 결론에서 시도되어야 한다. 메시지가 예리한 초점을 보여 주며 회중이 결단을 내리지 않으면 안 되도록 하는 설교의 정상(peak)을 결론에서 이룩해야 한다. 듣는 이의 감정과 지성이 함께하여 행동으로 결단을 내릴 수 있도록 추구하며, 뜨거우면서도 사실적인 현상이 회중 속에서 발생되도록 한다.

그러나 여기서 유의해야 할 것은 설교자가 설교를 곧 끝내야 하는 여기가 최종적인 절정이라는 절박감을 가지고 높은 음정과 열을 토하는 것만이 최선의 길이 아니라는 사실이다. 오히려 차분하고 진지한 저음의 사용도 많은 효과를 가져올 수 있다. 즉, 설교의 절정을 전달의 차원에서만 생각하는 것보다는 그 내용에서 절정의 의미를 찾는 것이 더욱 현명한 일이다.

5) 간단하고 짜임새 있는 마무리를 지으라.

설교에 있어서 서론과 결론은 똑같이 간결성을 나타내야 한다. 설교자가 가장 실패하기 쉬운 것은 설교에서 장황한 서술을 계속하는 문제이다. 조금만 진지하게 생각하면 필요하지 않다고 판단되는 잡다한 수식과 예화들을 늘어놓음으로 메시지의 고귀한 부분을 손상시키는 사례를 얼마든지 발견하게 된다.

특별히 장황한 결론은 서론과 본론을 통하여 쌓은 모든 탑을 무너뜨리는 결과를 초래한다. 그러므로 25분 내지 30분의 설교의 결론은 2, 3분 이내로 간결하게, 그러나 깊은 생각과 결단을 내릴 수 있는 선별된 어휘들이 총동원되어야 한다. 그리고 끝을 맺어야 하는 부분에서는 미련 없이 계획된 대로 설교를 끝낼 수 있는 용기가 필요하다. 어떤 경우에는 회중의 자세가 너무 진지해서 설교를 끝낼 수 없었다는 고백을 듣기도 한다. 그러나 그러한 대부분의 경우는 하던 말을 반복하면서 시간을 끌다가 설교 전체를 침몰시키는 안타까운 실패를 낳는다. 그러므로 설교자가 자신의 결론을 간결하게, 그러나 충동적이며 감격스럽게 맺을 수 있어야 한다. 이것은 설교자에게 절대적으로 필요한 요건이다. 이것은 능력 있는 말씀의 종이 되는 큰 무기에 속한다.

4. 결론의 형식

한 편의 설교가 끝나면서 맺어진 결론을 듣고 쉬이 자리를 뜨지 못한 채 깊은 명상에 잠긴 회중을 볼 수 있다면 이것은 설교자가 이상향(理想鄕)의 가운데 서 있는 순간이다. 의미심장하게 내린 그 결론을 되새기면서 교회를 나서는 성도들의 뒷모습을 설교자가 볼 수 있다면 설교자에게 더 이상의 행복은 있을 수 없다. 이러한 이상적인 그림을 모든 설교자들이 그리고 싶어 한다. 그래서 "설교의 결론은 어떻게 내려야 하는가?"에 깊은 관심을 갖는다.

이러한 성공적인 결론을 맺는 데 어떠한 형식들이 도움이 되는지에 대한 설교학자들의 관심과 연구는 대단하다. 또한 여기에 대한 발표도 다양하다. 특별히 한국과 같이 논리나 수사학에 대한 훈련이 미흡한 현실에서는 매우 깊은 관심을 모아야 할 부분들이다. 다음에 제시할 몇 가지 형식은 최선의 것은 아니다. 오직 이 중요한 고지를 향하여 가는 병사들의 최선의 노력일 뿐이다. 설교자에 따라 보다 더 유용한 결론의 형태들이 개발되어야 한다. 여기에 제시하는 것은 우수한 설교 이론의 책들에서 발표된 것과 저자의 경험을 모아 정리한 형태들이다.14)

1) 설교 요점을 간결하게 재정리한다.

이 형식은 설교자들이 가장 많이 활용하는 것으로 지금껏 본론에서 열거한 설교의 내용, 특히 대지들(major points)을 추려서 다시 반복하여 설교 전체의 강조점을 밝히는 형식이다. 이 형태의 장점은 이미 전한 메시지의 핵심을 다시 말해 줌으로써 회중으로 하여금 교회를 떠나기 전에 설교를 다시 음미할 수 있도록 하는 데 있다. 또는 설교 메모하기를 즐기는 회중에게 쉽게 받아쓸 수 있도록 하는 이점도 있다고 하겠다.

그러나 이 형태는 너무나 많은 시간 계속해 온 고정된 형태이기 때문에 신선한 결론으로서의 가치를 상실하고 있다. 그리고 설교의 결론을 너무 단조롭게 하는 결과도 초래한다. 설교자가 이 방법을 굳이 사용해야 하는 경우에는 대지에서 사용된 똑같은 어휘를 구사하는 것보다 같은 뜻을 나타내면서도 표현이 틀린 문장이나 단어들을 활용하는 것도 새로운 방법의 시도라고 하겠다.

2) 경이적이고 충격적인 표현을 사용한다.

인간의 신경기능을 일깨우기 위한 방법은 여러 가지라고 본다. 육체에 자극을 주는 일이나 정신에 충격을 주는 일 등도 포함된다. 현대의 교인들은 물질의 풍요가 지속되는 환경 속에서 깊은 동면(冬眠)에 빠져드는 경우가 적지 않다. 이런 상태의 회중에게 설교를 통하여 줄 수 있는 경성(警醒)이란 매우 필요한 것이며 그러한 표현들이 결론을 통하여 사용될 수 있다는 것은 좋은 형태 가운데 하나라고 할 수 있다.

설교의 결론에서 경이적이고 충격적인 표현은 회중이 전혀 예상치 못했던 결론을 가지고 설교를 끝맺는 일이다. 잠자는 귀를 깨우치고 무엇인가 충격을 받도록 만드는 형태이다. 미국 국회의 목사로 명성을 떨친 피터 마샬(Peter Marshall)은 이 형식의 결론을 종종 취하여 미국의 국회의원들을 일깨우는 설교 사역을 한 바 있다. 오늘의 메시지를 오랫동안 기억토록 하는 좋은 형식의 하나이다. 그러나 너무 심한 표현을 사용함으로 설교의 이미지를 버리는 일은 삼가함이 좋다. 자칫 위협과 협박의 인상을 주는 형태와 혼돈되지 않도록 각별한 유의를 요하는 결론의 형태이다.

3) 위로와 격려의 아늑한 감정을 안겨 준다.

현대 사회에서는 서로의 인권을 존중하고 상대의 인격을 손상시키지 않는 범위 내에서 대화나 인간관계를 형성하는 것이 하나의 상식이다. 그러나 일터마다 인간들의 모임마다 상대가 입게 될 상처 따위는 생각할 겨를이 없이 함부로 말을 한다. 지성인의 사회나 비지성인의 사회나 이 문제는 좀처럼 우리의 곁을 떠나지 않고 있다. 자신이 도움을 필요로 할 때는 겸손과 예의를 갖춘다. 그러나 상대의 도움이 필요하지 않거나 마음에 들지 않을 때는 가차 없이 기본 예의에 벗어난 언행을 남발한다.

이러한 사회의 구조와 언어 문화는 현대인들 모두를 살벌하게 만들고 상처투성이로 만든다. 그래서 상대의 인격을 소중하게 여기면서 부드럽고 고운 말을 생활 속에서 보이는 사람은 존경을 받는다. 오늘의 회중은 목사가 이러한 부류의 사람들 중에 으뜸이 되기를 원하고 있다.

특별히 설교자가 한 편의 설교를 끝내면서 어떻게 하면 이러한 존경받는 인상을 남길 수 있는지 생각을 거듭해야 한다. 여기에 대한 대답으로 설교자는 결론을 맺을 때 날카로운 비판보다는 격려의 형태를 사용하여 용기를 북돋아 주고 희망을 심어 주도록 노력해야 한다. 설교의 결론에서 회중이 하나님의 말씀에 포근히 안기듯이 부드러운 느낌을 받으면서도 위로를 받고 희망을 품을 수 있는 문장의 구사를 최대한 활용해야 한다. 사실 설교의 궁극적인 목적은 회중이 삶의 현장에서 긍정적인 자세로 살고 하나님의 도움이 그들의 강하고 담대한 행진 속에 함께 있음을 믿게 하는 것이라고 볼 때 이러한 격려의 형태는 설교의 결론에 자주 사용될 필요가 있다.

4) 그날의 결론이 될 수 있는 시(詩)를 찾는다.

앞에서 설명한 대로 한국교회의 설교자들이 결론에서 쉽게 실패하는 원인은 중언부언의 잡다한 설명이 첨가된다는 점이다. 좀더 간추려지고 함축된 의미의 어휘들이 선별될 수 있기를 바라는 아쉬움을 느낄 때가 적지 않다. 이러한 아쉬움을 해결하는 것이 바로 시(詩)의 세계이다. 시란 원래 간결한 어휘이지만 그 가운데 아름다운 마음과 심오한 뜻을 내포하고 있다. 몇 문장으로 긴 문장들을 압축하여 내놓은 표현들이다.

설교가 본론에서 제시한 문제와 방법을 마지막으로 감명 깊게 간추리고 끝맺으려 할 때 거기에 적절한 타인의 시나 자신의 시적인 표현을 사용한다면 그것 또한 효과적인 결론이 될 수 있다. 때로는 이러한 시도가 의외의 깊은 감명을 주며, 잊을 수 없는 인상을 심어 큰 효과를 가져온다. 예를 들어, 어버이 주일의 설교에서 시인들의 감명 깊은 사모곡이 사용되어질 때 한 편의 설교가 전하고자 하는 모든 메시지가 포함될 수도 있다.

5) 강복(降福)의 하나님을 보여 준다.

축복(祝福)의 하나님이 아니라 강복의 하나님을 설교의 결론에서 보여 주는 형태이다. 하나님은 복의 근원으로서 복을 내려 주실 수는 있으나 더 이상의 높은 분에게 복을 빌 수는 없다. 성경 어디에도 하나님은 복을 주시는 분이시지 인간을 위해 누군가에게 복을 빌고 있는 모습이나 언급이 없다.

현대의 한국교회의 강단에서 볼 수 있는 비합리적인 모순의 하나는 축복이라는 개념이다. 설교의 끝마다 "하나님께서 축복해 주시기를 주님의 이름으로 축원합니다."라는 모순된 표현들을 본다. 여기에는 두 가지의 모순이 있다. 하나는 하나님을 복을 비는 분으로 일컫는 망령된 표현이다. 또 하나는 설교를 설교자의 기도 행위로 결론을 맺는다는 문제이다. 이 얼마나 가당찮은 표현들인지 웃음을 자아내게 한다.

여기서는 이러한 현상과는 전혀 개념을 달리하는 설교의 결론을 말하고 있다. 이 결론의 형태는 설교의 본론에서 제시된 주제를 하나님이 원하시는 대로 실천하는 성도들이 받게 될 놀라운 은총과 복을 알려 주는 것을 말한다. 즉, 설교자가 복을 빌어주는 형태가 아니라 복의 주인이신 하나님이 강복(降福)하시고 상상할 수 없던 은혜로 옷 입혀 주신다는 사실을 선언함을 의미한다.

제10장 효과적인 설교의 서론과 결론

　한국의 교인들은 오랜 종교 문화 가운데서 영향을 받아 왔기에 기복 사상이 어느 나라의 교회보다 강한 편이다. 그러므로 하나님으로부터 복을 받게 된다는 확신이나 메시지를 받을 때 모두가 민감하고 즐거워하는 심성을 이해할 때 이러한 설교의 결론도 종종 필요하다. 그러나 여기서 주의해야 할 것은 설교의 내용과 회중의 정황을 이해하면서 이 형태를 사용함이 바람직하다.

6) 하나님의 명령과 교훈임을 밝힌다.

　한국사회에 지대한 영향을 끼친 유교의 문화에서는 대중 앞에서 말하는 존재는 지도자 또는 명령하는 사람으로 인식되는 경우가 많다. 이러한 문화적인 인식은 설교자 자신이 스스로를 높은 곳에 서 있는 높은 인물로 착각하는 오류를 범하게 한다. 그럴 때 설교자에게서 겸손한 종의 신분이 보이지 않게 된다. 섬기는 일꾼의 모습도 사라진다. 더욱이 메시지의 운반자로서의 자신의 위치를 망각하게 되는 심각한 문제를 유발시킨다. 이러한 현상은 설교의 현장이나 설교자의 대화에서 사용되어지는 어감이나 어휘에서 분명하게 나타나고 있다.

　설교의 결론에서 사용되어질 명령적이고 교훈적인 형태는 설교자의 자신의 명령이나 교훈을 의미하지 않는다. 어떤 경우에도 결론이 설교자의 개인적인 판단과 지적 기능에서 터져 나오는 명령이나 교훈이 될 수 없다는 사실을 깊이 유념(留念)해야 한다. 오직 여기서는 하나님의 명령과 교훈을 전달할 뿐이다.

　예를 들면, "하나님은 오늘도 다음과 같이 명령하십니다.", "하나님은 바울을 통하여 다음과 같이 우리에게 교훈하고 계십니다."와 같은 경우이다. 어떤 경우라도 설교자가 스스로를 반신적(半神的)인 존재로 착각하고 가당치 않은 자세와 어감으로 자신의 명령을 내리는 일은 삼가야 하다. 그리고 이 형태 역시 메시지의 특수한 성격에 따라서 활용되는 것이지 언제나 사용될 수 있는 것은 아니다.

7) 본문을 비롯한 성경의 말씀을 다시 듣게 한다.

설교의 현장에 가장 권위 있게 들려지는 말씀은 성경에 기록된 하나님의 말씀이다. 한국의 많은 설교자들이 본문의 말씀과 자신의 말을 무분별하게 뒤섞어 사용해서 회중이 하나님의 말씀인지 설교자의 말인지를 분간하지 못하는 경우가 많다. 설교자가 때로는 자신의 개인적인 말을 해놓고도 "하나님의 말씀인 줄로 믿습니다. 믿으면 아멘 하시오."라는 어이없는 강요를 한다. 아멘을 하지 않고 있으면 그 입에서 아멘이 나올 때까지 연습을 시키는 탈선의 현장이 수많은 설교자들에 의하여 진행되고 있다. 아멘은 강요에 의해서 나오는 것이 아니라 스스로 동의를 할 때 나오는 진지한 신앙의 표현이다.

설교의 결론에서 본문이나 오늘의 메시지를 다시 확인해 주는 성구를 찾아 봉독해 주는 것은 매우 좋은 형태이다. 그러나 여기서 주의를 요하는 문제는 이 때의 성구 봉독은 설교자가 앞의 어느 한 형태로 결론을 다 맺은 다음에 최종적으로 다시 한번 하나님의 말씀을 들려주는 단계이다. 아무런 결론 없이 바로 성구를 봉독하는 결론은 시도하지 않는 것이 현명하다.

최근에 한국 강단에 이 형태가 절실히 필요한 이유는 설교자의 축원 행위의 자리에 하나님의 말씀이 보여지고 들려질 수 있다는 데 의미가 있다. 설교자가 "······하기를 주님의 이름으로 축원합니다."보다는 "여기 우리에게 다시 들려주시는 하나님의 말씀이 있습니다." 하고서 성경 말씀을 듣고 바로 "기도합시다."로 진입할 수 있을 때 설교자는 감추어지고 오직 말씀만이 설교를 듣고 나아가려는 회중 앞에 나타나게 된다. 설교의 목적은 어떤 경우에도 회중이 설교자의 말과 만나는 것이 아니라 하나님 말씀과 만나는 데 있다.

주〉

1) Samuel L. McComb, *Preaching in Theory and Practice*(New York:Oxford University Press, 1926), p. 72.
2) John M. Ellison, *Thy Who Preach*(Nashville, Tennessee: Broadman Press, 1975), p. 107.
3) Karl Barth, *The Preaching of the Gospel*, trans. B. E. Hooke (Philadelphia:The Westminster Press, 1963), p. 79.
4) W. E. Sangster, *The Craft of Sermon Construction*(Philadelphia :The Westminster Press, 1951), p. 119.
5) H. Grady Davis, *Design for Preaching*(Philadelphia:Fortress Press, 1958), p. 188.
6) Ibid., pp. 187-88.
7) Daniel Baumann, *An Introduction to Contemporary Preaching* (Grand Rapids, Michigan:Baker Book House, 1972), p. 138.
8) Gary Cronkhite, *Persuasion:Speech and Behavioral Change* (Indianapolis:The Bobbs-Merrill Company, Inc, 1969), p. 195.
9) Thomas G. Long, 「증언으로서의 설교」, 정장복·김운용 역(서울:쿰란출판사, 1998), p. 293.
10) 그 실례를 보기 원하면 그의 설교 "On Catching the Wrong Bus" in *Riverside Sermons*(New York:Harper & Brothers, 1958), pp. 38-45를 보라.
11) Ozara Davis, *Principles of Preaching*(Chicago:The University of Chicago Press, 1924), p. 217.
12) Davis R. Breed, *Preparing to Preach*(New York:Hodder & Stoughton, 1911), pp. 112-13.
13) Thomas G. Long, op. cit., p. 327.
14) 여기에 제시된 결론의 형식은 저자의 경험과 Baumann의 *An Introduction to Contemporary of Preaching*의 pp. 143-45와 Ilion Jones의 *Principles and Practice of Preaching*의 pp. 160-68에서 발췌하였다.

제 11 장

한 편의 설교를 위한 준비

> **함축된 의미의 질문들**
>
> ◆ 말씀을 운반하는 설교자로서 설교를 준비함에 있어서 최우선 적인 것들이 어떤 것이어야 하는가?
> ◆ 설교자로서 설교의 자만심이 가져다 주는 결과는 무엇인가?
> ◆ 연중 계획이 가져오는 장점은 어떤 것들인가?
> ◆ 주간의 단계적 설교의 준비에 따른 목회자의 일과는 어떤 것 이어야 하는가?

1. 설교자의 뜨거운 정성

"열심을 내라. 열심이란 꾸밀 수 없다. 열심을 대신할 수 있는 것은 아무것도 없다. 열심이란 사라지기 쉽다."고 외치면서 하루에 18시간이 넘도록 읽고 쓰고 외치고 있던 스펄전에게 어느 날 선교사 데이비드 리빙스톤(David Livingstone)이 어떻게 그렇게 열심히 일할 수 있는지를 물었다. 그때 그의 대답은 매우 간단하였다. 그는 "나 혼자가 아니고 둘이서 함께 일을 하고 있다는 사실을 잊으셨군요."1)라는 유명한 말을 남겼다. 이 대답은 "이를 위하여 나도 내 속에서 능력으로 역사하시는 이의 역사를 따라 힘을 다하여 수고하노라."(골 1:29)는 바울의 고백을 자신의 고백으로 실토하고 있는 대답이었다.

기독교 설교의 역사에 나타난 거성들은 한결같이 모두가 근면한 일꾼들이었다. 그 중에서도 스펄전이 보여 준 그 열정적인 모습은 가장 우뚝 솟은 모본(模本)이었다. 자신의 열심이란 단순한 개인적인 속성에서 나오지 않고 자신 안에서 역사하시는 분을 따라 동역하고 있을 뿐이라는 그의 고백은 깊은 의미를 오늘의 설교자들에게 심어 주고 있다. 그리고 자신의 정체성을 확립하고 있었던 그는 오늘의 설교자들이 도저히 따를 수 없는 업적을 남겼다.2)

한 편의 설교가 나오기까지는 많은 과정과 단계가 있다. 그 중에서 가장 중요한 것은 설교자의 뜨거운 정성이다. 그 정성은 그리스도의 도구로서 바치고 있는 자신의 감격과 땀방울이다. 한 편의 설교가 얼마나 감명 깊은 메시지로 회중의 가슴을 적시게 되는가의 문제는 바로 설교자가 얼마나 뜨거운 정성을 준비의 과정에서 바치는가에 달려 있다. 설교자가 한 편의 설교를 위하여 바치는 뜨거운 열심과 정성은 단순한 임무의 수준에서 머물 수 없는 문제이다. 이것은 소명을 받은 몸으로서의 당연한 의무이며 주어진 특별한 사명이다. 그것을 위해서는 비천한 인간이 특별한 부름을 받아 자신의 열심과 정성을 바치는 것을 기쁨으로 여기는 설교자의 마음 바탕이 언제나 튼튼해야 한다. 스펄전은 오늘의 설교자들에게 설교자의 뜨거운 열심과 정성에 대하여 다음과 같은 의미심장한 말을 하고 있다.

> 그리스도를 위하여 우리의 삶을 소진(消盡)시키는 것은 우리의 의무요, 특권이다. 우리는 화려한 진열장에 놓인 움직이는 인간 박제가 아니다. 오직 모든 것이 태워져야 할 살아 있는 희생물일 뿐이다.3)

2. 패망으로 가는 교만

　전체 목회 중 설교 사역에 절대적인 비중을 두고 있는 설교자는 언제나 설교 준비에 깊은 관심을 두게 된다. 남의 설교집에서 적절한 설교를 그대로 들고나가서 자신의 설교인 양 힘있게 외치는 설교자에게는 설교의 준비란 자신이 원하는 설교를 찾는 작업 외에는 별다른 수고를 필요로 하지 않는 작업이다. 그러나 성실한 설교자들은 한 편의 설교가 끝나기가 무섭게 다음의 설교를 위한 준비를 서두르게 된다.
　설교를 자신의 생명처럼 알고 사는 설교자는 가장 분주했던 주일을 보낸 후 곧 맞이한 월요일 새벽 제단에서 간구하는 기도부터 그 내용을 달리한다. 그들은 "다가오는 제단에서 이 종이 어떠한 말씀을 가지고 무어라고 전하오리까?" 하는 질문과 함께 운반해야 할 말씀을 구한다.
　성실한 설교자는 어떠한 형태의 목회 현장에서 뛰든지 그의 머리 속에는 또 다시 서야 할 강단에서 선포해야 할 말씀을 찾는 일로 가득하게 된다. 그리고 거기 필요한 자료의 발굴에 온 정신을 쏟게 된다. 외쳐야 할 말씀을 언제나 생각하고 거기에 전폭적인 관심을 기울여야 함은 말씀의 종들에게 너무나 당연한 일임에 틀림이 없다.
　"나는 설교 하나만은 자신이 있다. 별다른 수고를 쏟지 않아도 나의 설교는 성공적이다."라고 자신 있게 자랑삼아 말하는 사람들이 종종 나타난다. 이처럼 설교를 조금도 부담 없이 손쉽게 생각하는 설교자들을 볼 때마다 필자는 E.T.(外界人)를 만난 것처럼 느껴진다. 이 때마다 브라이트 신학교의 설교학 교수였던 헌터 베켈히머(Hunter Beckelhymer)가 남긴 다음과 같은 말이 떠오른다.

　　　성공적인 설교란 쉬운 것이 아니다. 설교를 쉽게 생각하는 사
　　람들은 성공적인 설교가 어떤 것인지조차도 모르는 사람이다. 그

리고 이들은 설교란 한 인간의 신앙과 정성어린 마음과 언어의 기술과 그리고 지적인 모든 바탕의 최고점을 요구하는 중요한 일임을 모른다.4)

실질적으로 설교의 깊은 의미를 아는 사람들은 모두가 이구동성으로 설교를 단순하게 생각하거나 쉽게 생각할 것이 아님을 경험과 함께 부르짖고 있다. 그리고 설교를 배운다는 사실도 영원히 끝나지 않는 작업이라고 말한다. 일리온 존스가 갈파했던 "설교자가 '현재의 나는 초보 단계를 벗어난 완벽한 설교자이다.'라고 자랑할 수 있는 시간은 결코 오지 않는다."5)라는 말은 교만한 설교자들에게 많은 의미를 주고 있다. 내가 성공적인 설교라고 믿는 그대로 듣는 사람들도 그렇게 생각할 것으로 안다면 그것은 큰 오산이다.

설교의 성공이란 한 인간으로서는 영원히 가져올 수 없는 이상이다. 설교자가 하나의 도구로 최선을 다했을 뿐 그 성공 여부는 설교자의 계산의 대상이 될 수 없다. 그러기에 '설교의 교만'은 가장 위험한 독소이다. 이러한 독소를 버리지 못한 설교자는 자신의 생계 유지를 위하여 흥미롭게 꾸며 던진 자기의 말을 하나님의 말씀이라고 외치고 사는 거짓 선지자가 되기 쉽다. 그 결과는 죽지 아니할 영혼을 죽이고, 살지 못할 영혼을 살리는 저주받은 선지자들로6) 탈락될 가능성을 갖게 된다.

언제나 스스로 성공적인 설교자라고 자부하면서 땀 흘리는 준비에 태만한 설교자 앞에는 "교만은 패망의 선봉이요, 거만한 마음은 넘어짐의 앞잡이"라는 말씀의 푯말이 견고히 서 있음을 명심해야 한다. 도발드슨(Thorvaldsen)이라는 조각가가 "나의 현실이 나의 이상과 동일한 것으로 발견될 때 나는 내리막길을 가고 있는 존재이다."라고 한 말에 유의하여야 한다. 일리온 존스는 이상의 말을 인용하면서 "설교자가 자신의 설교에 만족할 때 그는 스스로 내리막길을 가고 있다."라

고 말한다. 그리고 다음의 의미 깊은 시를 인용하고 있다.7)

> 하나님!
> 완성치 못한 채 적당히 넘기려는 세계로부터
> 나를 지켜 주옵소서.
> 단호하고 끈질긴 긍지와 더불어
> 살게 하옵소서.
> 만일 그 싸움에서 마지막 승리를 했을 때라도
> 내가 자만하지 않도록
> 나를 지켜 주옵소서.

3. 설교 준비의 최우선적인 것들

한 편의 설교 준비에 쏟아야 할 시간과 그 출발, 그리고 범위를 이해하는 데는 여러 가지의 견해가 다양하다. 설교자가 처해 있는 상황과 그 개인의 고유한 성격과 습관은 설교 준비의 다양성을 인정해야 하는 당위성을 가지고 있다. 그러나 여기서 언급하고자 하는 과정은 누구나 수용해야 할 보편적이고 기본적인 설교 준비의 원칙이라 보아도 무리가 아니다.

첫째, 성령님의 도움을 구하는 문제이다.

설교의 주제나 본문이 정해지기 이전부터 성령님의 도움을 간구하고 그 도움 속에서 말씀의 준비가 시작되어야 하는 것이 설교자의 바른 출발이며, 그것이 설교자가 걸어야 할 정상적인 궤도이다. 앞에서 서술한 대로 설교란 택함받은 설교자가 하나님의 말씀인 성경의 진리를 선포하고 해석하며 이 진리를 회중의 삶에 적용시키는 일이다. 이것은 반드시 성령님의 감화하심에 의해 이루어져야 한다. 여기서의 '성령님의 감화하심에 의함(under dynamic of Holy Spirit)'이라

함은 말씀이 선포되어지는 순간만을 말한 것이 아니라 준비의 단계부터 선포되어 결실을 거두기까지의 설교 전체를 말한다. 어떤 설교자들은 설교단에서 설교의 행위를 할 때에 비로소 성령님의 역사와 도움을 요청하는 사례를 보게 된다. 그러나 진정한 성령님의 도움은 외쳐야 할 메시지를 찾아 준비하는 과정에서부터 시작되어야 한다.

둘째, 메시지를 운반할 도구가 제 기능을 다하도록 갈고 닦는 일이다.

설교자는 하나님의 말씀을 운반하는 특별한 사명을 가진 도구들이다. 이 도구가 험준한 세상의 일원으로 사는 동안 자신도 모르게 잡다하게 오염된 공기와 물을 먹으면서 부패하고 있다는 사실은 누구도 부정할 수 없다. 오늘의 설교자들은 설교의 도구로서 필연코 갖추어야 할 성결한 몸과 얼굴을 잃어버린 채 마치 어느 집단의 주인마냥 말끔한 복장과 예리한 눈길과 권위만 가득함을 보게 된다.

그러나 진정으로 하나님의 말씀을 운반하여야 할 도구는 맑은 소리를 낼 수 있는 순수하고 성결한 도구여야 한다. 바로 이 작업이 가장 우선적인 설교의 준비이며, 여기서 실패하면 설교의 준비를 비롯하여 전달에 이르기까지 완전한 실패를 가져온다.

셋째, 설교자의 생활은 설교를 위한 생활이어야 한다.

설교의 준비에 있어서 먼저 거론되어야 할 것은 설교자의 생활 전체가 설교의 준비와 상관관계를 이루어야 한다는 사실이다. 한 조각의 신문을 읽는 데서부터 한 인간을 만나는 데까지 모두가 설교의 준비요, 조용한 명상으로부터 동역자들의 설교를 듣는 것까지 모두가 설교의 준비와 연관되어야 한다. 그리고 자신이 참석한 회의, 읽는 모든 책, 피상담자와의 대화 이 모두가 설교의 자료로서 하나하나 정리되어야 한다. 특별히 현대 철학의 사조와 변화, 과학의 발전, 문학의 흐름, 디지털 시대의 변화 등등이 모두 설교의 일반적인 준비에 속한다.

제11장 한 편의 설교를 위한 준비

유명한 설교가 메카울레이(Macaulay)가 설교의 한 문장을 쓰기 위하여 20권의 책을 읽었고 하나의 사실을 말하기 위하여 백 마일의 여행을 했다는 기록8)은 설교자의 일반적인 독서와 여행마저도 모두 설교의 준비와 밀접한 관계를 맺고 있음을 말해 주고 있다. 그 외에도 설교자는 언제나 말을 하는 존재로서 듣는 시간이 부족하기에 남의 말을 주의 깊게 경청하는 것도 설교의 일반적인 준비에 속한다고 본다. 이상과 같은 부분은 모두가 설교자라는 한 인간의 삶 자체가 설교를 위하여 존재한다는 것을 충분히 설명해 주고 있다.

이러한 원칙 아래서 설교 전문인으로서 더욱 생활화되어야 할 부분은 한 손에 하나님의 말씀을, 그리고 한 손에는 삶의 장을 붙잡고 사는 일이다. 그것이 바로 하나님의 말씀인 성경을 펼치고 그 말씀에 대한 지속적인 연구 생활을 습관화하는 일이다. 이것은 단순한 성경 지식의 향상이 목적이 아니다. 기도와 함께 계속되어지는 말씀의 탐독과 연구는 자신의 영적인 성장은 물론 그 말씀의 세계에서 자신의 삶이 정착하고 있다는 사실에서 더욱 중요한 의의를 찾게 된다.

여기서 성경만을 붙들고 설교자가 산다면 설교자는 삶의 장과 무관한 설교를 나열하게 되는 모순을 낳게 된다. 그러므로 설교자는 또한 한 손에 책을 들고 일반적인 독서를 하면서 삶의 장을 거니는 것이 생애의 중요한 부분이 되어야 한다. 매일의 신문을 비롯하여 신학, 철학, 역사, 문학, 자연과학에 이르기까지 일반적인 분야를 읽으면서 어느 때 어디선가 설교의 자료가 될 수 있다고 생각되는 내용들을 수집하여 자료집을 만드는 일이 하나의 일과가 되는 것은 너무나 당연한 일이다. 그러면서 설교자 자신이 살고 있는 주변에서 발생한 작은 사건이라도 귀담아 듣고 그 속에서 발견할 수 있는 설교 현장을 찾는 데 관심을 두어야 한다.

이러한 삶의 궤도를 달리는 설교자의 생애를 상상해 보면 그의 생애는 설교 밖의 일을 할 수 없는 존재임을 쉽게 짐작하게 된다. 설교자가 한 손에 하나님의 말씀을, 그리고 또 한편으로는 그 말씀이 적용되어야 할 현장을 찾으며 그 현장 속에서 발생한 사회의 세밀한 부분까지 설교자로서의 관찰과 경험을 하면서 산다는 것은 설교를 위한 온전한 도구의 모습이다.

4. 연중 계획을 통한 설교의 준비

설교의 준비에 있어서 설교학자들은 일반적으로 설교자가 1년의 계획을 체계 있게 세워나가야 한다는 견해를 가지고 있다. 설교자가 1년 동안 선포할 설교의 계획을 짜놓는다면 설교자는 언제 어디서나 손에 닿는 설교의 자료들을 그 계획에 따라 적당히 배열할 수 있는 편리한 이점이 따르게 된다. 그리고 매주 새롭게 설교의 자료를 찾는 압박감에서 해방될 수 있으며 그만큼 시간과 정력의 낭비를 막아 효과적인 목회를 할 수 있다. 그리고 설교를 작성하기까지 충분한 생각과 준비를 할 수 있다는 이점을 갖게 된다.

이러한 계획은 설교자가 차분한 시간을 얻어 조용한 명상과 함께 수립을 해야 하기에 가급적이면 여름휴가 때 한적한 곳에서 집중적으로 다가오는 새해를 구상하면서 우선적인 계획을 짜보는 것이 효과적이라고 본다. 목회 현장에서 여러 형태의 일 때문에 시달리면서 다가오는 새해의 설교 계획을 만든다는 것은 대단한 무리이며 섬세한 계획의 수립에 지장을 가져오기 쉽다.

이제 좀더 자세하게 이 계획을 어떻게 만들 것인지 구체적으로 생각해 보기로 한다.

1) 열두 장의 종이를 준비하여 자신의 목회 계획을 월별로 구분하여 각 장 위에 쓰도록 한다. 그리고 자신의 목회 현장에서 지향해 가야 할 원칙을 설정하고 그것들을 월별로 분류하여

설교와 함께 실천하도록 한다.
2) 교회력을 따라서 대림절, 성탄절, 주현절, 수난절, 부활절, 오순절 등을 주일별로 구분하도록 한다. 회중에게 복음이 전해질 때 적절한 계절을 따라 깊은 인상과 경험을 하도록 시도한다.
3) 3·1절 기념주일이나 8·15 광복기념주일과 같은 한국의 교회가 반드시 하나님의 은총을 깨달아야 할 국가적인 기념주일과 교단적으로 제정한 특수한 주일에 지난해들의 주제와 반복되지 않도록 설교의 주제들을 찾아 기록한다.
4) 지난 2년 동안 본인이 행하였던 설교의 주제와 본문 등을 다시 한번 살펴보면서 해당 주일에 기록을 한다. 여기서 설교자는 어떤 주제들이 지난 2년 동안 다루어지지 않았고 어떤 주제들이 집중적으로 다루어졌는지를 정리해 본다.
5) 신구약성경의 어느 부분이 자신의 설교에서 외면을 당하고 있었는지를 자세히 관찰한다. 특별히 신약에 편중된 오늘의 설교 현상을 상기하면서 66권에 나타난 하나님의 말씀을 회중에게 고르게 먹이려는 노력을 시도해야 한다. 교회력에 따라 주어진 성서일과가 성경의 전반적인 개관에 도움을 줄 수 있다.
6) 무엇이 필요했던 문제들이었고 그 중에 어느 것들이 설교 속에서 다루어지지 않았는지를 살피면서 지난해 동안 관심이 미치지 못한 부분들을 위한 말씀을 찾고 거기에 해당되는 설교의 주제를 배열한다.

이상의 항목들을 섬세히 살피면서 설교자는 새해의 설교 계획을 진행한다. 물론 이 계획에는 설교의 주제와 본문이 모두 잠정적으로 정해져야 함은 당연한 일이다. 이때 설교자는 지난 2년 간의 설교 주제들 중에서 특별히 반복되어야 할 부분들을 제외하고는 좀더 다양한 주제의 발굴을 찾기 위해 노력을 기울여야 한다. 그러나 여기서 유의해야 할 것은 설교자가 회중의 모든 문제와 필요한 것을 모두 빠짐없이 다루겠다고 지나친 의욕을 부려서는 안 된다는 점이다. 그 이유는 설교가 법조문처럼 섬세하게 회중의 문제를 모두 다룰 수 없기 때문이다. 그러나 설교자가 보다 더 다양한 꿀을 먹이고 균형 잡힌 말씀의 씨를 뿌려야 함은 설교자의 너무나 당연한 임무라 아니할 수 없다.

이상과 같이 설교의 연중 계획을 세우게 될 때 설교자는 많은 시간을 절약할 수 있으며, 보다 더 충실한 설교가 준비되어질 것은 의심할 필요가 없다. 그러나 한 가지 주의해야 할 것은 이 연중 계획표를 절대적인 것으로 믿지 말고 긴급을 요하는 시대적인 요청, 즉 국내외의 정치, 사회의 변혁, 국민의 관심이 모아진 사건의 발생, 또는 교회의 특수한 사정의 돌발적인 출현 등에 민감해야 한다. 이 계획은 어디까지나 융통성을 지닌 것으로 이상과 같은 상황의 변화가 올 때는 모든 회중이 하나님은 이런 현실을 두고 무슨 말씀으로 조명하시는지를 기다리게 된다는 점을 마음에 두어야 한다. 그럴 때 설교자는 지체 없이 짜여진 계획을 바꾸어 밤을 새워서라도 그 상황에 맞는 말씀을 전달하는 데 땀을 흘려야 한다.

5. 주간의 단계적 준비

1) 한 편의 설교가 요구하는 시간

한 편의 설교가 완성되기까지 필요한 준비의 시간이 어느 정도가 가장 이상적인지에 대한 질문을 수없이 받는다. 이러한 질문은 우리의 개혁교회가 설교 중심으로 나아갈 때부터 발생된 질문이다. 이 질문에 대한 대답은 1870년에「설교의 준비와 전달」을 펴내어 20세기 중반까지 설교학 교재로 널리 사용된 바 있는 존 브로더스(John

제11장 한 편의 설교를 위한 준비

Broadus)로부터 듣게 된다. 그는 설교의 준비와 그 소요 시간에 대하여 묻는 설교의 초년병들에게 다음과 같이 대답을 한 바 있다고 서술하고 있다.

> 정확한 대답이란 있을 수 없다. 그 이유는 목사로서 쌓아올린 지난 세월의 모든 학문과 현재 진행 중인 연구와 명상과 기도와 목회, 그리고 설교자의 눈으로 보는 모든 사람과 사물들이 설교의 초석이 되고 상부 구조가 되는 데 공헌을 하기 때문이다.[9]

브로더스의 말대로 설교의 준비가 어디서부터 어디까지라고 말하기는 참으로 어려운 일이다. 실질적으로 설교의 준비란 위에서 본 대로 한 설교자의 삶 전체가 요구되어지기 때문에 그 준비의 한계를 분명히 그을 수 없다는 이론이 성립된다. 그러므로 설교자가 하나님의 말씀을 증언하기 위하여 자나깨나 명령을 기다리고 생각하며 자료를 찾아 헤매는 것이 그들 생활의 전부가 되어야 한다고 주장하게 된다.

브로더스의 이상과 같은 대답은 설교를 위한 설교자의 기본 자세를 논한 것이기에 여기서는 그 원론적인 바탕 위에 한 편의 설교를 해당 주간에 구체적으로 어떻게 준비하고 그 소요 시간은 어느 정도인지를 살펴보고자 한다.

현대 설교학자들은 한 편의 설교를 완성시키기 위하여 직접적으로 소요되는 시간이 대체적으로 설교 길이에 따라 달라진다는 데 의견을 같이 한다. 그러나 대부분이 30분의 설교는 30시간을, 25분의 설교는 25시간을 직접 준비의 시간으로 책정한다.[10] 이 시간의 산출은 주일 낮 예배의 설교를 위하여 소요된 시간을 기준으로 하여 말하고 있다. 이 이론에 따르면, 설교자는 매일 4시간 이상씩 설교를 위하여 준비해야 한다. 한국의 설교자들은 한 편의 설교를 위하여 20시간을 내기가 어렵다는 반응을 보일 수도 있다. 그러나 새벽 기도회가 끝난 다음에 바로 서재로 들어가 정기적으로 서재에서 하루에 네 시간씩만 앉아 설교를 준비한다면 일주일에 20시간 이상을 내놓기가 고통스러운 일만은 아니다.

일찍부터 글을 좋아하고 글을 읽는 사람을 존경해 온 한국의 문화이기에 설교자가 선비적 자세로 서재 속에 파묻히고 책을 가까이 하는 모습을 오늘의 교인들은 어느 때보다 간절히 원하고 있다. 이러한 정황 속에서 설교 사역을 감당하는 한국의 설교자들은 한 편의 설교 준비를 위하여 시간이 얼마나 소요되느냐를 묻기 전에 매일의 설교 준비를 습관화할 필요가 있다고 본다.

2) 한 편의 설교를 위한 절차

한 편의 설교가 완성되기까지는 설교자가 당연히 통과해야 할 절차가 있다. 이 절차 가운데 하나라도 설교자가 빠트리면 설교는 파행적(跛行的)인 현상을 일으킬 수밖에 없다. 이 절차는 젊은 설교자들은 하나의 계율로 지켜야 하는 엄격한 단계이다. 설교자가 이 절차를 언제나 수행하는 습관이 들여져야만이 그 설교가 정상적인 설교 궤도에 오를 수 있다는 사실은 많은 설교학자들의 공통된 견해이다. 만일 설교 사역에 입문한 설교자가 이 기본적인 절차를 적당히 넘기면서 설교를 작성하는 샛길을 택하는 데 맛을 들이고 거기에 상주하게 된다면 그의 설교의 미래는 지극히 불행해질 수밖에 없다는 예단(豫斷)을 내릴 수 있다. 비록 이 길이 고단한 여정이라고 하더라도 창조적인 일은 언제나 고된 일을 요구한다는 사실에 깊이 유의해야 한다. 소위 천재라고 불리는 사람들을 통하여 얻어진 천재의 개념은 모두가 힘들고 고된 일들에 숙명적으로 몰입하였다는 사실이다. 단조롭고 어려운 일 앞에도 포기하지 않고 무한한 고통을 이겨내는 능력을 발휘했다는 사실이다.

다음에 제시된 설교 준비를 위한 절차들은 단순한 작업이 아니다. 실로 어렵고 고통스러운 것들이다. 그러나 하나님의 말씀을 바르게 선포하고 해석하며 적용시키는 작업은 설교자의 눈물과 땀이 어린 정성을 요구하고 있다. 하나님은 오늘도 예레미야 선지자를 통하여 "여호와의 일을 태만히 하는 자는 저주를 받을 것이요, 자기 칼을 금하여 피를 흘리지 아니하는 자도 저주를 당할 것이로다."(렘 48:10)라는 말씀이 단순한 모압에 대한 예언이 아니라 오늘의 설교자들을 향한 말씀으로 받아들이는 겸손이 있어야 한다.

존 킬링거의 말대로 설교자는 기본적으로 말씀을 전하라고 기름 부음을 받았다. 그러므로 설교자가 말씀을 전하기 위하여 설교단에 서게 될 때 그 말씀이 진정 하나님 말씀으로 전달되어야 한다.[11] 흔히 설교자들이 토요일 밤에야 급조해 낸 것은 설교라기보다는 이것저것 모아진 즉석 설교의 성격을 띠게 되는 부끄러운 설교이다. 충분한 시간을 바치지 못한 설교는 피상적인 설교로서 오히려 하나님의 말씀을 차단하는 행위로 끝나게 된다. 이러한 이유 때문에 성실한 설교자는 주일 낮 예배에서 행할 설교를 위하여 적어도 다음의 과정을 필요로 하고 이 과정을 성실히 통과하여야 한다.

설교자의 점검 ⇒ 설교의 목적 설정 ⇒ 본문과 주제의 확정 ⇒ 석의 ⇒ 주해와 적용 ⇒ 명제적 진술의 확정 ⇒ 설교의 윤곽 설정 ⇒ 자료의 배열 ⇒ 원고화 작업 ⇒ 말씀의 성육화 작업 ⇒ 최종 점검 ⇒ 10분의 1로 원고 축소 ⇒ 설교 도구의 겸허한 준비

이상과 같은 준비의 절차를 좀더 자세히 설명하면 다음과 같다.

(1) 설교자의 점검

설교자는 자신이 지원한 일에 종사하는 단순한 직장인이 아니다

신학교의 문전에 들어갈 때부터 하나님의 소명(召命)에 의하여 결단을 내렸고 훈련을 받았다. 그리고 설교 전문의 도구가 되어서 하나님의 백성들을 섬기고 그들에게 필요한 말씀을 수시로 가져다 주는 특수한 사명자들이다. 이들에게는 누구도 경험하지 못한 사명감과 함께 기쁨이 수반되어야 한다.

이 사명감과 기쁨의 감정은 바로 기도로 이어져야 한다. 이 기도로 명상과 함께 하나님의 말씀을 받을 수 있는 그릇으로서의 맑은 정신과 성결함이 어느 정도인지를 점검해 본다. 그리고 하나님과의 커뮤니케이션을 할 수 있는 자신의 영성이 튼튼한지를 측정해 본다. 뿐만 아니라 자신이 얼마나 주님을 뜨겁게 사랑하고 하나님의 말씀을 열정적으로 사모하는지 스스로의 모습을 살펴본다. 이러한 진지한 기도가 드려진 다음에 설교자는 전달해야 할 메시지를 하나님께 구해야 한다.

(2) 설교 목적의 설정

설교에 있어서 본문의 결정이나 주제의 설정이 있기 전에 설교자는 자신이 가야 할 목적지를 먼저 정해야 한다. 지난 주일에 이어 오늘도 복 받는 길만을 설교할 것인지, 아니면 도덕성이 무너지고 윤리가 실종된 사회적인 문제를 향하여 예전적인 설교를 할 것인지 정확한 목표를 설정해야 한다. 정처 없이 성경을 읽다가 본문을 정하고 또는 생각하다가 주제를 정하는 것은 균형 잡힌 영양을 공급하지 못하는 행위일 뿐만 아니라 설교의 정확성을 기하지 못하는 결과를 가져온다.

다행스럽게 설교자가 균형 잡힌 목적을 생각하면서 연중 계획을 세워 놓았다면 이 단계는 이미 완료가 된 단계이고 그 다음의 단계를 밟을 수 있다. 그러나 매주 설교 계획을 세우면서 준비를 해야 하는 설교자는 반드시 이 단계를 거쳐야 설교 사역의 방향과 말씀의 균형이 뚜렷하게 이어지게 된다.

(3) 본문과 주제의 선정

여기서의 본문(text)이란 설교자가 운반하여 전달해 주어야 할 하나님의 말씀인 성경에 기록되어 있는 성구이다. 그리고 주제 (subject, theme, topic)란 설교의 이름을 말하는 제목(title)이 아니라 그 말씀 속에서 무엇을 주된 메시지로 할 것인지를 결정한 단어들이다. 예를 들면, 십자가, 부활, 회개, 기도와 같은 것들이다.

많은 설교학자들은 다음 주일을 위한 이러한 본문과 주제를 주일 밤 조용한 시간을 이용하여 결정하라고 말하고 있다. 그러나 주일 새벽부터 저녁 찬양 예배까지의 무거운 책임을 끝내고 나면 한국교회의 목회자는 마치 태풍이 지난 뒤처럼 엄습해 온 피곤과 함께 모두를 멈추고 쉬고 싶어진다. 오히려 우리의 목회 현장에서는 주일 밤보다는 월요일 새벽 기도회 후가 가장 적당한 시간이라고 여겨진다. 목회자에게는 월요일이 휴일로 생각되겠으나 설교를 위하여서는 월요일이 일하는 날이 되어야 한다.

흔히 주보를 만드는 인쇄소로부터 전화를 받고서야 설교의 본문과 제목을 만드는 기현상을 종종 보게 되는 아픔이 있다. 그리고 주일 낮에 선포해야 할 설교를 토요일 밤에 준비하느라고 때로는 뜬눈으로 새우는 설교자들이 적지 않다. 이러한 설교자들을 가리켜 토요일에 설교를 급조해 낸 목사라는 명칭을 주게 된다. 이 때는 설교자가 설교에 대한 정직성이나 신실함을 심사숙고하기에는 너무 늦어서 아무 설교나 생각나는 대로 또는 남의 설교를 도용하는 부끄러운 행위를 범하게 된다.

월요일 이른 아침부터 있어야 할 본문과 주제의 선택에 대하여 생각해 보자. 본문은 세 가지의 과정을 통하여 확정될 수 있다. 먼저, 앞에서 말한 대로 설교의 연중 계획을 세울 때 교회력을 따라 매 3년 마다 돌아가도록 이미 기록해 놓은 성서일과를 사용하는 방법이다.[12]

둘째, 선정한 주제를 따라서 거기에 맞는 본문을 찾는 방법이며, 셋째, 설교자가 매일의 충실한 영적인 생활 가운데서 성경을 읽는 중에 영감을 받은 말씀이나 또는 '이 말씀을 증거해야 하겠다.'는 강한 충동을 받은 말씀을 본문으로 선택할 수 있다.

    설교의 주제는 앞서 설명한 대로 설교의 1년 계획을 많이 따르도록 하는 것이 가장 보람 있다고 믿어진다. 특별한 사유가 없는 한 무엇에 대하여 설교를 하겠다는 계획을 짜놓은 것을 어려워도 충실히 이행하려고 노력해야 한다. 그리고 본문 속에서 나타난 주제가 계획했던 것과 차이가 생길 때 그것을 무리하게 맞추려는 것은 예상 외의 실수를 낳기 쉽다. 그러므로 다른 본문을 찾아서 주제를 맞추든지, 아니면 그 본문에 맞는 주제를 선정해서 계획된 연중 계획의 것과 큰 차이가 있는지를 검토한 후에 결정함이 좋다.

    이상과 같이 설교의 기초가 되는 본문과 주제의 확정은 어떤 경우가 있다 하더라도 화요일 정오까지는 완료되어야 다음의 준비단계를 계속하는 데 지장을 가져오지 않게 된다.

(4) 석 의

    설교자가 본문과 주제가 확정되면 지체 없이 시작해야 할 것이 바로 본문에 대한 철저한 석의 작업을 펼치는 일이다. 제7장 "본문의 설정과 단계적인 접근"에서 이미 언급한 대로 설교자가 운반해야 할 말씀의 진의를 제대로 파악하지 못한 채 이 말씀을 회중에게 전달한다는 것은 가장 무서운 실수를 범하게 된다. 그러므로 설교자의 가장 일차적인 임무는 자신이 전하려고 하는 말씀을 정확하게 이해하는 일이다. 그것을 위해서는 원어를 직접적으로 연구 분석하고 각종 주석 또는 사전을 활용하여 그 뜻을 정확히 포착하는 과정이 필요하다. 이 과정에서 설교자는 날카로운 성경학도로서 본문을 깊이 통찰해야 한다. 그리고 이 말씀이 누가, 언제, 어디서, 어떻게, 무슨 목적으로, 누구에게 기록한 것인지를 분석하면서 문맥상의 자료를 비롯하여 그 시대의 모든 여건을 연구해야 한다.

석의라는 가장 중요한 사명의 수행이 없이는 다음의 단계를 넘어갈 수 없다는 절박감을 가지고 있는 설교자는 수요일 정오까지 이 작업을 완료해야 바로 이어진 주해의 계단을 오를 수 있다.

(5) 주해와 적용

주해의 과정은 이미 설명한 대로 성경에서 주어진 그때(Then)의 말씀이 오늘 여기에서(here and now) 무엇을 계시하고 있는지를 찾는 일이다. 즉, 진리의 현재성을 찾는 단계이다. 여기서 설교자는 특별한 영적인 시각과 청각을 활용하여 세미한 음성을 찾는 데 깊은 관심을 기울여야 한다. 그 때문에 이 과정은 설교자의 맑은 영성이 필요하고 여기서 스스로가 깊은 은혜를 체험하면서 '달고 오묘한 말씀'으로서 본문에 대한 확신을 갖게 되어야 한다.

이러한 과정 가운데서 말씀이 현장화되어야 할 회중의 형편과 삶의 장이 연결되어지고 여기서 바른 적용의 현장을 찾게 된다. 그리고 그 적용의 방법이 구상되어진다. 이처럼 중요한 주해와 적용의 단계는 석의 과정에서도 나타날 수 있으며, 설교의 원고화 작업 중에서도 발생될 수 있다. 그러나 설교의 윤곽이 있어지기 전까지의 시간인 목요일 정오까지 완료할 수 있다면 가장 이상적인 방법이라고 하겠다.

(6) 명제적 진술의 확정

설교의 명제적 진술이란 자신이 구상한 설교를 분명한 언어로 설교의 핵심을 간결하게 표현함을 말한다. 다니엘 바우만은 이 명제를

"압축된 설교로서 설교의 전체 사상을 포괄하여야 하고 전체 설교가 단문으로 된 명제 안에 작은 규모로 포괄되어 있어야 한다."고 설명하고 있다.[13] 명제는 마치 국어 시간에 하나의 글을 간결하게 추려보는 '전체의 뜻'과 같은 개념으로 이해할 수 있다. 이 명제적 진술의 확정은 바로 다음에 이어지는 설교의 윤곽과 설교의 원고화 작업에 직접적인 방향이 되며 시도된 설교의 방향으로부터의 이탈을 막아 주는 중요한 역할을 하게 된다.

(7) 설교의 윤곽과 자료 배열

앞에서 말한 설교 명제의 진술이 끝나면 즉시 설교자는 이 설교를 어떻게 전개하고 풀어 주어야 할 것인지를 연구해야 한다. 바로 여기서 그 설교가 전개되어질 형태에 따라 설교의 윤곽(outline)을 설정하게 된다. 그리고 그 윤곽에 따른 자료들을 찾아 배열을 한다. 그 자료는 예화일 수도 있고 읽은 책들을 통하여 수집해 놓은 일반적인 자료들이 될 수도 있다. 이 과정은 바로 이어질 원고화 작업의 직전 단계이기에 섬세한 설교의 윤곽이 설정되어야 하고 사용되어질 정확한 자료들이 배열되어야 한다.

(8) 원고화 작업

많은 설교자들이 부족한 시간 때문이라는 구실을 앞세워 앞에서의 설교의 윤곽과 자료만을 적당히 맞추어 설교단에 오르는 경우를 종종 본다. 그러나 설교는 반드시 전체가 원고화되어야 한다. 원고화 작업의 과정에서 설교자는 말씀을 받아쓰는 경험을 하게 되고 잡다한 착상들을 정리하게 되는 소중한 일을 하게 된다. 그리고 이 과정에서 아름다운 어휘를 선택하고 감동적인 표현으로 엮어지는 문어체(文語

體)를 갖추게 된다. 현대의 회중은 설교가 언제나 똑같은 구어체(口語體)로 이어지면서 수준이 낮게 표현되는 설교에 귀를 기울이지 않는 경향이 있다.

원고화 작업에서 유의해야 할 것은 원고화의 작업은 서론부터 결론까지 단번에 다 작성될 수 없다는 사실이다. 메시지를 원고에 옮겨 싣는 과정에서 멈춤이 오고 진전이 안 될 때마다 설교자는 펜을 잡은 그 상태에서 하나님께 늘 간구하는 자세를 갖추어야 한다. 여기서 성령님의 인도가 경험되어지고 그 계시에 의하여 원고지가 메워지는 경험은 설교에 심혈을 기울인 설교자들에게는 흔히 있는 사례들이다.

(9) 말씀의 성육화 작업과 최종 점검

설교는 언제나 언어로서만 전달되는 것이 아니라는 사실은 계속적으로 강조해 온 사실이다. 유창한 언어와 화려한 문장 가운데서 설교가 은혜를 끼치고 설교의 사역을 감당할 수 있는 것이 결코 아니다. 설교자 자신이 원고화된 설교를 소리내어 읽으면서 감동을 받고 스스로가 깊은 진리와의 만남을 가져올 때 그 감동과 은혜가 회중에게 옮겨가게 된다. 그렇기 때문에 설교자는 원고화된 설교를 회중의 입장에서 경청하는 자세로 읽으면서 설교자 자신이 준비된 메시지와 일치된 과정을 반드시 거쳐야 한다.

즉, 원고가 탈고된 순간부터 설교자는 준비한 말씀이 단순히 자신의 두뇌 작용의 결실인지, 아니면 그 말씀이 자신 속에 화신(化身)이 되어 몸과 마음 전체가 그 말씀과 함께 묶여 있는지를 살펴야 한다. 그럴 때 강단에 선 설교자가 단순히 입으로만 설교하는 것이 아니라 스스로의 몸에서 설교가 나아가고 있음을 회중이 느끼게 된다.

그리고 최종적으로 중요한 부분은 설교의 어느 부분에서 설교자가 등장하여 성삼위 하나님의 나타나심을 방해하고 있는지를 섬세하게 살피는 최종 점검이다. 설교에서 설교자의 얼굴이 등장하고 기교가 판을 치는 곳에서는 메시지의 주인이 설교자로 바뀐다는 사실에 깊은 주의를 기울여야 한다. 여기서 과감하게 설교자가 보이지 않도록 하는 최종적인 작업의 필요성이 절실하다.

(10) 원고의 1/10의 축소

원고를 그대로 들고 설교단에 서고 싶은 충동과 필요성을 느끼는 설교자의 심정은 충분히 이해할 수 있다. 그러나 설교 원고를 들고 등단한 설교자의 대부분은 자신이 그 원고를 모두 외웠다고 하더라도 회중을 바라보지 못한 채 원고에 시선을 멈추고 그 원고를 향하여 설교를 하는 부끄러운 장면을 노출하게 된다. 통계에 의하면, 설교자가 원고를 작성하면서 약 20회 정도를 읽을 수 있다면 축소된 원고만 읽고서도 충분히 그 설교 전체를 전달할 수 있다고 한다. 그러므로 설교자는 자신이 준비한 설교의 원고를 10분의 1로 축소하고 그 축소된 것을 들고 설교단에 설 때만이 회중과 얼굴을 맞대고 자신이 준비한 메시지를 힘있게 전달할 수 있다.

설교 사역자로 초창기의 10년 정도를 이상과 같은 충고를 받아들여 실천에 옮긴다면 그 이후는 축소의 작업을 하지 않고 원고를 가지고 설교단에 서도 그 원고에 얽매이지 않게 된다. 그러므로 미래의 설교 사역을 위하여 아름다운 꿈을 가진 설교자는 이 축소의 작업을 통하여 원고대로 설교를 하면서도 그 원고로부터 그 눈과 몸의 자세가 자유자가 되는 길을 걸어야 한다.

(11) 설교 도구의 겸허한 준비

설교자는 언제나 자신은 단순한 도구로서 그 사명을 다할 뿐이라는 명제를 가지고 살아야 한다. 그러나 특별히 말씀의 전달이라는 긴박한 상황을 앞에 두고 있는 설교자는 자신의 설교 준비가 비록 완벽하게 끝났다고 하더라도 두렵고 떨리는 자세를 유지하지 않을 수 없다. 참된 설교자의 가슴에는 '설교의 완벽한 준비'라는 단어가 존재할 수 없다. 그러므로 신실한 말씀의 종은 자신을 온전히 성령님의 손에 맡겨버리는 겸허한 신앙의 자세가 필요하다. 설교자는 나의 최선을 드리고 그 결과를 성령님의 손에 맡길 때만이 성령님이 그를 도구로 사용하신다는 사실을 겸손히 받아들여야 한다. 그가 쓰시기에 부족함이 없는 하나의 도구로 내어놓고 그 앞에 순종하는 자세로 겸허하게 설 때 설교는 하나님의 말씀으로 회중의 가슴에 스며들게 된다.

이상과 같이 주간에 있어야 할 설교의 준비 단계를 다시 한번 도표로 그려서 독자들의 이해를 돕고자 한다.

이상과 같은 절차가 비록 고단하고 어렵더라도 이 길을 고지식하

게 따르고 습관화하는 것은 설교자의 너무나 당연한 자세이다. 설교를 자신의 생명처럼 여기면서 땀 흘리는 설교자만이 회중의 가슴을 적시게 된다. 솔직히 설교란 설교자의 땀과 눈물이 없이는 감당하기 어려운 사역이다.

수고함이 없이 남의 설교를 나의 것인 양 도용하여 설교단에 올라가는 설교자를 제외하고는 누구나 감당해야 할 준비의 절차를 단계적으로 풀어보았다. 이 막중한 사명의 길을 걸음에 있어서 우리는 허다한 장애물을 넘지 않으면 안 되는 고통이 따른다. 그러나 마틴 루터가 "나는 교황과 모든 추기경보다 나의 마음이 더욱 두렵다."고 한 말을 기억할 필요가 있다. 사실 설교자의 실패는 우리 몸 밖의 어떤 것이 아니라 우리 자신의 약점이나 타성, 미루는 버릇, 그리고 자기 훈련과 헌신의 부족 등에 기인하고 있다.

설교의 성패는 설교자가 누구이며 무엇을 어떻게 생각하고 준비했느냐에 따라 결정되며 설교의 내용과 방향도 좌우된다. 오늘도 설교자들 앞에 간절한 두 눈을 뜨고 갈급해 하는 회중은 물질이나 건강의 문제 때문에 그렇게 안타깝게 설교자를 주시하는 것이 아니다. 그들은 살아 있는 하나님의 말씀을 먹고 싶어서 오늘도 갈급한 심정으로 설교자 앞에 앉아 있다. 여기서 설교는 이 심령들의 생(生)과 사(死)에 중요한 영향을 주는 무거운 책임을 안고 있다. 그러므로 설교자는 심혈을 기울인 준비를 계속하지 않을 수 없다. 하나님 앞에 부끄러움 없는 설교자의 준비가 있을 때 그에게 하나님은 성언을 운반하도록 허락하신다는 평범한 원칙을 설교자는 마음에 두어야 한다.

주>

1) Eric W. Hayden, "Did You Know?" in *Christian History*, Issue 29, vol. X, No. 1, p. 2.

2) 스펄전에 대한 좀더 자세한 연구는 다음의 웹사이트를 찾으라.
   http://www.spurgeon.org
3) Charles Spurgeon, *Lectures to My Students*(Grand Rapids: Zondervan Publishing House, 1972), p. 157.
4) Hunter Beckelhymer, "Some Current Tensions in Homiletics," *Religion in life*, vol. XLII(Spring, 1973), p. 93.
5) Ilion Jones, 「설교의 원리와 실제」, 정장복 역(서울:생명의 말씀사, 1986), p. 8.
6) 에스겔 13:6-9, 19.
7) Ilion Jones, op. cit., p. 10.
8) Ibid., p. 50.
9) John A. Broadus, *On The Preparation and Delivery of Sermons* (New York:Harper & Brothers, 1944), p. 293.
10) Daniel Baumann, 「현대 설교학 입문」, 정장복 역(서울:엠마오, 1983), p. 161.
11) John Killinger, *The Centrality of Preaching in the Total Task of the Ministry*(Waco, Texas:Word Books, 1969), p. 29.
12) 세계의 개혁교회가 공통으로 개발한 교회력은 성서일과를 만들어 9년간 사용할 수 있는 매주의 본문을 제시한다. 저자의 「예배와 설교 핸드북」은 1982년부터 여기에 준하여 매년 출간되고 있다.
13) Daniel Baumann, op. cit., p. 176.

제 12 장

진리를 높이려는 빛살로서의 예화

> **함축된 의미의 질문들**
>
> ◆ 예화의 의미와 그 필요성은 무엇인가?
> ◆ 한국의 초기 교회 설교자들은 예화 사용을 어떻게 했는가?
> ◆ 설교에 예화가 차지하는 비중은 어느 정도인가?
> ◆ 한 편의 예화가 차지해야 할 시간은 어느 정도인가?
> ◆ 예화가 주는 효과는 어떤 것들인가?
> ◆ 유용하고 효과적인 예화를 찾는 길은 무엇인가?
> ◆ 예화의 부정적인 측면은 무엇인가?

1. 초기 한국교회 복음의 전령들과 예화 사용

한국교회의 설교는 대부분이 본문을 읽고 대지 세 개를 정하고 그 대지마다 실례가 될 만한 예화를 하나씩만 붙이면 설교를 충분히 할 수 있다고 생각해 왔다. 그래서 그 동안 우리의 설교는 온통 예화의 진열장으로 보이는 모순을 안게 되었다. 설교자는 본문의 뜻을 살피는 차원 높은 석의 작업보다는 우선 적당한 예화를 찾기에 바쁘게 살아왔다. 어느 설교자가 예화를 구수하고 흥미진진하게 이끌어 가는 가에 회중은 관심을 두고 따르는 경우도 적지 않았다.

그 이유를 우리의 문화권에서 크게 세 가지로 분류할 수 있다. 먼저, 인간이란 성장 과정에서부터 어머니가 들려준 이야기로 배움을 시작하고 그 가운데서 자신이 살아갈 세계를 알게 된다는 점이다. 그래서 이야기를 좋아한다는 것은 인간의 본능과 일맥상통한다. 둘째, 설교를 듣는 회중의 교육 수준이 낮았던 이유를 들 수 있다. 회중은 책을 통한 이야기 전수보다는 설교자를 통하여 손쉽게 들을 수 있는 구수한 이야기들을 매우 유익한 것으로 여겨왔다. 그래서 옛날에는 교회를 '많은 것을 듣고 배울 수 있는 곳'으로 여겼다. 셋째, 계곡에 집단을 이루고 살아온 우리의 주거환경은 저녁식사를 마치고 사랑방에 이웃이 함께 모여 이야기꾼의 구수한 옛 이야기에 심취되는 것이 삶의 한 과정이었다. 그리고 그 이야기가 주는 의미를 나름대로 한마디씩 하고서는 헤어지는 것이 우리네 문화의 한 모습이었다.

이상과 같은 이야기의 문화적인 요소는 한국에 복음이 전해지자 그 모습을 완전히 달리하였다. 교회는 사랑방 모임의 형태를 벗어나서 일정한 장소와 정규적인 모임을 통하여 설교를 듣는 특유한 공동체로 형성되었다. 그리고 설교자는 사랑방 이야기꾼의 차원을 넘어 더욱 진지하고 삶의 새로운 세계를 알리는 복음의 전령(傳令)이었다.

현대의 한국교회 설교자들이 유의해야 할 사항은 초창기 복음의 전령이었던 우리의 선배 설교자들은 이야기꾼의 연속이 아니었다는 점이다. 그들의 설교를 정독하면 지금의 설교와는 너무나 차이가 있음을 발견하게 된다. 이들은 순수한 복음만을 외치기 위하여 본문의 뜻을 푸는 데 시간을 할애하고 있었다. 그 말씀을 삶의 장에 적용하는 데 심혈을 기울였다. 그들에게 예화거리가 없기 때문이 아니었다. 그들은 인간들의 귀를 즐겁게 해주는 것보다는 순수한 말씀의 풀이에

열의를 쏟았기 때문이다. 오늘처럼 설교가 예화로 채색된 설교는 한 편도 찾아볼 수 없다. 예화를 사용하는 경우 몇 줄에 해당하는 분량을 지킬 뿐 이야기의 전후를 나열하는 일은 거의 없었다. 그들은 예화를 벌여 놓음이 죄스러운 일이라는 느낌을 풍기고 있다. 그 이유는 그들에게 예화는 필요시만 간단하게 사용하라는 것이 예화 사용에 대한 가르침이었기 때문이다.[1] 그러한 교육은 철저히 준수되어 그들의 설교는 성언운반(聖言運搬)의 성격을 분명히 하고 있다.

2. 예화의 이해와 필요성

예화(例話, illustration)라는 말의 사전적인 의미는 조명이나 해명이나 설명 등을 위하여 실례를 들어서 하는 이야기를 말한다. 즉, 자신이 하고자 하는 말의 뜻을 더욱 분명히 드러내서 상대에게 알려주려는 의도로 사용되는 것이 예화이다. 이 때의 예화는 단순한 인용구 정도가 아니라 실례가 될 만한 사건이나 이야기를 들려주는 것이 일반적인 현상이다. 이러한 예화를 사용하게 되는 목적은 자신이 하고 있는 말이 화자(話者)의 주관적인 해석이나 주장으로 청자(聽者)가 이해하지 않도록 하기 위하여 누구나 객관적으로 판단할 수 있는 실례를 들어 입증해 주는 데 있다.

이러한 의미를 가지고 있는 예화는 설교에 있어서 거의 필수적인 역할을 감당하면서 설교자들의 총애를 받고 있다. 설교에서 전통적으로 사용되어 온 예화는 본문을 해석하고 그 해석에서 유출된 진리를 회중의 삶에 적용할 때 주로 활용되었다. 이때 얼마나 적절한 예화가 사용되느냐에 따라 설교의 성패가 좌우되기도 한다. 그래서 설교자는 우선적으로 필요한 설교의 예화를 찾기에 바쁘다.

최근에는 이러한 전통적인 예화의 한계를 벗어나서 새로운 해석들이 등장하고 있다. 그 동안 예화는 설교학이 수사학의 방법론에 머물러 있는 동안 설득(persuasion)을 위한 방편으로 유용하게 사용되어 왔다. 그러나 설교의 귀납법적 전개를 주창하면서 이야기체 설교를 예찬하는 프레드 크래독(Fred Craddock)은 예화가 설교의 부분적인 주안점의 예증으로 끝나는 것이 아니라 오히려 예화가 그 주안점으로 등장되는 데 동의하고 있다. 즉, 예화가 전체 메시지를 담을 수 있다는 주장이다.2) 그러나 이러한 주장은 한국적 상황에서는 설득력을 갖기가 힘들다. 순수한 하나님의 말씀을 기다리는 회중에게 삶의 장의 이야기를 가지고 설교의 시간을 메우고 설교의 말미에 이르러 본문의 진리와 연접을 시킨다는 것은 한국교회에서는 매우 어려운 일이다. 설교란 신학의 어떤 분야보다 문화의 영향을 많이 받는다는 것은 자명한 일이다. 한국과 같은 보수적인 문화권에서는 어떤 경우에도 하나님의 말씀과 인간의 이야기는 동격이 될 수 없다. 비록 예화가 갖는 최종적인 목적이 하나님의 말씀을 빛내기 위함이라는 입장을 고수하더라도 그 과정에서 말씀이 없고 인간의 이야기만 나열하는 것은 설교의 자리를 위험하게 만든다는 데 유의할 필요가 있다. 특별히 최근에 왕성한 간증의 현장을 보면 이러한 문제점을 충분히 파악하게 된다.

그러므로 설교자는 예화를 어디까지나 그날의 본문이 보여 주는 진리를 더욱 분명하게 하기 위한 보조 수단으로 활용해야 한다. 2천 년 전에 주어진 말씀과 오늘의 회중이 만나는 다리가 되도록 해야 한다. 그럴 때 예화의 사용은 제자리를 지킬 수 있다. 설교가 결코 예화의 진열장이 될 수 없다는 사실에 우선 유의하면서 예화를 사용해야 한다.

3. 예화가 있어야 할 이유와 그 효과

예화가 설교에 반드시 필요한 것인가에 대한 의문을 제시하는 사람들도 많다. 그러나 예화는 말씀의 선포에 절대적으로 필요한 것임에는 틀림이 없다. 복음서에서 예수님이 우매한 백성들에게 하나님의 나라를 가르치는 데 비유를 들지 않으면 안 되었던 상황은 오늘도 계속되고 있다. 그러므로 예화의 사용에는 부정적 입장을 취하는 것보다는 긍정적인 자세를 취함이 당연하다. 그 이유는 다음과 같은 예화의 필요성에서 발견되어진다.

첫째, 메시지를 명백하게 하고 구체화시키기 위하여 예화는 필요하다.

말의 뜻에서 본 대로 예화는 빛을 비추어 주는 역할을 한다. 흔히들 우리의 대화에서 상대의 말을 정확하게 알아들을 수 없을 때 "예를 들어 말해 달라."는 주문을 한다. 이 뜻은 들려진 말의 뒤에 있는 보다 더 깊은 뜻을 알고 싶다는 뜻이다. 예를 들어 주면서 그 뜻을 설명할 때 상대는 정확한 이해를 하면서 대화를 이어간다. 이러한 측면에서 다니엘 바우만은 예화에 대한 의미 있는 정의를 내리고 있다.

> 예화는 우리를 알려진 것으로부터 알려지지 아니한 것에로 옮겨가게 한다. 그리고 이해하고 있는 것에서부터 이해하지 못한 것으로 옮겨가게 한다.3)

둘째, 예화는 회중의 흥미를 유발시키면서 메시지를 전하는 데 촉매 역할을 한다.

대화에서 흥미(interest)라는 말은 단순한 흥을 느끼는 재미만을 의미하지 않는다. 거기에는 관심과 이익까지를 포함하고 있다. 대중은 화자의 어느 부분에인가 흥미를 가지고 있어야 주의를 기울인다. 특별히 설교가 일방적으로 진행되고 있는 동안 그 앞에 앉아 있는 회중의 관심을 불러일으킨다는 것은 쉬운 일이 아니다. 그들은 2천 년 전의 이야기보다는 그들의 세계에서 발생된 이야기에 귀를 기울인다.

그러므로 오늘의 예화가 없이는 설교는 졸음을 가져올 수밖에 없다. 존스는 예화의 사용은 진리를 흥미 있게 한다는 말을 설명하면서 "지루함은 성령님에 대한 죄다."라는 말을 인용하고 있다.4)

셋째, 예화는 회중이 그날의 메시지를 기억하는 데 도움을 준다.

한국교회의 설교 현장에서는 최근에 이르러 "아멘"의 함성이 우렁차다. 그러나 그들이 예배를 마치고 돌아가는 길에 누구인가 오늘의 설교에 대한 그들의 기억을 물을 때 대답은 실망스럽다. 그러나 그들은 서서히 들었던 예화를 이야기하면서 그날의 메시지를 어렴풋이 말하기 시작한다. 회중은 설교의 주제나 내용은 잊어버리면서도 그날 주어진 예화는 잘 기억하는 것을 본다. 사실 오늘의 회중은 기억해야 할 것은 막상 다 잊어버리고 기억하지 않아도 될 것은 철저히 기억하는 모순을 안고 있다. 이러한 기억은 날이면 날마다 새로운 예화를 발굴해야 하는 설교자의 부담을 더욱 무겁게 한다.

넷째, 예화는 계층을 초월한 언어로서의 역할을 수행한다.

교회는 일정한 수준의 사람들만이 모이는 곳이 아니다. 교육, 경제, 사회, 가정 등의 배경이 각각 다르다. 설교자가 어려움을 느끼는 것 중의 하나가 다양한 계층의 사람들과 의사소통을 할 수 있는 언어의 구사이다. 그러나 예화는 이러한 계층을 모두 초월하게 된다. 언어로 해결할 수 없는 것을 한 폭의 그림으로 뜻을 전하게 되는 것과 같이 예화는 모든 인간들의 환경을 초월하여 진리를 설명할 수 있는 좋은 도구의 역할을 한다.

다섯째, 예화는 회중에게 여유를 공급하는 몫을 담당한다.

한 사람이 전개하는 논리에 30분 동안 집중한다는 것은 쉬운 일이 아니다. 그것도 토론의 장이 아닌 설교의 장에서는 더욱 어려운 일이다. 경우에 따라서는 듣는 것이 말하는 것보다 훨씬 어려운 경우가 많다. 한 사람이 주장하는 논리에 수동적으로 끌려가는 것은 피곤을 자아낸다. 그렇기 때문에 설교의 후반에 졸고 있는 사람들이 더 많이 나타나게 된다. 이때 예화의 등장은 회중이 신선한 호흡을 할 수 있는 기회를 주게 된다.

여섯째, 머리로 이해하는 진리를 실천으로 옮기는 다리의 역할을 예화가 맡는다.

설교는 성경에 있는 진리를 선포하고 해석하고 적용한다. 이때 지성의 기능이 창구 역할을 한다. 설교자의 머리에서 회중의 머리로 옮겨지는 것이 일반적인 현상이다. 그 이유는 설교의 전개가 이론적이기 때문이다. 그러나 설교가 이론으로만 끝날 때 그 가치는 허공 속에 머물 뿐이다. 삶의 장에 적용이 되지 않을 때 설교의 목적은 상실된다. 이러한 간격을 메울 수 있는 것이 바로 예화이다. 예화는 추상적인 것이 아니라 현실적이며, 이론이 아니라 실제이기 때문이다.

4. 유용하고 효과적인 예화를 위한 길

이상에서 찾아본 대로 예화라는 것은 설교의 매우 가치 있는 도구이다. 문제는 효과적인 예화들을 수집하는 길과 그것을 효율적으로 사용하는 길이다. 특별히 외국과는 토양이 다른 한국의 문화권에서 행해지는 설교에 예화의 사용은 단순한 예화집의 사용으로 끝날 수 없으며, 여기는 여러 가지의 복합적인 부분들을 살펴야 한다.

첫째, 한국에서는 한국인을 위한 한국인의 예화를 활용한다.

그 동안 수없이 들어온 아브라함 링컨의 이야기, 조지 워싱턴의 이야기, 영국 왕실의 이야기, 콜게이트의 십일조 이야기 등은 모두가 수십 번씩 들어온 예화이다. 이러한 외국의 예화보다 우리의 것을 우선해야 할 이유는 두 가지이다. 하나는 우선 체감(體感)의 거리감이다. 외국 사람들의 삶의 장과 그 심성은 우리의 것과는 많은 간격이 있다. 그래서 우리의 이야기는 가깝게 들리고 서양의 이야기는 멀리 들리게 된다. 다른 하나는 비록 기독교가 서양에서 왔다 하더라도 이제는 우리의 삶 가운데 뿌리내린 지 벌써 오래임에도 불구하고 지금도 그들을 우리 기독교의 종주국처럼 여기는 인상을 후손들에게 줄 필요가 없다. 생각하면 우리의 역사나 야사에서도 얼마든지 훌륭한 예화를 찾을 수 있다. 심지어 효(孝)의 문화로서는 누구도 따라올 수 없는 우리의 문화인데 효에 대한 예화를 미국에서 발생한 이야기를 가져다가 들려주는 일들은 참으로 딱한 일이다.

둘째, 설교자 자신과 자신의 가족 이야기는 다음의 방법을 활용한다.

설교자가 예화의 수집에 노력을 기울이지 않을 때 나타나는 현상으로 자신의 이야기와 가족의 이야기를 많이 하게 된다는 점이다. 그리고 성경의 예화를 반복하여 들려준다. 어느 젊은 설교자는 자신이 낳은 아들의 성장 과정이 달라질 때마다 그것을 예화로 사용하고 있었다. 그때 한 번으로 끝나지 아니하고 몇 번이고 이어지는 '아들 이야기'를 듣다 못한 회중 가운데 "왕년에 자식 낳아 키워 보지 못한 사람이 얼마나 있나?"라고 비아냥거렸다는 이야기이다.

자신의 이야기가 실감이 날지라도 설교자의 등장은 결코 바람직하지 않다. 앞에서 언급한 대로 회중은 진리의 말씀을 기억하지 않고 오직 예화만을 기억한다. 설교자만이 회중의 가슴에 심어지고 그만을 바라본다는 것은 설교의 정신에 벗어난 일이다. 그러므로 굳이 자신의 생생한 이야기를 꼭 들려주고 싶으면 "내가 잘 아는 사람의 이야기입니다."라고 하면서 이야기의 주인공을 3인칭으로 표시하는 슬기가 있어야 한다. 바울이 셋째 하늘에 이끌려 간 놀라운 사실을 말할 때 그가 자신을 주어로 사용하지 않고 삼인칭 단수로 사용했던 다음의 표현을 오늘의 설교자는 항상 눈앞에 두어야 한다.

"내가 그리스도 안에 있는 한 사람을 아노니 십사 년 전에 그가 셋째 하늘에 이끌려 간 자라"(고후 12:2).

제12장 진리를 높이려는 빛살로서의 예화

셋째, 신선한 예화만이 효력을 발휘하여 설교를 살린다.

어느 고등학교 선생은 자신의 교회 목사를 최고의 설교자로 늘 생각하면서 대단한 긍지를 가지고 있었다. 어느 주일 예배에서 목사는 설교 도중에 그 선생으로부터 이상한 인상을 받았다. 그가 실망과 경멸의 인상을 짓다가 고개를 숙이고 졸고 있는 장면을 보게 되었다. 과거에는 전혀 찾아볼 수 없는 장면이었다. 그 목사는 예배가 끝난 다음에 그와 자리를 함께하면서 솔직한 대화를 나누었다. 간단한 사연이었다. 3년 전에 했던 설교를 목사가 '재탕'하는 것을 보고 실망을 감추지 못했다는 것이 그의 말이었다. 알고 본즉 짤막한 예화가 너무 좋아 한 번 더 사용한 것이 설교 모두가 재탕이라는 인상을 받게 되었다는 사실이었다.

오늘의 설교자들이 가장 어려움을 느끼는 것은 신선한 예화를 찾는 일이다. 한국의 그리스도인들은 자신의 교회 밖에서도 많은 설교와 만나게 된다. 그러기에 저쪽 교회 목사가 사용한 예화를 사용하게 되면 '설교의 복사'라는 오해를 받게 된다. 또 내가 사용했던 예화를 다시 사용해도 '설교의 재탕'이라는 누명을 쓰게 된다. 그래서 설교자는 자신만이 갖는 독창적이고 신선한 예화 모음에 최선을 다 기울여야 한다.

넷째, 생생한 예화는 드와이트 무디(Dwight L. Moody)의 방법을 따를 필요가 있다.

설교자는 일반인들이 간과하기 쉬운 것이라도 잘 추리면 생생한 예화가 될 수 있다. 사물은 언제나 보는 사람의 관점에 따라 그 의미를 달리한다. 사람마다 자신의 생업과 연관지어 사건이나 사물을 관찰하기 마련이다. 설교자에게는 설교 이상 더 소중한 일이 없다. 그 인생이 설교를 위하여 존재하고 이어가기 때문이다. 그러므로 지나간 사람의 이야기에서 조그마한 신문이나 잡지에 이르기까지 주제에 따라 예화가 될 만한 것을 무조건 모으는 것은 너무나 당연한 일이다.

신학을 제대로 못한 평신도 드와이트 무디(Dwight L. Moody)가 한 시대를 장식한 설교자로 등장하여 많은 영혼들을 구원하였던 주무기는 그의 설교였다. 그는 설교를 원고화하는 일도 하지 않았다. 그저 요약만 하고 설교했을 뿐이다. 그러한 그가 미국 교회를 움직일 수 있는 설교자로 영향을 끼친 것은 그의 다양한 설교의 자료와 예화 모음이 큰 힘이 되었다. 그는 틈틈이 주제별로 나누어진 봉투에 자료와 예화를 모으는 일에 온 정신을 모았다. 그 봉투는 그에게 설교의 보고였으며, 그로 하여금 생생하게 진리를 외치게 하였다.5)

현대는 봉투가 필요 없는 시대이다. 보는 대로 듣는 대로 저장할 수 있는 무한정의 공간과 속도를 컴퓨터가 제공한다. 모든 주변의 여건은 어느 시대도 따를 수 없도록 갖추어져 있다. 문제는 설교자의 의지이다. 그 의지만 발동된다면 설교 예화는 언제나 생생하게 꾸며질 수 있다.

다섯째, 독서를 통한 예화의 수집은 자랑스러운 자료이다.

우리의 주변에는 크고 작은 신앙 잡지들을 비롯하여 좋은 서적들이 홍수처럼 쏟아져 나오고 있다. 이 시대에 예화의 빈곤을 느낀다는 것은 참으로 이해할 수 없는 말이다. 최근에 어느 목사는 교도소에 수감 중인 사람들이 개종하여 그리스도인이 되고 그들이 보낸 편지모음을 보았다. 그 중에 세상을 떠들썩하게 했던 한 죄수의 편지를 보고 예화로 읽어 주었다고 한다. 그때 교인들은 모두가 깜짝 놀라면서 새롭게 귀를 열고 그날의 설교를 들었다고 한다.

설교자가 세계적으로 이름 있는 문학전집을 읽은 것도 중요하다. 그러나 작은 책자라도 눈을 뜨고 읽다 보면 좋은 예화들이 설교자들을 기다리고 있다. 회중의 손이 닿지 않는 책들이 얼마든지 있다. 회중은 독서에서 발굴한 예화를 사용한 설교자를 더욱 존경한다. 그 이유는 이 땅이 글을 사랑하는 선비의 나라이기 때문이다.

5. 예화 사용에 있어서 주의를 요하는 부분들

예화가 설교에 절대적인 도움을 준다는 사실은 조금도 틀림이 없다. 그러나 그 예화가 효과만을 가져오는 것은 아니다. 예화 사용에 설교자가 특별한 주의를 기울이지 않을 때 설교 자체가 무너지는 아픔을 경험하게 된다. 한국교회 강단이 직면하고 있는 문제는 바로 이 예화를 바르게 사용하지 못한 데서 발생한다. 하나님의 말씀이 사라지고 예화만이 강단에 즐비하게 나열되어 설교의 시간을 다 메우고 있다는 사실은 설교의 위기를 초래한 가장 큰 원인이다. 이러한 죽음의 계곡에 들지 않기 위하여 다음 몇 가지는 설교자가 필수적으로 지켜야 한다.

첫째, 예화 때문에 메시지가 가려지는 일을 설교자는 우선적으로 경계해야 한다.

예화의 존재 목적은 앞에서 설명한 대로 예화를 통하여 메시지를 돋보이게 하는 데 있다. 그런데 문제는 그 예화가 메시지의 자리를 차지하게 된다는 점이다. 설교자는 메시지를 염두에 두고 예화를 사용하지만 회중은 예화 그 자체에 비중을 두고 예화를 듣고 있다는 사실에 각별한 주의를 기울여야 한다. 이러한 문제는 존 스토트(John R. W. Stott)의 "예화가 진리를 위하여 빛의 역할을 하는 대신에 그 자체가 빛인 양 드러나고 있다."[6]는 말에서 충분히 입증되고 있다.

둘째, 한 예화의 길이가 2분을 넘지 말아야 한다.

설교자가 회중의 흥미에 편승하여 예화를 필요 이상으로 늘리는 것은 심각한 문제이다. 설교자가 설교를 진행하는 동안 회중이 흥미를 느끼고 재미있어 하는 모습을 볼 때, 거기에 지나치게 관심을 갖는다는 것은 위험천만한 일이다. 회중이 예화를 이야기할 때 고개를 들고, 말씀으로 돌아갈 때 고개를 숙이는 것은 설교자의 마음을 아프게 한다. 그러나 그들의 고개를 들게 하기 위하여 예화에서 예화로

한국교회의 설교학 개론

이어지는 일은 설교의 탈선이다. 예화를 늘리는 모습은 설교 준비가 충분하지 않았다는 증거이기도 하다. 여기에 설교자가 길들여지게 되면 그 설교자는 예화의 수집가로 변질되게 된다. 예화가 시간을 차지하는 도구가 되지 않기 위하여 예화 한 편이 2분을 넘기지 않도록 하는 것이 정직한 설교자의 길이다.

셋째, 예화의 출처를 밝히는 데 특별한 주의를 요한다.

어떤 설교 이론에서는 예화의 출처를 밝혀 그 확실성을 보여 주는 것이 좋다는 주장도 있다. 그러나 흑백논리에 젖어 있는 한국 사회에서는 예화의 확실성을 통하여 얻는 것보다는 잃는 것이 더 많다. 예를 들어, 출처가 자신이 제일 싫어하는 신문이라면 목회자의 성향이 자신과 반대의 사람이라는 오해를 받게 된다. 또 어느 사람의 훌륭한 삶의 이야기를 위하여 그 이름을 불렀는데 그 사람으로부터 상처받은 교인에게는 오히려 그 상처를 건드리는 결과를 가져온다. 그러므로 현명한 설교자는 예화의 출처를 일일이 밝히지 않아도 문제될 것이 없다. 예를 들면, 다음과 같은 표현이 적절하다. "어느 조간신문에 보도된 이야기입니다." 또는 "어떤 사람이 보여 준 삶의 이야기입니다."

넷째, 예화를 과장하여 들려주는 일이 없도록 유의해야 한다.

어느 설교자는 언제인가 자신의 깊은 고민을 말한 적이 있다. 그것은 예화를 사용할 때마다 자신도 모르게 지나치게 과장을 하여 결국 거짓말을 하는 결과를 가져온다는 고백이었다. 여기서 문제가 되는 것은 설교자의 진실성이다. 사용된 예화를 알고 있는 회중이 설교자의 지나친 과장에서 받게 될 충격은 적지 않다. 설교자가 사용하는 예화는 필요한 부분만을 사용하기 위하여 축소는 얼마든지 가능하나 과장은 금물이다. 설교자의 진실성이 의심받기 시작하면 그 피해가 어느 지점에서는 벗어나기 힘들 정도에 이르기 때문이다.

다섯째, 충분히 납득이 갈 수 있는 부분에서는 예화를 사용할

필요가 없다.

어떤 설교자들은 대지마다 예화를 사용해야 한다는 부담감을 가지고 있다. 그러나 그것은 잘못된 견해이다. 예화란 설명이 필요하고 회중이 바로 이해하기에 부담이 되는 부분에서 사용하는 것이 정상이다. 또한 그것이 예화가 필요한 이유이다. 그래서 유명한 설교가들의 설교에서는 예화가 많은 것이 아니라 오히려 적게 활용되고 있다는 사실에 유의해야 한다. 문학적인 감각을 가지고 서술해 나가는 진리의 풀이와 적용에서는 오히려 말씀만을 전개하는 것이 훨씬 무게를 갖게 되며 가슴 깊이 파고드는 감동이 있다는 점을 회중은 종종 말하고 있다.

여섯째, 모든 교인들이 예화를 즐기는 것이 아니다.

저자가 수 년 전에 조사한 예화의 빈도에 대한 조사에서 모든 교인들이 예화를 많이 원하고 즐기는 것이 아니라는 사실이 입증되었다. 이 조사에 의하면, 교육 수준이 높을수록 적절한 예화를 가끔씩 사용하여 주기를 바라고 있었다. 더욱 흥미로운 것은 "어떤 예화든지 많을수록 좋다."는 반응은 교육 수준과 관계없이 모두가 원치 않는다는 사실이었다.[7] 여기서 다시 한번 예화 일변도로 진행하는 집회 설교 등은 주일 예배와는 거리가 있음이 확인되었다.

일곱째, 원고를 보면서 예화를 진행하지 않는다.

예화는 순수한 이야기여야 한다. 회중은 이야기를 들을 때 설교자와 시선을 교환해 가면서 듣기를 원한다. 그 이야기 가운데서 감정 표현도 있어지기를 기대한다. 그런데 설교자가 원고에서 시선을 떼지 못하고 예화를 읽고 있다면 그 예화는 완전히 실패하게 된다. 이야기는 말하는 사람과 듣는 사람이 부담 없이 얼굴을 맞대고 이어질 때 그 효력이 발생된다.

여덟째, 듣는 사람의 말초신경을 자극하는 예화는 버려야 한다.

인간은 누구나 죄성(罪性)을 가지고 있다. 그것이 환경과 연령에 따라 표출이 안 될 뿐이다. 성스러운 설교를 듣는 순간에도 인간의 말초신경은 사라진 것이 아니라 언제나 자극을 하면 반응을 보이게 된다. 그러한 자극은 물리적인 것만이 아니다. 언어를 통한 자극도 충분하다. 특별히 달콤한 죄의 현장 묘사 등이 예화에서 등장하는 순간 성스러운 설교의 순간에 혐오감을 불러일으킨다. 실질적으로 어느 설교자는 퇴폐영업소의 실상을 너무나 자세하고 실감나게 설교의 예화로 사용하다가 결국 그 교회를 그만두는 결과가 있었다. 역시 설교자는 부정적이고 부끄러운 죄상을 밝히는 예화들보다는 건실하고 아름다운 예화의 활용에 노력하는 것이 바른 길이다.

주〉
1) 곽안련, 「설교학」(서울:대한기독교서회, 1925), p. 154.
2) Fred Craddock, *Preaching*(Nashville:Abingdon Press, 1985), p. 204.
3) Daniel Baumann, 「현대 설교학 입문」, 정장복 역(서울:엠마오, 1983), p. 241.
4) Ilion Jones, 「설교의 원리와 실제」, 정장복 역(서울:생명의 말씀사, 1990), p. 204.
5) Clyde Fant, Jr., *20 Centuries of Great Preaching*(Waco, Texas:Word Books, 1971), vol. 6, p. 290.
6) John R. W. Stott, *Between Two Worlds*(Grand Rapids:Wm. B. Eerdmans, 1982), pp. 240-41.
7) 정장복, 「설교 사역론」(서울:대한기독교서회, 1990), pp. 184-89.

제 13 장

설교의 전달을 위한 파토스, 언어, 신체언어

> **함축된 의미의 질문들**
>
> ◆ 설교의 전달에서 사용되는 Delivery라는 단어의 의미를 음미하고 설교에서 이 단어를 사용한 이유를 생각해 보았는가?
> ◆ 파토스가 설교 전달에 필요한 이유는 무엇인가?
> ◆ 말, 발성, 신체언어가 차지하는 전달 효과의 비율은 어느 정도인가?
> ◆ 횡격막의 기능은 무엇이며 설교자에게 횡격막의 활용이 그토록 중요한 이유는 무엇인가?
> ◆ 자신의 언어 구사와 발성에 가장 문제가 되는 것들은 무엇이라고 생각하는가?

1. 설교자의 가슴에 차 있는 파토스(Pathos)

지성의 발달은 정서의 메마름을 가져다 준다는 사실은 시대의 흐름에서 뚜렷하게 볼 수 있다. 지성은 논리와 연결되어 있고 정서는 감정과 연결되어 있기 때문이다. 현대의 모든 교육이 지성의 강조에 열을 올리고 인간 본래의 정서는 뒤로하고 있다. 이러한 시대적인 조류는 설교의 세계에서 빠른 속도로 확산되고 있다. 설교 사역에서 합리적인 논리만을 가지고 설교를 이어가는 지성적인 설교자들이 날이 갈수록 많아지고 있다.

　이러한 현상은 미래의 설교자들로 나아가기 위하여 훈련을 받고 있는 신학생들의 '설교의 실제'라는 수업 시간을 통하여 늘 확인되고 있다. 그들은 거의가 다 냉철한 이성만을 가지고 설교할 뿐이다. 땀 흘려 설교하는 모습이 좀처럼 보이지 않는다. 혼신을 다하여 하나님의 말씀을 운반하는 모습이 없다. 말씀에 대한 긴박감이 없다. 그리고 자신이 전하고 있는 메시지에 설교자가 감동을 받고 있는 흔적이 안 보인다. 그들의 가슴에 불을 뿜는 열이 없기에 온몸이 차갑고 불타오르는 열정과는 벽을 쌓고 있는 모습이다.

　차가운 가슴만을 안고 머리에 찬 논리만을 전개하는 설교자가 서 있는 교회는 적신호가 켜 있는 상태이다. 이러한 적신호는 70년대의 미국교회를 연상하게 한다. 그때 새로운 세대들이 설교를 학문의 연속으로 알고 본문의 원어 분석이나 유명한 신학자들의 견해를 소개하는 강의로 설교를 전락시켰다. 해박한 지식이 동원된 설교가 가득했으나 생명력을 잃은 설교로 전락되었을 때 미국교회는 서서히 기울기 시작하였다. 이러한 현실을 보고 있던 설교학 교수들은 답답함을 금하지 못하고 "소리를 지르라."고 호통을 치기도 하였다. 이러한 현상이 한국교회에 전입되었음을 볼 때마다 설교학 교육에 봉직하고 있는 사람들은 당황하지 않을 수 없다.

　반만 년의 문화를 이룩하여 온 한민족은 그 정서가 어느 민족보다 풍부하다. 때로는 풍부한 정서 때문에 부작용이 발생할 정도이다. 우리 모두는 상대의 말이 분명히 비합리적인 줄 뻔히 알면서도 그의 애절한 호소에 어쩔 수 없이 끌려가는 경험들을 가지고 있다. 그만큼

제13장 설교의 전달을 위한 파토스, 언어, 신체언어

우리 민족은 정감이 풍부하다. 우리들의 삶의 문화는 이성보다는 정서가 우위를 차지하는 바탕에서 지속되었다. 우리의 설교단 앞에 앉아 있는 회중은 바로 이러한 문화권의 주인들이다. 그들의 가슴은 설교를 통하여 뜨거워지기를 기대하는데 설교자가 그것을 외면할 때 어떤 현상이 나타날 것인지 생각해 보아야 한다. 그 곳에 성공적인 메시지의 커뮤니케이션이 발생될 수 있으며, 설교자와 회중이 일체가 된 호흡이 발생할 수 있는지 살펴보아야 한다.

설교의 이론에서 반드시 다루어야 할 파토스(Pathos)는 헬라어의 'pachein'에서 유래된 말로서 고통스러워하고 괴로워하는 마음을 뜻하였다. 철학에서는 욕정, 성냄, 미움, 슬픔, 기쁨 따위처럼 일시적이고 지속성이 없는 감정에서 일어나는 생각의 작용이라고 말한다. 미학에서는 예술작품의 감정적, 주관적 요소를 가리키고 있다. 우리말 사전에서는 일반적으로 파토스를 정념(情念) 또는 정사(情思)라고 하여 감정과 연결된 생각을 일컫고 있다. 이 말이 설교학에서 활용된 것은 수사(修辭)학자였던 아리스토텔레스가 말하는 순간에 있어야 할 3대 요소로서 에토스(Ethos), 파토스(Pathos), 로고스(Logos)를 언급한 데 기인한다.[1]

설교 이론에서는 이 용어에 좀더 깊은 의미를 부여한다. 먼저는 하나님의 말씀을 거룩한 말씀(聖言)으로 가슴에 품고 그 말씀에 모든 정신을 쏟는다는 뜻이다. 또 하나는 그 말씀을 필연코 들어야 할 하나님의 백성들을 뜨겁게 사랑하는 가슴을 말한다. 철학에서는 지속성이 없는 감정의 작용이라고 풀이했으나 우리의 설교에서는 정반대이다. 자나깨나 가슴에 자리잡은 열정(熱情)이어야 한다. 여기서의 열정은 단순히 설교자의 뜨거운 열기(熱氣)를 가리키지 않고 하나님의 말씀과 그 말씀을 기다리는 주님의 백성들을 향한 뜨거운 열정을 의미한다. 이 열정이 설교자의 심장에서 박동치지 않으면 설교의 현장에서 설교자는 차가운 기계로 전락한다.

설교 전달에서 설교자가 깊이 새겨야 할 것은 성공적인 메시지의 커뮤니케이션은 설교자의 머리와 입으로 해결되는 것이 아니라 가슴의 뜨거운 열정이 절대적인 역할을 한다는 사실이다. 감정의 움직임이란 신뢰와 애착의 정을 비롯하여 사랑과 분노의 정이 있어야 발동된다. 그때 언어와 음정과 몸이 살아 움직인다. 그래서 설교의 전달에는 파토스가 절대적인 요소로 꼽히고 있다.

설교자에게 우선적으로 필요한 요소는 지적인 기능보다는 하나님의 말씀을 생명의 양식으로 알고 그 양식이 없을 때마다 갖는 허기(虛飢)의 느낌이다. 그리고 그 말씀을 대할 때마다 그 말씀을 전하지 않고는 견딜 수 없는 성령님의 역사이다. 설교자가 열정과 성실과 지적인 준비가 없이 허구에 찬 열정만을 연출한다면 그것은 연기자에 불과하다. 진정한 파토스는 진실을 갖추어야 한다. 열을 품는 것만으로 이룩되지 않는다. 하나님과 인간 앞에 말씀을 사랑하고 회중을 아끼는 연민의 정이 솟구쳐나는 설교자의 열의가 곧 회중의 가슴을 적시게 된다.

2. 말씀의 해산(解産, Delivery)

설교의 전달은 특수한 의미를 가지고 있다. 영어에서 표기하는 'delivery'라는 단어 자체가 단순한 언어의 전달을 의미하지 않는다. 수신인에게 정확하게 전하는 배달 행위를 말하거나 임산부가 출산하는 행위를 말하고 있다. 설교에서 말하는 전달(delivery)은 10개월 동안 완전한 생명체로 만들어 분만하는 행위에 비유한다. 즉, 30시간에 이르는 긴 시간 동안 준비하고 완성한 메시지를 회중에게 해산(解産)하는 순간을 말한다. 이 해산은 실로 중요하다. 조금의 실수라도 발생하면 생명에 치명적인 손상을 입히거나 또는 상처를, 아니면 생명까지 잃게 된다. 아무리 완벽한 메시지가 준비되었다 하더라도 성

제13장 설교의 전달을 위한 파토스, 언어, 신체언어

공적인 해산(delivery)을 가져오지 못하면 그 메시지의 생명은 치명적인 손상을 입는다. 그래서 설교의 전달은 특별한 주의를 필요로 한다.

지금껏 준비된 말씀을 기다리는 양들에게 어떻게 효과적으로 전파할 것인가 하는 질문은 최종적으로 설교자에게 주어진 심각한 과제이다. 아무리 훌륭한 내용으로 준비된 설교라 할지라도 그 설교가 회중의 가슴속을 찾아들지 못한다면 그것은 설교로서의 가치나 더 나아가 존재마저 상실하게 된다.

다시 말해 설교자가 성경의 진리를 회중에게 전달해 주지 못한다면 그 진리는 상대를 잃어버리고 설교자의 손에서 그대로 숙면을 취하는 결과를 가져온다. 그러므로 한 편의 설교란 수많은 준비를 거쳐 완벽한 원고를 탈고한 데서 끝나지 않는다. 진정한 의미에서 설교의 탄생이란 준비한 설교가 회중의 가슴에 전달되고 거기에서 불이 붙어 타오를 때에 가능해지고 그 때에 비로소 한 편의 설교가 이루어졌다고 말하게 된다. 그러므로 현대 커뮤니케이션의 입장을 굳이 적용하지 않더라도 설교란 설교자와 회중이 설교(Sermon)라는 매개체를 통하여 설교(Preach)되어지고 받아들여질 때 완전한 완성을 가져온다.

이러한 입장은 일찍이 필립스 브룩스(Phillips Brooks)가 "설교란 한 사람에 의하여 다수의 사람들에게 주어지는 진리의 전달"(Communication)[2]이라고 정의한 데서부터 더욱 구체화되고 있다. 폴 틸리히는 이러한 견해를 자신의 설교에서 경험을 한 바 있다. 그리고 그는 복음의 커뮤니케이션이라는 과제를 신학의 숙제로 등장시키면서 다음과 같은 의미 깊은 서술을 하고 있다.

전달되어지지 않는 메시지는 메시지가 아니다.……그러므로 나의 질문은 기독교인 메시지가 어떤 것이어야 하는가에 있지 않고 오히려 어떻게 오늘의 현대인들에게 초점을 맞추어 전달하느냐에 나의 깊은 관심이 있다.[3]

틸리히의 말처럼 실질적으로 설교 속에 담뿍 담긴 진리가 커뮤니케이션이라는 과정을 거쳐 그 대상 속에 심어지지 않는다면 그것은 진리가 될 수 없다. 이 과정에서 설교자는 말씀의 화신(化身)이 되는 또 한번의 경험을 갖게 되며, 그 인격체 전체를 통하여 그 메시지를 운반하게 된다.

설교자로서의 경험을 통해 볼 때 설교자가 강단에 서 있는 순간은 신비적이고 극적인 순간임에 틀림없다. 여기서 설교자는 지금껏 준비한 설교의 성패를 가름하는 경험을 갖게 된다. "20시간을 쏟아 작성한 한 편의 설교가 20분 간이라는 짧은 시간에 파괴될 수 있다."[4]는 로이 피어슨(Roy Pearson)의 말은 강단에서 말씀을 전달하는 과정(delivery)이 얼마나 중요한가를 잘 지적하고 있다. 그러면 무엇이 이 말씀의 전달에 필연적으로 있어야 하며 설교자는 어디에 각별히 유의해야 하는지를 살펴보겠다.

3. 언어 메커니즘(Verbal Mechanism)

언어를 통한 의사의 전달(verbal delivery)이란 커뮤니케이션에 있어서 가장 기본적인 매개 수단이다. 그러므로 설교자로 부름을 받고 평생을 말씀을 전하는 종으로 살아가야 할 사람들은 자신의 화술적(話術的)인 소질과 훈련에 남다른 관심을 기울여야 한다. 영적으로 충만한 은혜의 경험을 쌓고 지적으로 남달리 학문을 많이 연구한 설교자가 훌륭한 설교를 준비하여 설교단에 섰는데, 그의 언어의 메커니즘이 너무 빈약하여 기대한 결과를 얻지 못하고 시간만 채우고 마는 안타까운 경우를 우리는 많이 볼 수 있다. 이런 경우를 가리켜 블랙우드(A. W. Blackwood)는 다음과 같은 주목할 만한 말을 한 적이 있다.

제13장 설교의 전달을 위한 파토스, 언어, 신체언어

한 설교자가 설교단에서 주는 메시지의 대중적인 효과는 그 본인의 언어 구사 능력에 의존한다. 그 설교의 목적이나 내용은 성령님의 도우심 속에서 이룩된다. 그러나 설교를 듣는 회중의 눈은 그 설교의 목적이나 내용 이전에 감화력 있게 전달하는 언어의 기술에 일차적인 관심을 갖는다.5)

언어의 구사 또는 표현의 기술 등은 설교자의 절대적인 도구이며 그 도구의 효과적인 사용 여하에 따라 한 편의 설교는 성공과 실패를 가름하게 된다. 그 이유는 듣는 회중의 귀와 마음을 접촉하는 일차적인 도구가 언어 구사이기 때문이다. 그러므로 설교자는 하나님의 말씀 전달에 있어서 당연히 활용되어야 할 자기 소유의 도구를 최대한 개발할 의무가 있다.

1) 발성(Sound Production)

(1) 횡격막의 활용

인간의 음성은 폐에서 밀려나온 숨이 성대를 진동시켜 소리가 나오게 된다. 폐는 횡격막(diaphragm) 위에 있으면서 호흡의 양에 따라 횡격막을 작용시키고 있다. 이 때의 횡격막의 근육이 숨의 유출량을 조절하는 역할을 한다. 그러므로 발성법에서의 횡격막이란 호흡의 양을 조절하는 공기 펌프로 불리고 있다. 발성에 있어서 성대에 숨을 보내는 폐의 호흡 운동은 소리의 조성에 있어서 대단히 중요시되고 있다. 설교자로서 호흡 조절을 효과 있게 사용하고 음성의 고저와 음폭의 양을 생산하고 조절하는 과정을 정확히 이해한다는 것은 대단히 중요한 사실이다. 필자의 발성법 교수였던 켈리 박사는 "당신은 설교 속에 마음을 쏟을 수 있으며 온 정신을 기울일 수 있다. 그러나 거기에 당신의 횡격막을 제대로 활용치 않는다면 그 설교의 성과는 기대하기 어렵다."는 말을 한 적이 있다. 사실상 호흡을 한다는 것은 일반인들에게 자연적인 것이고 무의식적인 행위이다.

    설교자가 강단에 섰을 때는 반드시 적절한 호흡의 반복을 연습하는 일이 중요하다. 그리고 충분히 호흡을 한 후 새로운 호흡을 하지 않은 채 긴 문장을 말하는 연습 또한 중요하다. 호흡 조절의 미숙으로 문장의 단절을 가져오는 사례를 흔히 볼 수 있는데, 이것은 곧 마신 호흡을 서서히 내놓으면서 단절 없이 말을 계속하는 연습의 결여에서 온다. 오랜 시간을 피곤함이 없이 여유 있게 말을 계속하기를 원하는 설교자들은 의식적인 횡격막 호흡의 연습이 절대적으로 필요하다.6) 그리고 한 번의 호흡으로 그 호흡을 부드러우면서도 아주 서서히 내보내면서 계속적으로 말을 하는 연습은 설교자에게 필수적인 것이라 할 수 있다. 이상과 같은 호흡 구조를 인식하고 있는 설교자들에게 스티븐슨(Stevenson)과 디일(Diehl)은 그들이 공동 집필한 설교자의 발성을 위한 책에서 다음과 같이 말한 바 있다.

    스피치 호흡의 효과적인 습관이란 반복된 훈련을 요구한다. 필연적으로 얼마 동안은 지극히 부자연스럽고 의식적인 호흡을 하게 된다. 그러나 설교자의 호흡 운동이란 결국 기계적으로 손쉽게 나오는 일상생활 속의 호흡과 같이 정착되도록 해야 한다.7)

(2) 후두(Larynx)의 발성 과정

    후두(喉頭)란 기도(氣道)의 일부로서 발성기(發聲器)를 겸하고 있다. 후두는 각 연골(軟骨)들과 근육으로 조직되었고 내면은 점막으로 덮여 있다. 이 후두는 좌우 한 쌍의 활 모양을 하고 있으며 머리(頭)에서 기관(氣管)에의 입구를 만들고 있다. 호흡할 때의 공기들이 이

점막들을 통과할 때 진동과 함께 소리의 파동을 일으키면서 완전한 발성으로 배출된다. 여기에서 사람의 음성의 영역은 보통 두 옥타브 정도지만 꾸준한 발성 훈련으로 삼 옥타브 이상으로 넓힐 수 있다.

소리는 일반적으로 두성(頭聲), 중성(中聲), 흉성(胸聲)의 세 가지 음성의 구역으로 나눌 수 있는데, 성별과 연령과 인종 간의 개인차가 있다. 성구(聲區)에 따라 차이 있는 음색은 발성 훈련을 거쳐 어느 정도 음역의 융화를 가져오고 미숙한 소리의 정돈과 그 숙련을 가져올 수 있다.

음악에서는 위와 같은 소리의 종류 가운데 가늘고 높은 두성의 활용이 많이 필요하다. 그러나 설교에서는 그러한 소리를 엄격히 제한하고 있다. 노래 가운데서 소프라노는 음악적인 리듬을 이용하기 때문에 청중의 열렬한 환영을 받을 수 있으나 설교에서는 그러한 리듬을 활용할 수 없기 때문에 오히려 듣는 회중의 신경을 자극하여 거부 반응을 일으키게 한다. 그러므로 설교자들은 대체로 가늘지 않은 두성을 쓰도록 하며 중성 및 흉성의 활용을 통해서 설교자로서 차분한 음성을 사용토록 해야 한다.

설교자가 또 하나 알아야 할 것은 음색의 질(the quality of the tone)에 관한 문제이다. 음색이란 언제나 혀, 목의 근육, 턱, 그리고 얼굴에 의하여 절대적인 영향을 받는다고 음성학자들은 지적하고 있다.[8] 말을 할 때 혀를 반드시 필요한 경우를 제외하고는 가장 기본적이고 필요한 위치에 놓아야 한다. 성대로부터 나온 음을 특별한 이유 없이 혀가 방해하지 않도록 한다는 의미이다.

그 다음으로 유의해야 할 것은 목과 혀의 근육이 발성 과정에 작동하게 될 때 그 음색은 사납고 거칠며, 짜증나고 쉰 목소리가 나오게 된다. 이러한 목소리들은 설교자들에게 대단한 방해물임을 경험하는 사례가 많다. 그러므로 최대한 목의 근육을 사용하지 않고 평안히 그대로 놓아둔 상태에서 발성 연습을 계속해야 한다. 그리고 턱의 자세는 입을 약간 벌리고 웃는 자세로 두고 말을 해야만 성대에 영향을 주지 않게 된다.

　설교자들이 흔히들 긴장을 지나치게 하여 신경이 곤두서고 육체의 근육들이 본능적으로 굳어지는 것을 본다. 그 결과 몸의 모든 기능들이 뻣뻣해지고 폐의 호흡량은 그 융통성을 상실하며 목은 긴장 속에서 굳어진 모습을 볼 수 있다. 이러한 상태에서 설교를 하게 되면 그 음성의 상태는 너무나 큰 피해를 입게 된다.

　이처럼 아름다운 음색을 저해하는 긴장감을 어떻게 해소시킬 수 있느냐는 질문에서 그 대답으로 다음의 두 가지를 제시해 보고자 한다.

　첫째, 설교를 앞두고 최소한 20분 전에는 전혀 사람들을 만나지 않고 전폭적으로 자신이 준비한 설교와 그 전달 과정을 성령님의 역사하심 속에 완전히 맡기는 기도를 하는 일이다. 지금까지 자신의 최선을 주님께 드리고, 이제 이 모든 것을 설교자인 자신을 도구로 사용하시어 역사하도록 완전히 맡겨버리는 기도와 마음가짐이다.

　둘째, 쌩스터(Sangster) 같은 설교학자는 설교를 맡은 설교자가 홀로 예배가 시작되기 20분 전쯤에 방바닥이나 소파 위에 누워서 마치 구름 위에 또는 물 위에 누워 자신이 잠을 청하여 표류하는 것처럼 휴식을 취하라고 권하고 있다. 그리고 나서 5분 전에 일어나서 설교자의 몸가짐으로 설교자가 필요한 호흡 조절을 연습하고 목의 근육을 풀고 강단에 서라고 권했다.9)

　사실상 마음과 육체의 휴식은 곱고 차분한 음질 생산에 절대적으로 필요하다. 사람이 이른 아침 잠자리에서 일어난 후 편안한 몸가짐 속에서 나오는 음성을 음미하여 들어본 설교자는 그 음성이 얼마나 안정감이 있고 자연스럽고, 생각보다 굵고 듣기 좋은 음성인가를 경험하게 된다. 그러나 반대로 온종일 많은 일들을 끝낸 피곤한 사람과 대화를 나누게 되면 그 음성이 얼마나 거칠고 맥이 없으며 싫증나는 음성인지를 즉각 느끼게 된다. 이와 같은 사실에 비추어 보더라도 휴식이란 음성에 큰 영향을 끼치고 있음을 알 수 있다.

2) 말의 생성

단순한 발성(發聲)이 말(word) 자체는 아니다. 앞에서 말한 '소리'라는 것에 '언어'를 가미할 때 말을 한다고 정의한다. 말이란 모음과 자음이 모여서 형성되며 문장을 갖추어 의사를 전달해 줄 때 완전한 말로 성립이 된다.10)

여기에서 중요한 것은 각 나라가 사용하는 어족마다 완전한 말의 뜻을 전달하기 위하여 주어와 술어를 기본으로 의사를 표시하고 있다. 이 과정에서 주의를 기울여야 할 것은 발음과 음질의 분명한 사용이다. 설교자가 단어 하나하나에 발음을 정확하게 못할 때 본인보다는 듣는 사람들에게 적지 않은 고통을 주게 된다. 그 설교자의 인격이 아무리 훌륭하고 준비한 설교의 내용이 아주 풍부하다 하더라도 전달 과정에서 회중이 단어 하나하나에 주의를 기울여야만 그 설교를 이해하게 된다면 그것은 회중에게 너무나 큰 부담감을 주는 것이며 머지않아 싫증과 피로를 안겨 주게 되는 결과를 가져온다. 설교자가 입 밖으로 던진 단어들이 기록되어 나와 회중들의 눈으로 즉시 읽을 수 없기 때문에 감수해야 하는 고통은 어떻게 보상할 길이 없다. 무슨 말인지 모르고 지나쳐 버린 후에 앞뒤의 말을 연관시켜 본 후에야 비로소 그 뜻을 깨닫게 되는 일이 적지 않음을 우리는 경험할 수 있다. 그래서 TV에서는 정확한 발음을 갖추지 못한 사람과 인터뷰할 때는 자막으로 그 내용을 보여 준다.

말을 구사함에 있어서 또 하나 주의를 요하는 것은 음절의 사용이다. 말을 떼야 될 때에는 떼고, 이어 주어야 될 곳에는 이어 주는 기본적인 말의 구사가 설교자에게 절실히 요구되어진다. 무의식중에 넘겨버리기 쉬운 이 음절의 실수는 설교자들을 가끔 어려운 입장에

처하게 할 때가 적지 않다. 예를 들면, "아버지가 방에 들어가시다."가 "아버지 가방에 들어가시다."로 들려지고, "서울 군자동 우체국"이 "서울군 자동 우체국"으로 들려지는 것은 말의 분절(分節)관계를 정확하게 사용하지 못하기 때문이다.

실수의 원인은 분절에 대한 지식 부족 내지 무관심에서 오는 원인 중 하나라고 볼 수 있으나, 그보다 더 중요한 것은 호흡 조절의 실수와 혀와 입술, 턱 등의 위치가 잘못 되었을 때 그러한 결과를 초래한다. 특별히 이 가운데서 혀가 제대로 가야 할 위치에 재빨리 움직여 주지 않았을 때 서투른 음절이 발생된다. 이러한 문제들은 신체적인 구조에 의하여 발생될 수 있으나 특별한 질병에 의하여 장애를 받는 경우도 종종 있다. 그리고 노화된 구개 기능의 약화로 발생되기도 한다. 어떤 이유에서든지 설교자는 정확한 발음과 음절의 활용이 필수적이다.

(1) 개체 단어의 발음을 배운다.

단어의 발음이란 대부분 자음과 직결된다. 이 자음들은 혀와 입술이 발성의 진로를 차단할 때 생긴다. 자음은 입술에 의한 자음과 혀에 의한 자음으로 분류한다. 입술을 이용한 자음은 ㅁ, ㅂ, ㅍ 등이고, 혀를 이용한 자음은 ㄱ, ㄷ, ㄹ, ㅅ, ㅈ, ㅊ, ㅌ 등이다. 이러한 자음의 구조를 이해하고, 자신이 없는 발음들은 메모해 놓고 꾸준히 발음 연습을 해야 된다.

그리고 모음의 폭을 조절하여 분명하게 들려질 수 있도록 하는 연습도 대단히 필요하다. 프로취노우(Proechnow)는 이러한 과정에서 다음의 두 가지 효과를 거둘 수 있다고 말했다. 첫째, 이 과정에서 기관, 혀, 그리고 입술이 융통성을 지니게 되고, 감각이 예민해져서 발전을 가져오며, 둘째, 이러한 연습은 본인의 귀를 훈련시켜 어느 것이 더 정확한 발음인지를 엄격히 식별하는 효과를 가져오게 한다고 보았다.[11]

(2) 분절(分節) 연습을 문장 속에서 계속한다.

설교자가 음절을 바르게 사용하지 못할 때 범하기 쉬운 문제점들은 이미 언급한 바 있다. 음절을 정확히 사용하는 것은 언어의 리듬을 더 유창하고 아름답게 만들어 준다. 설교 속에서 구와 구(phrases), 절과 절(clauses), 그리고 문장과 문장(sentences) 사이를 정확하게 끊어 주고 이어 주는 연습은 실로 중요하다.

이 연습에는 특별한 원칙이 따로 없다. 본인이 습관적으로 자신의 언어 표현 생활을 고치기 위하여 소리내어 문장을 읽으면서 녹음하여 들어보고, 그것을 반복하는 가운데 발전을 기해야 한다. 그 과정 중에 자신의 호흡 조절을 살피고, 무의미하게 말 가운데 넣는 "에", "아", "음" 등의 불필요한 말들을 삭제시켜 주어야 한다. 훌륭한 말씨의 소유자란 꾸준한 연습 속에서 이룩된다.

많은 설교자들은 자신이 설교하는 것만큼 자기의 설교를 듣지 않는다. 설교자가 설교를 하는 동안에는 고쳐야 할 점들에 관하여 거의 망각해 버리고 메시지 전달에만 몰두하기 때문에 가급적 녹음된 자신의 설교를 들으면서 불분명한 발음과 음절에 나타난 문제점들을 살펴보고 계속적으로 교정해 나가는 노력이 필요하다. 꾸준히 지속하는 노력 속에서 자신도 모르게 원하는 발전을 이루게 되고 궁극적으로 성공적인 언어를 구사하는 설교자로서 하나님의 말씀을 외칠 수 있게 된다.

4. 언어와 음정의 리듬

한때 공항이나 기타의 공공장소에서 들을 수 있었던 안내 방송이나 외계인을 다루는 영화에서 변조되거나 합성되어서 뜻만을 전하던 언어를 들을 수 있었다. 그 언어는 의사 전달은 할 수 있었으나 정상적인 인간 언어가 아님을 쉽게 알 수 있다. 그 이유는 간단하다. 음정이나 발음은 정확하여도 그 언어에 리듬(rhythm)이 없기 때문이었다.
　리듬이란 음악에서만 필요한 것이 아니라 인간의 언어 생활과 행동에까지 크게 활용되고 있다. 리듬이 없는 음악이 존재할 수 없는 것처럼 언어 생활에서도 리듬이 없는 언어와 음정은 존재할 수 없다. 살아 호흡하는 인간으로서 하는 말이나 음정에는 반드시 리듬이 있어야 한다. 즉, 인간은 어떤 경우도 말의 빠름과 느림, 음정의 높고 낮음을 구사할 수밖에 없는 생명체이다.
　설교란 언어로 전달되는 특수한 사역이다. 이 사역에는 인간이 가지고 있는 최선의 언어 기능을 총동원해야 한다. 음향 장치와 같은 기계적인 설치에 의존하여 리듬을 만들어 내려는 것은 어리석은 생각이다. 기계 역시 말하는 사람이 리듬을 사용할 때 그 효과를 극대화하는 것이지 없는 리듬을 만들어 낼 수는 없다. 그래서 리듬이란 설교자가 화자(話者, speaker)로서 필수적으로 갖추어야 할 요소이다.
　앞에서 서술한 대로 우리의 민족은 정서적인 바탕이 어느 민족보다 강하기에 모이기만 하면 노래가 시작되고 함께 장단을 맞추면서 놀이마당을 벌인다. 거기는 노래의 리듬뿐만 아니라 생각과 몸의 리듬까지 모두 함께한다. 한국교회 강단에 서서 말씀의 청취자(聽取者)로서 앉아 있는 회중은 모두가 이러한 문화의 주역들이다. 그러므로 말씀을 선포하는 설교자가 이 리듬을 외면하고서는 성공적인 설교의 전달을 이룩할 수 없다. 최근에 설교학을 펴내 주목을 받고 있는 버트릭(David Buttrick)도 그의 책에서 다음과 같이 말하고 있다.

　　　모든 화자는 리듬을 갖추고 설교한다. 이러한 리듬의 흐름은 설교에서 흔히 듣게 되는데 설교자에 따라 어떤 이는 파도의 형태를, 어떤 이는 오르고 내림의 형태를, 어떤 이는 높은 음정을 굴리기도 한다.……설교에서 사용될 운율은 무엇을 누가 말하느냐에 따라 다양성을 갖는다.[12]

이처럼 중요한 언어의 속도와 음정의 고저에 깊은 관심을 갖기를 원하는 설교자들은 다음의 사항에 주의를 기울일 필요가 있다.

첫째, 설교자는 언어의 빠름과 느림을 적절하게 조절할 줄 알아야 한다. 설명의 경우는 빠르지 않은 언어의 속도를 취한다. 마치 평범한 강의나 이야기를 하는 속도를 유지하여 회중이 편안하게 경청하도록 한다. 그러나 말씀을 강력하게 적용하는 순간이나 강조해야 할 부분들은 설명의 속도보다 빠른 시도를 한다.

둘째, 설교자는 높고 낮은 음정을 조절할 줄 알아야 한다. 음정은 4단계로 정함이 효율적이다. 평범한 낮은 음정과 중간 음정, 중상의 음정, 그리고 자신이 가지고 있는 최고의 음정을 활용할 수 있어야 한다. 예를 들어, 고요한 바다는 저음을 사용하고, 바람 부는 바다는 중간치의 음정을, 파도치는 바다는 중상 정도 음정을, 그리고 폭풍 치는 바다는 최고의 음정을 사용하는 연습을 한다.

셋째, 설교자는 선천적으로 가지고 있는 음폭과 음색을 고려하여 많은 연습을 해야 한다. 좁은 음폭을 가지고 있는 설교자가 최상의 음정을 사용하는 경우 듣기 흉한 소리가 터져 나온다. 그리고 선천적인 좋은 음정을 갖지 못한 설교자가 높은 음정을 사용할 때 파열음이 나와서 듣기에 심히 거북한 음정이 나오는 경우가 있다. 연습을 통하여 자기 점검을 하고 조절해 나가는 노력이 설교자에게 주어진 과제이다.

넷째, 선천적으로 좋은 음성을 소유하지 못했거나 연습을 해도 효과를 가져올 수 없다고 판단된 설교자는 음향 시설을 최대한 활용해야 한다. 자신의 음성이나 발음의 효과를 극대화해 줄 수 있는 시설을 갖추고 거기에서 부족한 부분을 채워나가는 것 또한 중요하다.

다섯째, 설교자는 어떤 경우도 인위적인 형태의 언어의 빠름과 느림을 구사하는 실수를 범해서는 안 된다. 특별히 음성이 자기 음성이 아닌 가성(假聲)을 사용하는 일은 발생되지 않아야 한다. 조금이라도 인위적인 인상을 풍기거나 회중이 그러한 느낌을 갖게 될 때는 설교자의 인격에까지 치명적인 손상을 입히게 된다. 심지어는 혐오감까지 발생되면서 설교를 실패의 장으로 추락시킴을 알아야 한다.

5. 언어 외(外) 표현(Non-Verbal Posture)

설교자가 메시지 전달 과정에서 빼놓을 수 없는 것은 신체언어, 즉 언어 이외의 커뮤니케이션 도구이다. 이것을 가리켜 가시적(可視的) 의사소통(visible communication)이라고도 부른다. 회중은 설교자가 전하는 메시지의 내용을 정확하게 이해하기 위하여 단순히 음성을 통해 나온 말을 듣는 데서만 끝나는 것이 아니라 몸과 얼굴, 그리고 제스처 속에서 표현해 주는 더 깊은 뜻을 통하여 그 의미 파악에 도움을 받으려 한다.

이러한 일은 라디오보다 텔레비전이 더 정확한 의사 전달을 가능하게 해준다는 사실에서도 충분히 이해할 수 있다. 에드워드 홀(Edward T. Hall)은 "인간은 소리나는 언어를 통하여 말을 하는 것에 추가하여 보내는 소리 없는 언어 속에서 진정한 감정을 소통하고 있다. 그것이 곧 가시적(可視的) 표현이다."[13]라고 말한 바 있다.

커뮤니케이션이란 언어를 통한 청각적(聽覺的)인 것과 눈, 손, 얼굴, 몸을 통한 시각적(視覺的)인 것이 병용되어야 의도한 효과를 더 많이 가져올 수 있음에 근거한 기초적인 이론이다. 이 이론이 설교의 전달에 응용될 때 그 중요성이 드러난다. 설교란 단순한 지성적인 감각에 호소하는 것보다는 오히려 감성적 세계에 호소하는 편이 많기 때문에 그 표현의 도구인 언어 이외의 표현(言語外 表現)에 지대한 관심을 가져야 한다. 유명한 심리학자 앨버트 머라비안(Alvert Mehrabian)은 전체적인 메시지 전달에 영향을 주는 것들을 말 7%, 음성 38%, 언어외 표현 55%[14]로 분석하고 있다.

이 분석에서 말이 차지하는 부분이 너무나 기대 밖의 결과로 나타나고 있으나 우리가 주시해야 할 것은 신체언어(身體言語)의 표현이 차지하는 비중이 얼마나 막대한가를 보는 데 이 연구가 큰 도움을 주고 있다.

이제 설교자가 강단(Pulpit)에서 메시지를 전달하는 순간 어떤 것들이 이 언어 이외의 표현(non-verbal language)의 요소들로 작용할 수 있는지 알아보도록 한다.

1) 복장과 태도

설교자가 강단에 어떤 복장을 하고 어떤 모습으로 나타나는가는 회중의 자연적인 관심사이다. 요즈음은 많은 설교자들이 설교자의 예복을 착용하므로 이러한 문제는 관심 밖의 것으로 되고 있다. 그러나 예복을 착용하지 않았을 경우 설교자는 자신이 입고 있는 의복에 대하여 깊은 관심을 가져야 한다. 색깔의 조화를 비롯하여 검소함에 이르기까지 원만한 모습을 갖추도록 해야 한다. 가운이나 성직자 셔츠를 입지 않고 정장차림으로 단에 서게 되는 설교자들의 경우 지나친 색상의 셔츠를 입거나 양복을 입는 경우를 본다. 이러한 폐단은 개혁교회에서는 일찍부터 있어 온 문제점이다. 그래서 설교자는 예복을 입는 것을 권하게 되었다.

더 중요한 것은 설교자의 태도이다. 강단에 나타난 설교자가 처음부터 몹시 심각한 상태에서 헝클어진 머리와 찡그린 인상과 함께 나타나 얼굴에 미소 하나 없이 회중에게 긴장감을 주는 일은 반드시 피해야 한다. 설교자의 미소는 회중을 평안하게 만드는 중요한 도구이다. 설교자가 미소지을 때 회중도 미소를 짓고, 울음을 터뜨릴 때 회중도 함께 눈물을 흘린다는 것은 강단에 서게 될 설교자의 태도가 얼마나 중요한 위치에 있는가를 잘 말해 주는 결과이다. 설교자의 태도가 신념에 가득 차 있고 적극적이며 평화의 미소로 차 있을 때 회중은 그대로 영향을 받게 된다.

2) 몸짓(Gesture)

흔히들 제스처라고 이름하는 몸짓을 통한 의사 표현은 대단히 중요하다. 설교에서 언어로 다 전달하지 못한 설교자의 뜻을 몸짓을 통하여 나타내고 있음을 볼 수 있다. 몸짓이란 설교의 초반부터 사용되는 것이 아니다. 회중이 설교 속에 젖어들 때부터 서서히 나타내는 것이 지혜롭다. 몸짓이란 손을 쓰는 것이 원칙이다. 그런데 많은 설교자들이 한 가지 정도의 고정된 자기의 몸짓을 가지고 있는 것을 보는데 전문가에 의하면 다음 넷으로 그 형태와 뜻을 분류한다.[15]

① **집게손가락 몸짓**-말씀의 위치를 가르칠 때와 보통의 강조점을 말할 때 사용한다.
② **주먹을 쥔 몸짓**-극적인 문제를 말하거나 크게 강조할 때 강한 어조와 함께 사용한다.
③ **손바닥을 위로 한 몸짓**-긍정적일 때와 설득 및 탄원의 감정을 나타낼 때 진지한 자세로 사용한다.
④ **손바닥을 내리는 몸짓**-반대 의사, 불명예, 그리고 경멸 또는 비난의 표현을 나타낼 때 사용한다.

이상과 같이 분류된 형태의 몸짓은 혼자서의 연습이 없이 무조건 강단에서 사용할 수는 없다. 노련한 몸짓과 서투른 몸짓이 가져오는 결과가 너무나 차이가 있음을 알아야 한다. 그리고 이 몸짓들을 사용함에 있어서 반드시 알아두어야 할 것은 적당한 시간과 요긴한 순간에 값있게 사용해야 하고, 그 몸짓이 그 곳에 반드시 있어야 할 것인지를 생각하면서 무의미한 몸짓이 되지 않도록 해야 한다.

3) 회중과의 시선 교환

설교란 일방적인 독백이 아니라 쌍방간에 소통되는 대화이다. 그러므로 말하는 사람은 시시각각으로 듣는 자들의 반응을 그 얼굴에서 읽어 가면서 자기의 말을 진행해야 한다. 회중 한 사람이라도 놓치지 않으려는 노력 속에 한 사람 한 사람의 눈과 마주쳐 나아가면서 말씀을 전하는 설교자만이 대화적인 설교(Dialogical Preaching)를 하고 있다고 말하게 된다.16) 많은 설교자들이 회중을 보지 않고 공중이나 창밖을 보면서 회중과의 시선을 피하려는 것을 볼 수 있으며 때로는 사람에게 설교하지 않고 원고에다가 설교를 하는 경우를 종종 본다.

회중이 설교자의 시선과 연결이 되어 있지 않을 때 이 때의 회중은 소외감 또는 해방감을 느낀다. 그리고 어떤 설교자들은 눈을 너무 빨리 옮겨버리는 경우가 있는데, 이런 경우는 회중에게 오히려 불안감을 주게 된다. 설교자가 회중 개개인을 향하여 말씀을 관심 있게 주고 있음을 인식할 때에만 그 말씀 속에서 은혜와 감명을 받아 하나님의 위대하심에 머리를 숙인다. 그러므로 회중과의 여유 있는 시선의 교환은 언어 외의 표현에 있어서 대단히 중요한 과정이다. 회중과 함께 호흡하면서 그들과 눈을 마주쳐 가면서 설교를 한다는 것은 피할 수 없는 요구이다. 현대의 커뮤니케이션에서는 설교자의 눈에서 메시지가 나아가고 회중은 눈을 통하여 전달받아야 한다는 이론을 펼치고 있으며 이 이론은 대단한 설득력을 가지고 있다.

설교자와 언어의 메커니즘이란 떼어놓을 수 없는 상관관계를 가지고 있다. 말씀으로 이룩되고 말씀으로 확장되어 가는 기독교의 본질과 합치되는 문제이다. 한 설교자가 발성과 언어의 구사 및 표현이 빈약하다면 참으로 괴로운 일이다. 이러한 면의 발전이란 단순한 교육으로 해결될 수는 없다. 본인의 강력한 도전 의식과 함께 끊임없는 연습이 필요하다. 그리고 언어 이외의 표현을 위한 새로운 관심과 효과적인 사용은 귀한 말씀의 종이 되는 첩경임에 틀림없다. 말씀의 종이 보다 더 나은 도구를 소유하고야 말겠다는 집념 어린 노력과 가구는 어느 때인가 하나님의 응답을 받게 된다.

주〉

1) George A. Kennedy, *Aristotle on Rhetoric*(New York:Oxford University Press, 1991), pp. 37-38.
2) Phillips Brooks, *Lectures on Preaching*(London:S.P.C.K., 1950), p. ix.
3) Paul Tillich, "Communicating the Gospel", *Union Seminary Quarterly*, VII/4(June, 1952), p. 3.
4) Roy Pearson, The Preacher:*His Purpose and Practice*(Philadelphia :The Westminster Press, 1962), p. 196.
5) Andrew W. Blackwood, *The Preparation of Sermons*(New York :Abingdon Cokesbury Press, 1948), p. 198.
6) 호흡을 활용한 발성법에 관하여 다음의 책을 참고하라.
   문영일, 「호흡과 발성」(서울:도서출판 청우, 1992).
7) Dwight E. Stevenson and Charles F. Diehl, *Reaching People from the Pulpit*(New York:Harper & Row, 1958), p. 42.
8) Elise Hahn, *Basic Voice Training for Speech*(New York:McGraw-Hill Book Company, 1957), pp. 56-58.
9) W. E. Sangster, *Speech in the Pulpit*(New York:Philosophical Library, 1958), pp. 7-9.
10) Herbert V. Prochnow, *The Successful Speaker's Handbook* (New York:Prentice-Hall, Inc., 1951), p. 200.
11) Ibid., p. 205.
12) David Buttrick, *Homiletic*(Philadelphia:Fortress Press, 1987), p. 207.
13) Edward T. Hall, *The Silent Language*(Greenwich, Conn.:Fawcett Publications, 1969), p. 10.
14) Flora Davis, "How to Read Body Language", *Reader's Digest* (December, 1969), p. 54.
15) H. C. Brown. Jr., H. Gordon Clinard, Jesse J. Northcutt, *Steps to the Sermon*(Nashville:Broadman Press, 1963), p. 184.
16) Dwight E. Stevenson and Charles F. Diehl, op. cit., p. 59.

제 14 장

한국교회 설교, 그 전달의 현장

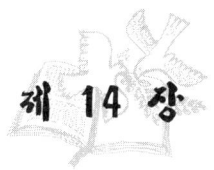

　설교자는 완벽한 설교의 내용과 그 전달을 추구한다. 설교자가 이러한 의욕을 갖는 것은 너무나 당연한 일이다. 최선의 노력을 기울여 원고를 탈고한 설교자는 당연히 다음 단계인 전달을 준비해야 한다. 한 편의 설교를 100%로 상정할 때 내용이 차지하는 비율을 60%, 전달이 차지하는 비율을 40%로 보는 것이 가장 합리적이다. 앞의 장에서 설교의 해산(preaching delivery)을 서술하면서 설교의 성패는 전달에 달려 있음을 강조한 바 있다.

　저자는 지난 20년 동안 신학대학원생들의 '설교의 실제'를 지도하면서 그들이 보여 준 전달의 문제점들을 빠짐없이 기록하였다. 이런 기록은 한국교회 설교 현장을 통하여 다시 관찰되고 확인되었다. 그러므로 이 정리된 기록은 선지생도들의 문제에 국한된 것이 전혀 아니다. 이것은 분명히 한국교회 강단에서 흔히 범하고 있는 오류들이거나 또는 전혀 고려하지 않고 있는 부분들이다. 이러한 문제점들을 서술형이 아니라 나열형으로 정리하여 가볍게 접근할 수 있도록 구성하였다.

1. 설교자의 열정과 감정

1) 파토스(Pathos)-열정과 감정의 표현 문제

① Pathos는 먼저 설교자의 열정을 의미한다. 이 열정은 단순한 설교자의 뜨거운 열기보다는 하나님의 말씀을 사랑하고 그 말씀을 들어야 할 회중을 사랑하는 열정이다.

② 설교자는 하나님의 말씀을 증거할 때 느긋함과 안이함을 버리고 열정과 긴장감을 가지고 단에 서야 한다. 주님의 말씀이 성도들에게 가슴에서 우러나오는 깊은 결단을 끌어낼 수 있도록 설교자는 열정을 가져야 한다.

③ 설교할 때 너무 기교적으로 전달해 달변가나 웅변가로 보이는 설교자가 되지 않도록 유의해야 한다. 우둔한 언변을 가졌더라도 하나님의 말씀을 바로 전하기 위해 몸부림치고, 신령한 은혜를 사모하는 설교자로 보이는 것이 우선적이다.

④ 하나님의 말씀을 전할 때 경솔하게 행동을 한다거나 너무 흥분하여서 모든 사람에게 평안함을 주지 못한다면 문제가 아닐 수 없다. 반대로 너무나 차분한 나머지 분위기가 가라앉아 성도들을 지루하게 만드는 설교자 역시 역동적인 메시지를 전달하려는 열정이 필요하다.

⑤ 설교자는 뜨거운 열정과 절박한 호소력으로 선포하여 거기에 힘과 감동이 나타나야 한다. 설교자 자신도 감동받지 못하면서 성도들이 감동받기를 기대하는 것은 위선자로 가는 첫 번째 단계라고 할 수 있다. 메시지가 설교자의 머리에서만 나오고 있다면 그 설교를 통하여 어떠한 결단이나 감동도 성도들에게 줄 수 없다. 설교자 자신이 먼저 그 말씀을 통하여 은혜를 받도록 노력해야 한다.

⑥ 설교자는 한 편의 설교를 위하여 수많은 노력을 기울여야 한다. 설교자가 설교를 너무 쉽게 생각하거나 말씀을 분석하는 인상이 가득할 때 회중은 그것이 목회자의 뜨거운 가슴을 거쳐서 나오는 메시지가 아니라고 느낀다. 그럴 때 메시지는 진지하지 못하고 성도들에게 아무런

제14장 한국교회 설교, 그 전달의 현장

감화조차 줄 수가 없게 된다. 설교자가 메시지에 깊숙이 몰입해 감화된 땀과 눈물을 보일 때 그 설교는 확신이 가득하게 된다.

⑦ 설교자가 열정을 가지고 설교할 때 설교자는 적절한 음성의 강약, 고저의 사용을 통하여 그 효과를 더욱 잘 나타낼 수 있다. 그러나 내용이 수반되지 않은 열정은 허무한 것임을 명심해야 한다. 설교자가 말씀의 주인을 섬기는 모습을 열정적으로 전하여야 한다. 설교자가 사건이나 설교의 내용에 깊숙이 몰입되어 확신에 찬 설교를 하고 있다면 성도들의 가슴은 쉽게 움직이게 된다.

⑧ 설교자로서 열심과 성실, 선포의지가 잘 드러날 때 성도들은 결단으로 마음을 향하게 된다. 설교자의 열의가 곧 회중의 가슴을 적시게 된다.

⑨ 설교자에게 있어서 중요한 것은 선포력이다. 선포의 감각이 없이 설교자가 계속 본문을 논리적으로 전개하고 있다거나 설명에 머물고 있다면 그것은 심각한 문제를 유발한다. 선포력이란 하나님 말씀의 종으로 메시지를 뿜어내는 열정의 한 장면이어야 한다.

⑩ 파토스가 부족하면 심한 경우 제스처의 활용이 전혀 없는 설교를 하게 된다. 하지만 너무 자주 사용하는 것은 강조의 의미를 반감시키는 결과를 가져올 수도 있다. 반면 적절한 제스처의 활용은 성도들이 설교를 이해하는 데 많은 도움을 주며, 자신의 최저음과 최고음을 활용할 줄 아는 설교자는 자신의 감정 표현과 호소력을 이어가는 데 절대적인 도움을 받게 된다.

2) 감정 조절과 표현의 문제

① 배우들은 한 컷의 장면을 연출할 때 반드시 '준비'와 '감정 정리'의 단계를 거친다. 그리고 허구를 사실인 것처럼 만드는 임무를 수행한다. 시청자는 모두가 배우의 연출대로 믿고 웃거나 눈물을 흘린다. 반

면 설교자는 사실(nonfiction)을 말하는 데도 듣는 사람들은 거기에 전혀 감동받지 않는다. 설교자의 감정이 그 메시지 속에 충분히 농축되지 못하였기 때문이다.

② 적절하게 감정을 조절하지 못하고 선포를 통해서 자신의 감정을 실어 보내는 데에 실패한 설교자는 기계적인 모습으로 말씀을 전한다. 이러한 전달은 성도들에게 신선한 감동을 줄 수 없을 뿐더러 매우 건조한 전달 방식이 된다.

③ 아무런 감동도 주지 못하는 설교의 또 다른 형태는 그대로 읽고 있는 형태(reading style)의 설교이다. 설교를 읽는다는 것은 화육된 메시지(incarnational preaching)가 준비되지 못하였다는 것을 입증한다.

④ 설교자는 언제나 자신의 설교에 감정 이입이 되고 본문에 깊이 몰입한 모습을 보여 주어야 한다. 설교자의 감정이 전혀 움직이지 않고 머리만을 움직이는 듯한 인상을 준다거나 책을 읽어 주고 있는 듯한 느낌, 원고를 아직 완전히 소화하지 못해 원고를 너무 자주 바라봄으로써 원고에 대고 설교하는 듯한 느낌을 주어서는 안 된다.

⑤ 설교자는 설교를 통해 감격적인 은혜의 운반이 있어야 하며 감격을 몰고 오는 설교자로서의 자세와 모습과 감정이 발동되어야 함은 당연하다. 그러나 거의 문장마다 감동을 일으키려는 시도는 무리이다. 또한 감동을 주기 위한 방법으로 인위적인 음성을 이용하는 것도 금물이다. 설교자들은 성도들을 감화시키는 표현을 너무 남용하지 말고 조화를 이루도록 노력해야 한다.

⑥ 설교자에게는 가슴 속 깊이에서 우러나오는 호소가 있어야 한다. 감동적이고 감상적인 표현은 단순히 성대의 힘만으로는 어렵다. 감정을 잘 나타내기 위해 좀더 높고 긴 단어를 효과적으로 사용할 줄 알아야 한다. 만일 그리스도인들이 설교를 통하여 감동의 기회를 갖지 못한다면 설교는 공허한 외침이 될 우려가 크다.

3) 화신적인 설교의 정도 문제

① 설교자는 성육화된 설교를 할 수 있어야 한다. 말씀과 설교자가 하나가 되어 모든 것을 표현하여야 하는데 설교의 내용과 설교자가 분리된 모습을 보여서는 안 된다. 예컨대 선포의 내용 가운데 "거니는 사람들의 걸음은 슬픔으로 가득했습니다."라는 말을 하면서 설교자의 얼굴에 미소를 담고 있다거나, "가슴에 벅찬 감동이 밀려왔습니다."라고 말하는 설교자의 인상이 전혀 벅차오르거나 감동이 없는 무미건조한 표정을 짓는다면 무슨 감동이 있겠는가? 설교자는 선포의 내용과 자신의 음성이나 표현을 자신의 모습으로 일치시켜 성도들에게 은혜를 끼칠 수 있어야 한다.

② 설교자가 자신이 선포하는 설교의 내용에 깊이 몰입되어 하나의 객관적인 사건을 바라보듯이 선포하여서는 안 되고 자신의 감정 이입을 통해 온전한 선포가 이루어지도록 최선을 다해야 한다.

③ 설교자의 성실한 자세와 친밀한 모습, 그리고 전하려는 말씀에 깊이 동화되어 있는 감정 등은 어느 시대, 어느 장소에서나 환영을 받게 된다. 말씀이 몸에 젖어 있는 설교자를 일컬어 화신의 설교자(Incarnational Preacher)라 부른다. 오늘의 회중은 이러한 설교자를 기다리고 있다.

4) 시간 조절의 성패

① 설교자는 시간을 지키는 것이 중요한 덕목이라는 사실을 꼭 기억해야 한다. 물론 시간이 꼭 몇 분이라고 정해진 것은 아니다. 그러나 설교자들에게 주어진 시간만을 활용하는 훈련은 꼭 필요하다. 시간 조절에 실패하는 이유는 여러 가지가 있다. 그 중에 하나는 설교가 원고화되지 못하고 즉흥적인 말들이 돌출되는 데 있다. 또 하나는 설교자의

감정을 조절하지 못하고 흥분 상태를 이어갈 때 발생하게 된다.

② 준비가 부족하고 원고를 완전히 소화하지 못해 시간 조절에 실패하는 경우가 많다. 단계마다 적절한 시간 분배를 통해 자신이 전달하고자 하는 메시지를 충분한 시간 안에 전달할 수 있는 훈련과 노력을 기울일 때 훌륭한 설교자가 될 수 있다. 시간 안배를 잘 못하여 처음에는 천천히 시작했다가 뒤로 가면 갈수록 빨라져서 마지막 절정과 결말에는 무슨 말을 하는지조차 알지 못한다면 그 설교는 완전히 실패이다.

5) 원고 소화와 자율성의 문제

① 설교의 내용이나 원고가 잘 준비되었다 하더라도 원고의 내용을 완전히 이해하지 못하고 완전히 소화하지 못한 상태에서는 가슴에서부터 나오는 설교를 할 수 없다. 나아가 원고로부터 자유롭지 못한 채 자꾸 원고를 바라보게 되면 설교는 강의 형태로 전달된다. 이러한 경우에는 회중과의 시선 교환을 통한 의사소통에도 많은 어려움이 따르며 회중의 가슴에 파고들어 결단에 이르게 하는 설교를 할 수 없다.

② 설교 원고를 완전히 소화하지 못한 설교자는 설교 속에 자신의 감정이 온전히 들어가지 못하며 선포하는 것도 어색하다. 또 회중과 시선을 완전하게 주고받을 수 없으며, 회중이 아닌 원고를 향해 설교하는 우를 범하게 된다. 또한 말을 자주 더듬게 되며 어감마저도 독서를 연상시켜서 회중은 하나의 수필을 감상하는 듯한 인상을 받는다.

③ 충분히 원고를 소화한 설교자는 회중과의 시선 교환을 통해 자유로운 선포를 할 수 있으며 회중도 소외된 생각이 아니라 온전한 하나님의 말씀을 듣고 결단할 수 있는 기회를 누릴 수 있다.

④ 설교자가 자신의 설교에 자유함을 가지고 있을 때에는 전달에도 좋은 결과를 가져오는 것이 너무나도 당연한 결과이다. 잘 준비된 원고의 내용을 여유 있게 소화하고 원고를 떠나서 자신이 하나님께로부

터 받은 은혜를 자유롭게 성도들에게 확신에 차서 선포하고 있을 때 회중과의 자유로운 시선 교환이 이루어질 수 있고, 어감이나 속도, 음성의 문제, 제스처의 사용도 자유롭게 할 수 있으며, 모든 부분에서 자신감을 가지고 선포를 할 수 있다.

2. 설교자의 몸가짐

1) 성경 봉독의 형태와 자세

① 성경 봉독을 할 때는 두 손을 이용해 정중하게 받들어 읽는 모습을 보여야 한다. 한 손만 사용해 성경 봉독을 하거나, 바닥에 성경을 내려놓고 읽어 나가는 것은 적합하지 못하다. 이때 몸을 흔드는 것은 절대로 삼가고 가장 엄숙한 자세를 갖추어야 한다.

② 성경을 읽기 전에 다음과 같이 말한다. "하나님이 오늘 우리에게 주신 말씀은 ○○복음 ○장 ○절부터 ○절까지에 있는 말씀입니다. (30초 정도의 시간을 준다.) 이제 봉독합니다. 경청하십시오."

봉독 후에는 "오늘 이 말씀을 통해 하나님께서 우리에게 은혜 베푸시기를 원합니다."라고 말하면서 끝을 맺도록 한다.

③ 성경 봉독은 정확한 발음과 적당한 속도로 진행해야 한다. 성경 봉독의 속도가 너무 빠르거나 독특한 리듬을 사용한다면 성도들이 따라 올 수 없고 말씀에 대한 영적 수용에 지장을 초래하게 된다.

④ 성경을 봉독할 때는 안경을 올리거나 다른 손짓을 하여서는 안 되며 성경 봉독 후에는 성경을 덮지 말고 그대로 펼쳐 놓아야 한다.

2) 몸가짐의 문제

① 메시지를 전달할 때 언어 외적인 표현(言語外的 表現, non-verbal posture)이 갖는 효과를 결코 소홀히 다룰 수는 없다. 설교자는 음성언어를 통한 전달 이전에 벌써 외적 행동으로 회중에게 인상을 심어 주기 때문이다.

　② 선명하고 단정한 인상은 메시지의 전달을 원활하게 하는 소리 없는 첫 번째 언어이다. 맑고 깨끗한 설교자의 인상을 강단에서 대하는 성도들의 기쁨은 매우 크다. 티 없는 모습으로 하나님의 진리의 말씀을 확신에 차서 선포한다면 좋은 설교자이다.

　③ 차분한 모습이 아닌 놀라거나 뭔가에 쫓기는 듯한 불안한 인상으로 강단에 선다면 많은 사람들에게 똑같은 불안감을 줄 수 있다는 것을 기억해야 한다.

　④ 그리고 특이하고 원색적인 옷차림이나 단정하지 못한 넥타이 등은 메시지를 듣는 성도들의 주의력을 다른 곳으로 분산시키므로 특별히 주의해야 한다. 이 때는 역시 가운이나 성직자 셔츠를 입는 것이 좋다.

　⑤ 설교자가 강단에 설 때는 바른 자세를 유지하여야 한다. 설교자가 강단에 등단할 때부터 마치고 내려오는 그 시간까지 정중하고 진지한 몸가짐과 단정한 자세를 처음부터 끝까지 유지해야 한다.

　⑥ 설교단에 설 때에는 설교단과 몸이 연결되어 안정된 모습을 보여 주어야 한다. 또한 자세가 단정하고 당당해야 한다. 두 어깨는 어느 한 쪽으로 치우치지 않고 수평을 이루며 고개는 바로 하여야 한다. 설교단과 몸이 연결되지 않으면 성도들에게 불안한 인상을 주어 말씀 선포의 효과를 반감시킬 수 있다.

　⑦ 설교자가 강단 쪽으로 기대고 선다거나 어느 한 쪽만을 바라보면서 설교한다면 다른 한 쪽의 성도들은 외면당하는 느낌을 받는다. 더욱이 어느 특정인에게 시선을 맞추고 설교하는 일은 설교자로서의 자질이 없는 경우이다.

　⑧ 몸의 중심이 흔들리고 양손이 별 뜻 없이 너무 자주 움직이며 시선이 불안정한 것을 바르게 교정해야 한다. 또는 몸의 움직임이 너무 없

어서 생기 있는 설교자의 모습이 아닌 경직된 느낌을 주어서도 안 된다.

⑨ 설교자가 설교할 때 팔을 어디다 두어야 할지 몰라 불안한 모습을 보이면 안 된다. 원고를 만지작거린다든가, 처음부터 끝까지 양손으로 강단을 붙잡고 있는 자세는 교정해야 한다.

⑩ 강단 뒤편에 앉아 설교 순서를 기다릴 때도 늘 바른 자세로 무릎을 모으고 앉은 자세를 유지해야 한다. 무릎을 벌리거나 발을 꼬고 앉아 있는 자세는 한국적 상황에서는 좋은 인상을 주지 못한다.

3) 시선의 문제

① 설교자의 시선은 말씀 선포를 위한 언어 외(言語 外)의 도구로서 매우 중요하다. 회중과 적절하고 효과적인 시선 교환이 이루어질 때 원만한 의사소통을 이룰 수 있다. 어느 한 쪽만을 바라보거나 원고만 바라봄으로써 회중과의 의사소통을 이루지 못한다면 선포의 효과는 반감된다.

② 회중의 눈길을 피하거나, 회중을 바라보는 시선은 있으나 눈을 지그시 감고 바라본다거나, 회중을 바라보지 않고 허공을 바라는 것은 절대 금물이다. 좌우의 모든 회중을 바라보지 못하고 어느 한 쪽에 치우쳐 있다거나, 회중을 바라보는 속도가 너무 빨라 설교자가 회중에게 공격적인 인상을 준다거나 하면 회중에게 진지함이나 성실성이 결여된 모습으로 비치게 된다.

③ 회중을 향한 자유로운 시선 교환과 시선 분배는 회중을 사로잡을 수 있는 자신감과 확신을 심어 줄 수 있다. 그러나 시선이 불안하고 산만하거나 천장만 뚫어지게 바라보는 모습을 보여 준다면 회중과는 무관한 설교가 되기 쉽다.

④ 시선의 접촉을 위하여서 자연스럽고 부드럽게 고개와 함께 눈이 가야 하는데 눈동자만이 좌우로 움직이는 실수를 범해서는 안 된다.

인상을 찡그리고 눈을 가늘게 뜬다거나 너무 크게 눈을 떠서 성도들에게 두려움을 주는 것도 피해야 한다. 눈은 자연스럽고 평안한 모습으로 회중을 바라볼 수 있도록 노력해야 한다.

4) 어색한 습관들

① 설교자에게 있어서 여러 가지의 습관들이 다양하게 나타난다. 그러나 이러한 습관들이 말씀 선포에 걸림돌이 된다면 빠른 시간에 이를 해결해야 한다.

② 설교자들 중에 가끔 혓바닥을 내밀거나, 입술에 침을 적시는 습관을 가진 사람이 있다. 이것은 고쳐야 할 좋지 못한 습관이다. 고개를 깊이 파묻고 내용을 말하거나 고개를 너무 빨리 움직여 회중과 시선 교환에 무리를 주는 행위, 고개를 움직이지 않고 눈동자만을 움직이는 습관들을 버려야 한다. 또한 아무 이유 없이 고개를 좌우로 움직이는 습관도 버려야 한다.

③ 긴장에 의한 기침, 끝말 다음에 입을 다무는 것을 잊어버리고 계속 입을 벌리고 있는 습관도 버려야 한다. 단어마다 고개를 끄덕이는 습관, 단어마다 힘을 주는 습관은 삼류 부흥사의 형태이다.

④ 두 손바닥을 보이는 제스처는 적절하지 못하다. 또한 두 손이 너무 고정되어 있거나 반대로 너무 의미 없이 자주 움직이는 것은 회중에게 평안함을 주지 못하는 어색한 습관이다.

⑤ 말의 끝을 올린다거나 볼펜을 손가락에 끼고 성경 봉독을 하는 자세, 손을 호주머니에 집어넣는 자세, 어깨를 들썩거리는 행위, 설교할 때 눈썹과 눈썹 사이를 계속 찡그리는 행위, 의미 없이 손가락을 사용하거나 손을 들어 흔드는 행위, 아래를 쳐다보는 행위를 삼가야 한다.

⑥ 원고 내용이 생각나지 않는다고 고개를 이리저리 흔든다거나, 습관적으로 계속 원고를 바라보는 행위는 설교자가 고쳐야 할 습관들이다.

⑦ 필요 없이 너무 열을 낸다거나, 단어를 강조한다고 소리를 지르는 모습, 의미 없이 순간순간마다 미소짓는 경우들 또한 어색한 습관이다. 메시지의 내용과 인상이 충돌하지 않도록 해야 한다.

5) 인상의 문제-잔잔한 미소 또는 험한 인상

① 설교자는 강단에서의 성도들과 같이 호흡할 수 있는 친화력을 기르고 딱딱한 표정을 부드러운 표정으로 바꾸는 훈련을 해야 한다. 기쁨에 대해 설교하는 설교자의 인상이 굳어 있다거나 근심에 찬 표정이라면 이 설교를 통해 은혜 받고 기쁨을 누리는 사람들은 거의 없다.
② 설교자는 따뜻하고 온화한 언어의 사용, 설교의 내용과 동일한 인상을 가져야 한다. 간혹 설교의 내용과 일치하지 않은 설교자의 인상이 보이는 경우가 있다. 이러한 문제는 비디오 테이프를 보면서 스스로 발견하고 정정해야 한다.
③ 인상이 너무 굳어 있거나 너무 차가운 인상을 가지고 있어서 회중에게 편안함을 주지 못하는 설교자는 자신의 인상을 부드럽게 하는 노력이 있어야 한다. 자신의 인상과 열정 모든 면에서 회중에게 편안함을 줄 수 있는 설교자가 되도록 노력해야 한다.
④ 말씀을 선포하는 도중에는 어떠한 일이 있더라도 미간을 찌푸린다거나 함부로 인상을 써서는 안 된다. 설교자가 눈을 지그시 감는다거나 또는 크게 뜨는 것은 인위적인 인상을 풍긴다. 이러한 경우 진실을 의심받게 된다. 게다가 의미 없는 웃음은 오히려 역효과를 낸다는 것을 기억하고 주의해야 한다.

6) 전치(前齒)와 무질서한 앞 머리카락들

① 설교자는 회중에게 깔끔하고 단정하며 편안한 인상을 주어야

한다. 설교자가 강단에 오르는데 회중에게 산만하게 보인다거나 답답한 인상을 준다면 말씀 선포 이전에 질서정연한 인간적인 교류에 실패하게 된다.

② 설교자의 앞머리가 길고 한 쪽으로 많이 내려와 있는 모습이나 단정하게 빗어 넘기지 못하고 흐트러져 있는 머리 모양은 회중에게 산만하게 보이며 답답함을 줄 뿐 아니라 설교자의 인상을 흐트러뜨려 회중의 시선을 방해하는 결과를 가져온다.

③ 설교란 설교자를 통하여 나오는 하나님의 말씀이다. 그러기에 자연적으로 회중은 설교자의 입을 쳐다보게 된다. 이때 전치(前齒)의 간격이 떨어져 있거나 충치로 검정색을 갖고 있다면 이것은 회중에게 부담을 주는 부분이 된다.

④ 설교자에게 있어서 올바르고 똑똑하게 알아들을 수 있도록 발음하는 것은 매우 중요하다. 선천적으로 어려운 사람도 있으나 많은 훈련과 노력을 통해서 우수한 발음을 가질 수도 있다. 또한 고르지 못한 치아 때문에 발음이 부정확한 설교자도 있다. 이러한 설교자들도 치아 치료를 통해 바르게 발음할 수 있도록 교정한다.

7) 안경의 위치와 반사의 정도

① 안경을 착용한 설교자는 안경을 처음부터 바르게 쓰도록 잘 조절해야 한다. 안경이 너무 내려와 코끝에 걸려 있다거나 설교자의 인상을 답답하게 하는 것을 피해야 한다.

② 안경이 빛에 반사되어 회중과의 시선 교환을 방해하는 것을 막아야 한다. 빛이 반사되지 않는 안경을 착용하는 것이 좋다.

③ 설교 도중에 안경테를 만지는 설교자의 손길에 회중의 시선이 언제나 집중된다는 것을 알아야 한다. 그러므로 설교 도중 안경테의 위치를 바로잡는 일이 없도록 각별한 유의가 있어야 한다.

8) 제스처의 문제

① 가슴에서 우러나오는 열정적인 선포를 하는 설교자는 그저 가만히 서서 회중만을 바라보면서 하지 않는다. 자신의 음정의 최고치와 최저치를 조화롭게 활용해 단조로움을 피하고 적절한 제스처를 통하여 회중의 심령을 움직이는 선포를 할 수 있다.

② 적절하게 사용되는 제스처는 회중의 마음을 사로잡기에 매우 효과적이며 설교자의 동작을 통한 회중과의 적절한 의사소통을 이룰 수 있다.

③ 제스처는 선포와 함께 조화를 이루어야 한다. 말씀의 선포와 조화를 이루지 못한 제스처는 매우 어색할 뿐만 아니라 회중에게도 설득력이 없다. 예를 들면, 제스처가 먼저 나오고 선포가 뒤따르는 경우가 많은데 이는 퍽 자신 없는 표정이며 선포와 조화를 이루지 못하여 어색하다.

④ 강조해야 할 순간에 자신의 선포에 힘을 주고 강력한 결단의 선포를 위해 적절하게 사용하는 제스처는 매우 효과적이다. 그러나 너무 자주 습관적으로 사용되는 제스처는 회중에게 산만함을 줄 뿐 선포의 효과에는 아무런 영향을 미치지 못하고 오히려 방해하는 결과를 가져온다. 그리고 거의 제스처를 사용하지 않고 선포하는 설교자에게는 열정도, 선포에 대한 의욕도 없다는 인상을 주게 됨을 또한 생각해 보아야 한다.

⑤ 갑작스럽게 등장한 인위적인 제스처가 연속적이지 못하고 일회성으로 끝나면 어색하기만 할 뿐이다. 제스처는 작은 범위에서 서서히 큰 범위로 발전해 나가야 한다. 습관적으로 사용되는 제스처들, 예를 들면 반복적으로 두 손을 모으는 행동, 한 손만을 계속 움직이는 행동, 손가락을 의미 없이 펼쳤다 오므렸다 하는 행동들은 매우 주의해서 고쳐야 할 부분들이다.

⑥ 제스처를 사용할 때는 제스처와 함께 시선도 같은 방향을 향해 가야 한다. 자신의 손은 오른쪽을 향하여 가는데 설교자의 시선은 왼쪽을 향한다면 얼마나 어색한 일이겠는가?

3. 설교자의 어감과 음성

1) 강의자인가? 설교자인가?

① 설교는 강의가 아니다. 그러나 때때로 설교도 아니고 강의도 아닌 모습으로 하나님의 말씀을 선포하는 모습을 보면 매우 안타깝다. 특별히 힘들여 설교하기를 싫어하는 최근의 신학도들에게서 이러한 문제는 더 심각하다.

② 하나님의 말씀을 선포하는 모습이 강의와 같고 설교자로서 열정이나 감정이입이 없으며 음정의 높낮이도 없는 경우를 종종 본다. 강의란 주제나 내용을 풀어 주기 위한 단순한 설명이다. 그러나 설교는 하나님의 말씀을 선포하고 해석하며 적용하여 하나님과 인간의 만남을 형성하는 값진 순간이다.

③ 설교의 현장에서 회중의 마음을 아프게 하는 부분은 설교를 하는 것이 아니라 마치 성경 공부 시간에 강사가 강의하는 것 같은 모습을 보이는 경우이다. 그리고 원고에서 눈도 떼지 못하고 계속해서 원고를 읽고 있는 모습은 성도들에게 설교를 한다기보다는 책을 읽는 느낌을 준다.

④ 미국의 신학교 설교 실습실에서 신학생들이 설교의 열정을 뿜어내지 못하고 거의 강의를 연출하는 모습으로 계속 했을 때, 어떤 설교학 교수는 "shout!!"(소리를 지르라.)를 연발하면서 설교자들이 강의 스타일로부터 탈피할 것을 특별히 주문했다는 이야기가 있다. 한국교회가 서서히 이러한 영향권에 접어들고 있음을 오늘의 신학교 설교 실습

실에서 볼 수 있다.

2) 명령형(Imperative Mood)의 설교 모습

① 설교자가 말씀을 선포할 때 너무나 강압적이거나 명령형의 모습(imperative mood)을 지속하는 현상이 뚜렷하다. 무엇을 명령하고 가르치는 인상과 태도로 설교하려는 모습들이 보인다. 설교자가 많은 단어에 힘을 주면서 명령적인 감각과 강압적인 표현을 너무 자주 한다면 이로 인해 매우 고압적이고 공격적인 설교자라는 인상을 심어 줄 수 있다. 이것은 설교자로서 커다란 약점이다.

② 설교할 때 내내 웅변적인 감각으로 명령하는 설교는 성도들을 피곤하게 하고 선포의 효과가 반감되어 장기전이 될 수 없다. 명령적이고 고압적인 설교에 익숙해진 설교자는 아주 부드럽고 은혜로운 메시지의 선포나 목양적인 부드러운 설교가 이루어지도록 많은 노력을 기울여야 한다.

3) 발음과 구개음의 문제

① 설교자가 말씀을 선포함에 있어서 단어에 힘을 주는 습관보다는 문장을 저음에서 중간 음, 높은 음으로 이끌어 가는 발성 연습을 반드시 해야 한다. 단어와 단어 사이의 간격과 호흡이 너무 일정해서 회중으로 하여금 지루함을 주어서도 안 되며 단어와 단어 사이에 틈이 전혀 없어 회중이 피곤을 느끼게 해서도 안 된다.

② 말을 너무 빨리 해서 뜻을 전달하지 못하는 경우가 적지 않다. 말을 빨리 하는 경우에는 발음이 뚜렷하지 않아 의미를 분명하게 전달하지 못하는 예가 많다. 이러한 경우 단어에 실수가 많아 말을 더듬고 발음의 정확도가 떨어지는 경우를 종종 본다. 단어를 천천히 말하는 연

습, 선포할 때에 입을 크게 벌리고 음성 기관을 적극적으로 활용하는 자세가 반드시 필요하다.

　③ 설교자들이 선포에 있어서 많이 주의하고 기억해야 할 것은 같은 단어를 계속 반복함으로써 설교 메시지가 약화되는 경우이다. 그리고 진행이 원만하지 못하거나 말이 잘 안 나올 때 "어~ 음~ 에~"라는 음을 종종 사용하는 것은 절대 금물이다. 말끝을 흐리는 습관 때문에 "~니다."와 같은 문장 끝부분이 들리지 않는 경우가 흔히 있다. 뿐만 아니라 발음이 정확하지 않은 경우도 많다. 이러한 부분들은 설교자가 늘 생각하고 고쳐가야 한다.

　④ 설교자는 발음, 음색, 음폭, 음정의 활용과 자율성을 개발하는데 노력을 기울여서 부드럽고 자연스럽게 발음할 수 있도록 꾸준히 연습해야 한다.

　⑤ 혀 짧은 소리나 불필요하게 긴 소리를 비롯해 부자연스러운 혀의 위치에서 나오는 발음들이 종종 들린다. 이러한 경우 혀를 이용해 자음을 발음할 때 심각한 장애를 받는 경우가 많으므로 신속히 교정을 받고 고칠 수 있도록 많은 연습을 하여야 한다.

4) 설교 음정의 높낮이 문제

　① 설교 음정의 높낮이는 설교 전달에 있어서 매우 중요하다. 강조점이 너무 많아 진정한 강조점을 보여 주지 못하는 경우가 있음을 기억해야 한다. 결단의 촉구는 절박한 촉구를 수반해야 효과적이다. 설교가 진행되는 일반적인 대목이나 메시지가 강조되어야 할 부분 모두 별 다른 구분 없이 똑같은 음정과 속도로 진행한다면 전혀 효과를 거둘 수 없다.

　② 결단의 순간에 찬송을 부르는 등의 파격적인 방법을 쓰는 것은 적절하지 못하다. 설교가 초반에 들어서는 무렵부터 높은 음정으로 강

조하기 시작할 때도 많은데 이럴 경우 정작 강조해야 할 부분에서는 아무리 강조한들 효과를 기대하기는 어렵다.

③ 설교자가 너무 일정한 음정과 리듬을 사용해서 회중이 아주 지루하게 생각하는 경우가 많다. 또는 너무 일찍 고음에 진입했다가 전혀 내려오지 못한 채 계속되어 음정 조절에 완전히 실패한 모습을 보이기도 한다. 이러한 함정에 빠져들지 않도록 각별한 주의를 해야 한다.

④ 적절한 고음과 저음의 사용은 설교 메시지를 명확하게 해주며 설교의 강조점을 회중에게 명확하게 전달해 주는 효과를 줄 수 있다. 설교의 정점이 되는 곳이 3회 또는 4회 정도 되어야 하며, 그 정점은 철저히 저음에서 시작하여 중음, 그리고 고음으로 가는 단계를 거쳐 산 또는 파도와 같은 곡선을 그려야 한다. 이때 사용하는 높은 음정은 횡격막을 통해 심장에서 나오는 목소리여야 한다. 만일 음성이 목에서만 나오면 거부감을 줄 뿐만 아니라 성대가 곧 쉬게 되는 부작용이 따른다.

⑤ 설교자의 음성은 확신에 차야 하고 호소력이 있어야 한다. 설교자의 음성이나 자세가 단순히 강의의 모습이나 느낌을 주어서는 안 된다. 좋은 음성을 가지고 있는 설교자들이 그것을 바로 활용하지 못한다면 이처럼 불행한 일도 없다. 좋은 음성을 가지고 강력한 호소력으로 하나님의 말씀을 선포할 수 있는 설교자는 참으로 소중한 말씀의 도구이다.

5) 어감(대화체, 웅변체)의 문제

① 설교자는 말씀을 선포할 때 낭독체에서 벗어나야 하며 회중과 대화의 마당으로 나와야 한다. 낭독체 설교는 회중과 설교자가 유리된 상태로 먼 곳에 있는 존재처럼 느끼게 한다.

② 설교의 서론을 시작할 때는 대화체로 이루어져야 한다. 설교 시작이 낭독체에서 벗어나지 못하고 변함없이 읽기만 한다면 전달의 기능과 회중과의 의사소통은 완전히 포기했다고 볼 수 있다. 문장을 지속적

으로 읽기보다는 대화체이면서 때로는 호소력 있는 형태의 어감을 개발해야 한다.

③ 설교자는 부드러운 은혜 중심의 표현과 어감을 소유하도록 노력해야 한다. 또한 분명하고 확실한 전달력, 안정된 음성과 표정의 간절함을 소유할 수 있는 설교자가 되어야 한다.

④ 설교에는 순수한 대화체적인 전개들이 종종 있어야 하는데 많은 설교자들이 딱딱하고 공식적인 언어, 연설, 웅변의 어감을 벗어나지 못하는 경우가 많다. 어감과 리듬이 너무 일정하여 신선한 전달을 하지 못하고 자기 감정 표현이 거의 없는 경우가 나타난다.

6) 언어의 속도(Rhythm) 문제

① 언어의 속도는 설교의 전달에 많은 영향을 미친다. 말의 속도가 너무 빠르고 가볍게 진행되며 내용이 빨리 전개될 때 설교자가 불안한 모습을 보이며 이러한 모습 속에서 회중도 불안을 느낀다.

② 빠르고 가볍게 선포가 이루어지면 설교자는 회중에게 경황없는 모습을 자주 보이게 되며 발음이 빗나가고 교정과 반복을 거듭함으로써 안정감을 주지 못하는 아쉬움을 남기게 된다.

③ 설교의 속도나 고저의 리듬이 전혀 없는 것도 고쳐야 할 문제이다. 이처럼 언어의 리듬이나 속도의 변화가 전혀 없는 경우에는 언어가 너무 기계적이 되어서 회중을 피곤하게 하거나 외면하게 만든다.

④ 언어의 단절이 심하지 않도록 노력해야 한다. 필요한 경우 길게 늘이는 언어 연습을 해야 하며 쉬는 곳도 적절하게 활용하는 습관을 들여야 한다.

7) 음 색

① 좋은 음색과 음성은 회중에게 결단을 촉구하는 데 훌륭한 도구가 된다. 음성 전달이 분명하고 깨끗해야 한다.

② 음성이 좋고 선포 자세도 정성스러운데 전달이 효과적으로 되지 못하는 경우가 많다. 이러한 것은 확신의 부족, 원고만을 주시하며 형식적으로 보내는 제스처를 남발하기 때문이다. 이러한 설교 분위기 속에서 성도들은 말씀에 동참하기가 어렵다.

③ 성대만을 이용해 선포할 때에 설교자로서 적절하지 못한 음색이 계속 나타난다.

8) 음정의 조절(고저의 rhythm) 문제

① 설교자의 음정이 저음부터 고음까지 잘 조절하는 설교를 할 줄 아는 설교자가 되어야 한다. 갑작스러운 고음은 회중에게 경기를 일으키게 할 뿐 아무런 효과도 가져오지 못한다. 등산을 하듯 음정이 지속적으로 오르내리게 하는 연습이 절대적으로 필요하다. 여기서는 음정뿐만 아니라 음량의 리듬도 조절해야 한다.

② 고음을 사용할 때는 의미 없이 악을 쓰는 형태가 아니라 간곡한 호소로 음정과 음량이 바뀌도록 해야 한다. 그러나 음정이 고음으로 고정된 상태에서 오랫동안 이어질 때는 호소력을 잃게 되며 어떠한 효과도 줄 수 없음을 잊지 말아야 한다.

③ 음정의 조절이 전혀 이루어지지 못한 채 즉흥적으로 발산할 때에는 아무런 감동도 줄 수 없음을 명심하고 고음과 저음의 사용을 적절히 할 수 있도록 많은 훈련을 해야 한다.

9) 여성 설교자의 상냥한 인상과 어감

① 여성 설교자는 부드러운 인상과 상냥한 어감을 가지도록 노력

해야 한다. 여성으로서의 호소력과 상냥하고 온화한 인상과 어감은 여성 특유의 좋은 설교 도구가 될 수 있다.

　② 여성 설교자는 비판보다는 부드러운 어감과 함께 회중의 심장을 파고드는 따뜻한 은혜를 추구하는 것이 필요하다.

　③ 너무나 차분한 전개는 회중의 감정에 아무런 변화를 기대하기 어렵다. 여성의 고유한 부드러움과 절박한 호소가 회중의 마음을 사로잡을 수 있다.

　④ 몸가짐이나 어감이 너무 기계적이 되지 않도록 노력하며 회중의 심장을 파고드는 여성 설교자의 고유한 모습을 갖추도록 노력해야 한다.

　이상은 한국교회 설교 현장에서 발견된 전달의 문제점들이다. 어떤 설교자는 이러한 문제점들을 보이지 않으면서 훌륭한 설교 사역을 감당하고 있다. 그러나 대다수의 설교자들이 자신도 모르는 사이에 문제점들을 안고 있다. 이 문제점의 발굴과 시정을 위하여 설교자는 자신의 주변에 냉혹한 평가를 해줄 수 있는 사람이 있어야 한다. 흔히들 설교자는 자신의 설교에 대하여 긍정적인 평가만을 기다리고 있다. 그러나 그 평가들은 위로가 될 수 있을지 몰라도 진정한 의미에서 발전을 저해하는 요소가 되기 쉽다.

　본 장에서 제시한 것을 정독하면서 자신이 어떤 항목과 연관이 있는지 살피는 솔직함이 있어야 한다. 작은 것이라도 습관으로 굳어지기 전에 정정해 나가는 노력을 기울여야 한다. 오늘의 한국교회 설교자들이 알찬 내용과 흠이 보이지 않는 전달의 수준을 지켜간다면 우리의 설교 사역은 하나님을 가장 기쁘시게 해드릴 수 있으리라 본다.

제 15 장
커뮤니케이션으로서의 설교 현장

> **함축된 의미의 질문들**
>
> ◆ 기독교 커뮤니케이션의 배경을 어떻게 이해하고 있는가?
> ◆ 설교가 커뮤니케이션의 이론을 도입해야 할 이유가 무엇이라고 보는가?
> ◆ 한 편의 설교가 회중에게서 실천되기까지의 과정은 어떤 것인가?
> ◆ 아우구스티누스와 틸리히가 본 메시지의 기본 관심은 어떤 것이었는가?

1. 기독교 커뮤니케이션(Communication)의 배경

 복음의 메시지가 커뮤니케이션이 되어야 한다는 사실을 다룰 때 기독교 신학의 역사상 두드러지는 두 거성(巨星)을 생각하지 않을 수 없다. 먼저는 427년에 「기독교 교리에 관하여」(*De Doctrina Christiana*)라는 책을 펴낸 아우구스티누스이다. 그는 이 책에서 성직자가 성경에 있는 진리를 발견하는 방법과 그 진리를 대중들에게 효과적으로 전달하는 방법을 알아야 한다고 강조했다.1) 이에 따라 그는 기독교 커뮤니케이션의 이론을 상세히 기록하였다. 아우구스티누스가 수사학자로서 설교학을 탄생시킨 그의 공(功)은 그리스 문화와 철학의 지배를 받아오던 로마 세계를 기독교 세계로 급속히 전환시킨 데서 찾아볼 수 있다. 물론 국교화된 정치적 공헌도 들 수 있겠으나 기독교의 진리를 효과적으로 확산시킨 그의 커뮤니케이션의 이론은 무엇보다도 더 높은 평가를 받아야 한다.

그리고 또 하나의 신학자는 1959년「문화의 신학」(*Theology of Culture*)을 펴낸 조직신학자 폴 틸리히(Paul Tillich)이다. 그는 20세기의 실존적인 질문 등을 신학적으로 대답하면서 기독교 신앙의 내용을 설명하는 데 온갖 노력을 다 기울였다.2) 그리고 그가 가르치고 있던 뉴욕의 유니온 신학교에서 그는 차원 높은 신학을 담은 설교를 많이 했었다. 그러한 그의 설교가 때로는 회중에게 싫증과 졸음을 주었고, 전달되어지지 않은 채 독백으로 끝날 때도 있었다.3) 이와 같은 그의 아픈 경험은 그로 하여금 73세가 되던 해(1959)에 그가 발표했던 논문들을「문화의 신학」이라는 책으로 엮어내면서 그 마지막 장에서 기독교의 메시지는 커뮤니케이션이 되지 않으면 안 된다는 결론을 내리게 하였다.4)

이러한 사실들을 고찰해 볼 때 기독교 신학의 초기와 후기의 거성들 모두 한결같이 메시지는 그 내용이나 존재 그 자체보다는 대상을 향하여 정확히 전달되어지고 그들의 소유가 되도록 안겨 주는 데 진정한 가치를 인정받을 수 있다고 확신하고 있다. 또 이들의 공통점은 메시지의 커뮤니케이션을 위하여 여러 형태의 방법 중에서도 설교가 최선의 전달 수단(best vehicle)임을 주장하는 점이다. 이토록 메시지의 커뮤니케이션에 관한 깊은 관심을 쏟은 이들의 주장은 오늘에 와서 본격적으로 그 빛을 보기 시작하고 있다.

20세기 후반에 이르러 교회는 부여된 복음 전파의 사명을 좀더 적극적이고도 효과적으로 펼쳐야 한다는 데 주안점을 두고 있다. 미국 장로교들이 말씀의 선포를 최우선적인 목회의 방향으로 삼고 교단적인 차원에서 재다짐하는 결의 등이 그 좋은 실례이다. 또한 커뮤니케이션의 이론이 학문의 분야로서 더욱 활발히 전개되고 있다는 사실은 주목할 만한 일이다. 그 대표적인 인물로 캐나다의 커뮤니케이션 학자인 마샬 맥루한(Marshall McLuhan)을 들 수 있다. 그는 인간 역사의 발전을 지배하는 것은 커뮤니케이션이라고 단정하고 있다.[5]

그에 따르면, 인간은 자아인식(自我認識)뿐만 아니라 모든 인간관계의 출발도 커뮤니케이션을 배우기 시작하는 데서부터 이룩되었다고 한다. 이러한 그의 주장은 기독교에서 볼 때 그 타당성을 충분히 인정할 수 있다. 그 이유는 인간과 하나님과의 만남도 모두가 커뮤니케이션에 입각하여 이룩되었고, 오늘도 하나님 나라의 현존과 확장의 역사가 인간들이 사용하는 커뮤니케이션의 방편(means)들을 통하여 계속되고 있기 때문이다.

이런 입장에서 볼 때 기독교 자체의 절대적인 과제는 바로 복음 선포의 현장에서 현대 커뮤니케이션의 이론을 시급히 도입하고 그것을 최대한 활용하여 하나님 나라의 확장과 그 시민들의 성장을 촉진시키는 일이다. 그러나 우리의 교회, 특히 설교의 현장은 현대 문명의 첨단을 달리고 있는 회중과 호흡을 함께하고 있지 못하다. 아직도 우리 교회 속에는 전근대적인 유창한 웅변술이나 만담적인 설교자의 언어 또는 자극적인 화술의 기교로 회중을 붙잡고 있는 사례가 적지 않다. 뿐만 아니라 영적인 세계의 기사 이적을 앞세운 최면적인 설교자들이 철없는 양들의 함성 속에 등장하고 있다. 이러한 이변 등은 분명히 말씀으로 이룩된 교회의 미래를 어둡게 하는 장애물(stumbling block)[6]들임에 틀림없다.

2. 커뮤니케이션이 되지 않는 설교 현장

1) 회중과 설교자의 반응

"설교의 전성기는 이제 지나갔는가?" 이 질문은 미국 워싱턴에 있는 설교자 대학(Preacher's College)의 학장으로 있었던 데오도레 베델(Theodore O. Wedel)이 수 년 전에 설교의 위기를 논하면서 발표한 글의 제목이다. 이 질문은 누구의 도전도 받지 않은 채 그대로 남아 있다.

오히려 헬무트 틸리케(Helmut Thielicke) 같은 신학자는 "오늘의 설교는 이제 임종 단계에 와 있을 정도로 쇠하고 붕괴되었다."7)고 베델의 질문을 한층 더 지원해 주고 있다. 하비 콕스(Harvey Cox)도 그의 「세속도시」(The Secular City)에서 "오늘날의 설교는 힘이 없다. 왜냐하면 사람들로 하여금 새로운 현실과 맞부딪치게 하지 못하고 있기 때문이며 그 부르는 어조가 듣고서 달려가고 싶은 간절한 것이 아니라 평범한 것이기 때문이다."8)라고 설교의 쇠퇴를 지적한 바 있다.

이러한 부정적인 태도는 설교의 미래를 염려하는 신학자들에 의해서만 제기되고 문제시되는 것은 아니다. 설교를 하고 있는 목사들과 그 설교를 듣고 있는 평신도들의 입에서는 더욱 더 긴박한 반응들이 우리에게 들려지고 있다. 먼저 평신도들의 반응을 들어본다.9)

"설교는 우리에게 좋은 느낌을 주는 듯하지만 아무런 변화를 일으키지 못하고 있다."

"우리의 믿음이 없어지고 확신이 약해지는 것은 오히려 목사의 설교 때문이 아닐까? 그 이유는 설교가 우리들에게 닿지 않고 있으며, 선명하지 못하고 지겹기만 하기 때문이다."

"그가 설교단에 올라서기만 하면 나와는 무관한 메시지를 전하고 있다. 때때로 나는 그 모든 무의미한 말을 들으려는 노력을 계속하다가 집어치우라는 소리를 지를 뻔한 때가 수없이 많이 있다."

"저질적이고 실현성 없는 예화만 수없이 나열하고 막상 있어야 할 하나님 말씀은 모두 자기 말로 대치한 다음 '믿으면 아멘 하시오!' 하는 일방적인 요구만이 매주일 우리 교회의 강단에서 발생하고 있다."

"설교자의 성실한 노력과 준비가 담겨 있지 않은 채 언제나 반복되는 설교를 듣느니보다 차라리 그 시간에 성경을 펴서 읽는 편이 내게 유익하다."

이렇게 평신도들이 들려주는 설교에 대한 불만의 소리만이 있는 것이 아니다. 설교를 하고 있는 목사들이 들려주는 솔직한 고백 또한 문제성을 보여 준다. 어떤 것들인지 그들의 반응을 들어본다.

"내가 설교할 때 교인들은 잘 경청하는 것 같은데 강단에서 내려와 만나 보면 설교의 흔적을 찾을 수 없다."

"교인들 중 몇 사람은 설교에 대하여 감사하다고 했고 은혜 받았다고도 했다. 그러나 나는 그 말을 믿어야 할지 의심스럽다. 그들은 설교 도중에 다른 무엇인가에 관심을 갖고 머리를 숙이고 있었기 때문이다."

"내게 불타는 메시지가 없어져 가고 있다. 때때로 나는 나의 우물이 말라버렸다고 느낀다."

"부끄러운 고백이지만 나는 지난 10년 간 남의 설교집을 도용(盜用)해서 내 것인 양 소리 높여 외쳐 왔다."

"매년 100편 이상의 새로운 설교를 작성한다는 것은 너무 큰 부담이다. 그러기에 나의 설교는 반복을 가져오고 적당한 예화에 성경 구절을 적절히 연결시켜 설교를 대치할 때가 적지 않다."

이상 두 세계의 설교에 대한 반응과 고민으로부터 하나의 공통점을 발견할 수 있다. 그것은 새로운 세계 속에서 무수한 변화를 경험하며 살아가는 현대인들은 비록 메시지의 본질은 변함이 없더라도 메시지의 표현과 내용과 전달이 너무 구태의연하다는 데 싫증을 느끼고 있다. 그런가 하면 설교자는 설교자대로 회중을 충족히 채워 주지 못한 채 살아가고 있다.

2) 일차적인 책임의 소재

설교는 풍요한 물질과 문화 속에서 아무 자극도 받지 못하고 살아가는 사람들을 일깨워 생동하는 영혼들로 살 수 있도록 해줘야 할 책임이 있다. 그런데 오늘의 설교자들에 의해 그 길이 오히려 차단되고 있으니 문제는 날로 심각해지고 있다. 더욱 더 큰 문제점은 이러한 문제점이 설교의 현장에 위기를 몰고 오는 데도 설교자들은 그 위기의식마저 느끼지 못한다는 점이다.

설교자들이 자신 앞에 있는 교인의 머릿수가 여전하다는 점에 만족하면서 자신은 성공적인 목회를 하고 있다고 스스로 만족하는 데 문제의 심각성은 더해가고 있다. 목사와 맺어진 인간관계에 의한 교회 출석은 그 수명이 짧다. 설교에 대한 불만이 쌓이고 말씀에서 영양을 공급받지 못할 때는 언젠가 양식을 찾아 떠나는 것이 통례이다. 설교에 대한 불만이 터지는 날 어떤 변명도 용납될 수 없고, 그 설교자의 목회지는 회복할 수 없는 상처 속에서 비극을 초래하게 된다. 여기에서 일차적인 책임은 설교자에게 있다. 그 이유는 많은 설교자들이 말씀(Text)의 봉사자가 아닌 지배자로서 말씀의 뜻을 왜곡하는 일을 계속하고 있기 때문이다. 그리고 말씀을 들어야 할 회중의 현실에 대한 이해 부족 속에 계속되는 전근대적인 설교자의 사고 구조와 이론은 말씀의 커뮤니케이션에 커다란 문제점으로 등장하고 있다.

그뿐만이 아니다. 설교자가 예언자적인 사명 속에서 회중의 비성경적인 생활을 지적하고 오늘의 정치, 경제, 교육 등 사회의 어두운 면을 파헤치는 것은 당연한 의무이다. 그러나 오히려 회중에게 아부하여 위로와 축복만을 즐겨 듣도록 편식 위주적(偏食爲主的)인 메시지만 주어 왔다. 이렇게 설교자들의 지적인 면과 영적인 면의 균형이 잡히지 않은 상황은 회중이 더 이상 바른 설교를 따라올 수 없도록 고착시켜 놓았다.

3) 이차적인 책임의 소재

거룩한 설교의 사역을 위기의 현장으로 몰고 온 책임을 설교자들에게 묻는다 해도 이의를 제기할 수는 없다. 그러나 회중의 책임도 없지는 않다. 커뮤니케이션이란 송신자(sender)와 수신자(receiver)의 공존(共存) 속에서 출발되며, 또 공동의 노력 속에서 이룩된다. 신약에 나타난 대로 교회란 목사가 아니라 회중이다. 부르심에 응답하여 모인 무리들이 곧 교회이기에 교회에서 발생되는 모든 책임은 성도들 전체의 것이지 결코 목사의 것만은 아니다.

초대교회를 보면 모든 성도가 다 그리스도를 증거하였다. 그러나 탈선된 증거가 심화됨에 따라 공인된 설교자를 세우게 되었다. 이러한 측면에서 볼 때 오늘의 회중도 비록 외치는 사역을 맡지는 않았더라도 나를 향하여 선포되는 말씀에 대하여 최소한 책임은 느껴야 한다. 윌리엄 톰슨(William Thompson)은 "설교에 대한 책임은 누구에게 있는가?"라는 질문과 함께 "설교자는 설교단에 말씀의 자료를 가져오는 책임이 있고, 듣는 사람은 경청하는 데 필요한 자료를 가져와야 할 책임이 있다."[10]고 주장했다.

지금까지 아무도 설교를 듣는 사람들의 책임을 물어본 적이 없다. 교회 안에 몸(body)만 와 있을 뿐 그 마음(spirit)은 교회 밖에 그대로 방치해 버린 상태에서 설교를 듣고 있어도 그들의 책임을 물어보는 사람은 아무도 없다. 더 나아가 자신의 어두운 상처를 지적하는 설교는 외면하고, 오히려 설교자를 비방하는 탈선된 자세에 대해서 지금껏 지적을 하지 않고 있다. 그리고 회중이 설교자에게 말씀의 증언을 준비할 시간과 기타 여건은 주지 않고 그 빈약성만을 지적하는 모습도 평신도들이 저질러 온 모순이다.

이처럼 설교자(sender)와 설교를 듣는 회중(receiver) 간의 원만한 만남이 이룩되지 않고 설교의 사역(Preaching Ministry)은 계속되고 있다. 설교는 설교대로 참된 의미를 던져 주지 못하고, 회중은 그들대로 들을 귀를 준비하지 못한 상태에서 만남의 단절을 계속하고 있다는 것은 곧 "설교의 위기" 또는 "설교의 몰락"을 가져오는 근본 원인이라 아니할 수 없다.

3. 커뮤니케이션의 기본 이해와 전달 과정

루엘 하우(Reuel Howe)는 그의 저서 「대화의 기적」에서 "커뮤니케이션은 인간들에게 삶과 죽음을 의미한다."[11]고 말했다. 이 말을 복음의 커뮤니케이션에 도입한다면 복음이 상호 전달될 때 그 현장의 무리들은 살고, 그렇지 못할 때 그들은 죽음을 향하여 한 발자국 더 가까이 간다고 표현할 수 있다. 사실상 하나님의 중심적인 구속의 역사는 세상을 향한 하나님의 커뮤니케이션이다.[12] 이 구속의 역사가 소통(疎通)의 결실을 맺지 못한다면 그것은 하나님 나라의 확장이 중단되는 것이며 그만큼 죽음의 세계를 넓히는 결과가 된다.

커뮤니케이션이라는 실체의 분석은 태초에 말씀을 통한 창조의 과정과 말씀이 육신이 된 하나님의 적극적인 커뮤니케이션의 행위에서(요 1:1-3) 그 근원을 찾게 된다. 인간 존재의 기초 자체가 의존되어져야 할 곳도 바로 말씀의 커뮤니케이션이라고 할 수 있다. 인간이 생각한다는 것과 그 결과를 행동화한다는 사실은 인간 실존으로서 하나의 의미 파악이며 실존의 인식이 아닐 수 없다.

실질적으로 생의 근원과 그 진행은 모두가 커뮤니케이션이라는 현실적 매개체에 절대적인 의존을 하고 있다. 이러한 커뮤니케이션은 인류 사회에서 일종의 조직 형태를 취하면서 생각, 상징, 말, 개념 등을 결합하여 새로운 어떤 것을 창조하고 그것을 함께 공유(共有)해 나가는 단계를 거듭해 오고 있다. 이러한 입장에서 쿨리(C. H. Cooley)는 "커뮤니케이션을 통하여 인간관계가 성립되고, 나아가 이것은 또 발달하는 메커니즘(Mechanism)을 의미하는 것이며, 정신의 모든 상징 및 그것을 공간적으로 운반하고 시간적으로 보유하는 수단"이라고 정의하고 있다.13) 이러한 일반적인 커뮤니케이션의 정의를 페로우(Perrow)는 오늘의 기독교적인 측면에서 좀더 구체화시켜서 다음과 같이 말하고 있다.

"커뮤니케이션은 이상과 개념과 생(生)의 방향을 공유하는 것이다. 이것은 곧 인간 자신을 타인의 삶 속에 연장시키는 것이다.……우리가 믿는 신앙의 개념을 제시할 때 그것은 우리와 함께 동일한 신앙에 머물기를 요청하는 것이며 하나님과의 살아 있는 관계를 함께 형성하기를 바라는 것이다."14)

이상과 같은 정의들을 종합해 볼 때 커뮤니케이션이라는 말은 그 어원(라틴어의 Communicare)이 뜻하는 대로 한 인격체와 인격체 사이에 지식, 의견, 신념, 정보, 감정, 경험 등을 공유하는 행위를 말하고 있다. 이것을 복음의 전달이라는 차원에서 본다면 앞에서 말한 기독교 진리의 제요소 일체를 메시지라고 부르고, 그것을 어떻게 공유시키느냐의 문제를 해결해 주는 것을 커뮤니케이션이라고 말할 수 있다.
　기독교에서 설교자가 메시지를 전달했을 때 듣는 사람이 나와 함께 그 메시지 속에 머물기를 바라는 것은 너무나 당연한 기대이다. 더 나아가 살아 있는 하나님과의 관계를 주관적으로 수립하여 전달자와 피전달자가 공통분모를 형성하도록 하는 것이 설교자가 추구하는 진정한 커뮤니케이션의 목적이다. 그러므로 설교자가 메시지를 외치는 데서 끝나지 않고 그 메시지에 대한 듣는 자의 이해와 태도가 설교자의 것과 동일하게 나타나야만 이 커뮤니케이션이 되었다고 말하게 된다. 그러므로 지금껏 우리의 설교자들이 가졌던 "듣든지 안 듣든지 외치기만 하면 된다."는 구시대적인 메시지 전달의 태도를 탈피해야 한다.
　이상에서 살펴본 커뮤니케이션의 기본적인 의미와 요구를 이해한 다음에는 전달 과정에 관심을 두어야 한다. 커뮤니케이션의 과정에 대하여 여러 학자들의 다양한 형태의 이론과 주장을 집합하여 정리해 본다면, 대체적으로 송신자(communicator sender)가 주어진 환경(context)에서 구성된 메시지를 미디어를 통하여 수신자(receiver)에게 보내서 반응(feedback)을 받아 내는 것으로 정리하고 있다.
　이 요소들이 어떻게 상호 작용을 하고 있는지를 형체화(形體化) 시킨 것이 곧 과정(process)이라고 말한다. 이 과정을 단순화해서 설명해 본다면, "A가 B라는 내용을 C라는 채널을 통하여 D라는 사람에게 전달하고 거기에서 E라는 효과를 얻는 과정이라고 할 수 있다."[15] 이러한 과정의 중요성을 한층 더 강화시킨 맥루한(McLuhan)은 "미디엄(Medium)이 곧 메시지이다."[16]라는 말과 함께 "사회(社會)는 커뮤니케이션의 내용(content)보다는 communicate하는 과정에서 사용한 매개체(the media)에 의하여 그 양상(樣相)이 형성되어 왔다."[17]고 말했다. 이러한 주장들의 기본적인 뜻에는 전달되는 과정이 효과적이지 못할 때 그 메시지는 언제나 사장(死藏)될 수밖에 없다는 지극히 단순한 논리가 크게 작용하고 있다. 그래서 커뮤니케이션의 매개체가 현 시대의 메시지 형성보다 더 앞서서 연구의 대상이 되고 있다. 이처럼 중요한 커뮤니케이션의 과정은 설교학에서도 아주 중요한 부문으로 등장하고 있으며 설교자와 회중 사이에 적용될 수 있는 여러 형태의 과정이 제시되고 있다. 여기서는 주로 리드(Clyde Reid)가 제시한 과정을 가지고 우리의 현실적인 설명을 첨가하여 보고자 한다.[18]

1) 전달(Transmission)

커뮤니케이션의 과정에서 가장 기본적 단계로서 정보원(情報源, source)이 된 송신자(送信者)가 그의 메시지를 내놓는(delivery) 단계이다. 이 때의 커뮤니케이터(communicator)는 목적의 수립, 메시지의 정립, 미디어의 선택, 수용자의 선정을 결정해야 한다. 그리고 사용할 언어, 시간, 장소를 선택하는 임무도 충실하게 이행해야 한다. 에비(Merrill Abbey)는 정보원의 기술과 태도와 지식은 메시지 전반에 절대적인 영향을 끼친다고 주장했다.[19]

2) 접촉(Contact)

수신자가 전달된 메시지와 만나는 최초의 교류점을 뜻한다. 이 지점에서 유의해야 할 것은 회중이 집중하여 메시지를 깊은 관심 속에서 경청하도록 이끌어 주는 일이다. 이 때만이 보다 성공적이고 인상적인 접촉을 가져올 수 있다.

3) 반응(Feedback)

일반 엔지니어링에서는 이 단계를 최종적인 것으로 설명하고 있으나 설교학적 측면에서는 메시지의 공유화(共有化)라는 것을 중요시하기 때문에 메시지를 듣고 우선 그 내용을 어떤 형태로든지 표현해 주는 것을 말한다. 즉, 여기서는 수용자(listener)가 자신이 들은 메시지에 대하여 질문이나 평(評, comment)을 하는 관심을 보이는 것을 말한다. 이 지점이 바로 폴 틸리히가 말한 대로 부정이든 긍정이든 그 메시지에 대한 접촉의 결과가 표현되는 과정이다.20)

4) 이해(Comprehension)

앞서의 자기 표현을 거쳐 그것에 대한 대답들이 분명해졌을 때 수용자는 전달자의 메시지가 어떤 것이었는지를 알게 된다. 이 과정을 해독화(解讀化, decoding)라고 하며 여기서 수신자가 전달된 메시지를 자신의 의미 체계(意味體系) 속에 집어넣고 공유(共有)의 가능성을 찾는다. 만약 수용자 자신이 이 과정에서 메시지와 무관성을 고집할 때 커뮤니케이터는 즉각적인 새로운 내용과 방법의 시도가 있어야 한다. 그러나 수용자가 자기 반응을 통하여 이해가 되어졌고 그것이 자신과 관계가 있다고 인정될 때는 다음의 단계를 찾는다.

5) 수용(Acceptance)

리드(Reid)에 의하면, 메시지를 완전히 이해했더라도 수용자는 그것을 받아들이거나 무시하거나 거부해 버리는 세 가지 입장을 취할 수 있다.21) 여기에서의 문제는 듣는 사람이 메시지를 무시 또는 거부해 버려도 전달자는 그것을 쉽게 찾아낼 수 없다는 사실이다. 여기서 거부의 경우에는 그 근거 추종에 전달자가 집중적으로 관심을 기울여 최종적인 노력을 쏟아야 한다.

6) 내면화(Internalization)

이 단계는 받아들여진 메시지를 확고히 자신의 것으로 만드는 과정이다. 여기서는 그 메시지가 어떻게 자신에게 전달되었든지 이제는 자기소유화(自己所有化)시켜 전달자와 똑같은 입장을 지켜나가게 된다. 이 단계에서는 자기만의 보존이라는 수동적인 차원을 넘어 능동적인 자세로서 그 메시지를 위한 커뮤니케이터로 출발할 수 있는 가능성을 갖게 된다.

7) 실천(Action)

커뮤니케이션의 궁극적인 목표는 메시지대로 행동이 나타나는 데 있다. 이 행동은 전달받은 메시지가 더 이상 전달자의 것이 아닌 자신의 것임을 입증하는 상태이며, 전달자의 도움이나 간섭이 필요치 않은 완전히 독자적인 존재로서 메시지의 소유자가 된 것을 입증하는 최종적인 단계이다.

이상과 같은 커뮤니케이션의 단계적 과정은 복음 전달에 있어서 깊은 관심을 필요로 한다. 현대와 같이 커뮤니케이션의 발전이 최첨단을 달리고 있고 누구나 이 분야에 민감한 반응을 보이고 있는 시대를 우리 설교자들은 일찍이 경험해 본 적이 없다. 특별히 현대의 젊은이들은 TV 시대를 거쳐 디지털 시대에서 성장한 최초의 세대임을 인식할 때 이들을 향한 메시지 전달의 책임이 더욱 무거움을 실감치 않을 수 없다. 설교자가 높은 설교단에서 주입식으로 던져 준 메시지는 이제 이 젊은 세대의 눈과 귀에 독백으로 들릴 뿐 진정한 의미의 커뮤니케이션은 되지 않고 있다.

4. 커뮤니케이션으로서의 설교

1) 중단될 수 없는 설교 사역

영국 성공회의 신학자였던 필립스 브룩스(Phillips Brooks)가 1877년 예일대학에서 설교학 특강을 할 때 그는 설교의 정의를 다음과 같이 내린 바 있다.

"설교란 한 사람(설교자)에 의하여 다수의 사람들에게 주어지는 진리의 커뮤니케이션이다. 그러므로 설교자는 이 진리를 운반하는 방편(means)이다."22)

이 정의 속에서 브룩스는 설교자와 회중이라는 두 인격적인 요소를 다루면서 양자간(兩子間)에 이룩되어야 할 진리의 상호 전달에 깊은 관심을 기울이고 있었다. 특별히 그는 설교자를 진리의 운반자로 규정함으로써 이미 1세기 전에 설교와 커뮤니케이션의 상관관계를 뚜렷이 밝혔다. 그러나 그의 선견적인 주장은 설교의 역사에서 오랫동안 무관심 속에 머물러 있었다. 특별히 설교자들은 일방적으로 외치는 데에만 급급했을 뿐 두 인격체 사이에서 발생되는 대화적 관계의 설교 이해를 외면했다.

그 결과 설교는 최근에 이르러 곤경의 결정적 단계에 이르게 되었고, 특히 젊은 세대들로부터 외면당해 오고 있다. 다음의 보고서는 설교자와 회중간의 간격이 얼마나 심각한가를 잘 말해 주고 있다.23) 낮 예배를 마친 직후 271명의 교인들에게 설문지를 돌렸는데 56%가 목사의 설교는 우수하다고 대답했다. 그리고 35%가 좋았다고 대답했다. 그런데 놀라운 것은 목사가 설교한 메시지의 핵심을 분명하고 정확하게 파악한 사람은 21%뿐이었다. 40%의 응답자는 그 대답을 전혀 못하였다. 이 통계는 5명 중 1명 정도만이 설교의 핵심을 파악하고 있음을 말하고 있다.

이 보고서에서 메시지가 원하는 것만큼 전달되어지지 않은 채 허공 속에 머물고 있다는 사실을 볼 수 있다. 특히 텔레비전 문화권 속에서 성장해 온 젊은 세대들의 눈에는 무변화 속에서 구태의연한 설교자의 스타일과 내용에 대하여 환멸에 가까운 느낌을 갖게 되고, 그 결과로 저항 섞인 외면을 보여 주고 있다. 사실상 우리 기독교의 전통 속으로 고정된 어휘들, 예를 들어 죄, 구속, 구원, 회개 등의 독특한 표현들이 습관화되고 또한 피부 깊숙이 파고들었기에 새로운 반응을 일으키지 못하고 있음을 우리는 경험하게 된다.

"나는 우리 목사님이 커뮤니케이션에 대해서 뭔가 좀 배웠으면 좋겠어. 목사님들은 자기들 나름의 말들만을 사용하는 것 같아서 도대체 이해할 수가 없단 말이야. 지겨워! 잠자기 딱 알맞아."[24]

"이러한 부정적인 요소로 쌓여 있는 오늘의 설교는 끝내 폐물화되는 것인가? 그리고 그 설교의 위력은 이제 다시 회복되지 않을 것인가? 전자 시대(Electronic age)에 설교를 대치할 새로운 무엇이 개발될 것인가?" 하는 질문이나 또는 바람(hope)이 선뜻 다가온다. 클라이드 리드는 우리가 엄격한 설교의 상황에서 특징들을 갖춘 새로운 구조로 나아가야 한다면서 그 대답으로 다음의 다섯 가지를 제시했다. 첫째, 설교 지향적인 대중 예배를 소그룹 위주의 예배로 전환시키는 것, 둘째, 설교 위주보다는 춤과 드라마와 침묵을 활용한 다양한 예배의 개발, 셋째, 특정한 설교자의 설교가 아닌 참여자들의 증언 또는 간증의 활용, 넷째, 교육시키기 위하여 설교보다 소그룹 단위의 연구시도, 다섯째, 때때로 유명한 설교와 훌륭한 음악을 함께 드리는 정중한 의식의 예배 경험 등을 제시하고 있다.[25]

이상과 같은 그의 내일을 위한 구상에 필자는 견해를 달리한다. 그 마지막의 경우는 공감을 할 수 있으나 그 외 설교 사역(Preaching Ministry)을 축소시키는 어떤 제언도 반대하고 싶다. 그 이유는 간단하다. 설교는 인간 두뇌의 산물로 시작되는 것이 아니고, 설교자는 언제나 하나님의 특별한 부르심(Calling) 속에서 세워졌기 때문이다.26) 그리고 에밀 브루너(Emil Brunner)의 말대로 "아무리 아니라고 하더라도 이 지구상에서 일어나는 일 중 가장 중요한 일이 행해지고 있는 것"27)이 하나님 말씀의 선포(proclamation)요, 해석(interpretation)이요, 적용(application)이기 때문이다.

사실상 역사 속에서 설교는 수없는 시련을 당해 왔다. 중세의 암흑기와 같은 설교의 탈선과 침체 상태에서도 설교는 죽지 않고 다시 일어섰다. 그 이유는 하나님의 말씀이 설교자들의 무성의 때문에 침해는 받을 수 있을지언정 결코 중단되거나 종식될 수는 없기 때문이다. 그러므로 시대의 변천이 어떤 형태로 찾아와도 기독교 설교의 사역은 끝날까지 존속할 것이다. 어떻게 보다 나은 커뮤니케이션을 수반한 설교의 발전을 가져오느냐는 것만이 우리의 계속되는 과제이다. 여기서 구체적인 방법을 모두 제시할 수 없음을 아쉽게 생각한다. 다만 설교의 커뮤니케이션은 양방관계(two way relationship)이어야 한다는 점과 오늘의 커뮤니케이션은 참여를 통하여 보다 더 진지한 대화와 실천을 가져올 수 있다는 두 가지 원칙적인 면만을 여기서 밝히고자 한다.

2) 양방관계의 커뮤니케이션 모색

먼저 양방관계의 커뮤니케이션을 생각해 보자. 이 이론은 1950년대에 와서 활발히 전개되었던 이론이다. 그 전까지는 '누가, 무엇을, 누구에게, 왜'라는 독백적인 패턴(monological pattern) 속에 커뮤니케이션이 머물러 있었다. 즉, 전달자가 메시지를 회중에서 독자적인 수단으로 전달하는 것으로 족하게 생각했었다. 그러나 1954년 피어링(Franklin Fearing)을 기점으로28) 1958년 디플러(Defleur)와 랄슨(Larsen)의 등장과 함께 커뮤니케이션은 새로운 국면에 들어서게 되었다.29)

그들의 이론은 양방 통행이 설립될 때만 진정한 의사 상호 전달이 이룩된다는 주장이다. 이러한 양방관계로서의 커뮤니케이션을 이해할 때 듣는 사람(receiver)의 책임은 말하는 사람의 책임과 똑같은 비중을 차지하고 있음을 알 수 있다. 이러한 이론은 설교 현장에 절대적으로 필요한 것들로서, 듣는 파트너가 수동적인 것보다 능동적으로 메시지의 획득을 얻기 위해 열심히 노력해야 함을 증명한다. 현대인들은 깨어 있는 순간의 70%를 듣기, 말하기, 쓰기, 읽기 등의 커뮤니케이션에 소비하고 있는데, 그중 듣는 데 소비하는 시간은 42~65%이다. 즉, 인간은 메시지를 생산하는 시간보다 듣는 데 더 많은 시간을 소비하기 때문에 결과적으로 볼 때 듣는 행위(listening action)도 말하는 행위(speaking action)와 동등한 위치를 차지하고 있음을 알게 된다.

3) 참여를 통한 커뮤니케이션의 완성

또 하나의 새로운 커뮤니케이션의 시도는 참여이다. 지금까지 우리의 커뮤니케이션은 언어 위주(Verbalism)로 일관되어 왔다. 그러나 언어만으로는 신뢰성이 결여되고 행동이 뒤따르지 않는 전달자의 모순점 때문에, 설교는 지금껏 고립된 사건으로 취급받을 때가 적지 않았다. 영국의 성직자 회의에서 오웬(D. R. Owen)은 "지금까지 하나님의 계시와 구속사의 기독교 진리는 거의 언어 위주의 커뮤니케이션일 뿐 행동을 통한 것이 되지 못했다."30)는 지적을 한 바 있다. 그는 또한 이러한 언어 위주의 메시지는 이론, 교리, 문장 등의 소유물로 전락된다고 지적했다. 그러므로 언어보다는 커뮤니케이터의 행동과 참여가 있는 기독교 메시지를 전달해야 한다. 듀이(John Dewey)의 실용주의(Pragmatism) 슬로건인 "행동으로 배운다."(Learn by doing)는 말이 각광을 받았고, 실존주의의 "결단과 개입"(Decision and Involvement)이라는 철학이 감동시켰던 것은 행동과 참여가 얼마나 중요한 학문적인 대상인가를 지적해 주는 실례라고 하겠다. "나는 행함으로 내 믿음을 보이노라."(약 2:18)와 그리스도이신 예수님의 "너희 빛을 사람 앞에 비치게 하며 저희로 너희 아버지께 영광을 돌리게 하라."(마 5:16)는 이 말씀들은 모두가 행동과 참여를 통한 진리의 커뮤니케이션만이 참 생명력을 지니고 있음을 밝히는 말이다. 설교 자체도 설교자와 회중간에 적극적인 참여와 행동이 있을 때만 그 내용이 되는 진리가 활착(活着)될 수 있다.

오늘의 설교자들은 예수님의 제자들이 위대한 스승의 가르침을 언어 속에만 머물게 했을 때 완전한 커뮤니케이션이 되지 못했음을 주시해야 한다. 그 스승이 몸소 십자가를 지심으로 대속의 의미를 직시했고, 부활이라는 직접적인 현시(顯示, demonstration)가 있을 때 영생의 의미를 파악했다. 이처럼 메시지의 행동화, 그리고 진지한 참여는 설교자나 회중에게 부담을 주지만 역시 필수적인 커뮤니케이션의 방법으로 우리 앞에 제시되고 있다.

4) 진정한 설교의 커뮤니케이션

하나님의 말씀이 설교라는 매개체를 통하여 잠자는 영혼과 죽어가는 영혼을 수없이 깨우쳐 온 것은 인간의 상상을 초월하는 하나의 신비적인 역사(mystical work)로서 지금까지 존재해 오고 있다. 이것은 유능한 설교자 때문이거나 또는 성실한 회중 때문이 아니다. 설교란 성령님의 역동적인 사역 아래서(under the dynamic of the Holy Spirit) 이룩된다. 그러므로 설교가 일반 연설(speech)과 구별되는 두 개의 큰 이유는 먼저 설교가 하나님의 말씀인 성경 안에서 전개된다는 점과, 둘째로 성령님의 역사(The ministry of the Holy Spirit) 안에서 그 모든 노력의 결실이 맺어진다는 점이다. 웨버(Robert Webber)의 말은 설교의 결실이 얼마나 아름다운가를 다시 밝히고 있다.

> 성경 말씀을 읽고 설교하는 데 있어서 **훌륭한 전달자**(communicator)란 과거의 사건을 생생하게 살아 있는 것으로 만들 수 있는 사람을 말한다. 설교는 사건을 재창조하여 웅변의 힘으로 그것을 우리에게 소생시켜 주는 것이기 때문이다. 이때 성령님께서 그 설교를 통해서 역사하심으로 경청자로 하여금 원래의 사건을 체험하도록 하여 그 사건의 실제 목격자들과 같은 반응을 나타내도록 하신다.[31]

그렇다고 설교자와 회중이 아무런 노력 없이 '기적 같은 뜨거운 은혜'만을 추구하는 것은 '게으르고 태만한 무리'들로 전락됨을 의미한다. 이러한 노력 없는 의존이 한국강단에 쇠퇴와 위기를 가져온 원인 중의 하나이다.

설교자는 신(神)들린 자로서 알 수 없는 소리를 지르는 존재가 아니다. 그는 성경의 말씀과 싸우고 문제의 핵심을 파고드는 진지성과 씨름해야 한다. 유교 문화와 함께 절대 명령형을 수반한 지금까지의 일방 통행적인 설교의 고집을 버리고 급속히 변화되어 가는 시대 속에 커뮤니케이션이 될 수 있는 논리와 표현을 찾는 연구에 몰두해야만 그 음성이 세상의 소음을 뚫고 들려질 것이다. 그럴 때 한국교회는 그 설교를 통하여 성경의 실제 목격자들과 같은 반응을 나타내면서 진리에 흠뻑 젖을 수 있다.

경청해 주는 귀가 없이 던져진 메시지는 돌밭에 뿌려진 씨앗에 불과하고 경청하는 진지한 파트너를 갖지 못한 설교의 현장은 설교의 위기를 넘어 비극에 이른다. 그러므로 듣는 무리들은 지금까지 들려지기를 바라는 자세로부터 들으려는 적극적인 참여의 자세로 바꿔야 하겠다. 생동감 있는 말씀의 흐름과 만남은 교회의 시대적 사명을 다할 수 있는 원동력이며 성공적인 커뮤니케이션의 교류이다. 이 소중한 원동력이 커뮤니케이션의 상실 속에서는 메시지로서의 가치를 상실하게 된다는 사실을 다시 한번 한국교회가 명심해야 한다.

주>

1) St. Augustine, *On Christian Doctrine*, trans. by D. W. Robertson(New York:The Bobbs-Merrill Company, 1958), p. 7. 이 책의 IV는 설교학을 태동시키고 복음 전파의 구체적인 방법론을 제시한 부분이다.
2) Paul Tillich, *Systematic Theology*, vol. 3(Chicago:University of Chicago Press, 1951), 1:60.
3) J. F. Frederick Mckirachan, "The Preaching of Paul Tillich", *The Princeton Seminary Bulletin* 53(January, 1960), p. 34.
4) Paul Tillich, *Theology of Culture*(New York:Oxford University Press, 1959), pp. 201-213.
5) Marshall McLuhan, *Understanding Media*(New York:Signet Books, 1964). 그는 이 책에서 Communication이 인간과 인간뿐만 아니라 사회 조직까지 연결하게 되고, 이렇게 사회 존립을 좌우하는 것이 Mass Communication이라고 주장하고 있다.
6) Paul Tillich는 *Theology of Culture*, p. 213에서 "stumbling block"의 어휘를 양질적인 것과 그렇지 못한 것으로 분류하고 있다. 여기에서 저자는 후자의 것을 의미한다.
7) Helmut Thielicke, *The Trouble with the Church*, trans. by John W. Doberstein(New York:Harper & Row, 1965), pp. 1-2.
8) Harvey Cox, *The Secular City*(New York:The MacMillan Company, 1965), p. 122.
9) 여기에 실린 반응들은 필자가 목사와 평신도들로부터 청취한 것과 필자

제15장 커뮤니케이션으로서의 설교 현장

　　가 번역한 두 권의 책, Clyde Reid, 「설교의 위기」(서울:대한기독교출판사, 1982), p. 18과 Reuel Howe, 「설교의 파트너」(서울:양서각, 1982), pp. 11-12에서 발췌하였다.
10) William Thompson, *Listener's Guide to Preaching*(New York: Abingdon Press, 1966), p. 40.
11) Reuel Howe, *The Miracle of Dialogue*(New York:The Seabury Press, 1962), p. 4.
12) James W. Clark, *Dynamic Preaching*(New York:Flemming H. Revel Co., 1960), p. 16.
13) 車培根, 「Communication學 槪論」(上)(서울:世英社, 1976), p. 19에서 재인용.
14) Maxwell V. Perrow, *Effective Christian Communication*(Richmond Ca.:John Knox Press, 1969), pp. 9-10.
15) Wilbur Schramm, *Communication in Modern Society*(Urbana Ill.:University of Illinois Press, 1948), p. 24.
16) Marshall McLuhan & Quentin Fiore, *The Medium is the Massage*(New York:Bantam Books, 1967), p. 8.
　　그가 책명으로 사용한 마사지라는 표현에 주의해야 한다. 그는 진정한 미디어는 인간의 모든 감각을 동원하여 모든 활동을 원활하게 해주는 하나의 과정이어야 한다고 생각한다.
17) Ibid., p. 8.
18) Clyde Reid, op. cit., pp. 63-69 참조.
19) Merrill R. Abbey, *Communication in Pulpit and Parish* (Philadelphia:The Westminster Press, 1973), p. 34.
20) Paul Tillich, op. cit., p. 202.
21) Clyde Reid, op. cit., p. 66.
22) Phillips Brooks, *Eight Lectures on Preaching*(London:S.P.C.K., 1959), p. xi.
23) "A Study of the United Church of Christ, Plainville, Connecticut", *Church Surveys*(Boston University, August, 1964), Clyde Reid, op. cit., pp. 25-26에서 인용.
24) Clyde Reid, op. cit., p. 21.
25) Ibid., p. 114.
26) 존 칼빈(Calvin)은 설교자를 하나님의 위탁을 받고 보냄을 받은 대사 (ambassador)라고 정의한다. Calvin's *Commentary on Isaiah*, 55:11.

27) Emil Brunner, *Revelation and Reason*(Philadelphia:The Westminster Press, 1946), p. 142.
28) Franklin Fearing, "Social Impact of the Mass Media of Communication", in Nelson B. Henry, ed., *Mass Media and Education*(Chicago:University of Chicago Press, 1954), p. 172.
29) Melvin L. DeFleur and Otto N. Larsen, *The Flow of Information:An Experiment in Mass Communication*(New York:Harper and Brothers, 1958). 여기에서 양방 커뮤니케이션이 이론적인 완성을 보게 된다.
30) D. R. Owen, "Communication" in *Canadian Journal of Theology*, vol. III(1957), No. 1, p. 31.
31) Robert Webber, 「그리스도교 커뮤니케이션」, 정장복 역(서울:대한기독교출판사, 1985), p. 173.

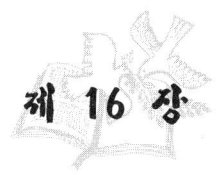

제 16 장

성령님과 설교 사역의 관계성

> **함축된 의미의 질문들**
>
> ◆ 설교자에게 "성령의 두루마기를 입으라."는 말씀은 어떻게 해석해야 하는가?
> ◆ 성령님과 설교자의 연접(連接) 문제의 해결은 어떤 것들이 있는가?
> ◆ 설교 사역에서의 성령님의 역할은 어떤 것인가?
> ◆ 성령님과 인간의 책임 한계를 어느 정도 이해하고 있는가?

1. 성령님과 교회의 관계성

교회는 인간이 모인 단순한 사회적 집단이 아니라 인간의 이성을 넘는 특수한 모임이다. 역사적으로 교회가 인간의 명석한 두뇌와 지식에 의존했을 때나 권력 또는 재력과 타협을 했을 때는 언제나 교회로서의 생명을 잃어버리고 파멸의 늪으로 깊숙이 빠져버린 것을 우리는 쉽게 보게 된다. 그러므로 교회란 인간이 주관하는 곳이 아니라 인간의 모든 것을 지배하는 새로운 차원의 힘으로서의 성령님이 주장하고 이끄는 집단이라는 데 아무도 이의를 달지 않는다. 교회는 "그리스도의 몸"[1]이라는 말씀과 법 아래서 2천 년의 역사를 지속시키고 있다. 때로는 이러한 법과 질서가 특수한 인간의 절대권력 아래서 움직일 때 교회는 부패하고 타락한 기록을 남기게 되었으며 개혁의 역사가 발생되기도 하였다.

교회란 사실 그 출발과 확장의 과정부터 단순한 인간의 힘과 지성에 의존하지 않았다. 그러므로 전통적인 기독교 신학에서는 교회의 성장과 성령님의 역사가 불가분리의 관계성을 가지고 있음을 강조한다. 아놀드 캄(Arnold B. Come)은 "성령님은 교회 확장에 생기를 불어넣고 있다. 그러므로 성령님의 현존과 교회 발전의 성취는 절대적인 불가분의 상호관계를 가지고 있다."[2]고 서술한 바 있다. 이는 보편적인 서술 같지만 좀더 깊이 음미해 보면 설교가 행해지고 있는 교회에 매우 유익한 의미를 부여하고 있다.

설교학에서 도입한 교회의 개념은 일반적으로 말하는 단순한 "하나님 백성들의 모임"으로만 보지 않는다. 교회란 일차적으로 말씀의 선포와 성례전이 행해지는 곳으로 규정하고 있다. 이러한 교회에 대한 개념은 "하나님의 말씀이 순수하게 외쳐지고 들려지며 성례전이 그리스도가 제정하신 대로 이행되어지는 곳"[3]이 바로 교회라는 정의를 내린 칼빈의 입장과 맥을 같이 하고 있다. 사실 칼빈은 언제나 한결같이 교회라고 일컫는 무리들을 성숙하게 만들고 살찌게 하는 것이 말씀과 성례전을 통한 성령님의 역사에 있음을 주장하고 있다. 이러한 그의 주장은 결국 성령님의 역할과 임무는 교회의 출발과 성장과 성숙을 맡고 있다는 결론에 도달한다.[4]

성경에 나타난 교회의 시작은 성령님이 강림하여 그 손에 붙잡힌 사도들을 사용하는 데서부터 출발되었으며, 여기서부터 교회의 선교는 세계를 향하여 그 힘찬 발길을 내디뎠다는 것을 성경은 너무나 뚜렷하게 기록하고 있다. 그리고 성령님의 도구로서 붙잡힌 사도들이 세상의 구원을 위한 하나님의 능력 있는 도구로서의 자신들의 정체성을 깨닫고 그 일생을 던진 모습을 우리는 다음과 같이 보게 된다.

우리가 살아도 주를 위하여 살고 죽어도 주를 위하여 죽나니 그러므로 사나 죽으나 우리가 주의 것이로라(롬 14:8).

이러한 그들의 위대한 인식과 결단은 성령님의 강림을 경험했던 오순절이라는 역사적 사건을 맞아 더욱 분명하게 되었다. 이 오순절의 의미는 침체된 그리스도의 사람들에게 새로운 시각을 펼쳐 기독교가 단순한 한 선지자의 손에 의하여 출발되거나 인위적으로 만들어진 종교가 아님을 알리는 데에 있었다. 바클레이는 이 오순절의 사건이 사도들에게 무엇을 구체적으로 주었는지를 다음과 같이 분류하고 있다.

첫째, 오순절의 사건이 사도들에게 의심과 공포를 멀리하는 용기를 주었으며, 둘째, 새로운 메시지를 부여받았고, 셋째, 성경의 말씀에 대한 새로운 통찰력을 소유하게 되었으며, 넷째, 메시지를 성공적으로 전달할 수 있는 능력을 받았음을 말하고 있다.[5]

이러한 분석의 함축된 의미는 교회가 사도들을 통하여 시작되었으며, 그 사도들은 성령님의 손에 붙잡힌 도구들로서 말씀을 전하였고, 그 결과가 바로 교회의 출발과 성장을 가져왔음을 말한다. 환언하면, 성령님 안에서 외쳐진 설교의 사역이 교회를 세우게 되었고 그리스도를 구세주로 영접하게 하는 가장 중요한 지름길이 되었다. 이러한 성령님과 교회의 관계성을 토마스 토랜스(Thomas F. Torrance)는 다음과 같이 서술하고 있다.

성령님과 교회의 관계는 분리할 수 없는 관계성을 다각적으로 가지고 있다. 교회의 본성과 선교, 교회 안팎의 삶의 지침, 거룩한 성도로서의 하나를 이루는 공동체 등이 모두 다음의 중요한 요소에 의하여 펼쳐진다. 즉, 그것은 말씀과 세례와 성만찬의 사역이다. 그리고 이러한 사역은 오직 성령님의 교통하심에 의하여서 가능하고 거기에서 그리스도와 그 교회가 만남을 갖는다.6)

그러므로 교회가 있는 곳에는 반드시 성령님이 계시며 그 성령님은 말씀의 증언을 통하여 교회의 본질과 사명을 확인시켜 주신다. 그리고 교회는 시간과 주변의 환경을 초월하여 언제나 하나님의 영광을 위한 그리스도의 몸으로서 존재하도록 그 주도권을 행사하신다.

2. 성령님과 설교자의 연접(連接) 문제

"예언자들은 그들이 말하고 싶을 때에 말하지 않았으며……오직 하늘로부터 선포하도록 위임받은 것만을 전한 성령님의 발성 기관이었다."7)

현대의 교회가 안고 있는 가장 큰 고민은 설교자의 정체성 문제이다. 설교자가 자신에 대한 정확한 이해와 확신이 없다면 그 설교자가 서 있는 현장은 언제나 흔들릴 수밖에 없다. 그러기에 설교자는 항시 자신에 대하여 나는 어떠한 존재라고 스스로 대답할 수 있어야 한다. 설교자가 단순히 언어만을 구사하는 존재라면 그토록 거대한 교회를 움직여 나가기는 실로 어려운 일이다. 앞에서 논한 바대로 설교자란 자신의 의욕과 노력만으로 되는 존재라고 보기에는 무리가 따르는 고유한 사역의 주인들이다. 풍부한 지식의 소유나 교육의 배경만을 가지고 설교의 단에 오를 수 있으며, 그리고 유창한 언어를 구사하는 화술의 소유자가 설교자로서 단에 설 수 있다고 생각하는 오늘의 교회는 없다. 비록 그의 실력이 부족하고 인품이 부족해도, 그리고 그의 삶의 기록과 배경이 빈약해도 성도들이 그 앞에서 아멘으로 화답하면서 말씀을 듣는 이유는 설교자가 단순한 일터의 사역자가 아니기 때문이다.

일차적으로 우리는 "설교 사역자의 실체를 무엇이라고 정의할 수 있을 것인가? 기독교의 역사가 시작되면서부터 설교자는 어떻게 이해되어 왔는가?" 하는 질문들을 오늘의 설교자들은 한 번쯤 던져볼 필요가 있다.

성경과 기독교의 역사에서 설교자는 하나님으로부터 부름을 받고 그분의 말씀을 가지고 강단(Pulpit)에 서야 하는 존재로 자신의 정체성을 하나님과 연결시키면서 살아왔다. 기독교는 이러한 '부름받은 존재'로서의 자신의 정체를 깨달은 설교자들에 의하여 지속과 성장의 길을 걸어왔다. 이들은 이러한 확고한 소명 의식 때문에 숱한 역경을 통과할 수 있었으며, 심지어는 순교의 대열에서 장엄한 피를 흘리는 기록을 남기게 되었다. 이그나티우스는 이러한 설교자들의 정체성을 가리켜 "그리스도의 이미지(Image)이며 그리스도의 대리인이므로 그가 있는 곳에 교회가 있다."[8]고 말한 바 있다. 이러한 초대교회의 이해는 설교자가 그리스도의 부름에 응하고 전생애를 바쳐 주님의 사람으로 사역하는 실존임을 말하고 있다.

개혁교회의 신조에서도 설교 사역은 "하나님으로부터 부름을 받은 설교자에 의하여 선포되어지는 사건"[9]으로 규정하고 있다. 이러한 설교자에 관한 이해는 기독교의 역사에서 오랫동안 변하지 않은 부분으로 지금도 지켜지고 있다. 이러한 이해는 존 칼빈에 의하여 구체적으로 설명이 되면서 존 칼빈은 설교자를 만드는 존재가 성령님이며 그 설교자는 성령님의 사람으로 붙잡혀 살아가는 존재가 되어야 한다는 구체적인 명시를 다음과 같이 하고 있다.

성령님의 역사는 인간과 더불어 시작한다. 성령님이 설교자를 만들었다. 그러므로 누구나 설교자가 되기를 원하면 반드시 성령님의 사람이 되어야 한다. 하나님의 종이라고 생각되어진 사람은 반드시 그 징표를 소유해야 하는데⋯⋯곧 하나님의 영을 부여받았다.[10]

이와 같은 입장을 적극적으로 수용한 윌리엄 바클레이(William Barclay)는 "설교자가 학자, 목회자, 행정가, 교회 정치가, 위대한 웅변가, 또는 사회 개혁가가 될 수 있다. 그러나 성령님의 사람이 아니면 그는 아무것도 아니다."[11]라고 현대적 의미를 첨가하고 있다. 이상과 같은 말들을 재음미해 볼 때 말씀의 종이란 인간적인 욕구에 의해 이룩된 것이 아니다. 그것은 설교자의 개인 의지가 아닌 하나님의 주권적인 행사에 의해서 결정된다. 그러므로 성령님과 설교자의 관계 형성이 설교의 행위보다 앞선다는 것을 볼 수 있다.

전술한 바와 같이 오순절을 기점으로 발생된 교회의 사건을 관찰해 보면 성령님께서는 설교자들을 부르시고, 변화시키시고, 그들을 통하여 말씀을 선포하도록 역사했다는 사실을 배울 수 있다. 그리고 그 선포된 메시지를 통하여 수많은 죄인들을 주 앞에 돌아오도록 하는 위대한 사건들이 이 역사 속에서 발생했다. 이상과 같은 하나님의 사역은 사도시대나 21세기 초반의 지금이나 변함없이 발생되고 있다. 지금도 세계의 교회 안에서 하나님은 성령님의 역사를 통하여 말씀의 종들을 부르시고 새롭게 변화시켜 성령님이 이끄는 하나의 도구로서 수많은 설교자들을 활용하심을 본다. 이러한 고유한 설교 사역은 현대의 설교학자들에 의하여 '신비의 사역'으로 불려지고 있으며, 구태여 인위적인 해석을 첨가하기를 원치 않는다. 설교자로서 부름을 받은 설교자는 그리스도 안에서 자신을 모두 열어놓은 존재로서 신비(the mystery)로운 사역 속에서 메시지를 받고 전하는 단순한 메신저임을 언제나 인식하고 사는 사람이다.

여기에서 설교자가 깊은 관심을 두어야 할 것은 이러한 신비한 사역의 도구로 성령님의 손에 붙잡힌 말씀의 종들이 어떻게 변함없이 그 특권을 누릴 수 있는가 하는 문제이다. 여기에는 세 가지의 중요한 충고가 설교자의 가슴속에 심어져 있어야 한다.

첫째, 자기 확신으로서 "우리에게 기름을 부으시는 이는 하나님이시니 저가 또한 우리에게 인치시고 보증으로 성령님을 우리 마음에 주셨다."12)는 사도들의 고백을 자신의 고백으로 삼는 일이다. 초대교회에 임하였던 성령님의 역사가 21세기에 이르러 변질되거나 그 동참과 역사의 형태를 달리한다는 기록을 우리는 읽을 수 없다. 그러므로 베드로와 바울이 그처럼 확신에 차고 넘쳤던 성령님의 도구된 자신들의 정체성을 오늘의 설교자들도 소유해야 함은 필수적인 요건이다.

둘째, 성령님에게 붙잡힌 도구란 그가 원하는 성령님의 열매13)를 언제나 맺는 삶을 지속해야 함을 의미한다. 설교자도 적나라한 인간이기에 육적인 삶의 조건과 유혹의 그늘에서 신음하지 않을 수 없다. 그리고 그어진 선을 넘어서고 거기서 눈물을 흘리는 경우가 적지 않다. 물론 성령님의 힘은 인간의 한계를 초월한다. 그러나 성령님의 사람으로 살려는 노력이 없는 설교자를 완벽하게 보호해 주는 그러한 역사는 좀처럼 찾아보기 힘들다. 먼저 그 인간의 마음에 성령님이 충만하게 거할 수 있는 공간의 확보를 위한 자기 성찰과 이를 위한 지속적인 훈련을 쌓아야 한다. 그리고 명령되어진 성령님의 아홉 가지의 열매를 매일같이 점검하는 민감한 삶을 살아야 한다.

셋째, 영성의 계속적인 성장과 더불어 성령님의 음성을 듣는 일이다. 설교자는 기본적으로 하나님의 성언(聖言)을 받아 전하는 존재이기에 남다른 영성의 개발과 성장이 필요하다. 그리고 거기서 하나님과의 교제를 가져오고 자신이 그분의 도구임을 다시 한번 확인하게 된다. 여기에서 설교자의 명상과 기도의 임무는 일반 성도와 그 차원을 달리하게 된다. 맥시 듀남(Maxie Dunnam)은 특별히 설교자가 계속해야 할 기도를 하나님과의 교제를 가까이 하는 간선도로로 이름하면서 다음과 같은 의미를 부여하고 있다.

> 만일 성령님의 사람, 능력의 사람, 하나님이 쓰시는 사람이 되는 것이 두렵다면 그는 기도를 멀리해야 한다.……기도는 우리를 변화시켜 하나님의 생각을 따라 하나님을 생각하게 하며, 하나님께서 바라는 것을 함께 바라게 하며, 하나님의 사랑으로 사랑하게 하며, 하나님과 함께 하나님의 눈으로 하나님께서 보시는 것을 보게 하며, 하나님의 초자연적인 능력을 가지고 살아가게 한다.14)

자신에 대한 확신과 거기에 따르는 사명적 삶의 책임, 그리고 영성의 성숙을 통한 하나님과의 교제는 말씀의 도구된 자신의 건강과 수명을 결정짓는 소중한 원칙이다. 자기 확신이 없는 설교자의 삶은 그 인간 스스로가 무익할 뿐만 아니라 선포한 메시지 자체를 흔들리게 한다. 그리고 항상 자신에게 요구되어진 성령님의 열매를 계속 맺고 있는지를 살피는 자기 점검이 없는 설교자는 힘없는 메신저로서 살아야 하는 것이 우리의 현실이다.

특별히 설교자를 너무나 높이 우러러보는 한국의 문화권과 설교자의 삶에 필요 이상의 관심을 두고 있는 우리의 교회에서는 실로 소중한 부분이다. 이러한 상황을 일찍부터 이해한 한국의 초기 신학 교육에서는 설교자를 위한 이러한 원론적인 강의를 이 땅의 선배 설교자들에게 주었다는 기록을 오늘의 설교자들과 그 길을 걷는 사람들은 주시할 필요가 있다. 講道學이라는 이름으로 설교의 이론을 평양신학교에서 가르쳤던 곽안련(Allen Clark)은 다음과 같이 절실한 호소의 강의를 한 바 있다.

> 講道者를 興起케 하난 것은 自己天職에 대하야 超自然한 能力

과 權威로 함을 覺悟함에 在하니 그가 言하난 後面에난 하나님이 偕在하심이라 만일 講道者의 說話가 聖經을 根據한 것이면 하나님의 聖言이 자기를 통하야 言渡되난 것인즉 其背後애난 永遠히 活在하신 者의 勢力과 權威가 活動할지라.······講道者는 自己의 講道가 聖經에서 取出한 것이면 其背後에서 同事하난 하나님을 對敵할 者가 업슬 줄로 覺悟할지니라.15)

3. 성령님과 설교의 상관성

앞에서 성령님과 교회, 그리고 성령님과 설교자의 상호관계를 살펴보면서 "설교란 성령님의 고유한 사역"16)으로 설명하였다. 그러므로 설교란 어떤 환경 가운데서도 설교자의 테크닉에 의해서 은혜를 받거나 놀라운 반응을 얻을 수는 결코 없다. 분명한 것은 설교자가 성령님을 이용하는 것이 아니라 성령님이 설교자를 사용한다는 사실이다.

다시 말해, 성령님이 함께하지 않은 설교는 설교자의 언어의 유희(遊戱)에 불과하다는 사실이다. 이러한 전제 아래서 성령님이 설교라는 사건의 어디서부터 어디까지 관여하는가의 문제를 제기해 볼 필요가 있다. 여기에 대하여 패리스 횟슬(Faris D. Whitesell)은 어떤 학자보다도 섬세하며 실감을 유발시키는 대답을 설교자들에게 다음과 같이 들려주고 있다.

성령님은 적재적소의 성경 본문을 주시고, 그 성경을 연구하기 위한 서적의 선택과 구입, 그 말씀의 깊은 의미의 터득, 그리고 그 말씀에 몰두하는 뜨거운 열심과 설교를 구성하는 정열을 주신다. 그뿐만 아니라 설교를 선포할 수 있는 대담성과 자신감을 비롯하여 설교의 현장에서의 직접적인 참여로서 회중의 마음을 열어 감동 감화시키셔서 예기치 못했던 결실들을 거두신다.······심지어 듣는 회중의 기억력까지 주관하시어 그 결실을 맺게 하신다. 생각하건대, 성령님의 권능을 벗어나서 설교를 준비하고 외친다는 것이 얼마나 어리석은 일인가?17)

설교 사역에 있어서 이상과 같은 성령님의 관여는 단순한 이론으로 이해되어지는 것은 아니다. 설교자로서 생애를 살아온 사람들의 경험적 결론을 교훈으로 보는 것이 더욱 타당하다. 근본적으로 설교자가 설교의 준비와 전달과 결과가 성령님의 의도대로 되어지기를 바라는 것은 가장 기초적인 자세이다. 그런 까닭에 설교자가 자신을 겸허한 도구로 인정하고, 처음부터 성령님의 도움을 구하면서 설교의 발길을 내딛는 것이 바른 길임을 강조하게 된다.

첫째, 설교의 준비에 있어서의 성령님의 역할을 본다. 설교란 단순한 말의 전달이 아니라 성령님의 역동적인 역사 아래서(under dynamic of Holy Spirit) 행하여지는 구속사의 연속된 행위이다. 그러므로 설교자는 설교의 준비를 시작하는 과정부터 성령님의 주장과 동참이 있는지를 깊이 고찰해야 한다. 포사이드(P. T. Forsyth)는 이 과정에서 설교자의 실질적인 책임을 일깨우면서 설교란 "살아서 구속의 역사를 계속하시는 하나님이 설교자를 통하여 인간과의 생동적인 만남을 가져오는 구속의 행위를 재현하는 역동적인 사건(Dynamic Event)"이라고 말하고 있다.18) 진정 설교가 살아 계신 하나님과 인간과의 생동적인 만남을 가져오는 위대한 사역임이 틀림이 없다고 볼 때, 누가 그 만남의 주역이며 누가 만남의 과정을 주관하는가에 대한 질문을 설교의 준비 과정에서부터 물어야 한다. 실제로 한국의 초기 설교자들은 설교의 본문과 주제 자체가 "성신의 역사로 하나님이 계시하여 주신 것"19)으로서 하나님의 관여가 그 가운데서 활동하는 것으로 배운 바 있다.

사실 설교란 성령님의 행위에 속한 사건임을 교회의 역사는 믿어

오고 있다. 이때 설교는 인간의 지혜에서 발굴되고 가르쳐진 말씀이 아니라 성령님의 가르침에서 발상되어진 말씀이요, 그 준비라고 보아 마땅하다.[20] 실질적으로 설교의 사역자로 살아온 사람들은 공통된 고백을 남길 때가 적지 않다. 그것은 설교자가 다음 주일 강단에서 무슨 말씀을 가지고 무어라고 외칠지 기도하고 명상을 계속하는 동안 그 귀와 신경의 전체는 성령님이 무슨 말씀을 전하기를 원하는지에 대하여 민감한 대기를 하지 않을 수 없고, 이러한 준비를 통해서만이 설교의 본문과 주제를 비롯하여 메시지의 내용과 설교의 자료까지 모두가 성령님의 도움을 받을 수 있다.

둘째, 설교 전달에 있어서의 성령님의 역할을 본다. 말씀이 설교라는 형태를 통하여 선포되어지는 시간은 설교 사역의 최상의 순간이다. 회중이 자신을 우러러보면서 무슨 말씀을 들려줄지를 존경어린 눈길로 주시하고 있는 그 순간을 설교자는 어떻게 해석해야 할 것인가? 이 순간의 자신에 대한 바른 이해에 따라 설교의 성패는 좌우된다. 때때로 성도들은 이 순간에 등장한 설교자의 오만한 자세와 거의 신격화(神格化)된 모습을 본다. 그리고 자신의 경험담이 마치 하나님의 거룩한 말씀인 양 위엄을 부리는 안타까운 모습을 본다. 그러나 설교 신학의 거장들은 한결같이 "강단(Pulpit)에서 외치는 설교의 순간은 한 인간의 활동이나 언어의 구사가 아니며 하나님이 인간을 통하여 말씀하시는 것이라."[21]고 주장하고 있다. 그런 까닭에 설교자의 정체성의 맥을 성경의 예언자들과 사도들에게 두고 있다. 다시 말하면, 설교가 진행되는 순간에는 하나님의 영으로 가득한 존재(inspired person)가 그리스도의 사자(ambassador) 역할을 수행한다. 이런 원칙이 바르게 이행되는 순간 역동적인 역사 아래 감동의 물결이 흐르게 된다. 이러한 참된 설교의 장면은 바로 사도들의 외침에서 보게 되는데 그들의 권능과 설득의 결과가 결코 그들의 웅변적인 기교나 수준 높은 수사하에 연루되지 않았음을 쉽게 볼 수 있다.

그러한 결과는 그들의 고백대로 "말로만 너희에게 이른 것이 아니라 오직 능력과 성령님과 큰 확신으로 된 것"22)이었다. 이러한 설교관은 오늘의 뜻있는 설교자들에 의하여 지속되어 온 부분이다. 코핀(Henry S. Coffin)은 이 절정을 이루는 전달의 순간도 준비의 다른 부분과 같이 성령님의 임재가 이룩되는 순간에 발생되는 창조적인 행위로 규정하고 있다.23)

그러므로 진정한 설교자는 성령님의 동참이 없는 설교의 전달에는 참된 능력의 역사가 있을 수 없음을 알아야 한다. 그리고 최상의 화술을 사용하는 명연설가일지라도 하나님이 원하시는 깊은 은혜와 감동을 줄 수 없다는 사실을 설교자들은 겸허하게 수긍해야 한다.

셋째, 설교가 행하여진 이후의 결과에 있어서의 성령님의 역할을 본다. 설교의 사역은 준비와 전달만으로 끝날 수 없는 독특한 요구가 주어져 있다. 즉, 설교를 듣는 무리들의 가슴과 행동에서 어떤 변화를 일으키고 있는가의 결과를 주시하는 일이다. 설교자가 말씀을 외치는 것으로 자신의 임무가 끝난 것으로 판단하고 결과에 대하여 아무런 염려를 하지 않는다는 것은 설교의 사역을 너무 단순하게 취급하는 일이다. 사실 생각하면 설교의 결과를 위하여 설교자로서는 특별히 할 일이 없다고 할 수도 있다. 그러나 자신을 통하여 선포되어진 말씀의 씨앗이 어떻게 뿌려지고 성장하는지를 주시할 수 있는 설교자가 오늘의 교회에서는 요구된다.

사도들의 설교 사역의 결과를 보면 거기에는 성령님이 메시지를 들은 무리들의 가슴에서 뜨겁고 지속적으로 역사하게 하며 궁극적으로 회개의 대열에 서도록 하는 모습을 읽을 수 있다. 그 뿐만 아니라 삶의 목표가 달라지고 새로운 세계를 향하여 달리면서 그리스도를 위해 자기 생명의 포기도 감수하는 모습을 본다.

이렇게 성경에서 발생한 설교의 결과가 21세기의 문전에 있는 오늘의 교회에서는 가능할 수 없다는 논리에 어려움을 느낄 필요가

제16장 성령님과 설교 사역의 관계성

없다. 오순절 이후 2천 년이 넘도록 성령님의 역사는 변함이 없다. 설교 사역자들의 불성실이 문제였지 결코 성령님의 역사가 문제가 된 적은 아직 없다. 현대교회의 설교 사역에 관한 깊은 관심을 두고 새로운 방향을 계속적으로 제시하고 있는 클라이드 팬트(Clyde Fant)는 성령님과 설교의 결과에 관하여 다음과 같이 설명을 하고 있다.

> 설교 가운데서 제시된 말씀의 이상과 사건과 형상의 결합은 성령님의 활동을 통하여 언젠가는 회중의 삶과 경험 속에서 이어지게 된다. 때로는 뒤늦게라도 설교자의 제한된 생각을 초월하여 그 결과가 있게 된다.[24]

그러나 여기서 현대 한국교회의 설교자들이 유의해야 할 것은 성령님의 역사가 사도 시대처럼 말씀을 듣고 수천 명이 즉석에서 회개를 하고 방언이 터져 나오는 가시적인 기적으로 발생되는 일들을 쉽게 찾아보기가 힘들다는 문제이다. 그리고 말씀을 듣는 자들이 직접적으로 하나님과 연관을 맺고 그것에 초점을 맞추어야 하는 원론적인 길을 걷지 않는다. 이들은 하나님보다는 매주일 자신들 앞에 서서 말씀을 들려주는 설교자와 관계성을 유지하려 하기 때문에 허다한 문제를 안게 된다. 눈물어린 감동을 받은 어제의 잊지 못할 설교 사건이 사라지기도 전에 그 말씀을 전했던 설교자의 신변에 부정적인 사연이 보이는 날이면 문제는 달라져서 송두리째 받은 은혜와 감동을 모두 반환시켜 버리는 설교자 중심의 신앙 생활을 이어가는 모습이 한국교회의 현실이다. 여기에 설교의 결과에 대한 문제는 역시 성령님만의 단독적인 행위와 책임으로 돌리기에는 무리가 있다. 결론적으로 설교자는 자신을 통하여 선포되어진 메시지에 하나님이 원하시는 결과가 발생되도록 끊임없는 관심을 기울여야 한다. 그리고 그 말씀 선포의 도구였던 자신이 걸림돌이 되지 않도록 깊은 사려를 지속해야 결과를 향한 성령님의 역사가 꽃을 피울 수 있다.

4. 성령님과 인간의 책임성의 한계

앞에서도 논한 대로 설교의 사역은 인간인 설교자의 책임을 먼저 묻는 데서부터 시작이 된다. 설교자가 말씀의 대행자로서 스스로가 맡은 사명에 대해 얼마나 최선을 다했느냐는 문제의 제기가 항상 앞선다. 가끔 최선을 다하지 못한 채 강단에 선 설교자의 입에서 성령님을 부르짖는 목소리가 더 요란한 현실을 본다. 마치 성령님을 설교의 대본을 빠짐없이 작성해 준 시나리오 작가로 혼돈하는 사례도 종종 목격할 수 있다. 성령님의 능력은 충분히 메시지 전체를 만들어 줄 수 있는 능력의 소유자이다. 그러나 그러한 '은총'을 누구에게나 주시는 분은 아니다. 월터 보이(Walter R. Bowie)는 성령님과 설교자의 책임성의 한계를 설명하면서 독일의 복음교회 대회에서 있었던 사례를 들어 설명해 주고 있다.

    한 젊은 설교자가 등단하여 자신은 설교를 어느 때고 한 번도 준비한 적이 없는데 그 이유는 자신이 설교단에 설 때마다 성령님이 자신의 입에 적절한 말씀을 넣어 주시기 때문이라고 하였다. 이어서 수십 년의 설교 사역을 감당해 온 목사가 등단을 하여 다음과 같이 말했다.
    "우리는 저 젊은 형제의 말을 들었습니다. 성령님이 설교의 내용을 그에게 모두 주어 말하게 하기에 준비가 필요 없다고 그는 증거하고 있습니다. 그런데 저에게는 성령님이 한 번도 설교단에서 말씀을 하시지 않았습니다. 기억하기로는 단 한 번 성령님께서 저에게 말씀하신 적이 있습니다. 그 순간은 제가 부족한 준비를 가지고 그럭저럭 설교 시간을 채우기 위하여 단에 섰던 때였습니다. 그 때의

제16장 성령님과 설교 사역의 관계성

말씀은 단 세 단어였는데 '하인리히! 너는 게으른 놈이야!'였습니다."25)

 설교자 스스로가 할 수 있고, 해야 할 일을 성령님이 대신 해주실 것이라는 기대를 가지고 자신은 다른 일로 뛰어다니거나 또는 오수(午睡)를 즐기는 설교자가 오늘의 우리 교회에도 적지 않다. 그러나 성령님은 철저하게 책임 한계를 설교자와의 사이에서 지키고 있다. 성령님이 설교자에게 임하여 그에게 권능을 부여하고 그로 하여금 땅끝까지 말씀의 증언자가 되게 하신다는 약속이 있었어도 그 말씀의 종이 보여 주는 충성(忠誠)의 정도에 따라 응답하심을 결코 간과해서는 안 된다. "성령님의 약속은 설교자의 정직과 신실함을 바탕으로 주어지는 조건적인 약속임"26)을 알아야 한다. 본문과 주제를 찾아 헤매면서 성령님의 도움을 요청하는 자에게, 그리고 주시는 말씀의 뜻과 그 메시지를 알려고 씨름을 하는 자에게 성령님은 언제나 함께하신다.

 이러한 가장 기초적인 요구를 이행하지 못하는 설교자는 언제나 자신을 기만하고 성령님을 시험하는 위험한 우를 범하게 된다. 최선을 다 하지 못한 설교자를 '말씀의 사자'로 성령님이 끝까지 붙들어 주실 것이라고 기대하는 것은 참으로 어리석은 일이다. 성경도 숱한 선지자들이 정직한 충성을 가지고 자신에게 맡겨진 사역을 수행하지 않을 때 하나님이 그들을 떠나고 그들은 거짓 선지자로서 탈락한 불행한 기록을 보여 주고 있다. 헨리 코핀(Henry S. Coffin)은 설교 사역에 있어서 성령님의 역할이란 언제나 설교자가 감당해야 할 몫을 이행했을 때 그 위에 함께하심이라고 보며 다음과 같이 설명하고 있다.

  설교의 계획과 준비를 비롯하여 전달의 부분은 설교자의 책임으로 간주된다. 하나님은 모자란 부분을 채우셔서 설교의 완성을 책임지신다.……이것이 우리의 설교에 임한 성령님의 역할이다. 그러므로 설교자들은 설교를 위한 기도와 연구와 작성을 하면서 기다려야 한다. 이때 성령님은 이 모든 준비 위에 우리가 생각하고 구하는 것 이상으로 가득히 채우신다. 그리고 성령님은 설교자의 모든 것 위에 자신의 옷을 입히시고, 그들을 통하여 교회가 말씀을 받게 한다.27)

코핀의 말을 다시 음미해 보면 설교자가 성령님의 옷을 입을 수 있도록 책임을 다해 준비하였는가의 문제가 제기된다. 혹자는 이러한 옷을 입기를 거부하고 순수한 자신의 지식과 경험과 화술로 설교단에 서려고 한다. 그러나 신기하게도 회중은 설교자가 입어야 할 성령님의 옷을 구별하게 된다. 그러므로 참된 말씀의 사자는 어떻게 하면 자신의 책임이 성공적으로 수행되어져서 성령님과의 떳떳한 만남을 가져오고 '성령님의 두루마기'를 입고 단에 설 것인가에 깊은 관심을 기울이지 않을 수 없다. 이러한 고민을 계속하는 설교자들은 다음의 몇 가지의 수칙을 가슴에 품고 살아야 한다.

첫째, 설교자는 무엇보다도 먼저 거듭남의 경험을 가지고 자신의 과거를 용서받은 기쁨을 소유한 가운데서 말씀의 종이 된 확신을 가져야 한다. 팔머(Edwin H. Palmer)의 말대로 인간이 거듭난 후에 성령님은 선별된 방법으로 우리 안에 거하신다.28) 그러므로 설교자들은 자신이 성령님의 사람으로 새롭게 태어나 신학의 문을 두드리게 되었고 거기에서 우선적으로 필요한 훈련을 쌓아 오늘의 설교단에 서게 되었음을 어려움 없이 고백을 할 수 있어야 한다.

둘째, 설교자가 성령님과의 연합체가 되기 위해서는 자신에게 맡겨진 사역에 부끄러움이 없는 깨끗한 삶을 지속해야 한다. 성령님이 머무를 수 있는 처소가 청결하지 못할 때 언제나 그분은 그 자리를 뜰 수밖에 없는 '거룩한 속성'을 가지고 계심을 알아야 한다.

셋째, 설교자는 쉼 없이 66권의 기록되어진 말씀 연구에 정열을 쏟아야 한다. 매일의 규칙적인 탐구와 말씀의 실천은 자연적으로 하나님의 말씀에 설교자를 깊이 빠져들게 한다. 이럴 때 설교자는 자신도 모르게 언행심사(言行心思)가 하나님의 말씀으로 채색되고 말씀의 사자의 모습으로 변화를 가져오게 된다.

넷째, 설교자는 하나님과의 통화(communication)를 위하여 정규적인 기도의 생활을 해야 한다. 깨어 있는 영성의 기쁨을 누리는 많은 설교자들은 대부분 자신의 설교 사역과 목회가 기도의 양에 비례하여 발전 또는 퇴보를 한다는 고백을 남기고 있다. 특별히 한국의 교회는 어느 나라에서도 볼 수 없는 기도하는 무리들로 가득 차 있다. 이때 설교자의 기도의 폭과 깊이가 어느 정도가 되어야 할 것인가는 외국의 설교자들에 비교하여 더욱 큰 부담으로 다가온다. 여기 기도를 통한 성령님의 응답이 얼마나 큰 것인지를 한스 크라우스(Hans-Joachim Kraus)는 다음과 같이 설명하고 있다.

> 둔감한 가슴에 하나님의 생각과 방법을 가져오신 분은 성령님이시다. 개인의 심령에 오셔서 새로운 말씀을 들려주시고 새로운 삶의 목표를 주시는 것도 성령님이시다. 바로 이러한 성령님의 신학은 때로는 해석학적이고 설교학적인 사고를 뒤바꾸어 놓기도 한다.……선포란 오직 성령님 앞에 응답하는 생의 새로운 방향이 있는 곳에서만 권위가 있게 된다. 그 이유는 설교자가 말씀을 받아 말하고 선포하는 것이 궁극적으로 회중의 삶을 새로운 방향으로 옮겨 주어야 하기 때문이다.29)

바로 이상과 같은 항목들은 설교자가 성령님의 옷을 입기 위해 준비해야 할 내용들이다. 다시 말하면, 설교자의 책임은 "성령님의 두루마기"를 입는 것이며, 그 두루마기를 입기 위해서는 자신의 최선을 다 기울인 의무의 실천이 요구되어진다.

주>

1) 에베소서 1:23.
2) Arnold B. Come, *Human Spirit and Holy Spirit*(Philadelphia: The Westminster Press, 1959), p. 169.
3) John Calvin, *Institutes*, IV. I, 19
4) Ronald S. Wallace, *Calvin's Doctrine of the Christian Life* (Grand Rapids, Mich.:Wm. B. Eerdmans, 1961), p. 209.
5) William Barclay, *The Promise of the Spirit*(Philadelphia:The Westminster Press, 1960), pp. 52-53.
6) Thomas F. Torrance, "The Mission of the Church", *Scottish Journal of Theology*, vol. 19(June, 1966), p. 142.
7) Calvin's *Commentary on 2 Timothy* 3:16.
8) 이종성, "목사상의 역사적 발전에 대한 개념", 「현대와 신학」 제3호 (1966), p. 22에서 재인용.
9) *The Second Helvetic Confession*(1566), 제1장.
10) Calvin, *Institute*, I. 17, 4.
11) William Barclay, *The Promise of the Spirit*(Philadelphia:The Westminster Press, 1960), pp. 52-53.
12) 고린도전서 1:22.
13) 갈라디아서 5:22-23.
14) Maxie Dunnam, *The Workbook of Intercessory Prayer*, 오성춘 역, 「영적 성장을 위한 기도 훈련」(서울:대한예수교장로회 총회출판국, 1988), p. 7.
15) 郭安連 著, 高麗偉 譯, 「講道學」(京城鐘路:耶蘇敎書會, 1925), p. 15. (편집자주-독자들의 편의를 위하여 아래 아를 현대어로 바꾸어 썼음.)
16) Dietrich Ritschl, *A Theology of Proclamation*(Richmond, Virginia :John Knox Press, 1963), p. 25.
17) Faris D. Whitsell, *Power in Expository Preaching*(Westwood, N.J.:Fleming H. Revell Co., 1963), pp. 144-45.
18) P. T. Forsyth, *Positive Preaching and the Modern Mind* (Grand Rapids, Mich.:Wm. B. Eerdmans, 1949), p. 22.
19) 곽안련, 「說敎學」(서울:대한기독교서회, 1925), p. 9.
20) 고린도전서 2:13.
21) Leslie J. Tizard, *Preaching:the Art of Communication*(New York:Oxford University Press, 1959), p. 13.

22) 데살로니가전서 1:5.
23) Henry S. Coffin, *Communication Through Preaching*(New York: Charles Scribner's Sons, 1952), p. 41.
24) Clyde E. Fant, *Preaching for Today*(San Francisco:Harper & Row, 1987), p. 250.
25) Walter Russell Bowie, *Preaching*(New York:Abingdon Press, 1954), pp. 33-34.
26) James Stewart, *Preaching*(London:Hodder & Stoughton, 1955), p. 102.
27) H. S. Coffin, op. cit., p. 43.
28) Edwin H. Palmer, *The Holy Spirit*(Grand Rapids, Mich.: Baker Book House, 1968), p. 168.
29) Hans-Joachim Kraus, *The Threat and the Power*, trans., Keith R. Crim(Richmond, Virginia:John Knox Press, 1971), pp. 95, 98, 99.

부 록 1

설교의 실례

1. 대지 설교의 실례

본문 : 요한계시록 2:8-11   **주제** : 충성
제목 : 제2의 서머나 교회

▶ 설교의 목적(10줄 정도)

선포적 설교-그리스도이신 예수님의 오심과 생애와 교훈과 부활과 승천과 재림을 선포하는 설교
교훈적 설교-성경의 진리와 교리 또는 신학을 담아 가르치는 데 목적을 둔 설교
치유적 설교-상처받은 영혼과 삶의 아픔을 싸매 주는 목양을 목적으로 하는 설교
예언적 설교-하나님의 말씀을 불순종하고 곁길로 가는 사회와 개인을 바르게 인도하기 위한 설교

이 설교를 하게 된 교회는 특수한 교회이다. 이 교회는 공산치하에서 목회자를 비롯하여 많은 성도들이 핍박을 받고 살아온 교회이

다. 이들이 이제 합법적으로 예배당을 마련하고 수천의 성도가 모이는 교회로 성장하기까지는 죽도록 충성했던 신앙이 있었기 때문이다.

이들에게는 우선적으로 서머나 교회에게 있었던 하나님의 위로와 약속의 말씀이 필요하다. 하나님의 약속을 바라보고 충성을 다할 때 중국 대륙에 있는 수백만의 조선족에게 구심점이 되는 교회로 나아갈 수 있다는 희망을 목양적 차원에서 심어 주기 위하여 치유적 설교로 그 목적을 정하였다.

▶ 명제적 진술(10줄 이내)

인간이 이상향을 그리듯 한 교회가 성경에 나타난 이상적인 교회를 찾고 그 모습을 따르려는 것은 너무나 당연한 일이다. 서머나 교회는 계시록의 일곱 교회 가운데 빌라델피아 교회와 더불어 가장 이상적인 교회이다.

그 중에 서머나 교회는 과거의 핍박을 벗어났으나 언제 어떻게 다가올지 모르는 새로운 환난에 대처해야 한다는 하나님의 명령을 받는다. 다가올 새로운 고비를 넘기는 날 그 교회는 생명의 면류관을 받으리라는 말씀이다.

서머나 교회와 비슷한 경험을 한 교회이므로 과거에 집착하지 말고 새로운 어려움에 성공적으로 대처해 나가는 교회로서의 준비와 각오가 필요함을 서머나 교회를 바라보면서 다짐하게 한다.

서 론

〈① 본문의 context 접근 **② 인간적인 경험** ③ 문제의 제기 ④ 뉴스의 활용 ⑤ 인용구의 사용 ⑥ 읽은 책의 활용 ⑦ 계절의 언급 ⑧ 유머의 사용〉

인간이 훌륭한 사람이 되고자 하는 데는 여러 가지의 방법이 있습니다. 어떤 사람은 이 사람 저 사람의 좋은 점만을 선택해서 자기 인생의 가는 길에 반영을 하는가 하면, 어떤 사람은 아예 한 사람을 모델로 정해 놓고 그분의 언행과 그분의 철학과 그분의 모습까지도 모방하려고 하는 사람도 있습니다. 인간이 나보다 더 위대하고 내가 갖고 싶은 나의 이상적 삶의 소유자들을 본받고 싶어 하는 것은 인간의 자연적인 심성임에 틀림이 없습니다.

교회도 마찬가지입니다. 우리 교회가 어떤 교회가 되어야 할 것인가를 생각하고 이상을 정하여 나아가는 것은 당연한 이치입니다. 하나님이 성경에서 보여 주신 이상적인 교회를 본받아 우리의 교회가 그러한 교회가 되어 보겠다고 노력하고 나아갈 때 더욱 더 발전할 수 있고, 또 원하던 새로운 이상을 성취할 수 있습니다. 서탑교회의 성도 여러분은 어떤 교회가 여러분이 따라야 할 교회의 모습이라고 생각하십니까?

본문 접근

〈중심단어의 해석, **당시대의 정황**, 저자와 수신자, 표현의 장르, 자신과 회중의 언어로 재번역〉

하나님은 오늘 본문 말씀인 요한계시록 2장과 3장에서 일곱 교회를 우리에게 보여 주십니다. 재미있는 것은 일곱 교회가 세 가지의 형태로 분류된다는 것입니다.

에베소 교회와 두아디라 교회와 버가모 교회, 이 세 교회는 칭찬과 책망을 받습니다. 그리고 사데 교회와 라오디게아 교회, 이 두 교회는 책망만 받습니다. 서머나 교회와 빌라델피아 교회, 이 두 교회는 칭찬만 받습니다. 다시 말하면, 세 형태의 교회로 우리 주님 앞에서 심판을 받게 된다는 말씀입니다.

오늘 우리에게 보여 주신 세 유형의 교회, 즉 칭찬과 책망을 받는 교회, 책망만을 받는 교회, 칭찬만을 받는 교회 이 셋 중에 어느 교회를 서탑교회가 따르고자 하는 이상적인 교회로 하고 싶습니까?

모두가 다 칭찬만을 받은 서머나 교회와 빌라델피아 교회를 이상적인 교회의 모델로 삼고 싶어할 것입니다. 그 중에서도 가장 적극적인 칭찬을 받은 교회가 바로 오늘 서머나 교회입니다. 계시록은 주님께서 사도 요한이 밧모섬에 있을 때 그에게 계시하시면서 일곱 교회에 주로 주신 말씀입니다.

　　이 말씀의 뜻을 좀더 터득하기 위하여 서머나 교회를 다시 한번 이해할 필요가 있습니다. 서머나 교회는 소아시아 서해안의 중요한 위치에 있었습니다. 서머나 도시는 경제적으로, 환경적으로 아주 발전되어 있었고 아름다운 해안도시였습니다. 특별히 당시에 지배국으로 있었던 로마는 이 서머나를 자랑스러운 도시로 여기고 있었습니다. 왜냐하면 그들이 얼마나 인간성이 좋고 어떻게 로마에 충성을 다하는지 모범된 식민지 도시였기 때문입니다.

　　이 도시에 복음이 들어온 후에 소수의 교인들이었습니다마는 그들은 하나님을 예배하는 공동체, 곧 교회를 세웠습니다. 그리고 그 교회는 로마에 바쳤던 충성을 버리고 하나님 앞에 모든 충성을 바치게 됨으로 문제가 발생되어지기 시작했습니다. 견딜 수 없는 핍박 속에서 몹시 고생했습니다. 이때 우리 주님은 그들의 충성이 너무나 갸륵하기에 오늘의 말씀을 주셨습니다.

　　다시 한번 우리의 현대 언어로 풀어서 경청하십시다.

본문의 재경청
〈설교자와 회중의 현대 언어로 사역함〉

　　처음이고 마지막이며 죽었지만 살아 계신 분이 말씀하신다. 나는 네가 겪은 힘든 핍박의 환난과 어려운 궁핍을 잘 알고 있다. 그러나 사실 너는 부유하다. 네가 유대인으로 자칭하는 자들에게 비방을 당하고 있는 것도 나는 잘 알고 있다. 그러나 그들은 유대인이 아니라 사탄의 무리이다.

　네가 장차 받을 수난의 고통을 두려워하지 말라. 보아라, 악마가 너희를 시험하여 넘어뜨리려고 너희 가운데서 몇 사람을 감옥에 집어 넣을 것이다. 너희는 열흘 동안 환난을 당할 것이다. 그러나 너는 죽기까지 충성을 다하여라. 그러면 내가 생명의 면류관을 너에게 씌워 주겠다. 귀 있는 자는 성령님께서 여러 교회에 하시는 말씀을 들어야 한다. 승리하는 자는 둘째 사망의 해를 받지 않을 것이다.

주제의 부상
〈해당 주제를 5회 이상 언급〉

　오늘의 서탑교회가 서머나 교회와 비슷한 과거를 생각하면서 제2의 서머나 교회가 될 수만 있다면 하는 바람을 갖는 것은 무리가 아닙니다. 가능한 사실입니다. 어떻게 하면 서머나 교회처럼 적극적인 칭찬만을 받는 교회가 될 수 있을까? 한 번쯤 생각해 볼 문제입니다. 우리 주님이 서머나 교회에 어떻게 칭찬하셨고 무엇을 부탁하셨는지를 경청하면서 우리도 그러한 교회로 탈바꿈하겠다는 의지만 세워진다면 하나님의 허락을 받을 수 있습니다.

본 론

　교회란 무엇입니까? 우리가 예배를 드리고 있는 이 건물이 교회가 아닙니다. 건물은 예배당이라고 이름합니다. 교회란 그리스도의 십자가의 그 희생을 통하여 죄사함을 받은 무리들이 하나님의 자녀가 되어서 예배하는 공동체가 되어 있는 것을 교회라고 말합니다. 다시 말하면, 하나님의 백성들이 모여 있는 그 모임을 가리켜서 교회라고 이름합니다.

그렇기 때문에 어느 때 어느 나라에 있는 교회를 막론하고 기본적으로 그 교회의 주인은 인간이 될 수 없고 하나님만이 그 교회의 주인이 될 수 있습니다. 교회의 성장과 실패가 전부 다 하나님의 손에 있다고 우리는 믿고 있습니다.

그러나 그 교회의 구성원이 된 우리 모두가 핵심적인 일꾼들로서 제2의 책임을 갖게 됩니다. 예를 들어, 하나님의 영광을 위해서 모인 교회가 인간적인 영광과 이익을 추구할 때 그 교회는 사양길에 접어들게 됩니다. 하나님의 말씀대로 살아야 할 교회가 인간들의 불의한 생각대로 살아간다면 그 교회는 칭찬받는 교회가 되지 못하고 오히려 책망받는 교회가 될 것입니다.

다시 말해서, 그리스도의 이름으로 모인 교회가 일차적인 자신들의 최선을 다할 때 하나님은 그 교회를 사랑하시고 칭찬하시고 성령님을 통하여서 힘을 주시고 계속적인 큰 역사를 그 교회를 통하여서 이룩하십니다.

만약 그렇지 못할 때에 그 인간의 집단은 언젠가 파멸을 가져오게 됩니다. 인간이 주인이 되어서 내가 하나님이라고 부르짖는 이단 사이비 교회들의 출현과 파멸이 우리 눈앞에서 전개되고 있습니다. 그래서 언제나 교회는 하나님이 주인이시고 하나님을 중심으로 해서 모이는 하나님 백성들의 모임임에 틀림이 없습니다.

그러하기에 이 교회를 섬기는 목회자를 비롯한 모든 교인들은 이 교회가 하나님이 기뻐하시고 칭찬하시는 교회가 되기 위하여 자신의 건강까지 버리면서 불철주야 땀과 눈물을 흘리게 됩니다.

오늘 우리에게 보여 주신 서머나 교회는 진정 하나님이 기뻐하시고 칭찬하는 이상적인 교회입니다. 오늘 하나님은 그 교회를 통하여 우리에게 의미 깊은 메시지를 주고 계십니다.

먼저, 이 교회는 외적인, 내적인 어려움이 있었고 또 그러한

어려움이 계속적으로 다가올 교회로 우리 주님은 말씀하고 계십니다.

선 포

"내가 네 환난과 궁핍을 아노니 실상은 네가 부유하다 한 자니라. 네가 장차 받을 고난을 두려워 말라. 마귀가 너희를 시험하기 위하여 너희 중에 몇 사람을 감옥에 가두어 둘 것이고, 너희가 또 다른 환난을 당할 것이라."(계 2:9-10)는 말씀을 하십니다.

해 석

서머나 교회에 속한 성도들은 로마를 버리고 하나님을 향하여 그들 속에 새로운 종교심의 불이 붙고 있었습니다. 로마의 세력은 이러한 모습을 보면서 심한 핍박을 가하였습니다. 모든 경제적인 제재도 가하기 시작하여 견디기 힘든 궁핍한 생활을 하게 되었습니다. 육체적인 고통과 정신적인 고통이 헤아릴 수 없을 정도였습니다. 서머나 교회는 실로 크고 어려운 환난과 궁핍 속에서 몹시 시달렸습니다. 하나님 앞에 충성을 다하기 위해서 그렇게도 시달렸던 교회입니다. 그러나 하나님은 그 시달림이 그날로 끝나지 않고 훗날에도 고난이 계속될 것이라고 말씀하고 계십니다.

적 용

하나님을 섬기는 교회가, 하나님을 섬기는 개인이 왜 환난과 궁핍과 같은 어려움을 당해야 하는가라는 어려운 질문을 종종 던지게 됩니다. 이것은 지극히 단편적인 질문입니다. 하나님은 자신이 선택한 백성, 이스라엘 백성들을 이집트에서 탈출시켜서 가나안까지 불과 두 주간이면 갈 수 있는 길을 40년을 배회시키면서 연단시키고 계셨습니다. 그 숱한 환난과 궁핍과 피곤과 방황을 경험하게 하셨습니다. 그 이유는 사랑하는 자를 더 튼튼히 키우시고자 하는 차원이 높으신 하나님의 뜻이 있기 때문이었습니다.

　독일에서 나치 정권이 유대인 600만을 학살했다는 기록 속에서 많은 사람들이 분노를 터뜨리고 있습니다. 왜 하나님을 섬기는 그 민족이 그렇게 학살당했느냐고 많은 사람들이 말하고 있습니다. 그러나 그 진하고 그 아팠던 그 죽음과 그 피를 통해서 모든 유대 민족은 더욱 더 깊은 각성을 하면서 오늘날 전 세계를 지배하는 민족으로서 건재하고 있습니다.

　수난과 고통의 현장에서 많은 백성들은 때로는 하나님이 나를 버리셨다고 원망을 하기도 합니다. 나를 버리실 수 있을까? 내가 하나님 앞에 무엇을 잘못했기에 나에게 이런 시련이 주어질까? 우리 교회가 왜 이렇게 어려움을 당하게 될까? 하는 때가 많이 있습니다. 거기에 대한 대답은 다음의 예화에서 충분히 주어지고 있습니다.

예 화

　사람들은 전 세계를 오대양 육대주라고 하는데 육대주 중에 아마 저 아메리카라는 미국과 캐나다, 남미가 있는 그 대륙이 가장 복 받은 땅 중의 하나로 여겨지고 있습니다. 사실 그 땅은 원래는 우리 황인종에게 주어졌습니다. 백인종에게 준 땅이 아닙니다. 우리 황인종이 있으면서 그저 즐기고 살면서 마야 문명과 같은 아름다운 문화를 가지고 살았습니다마는 그 거대한 땅을 개척하기에는 힘이 부족했던 것 같습니다. 드디어 백인들이 점령하여 지금 살아가고 있습니다. 그리고 소수로 남아 있는 토착민인 그 황인종들을 지금은 인디언이라 부릅니다. 그들이 살고 있는 곳에 가 봅시다. 재미있는 것은 그들이 다 우리와 같은 몽골리안들이기 때문에 얼굴의 생김새도 우리와 똑같이 생겼습니다. 생활하는 풍습도 우리와 똑같은 것이 많이 있습니다.

　그런데 그들이 가장 사랑하는 아들을 훈련시키는 이야기가 참으로 흥미롭습니다. 아들이 보통 10살 미만일 때 해가 지는 저녁이면 아들을 업고 산으로 갑니다. 맹수가 우글거리는 아주 깊은 산으로 데리고 가서 넓은 바위 위에 앉혀 놓습니다. 그리고 "너는 여기서 밤을 새워야 한다."는 엄격한 규율을 줍니다. 이 아들은 세상에 사랑하는 내 아버지가 나를 이렇게 버릴 수 있을까? 원망에 원망을 거듭하면서 눈물 흘리고 무서워서 큰 소리로 밤새도록 울부짖습니다. 대체적으로 약간의 달빛이 있는 날에 그 행사를 했던 것 같습니다. 아버지는 그 아들을 버리고 집으로 간다고 하면서 갑니다만 실은 집으로 가지 않고 아들이 못 알아보는 높은 나무 위에 올라가서 튼튼한 활에 화살을 꽂고 밤새도록 당기고 있습니다. 만약에 맹수가 나타난다면 즉시 쏠 수 있도록 준비하고 있습니다. 눈 한 번 깜짝하지 않고 아들을 보호하고 있습니다.

그렇습니다. 하나님은 사랑하는 자에게 무관심하지 않습니다. 사랑하는 교회를 결코 버리지 않습니다. 하나님을 위하여서 전심 전력을 마음과 뜻과 성품을 다하여서 예배하는 무리들을 하나님께서는 결코 버리시지 않습니다. 너무나도 어려움을 모르고 살아가다가 뜻밖의 사건에 힘없이 무너지는 것을 원하지 않으시는 하나님. 그렇기 때문에 이모저모로 훈련을 시키시고 연단을 시키십니다. 결코 버리신 적이 없으십니다. 교회도 마찬가지입니다. 개인도 마찬가집니다.

여러분! 서탑교회가 어려움을 당한 적이 있습니까? 개인으로서 하나님 앞에 어려움을 당한 적이 있습니까? 더 밝은 내일을 주시기 위한 하나님의 섭리요, 훈련의 과정입니다.

두 번째로, 하나님은 서머나 교회를 통해서 인내하는 교회의 모습을 보여 주고 계십니다.

선 포

요한계시록 2:9의 말씀입니다. "내가 네 환난과 궁핍을 아노니 실상은 네가 부요한 자니라."

> **해 석**

서머나에서 주님을 영접하고 하나님의 자녀가 된다는 사실은 이미 자신의 안일을 포기한 결단이었습니다. 그들에게는 즉시 견디기 힘든 핍박이 다가왔습니다. 경제적으로 심히 어려운 삶을 살아야 했습니다. 이 모든 것을 견디고 인내하는 사람만이 서머나 교회 안에서 하나님께 예배할 수 있었습니다. 이러한 모습을 보신 주님은 친히 찾아오시어 "내가 네 환난과 궁핍을 아노라."고 말씀하십니다. 그들의 생명을 내놓은 그 위대한 인내는 하나님의 칭찬을 받기에 이르렀습니다.

서머나 교회는 그 심한 핍박과 환난 가운데서도 주님을 향한 믿음 그 하나를 위하여 인내에 인내를 쌓으면서 수많은 날을 보내었습니다. 그 길고도 험한 길을 믿음 안에서 인내의 힘으로 지탱하였던 교회입니다. 우리 주님은 이러한 그들의 무서운 인내의 힘을 보시면서 칭찬을 아끼지 않으셨습니다.

> **적 용**

인내가 없는 개인은 망합니다. 인내가 없는 민족은 파멸합니다. 인내가 없는 교회도 허물어지게 됩니다. 인내하지 못한 채 쉽사리 넘어지는 사람들을 우리의 주변에서 많이 보게 됩니다. 왜 그렇게 많이 무너지게 될까? 우리의 한국인의 성격이 너무 급한 것 같습니다. 모든 것을 단숨에 해결하고 성취하려는 급한 성격이 우리의 모순인 것 같습니다. 좋다 나쁘다 하는 흑백의 논리가 가장 심한 곳이 어쩌면 우리의 성격입니다. 무엇이 잘못됐을까? 내 마음대로 되지 않을 때는 화를 금방 금방 내고, 그리고 내 마음대로 될 때는 웃음을 터뜨리는 흑백 논리가 너무 심한 우리 민족입니다. 여기 인내가 부족한 우리 민족의 성격을 잘 묘사한 이야기가 있습니다.

예 화

어느 신문에서 흥미 있는 한 기사를 볼 수 있었습니다. 기사가 아니라 만든 이야기인 것 같습니다. 자동차가 신호등 앞에서 그만 시동이 꺼지고 고장이 났습니다. 바짝 뒤쫓아오던 자동차들이 비껴 나가지 못하고 어쩔 수 없이 같이 서 있게 되었습니다. 너무 오래 시간이 소요되니까 다 시동을 끄고 있습니다. 그런데 바로 고장난 차 뒤에 서게 된 차는 일본 사람이 탄 차였고, 그 다음 차에는 중국 사람이, 그 다음 차에는 한국 사람이 타고 있었답니다. 일본 사람은 상황을 보더니 '아, 이거 저 차가 고쳐지기까지는 상당한 시간이 걸리겠구나.' 하면서 즉시 계산기를 꺼내서 두들겨 가면서 열심히 거기서 사무를 보더랍니다. 그 다음 중국 사람은 신문을 보는 척 하더니 그만 신문을 얼굴에 덮고는 코를 골면서 한숨 잘 자더랍니다. 그 다음 우리 한국 사람은 어떠했을 것 같습니까? 급한 성격을 가지고 있는 우리 한국 사람 말입니다. 대답을 다 하시고 계신 것 같습니다. 기름을 아끼겠다고 엔진을 끄고서는 빵빵 경적을 누르면서 수리를 재촉하고 있었답니다. 얼마나 울렸는지 마지막에는 밧데리가 동이 나서 막상 앞차가 수리가 되어 떠날 때는 그 한국인의 차가 멈추게 되었다는 이야기입니다. 참으로 부끄러운 현장을 묘사한 이야기였습니다.

확실히 급한 성격입니다. 단번에 일확천금을 노리는 것이 바로 우리의 현실입니다. 프랭클린 같은 사람은 다음과 같은 말을 하였습니다. "인내할 수 있는 사람은 그가 바라는 것을 손에 넣을 수 있다." 말을 바꾸면, "인내할 수 없는 사람은 그가 바라는 것을 손에 넣을 수 없다."는 말입니다. 인내가 없는 곳에서는 결코 성취가 없습니다.

야고보서를 통해서 우리 하나님은 말씀하십니다.

"인내를 온전히 이루라. 이는 너희로 온전하고 구비하여서 조금도 부족함이 없게 하려 함이니라"(약 1:4).

계속해서 말씀해 주십니다.

"보라, 인내하는 자를 우리가 복되다 하나니 너희 욥의 인내를 들었고 주께서 주신 결말을 보았도다"(약 5:11).

서머나 교회는 그 핍박을 견디는 인내가 있었습니다. 그 환난을 견디는 인내가 있었습니다. 그 궁핍을 견디는 인내가 있었습니다. 우리의 서탑교회 성도들도 남다른 인내를 하였습니다. 이제 그 인내를 계속하면서 연단을 쌓고 미래를 구상하는 슬기가 필요합니다. 오늘의 불편을 견딜 수 있는 훈련이 필요합니다. 다른 모든 사람들이 하지 못한다는 일을 할 수 있는 인내를 가지고 참고 나가야 합니다. 나의 일들이 풀리지 않은 오늘 속에서 미소를 잃지 않는 인내가 있어야 합니다. 우리의 교회가 나의 희망대로 되지 않는 시점에 넉넉한 인내와 협동이 필요합니다. 진정 하나님의 말씀대로 인내하는 자와 인내하는 교회가 복되다는 말씀입니다.

셋째로, 하나님은 서머나 교회를 통하여서 충성이 있는 교회의 모습을 오늘 우리에게 보여 주고 계십니다.

<선 포>

주님께서 말씀하십니다. "죽도록 충성하라. 그리하면 내가 생명의 면류관을 네게 주리라"(계 2:10).

<해 석>

충성이란 무엇입니까? 구약에서는 하나님을 믿는 굳은 신앙을 충성이라고 말하고 있습니다. 신약에서도 마찬가지입니다. 진리의 주인을 굳게 신뢰하고 그에게 신실하게 나아가는 것을 충성이라고 말하

고 있습니다. 그래서 성경에서 믿음이라는 말과 충성이라는 말은 동의어로 사용하고 있습니다. 바로 이 충성이라는 말이 서머나 교회에 내려진 이후에 이 말씀의 실천자들은 참으로 심각하리만큼 실천적 행동을 했습니다.

로마의 정부에 최선을 다하였던 이 서머나의 사람들 중에서 그리스도이신 예수님을 영접한 이들은 그 앞에 그 충성을 다 바쳤습니다. 그럴 때에 로마가 그대로 놓아둘 리가 없습니다. 핍박의 손을 가합니다. 156년경 서머나 교회의 감독이었던 폴리캅은 순교의 역사에 으뜸가는 기록을 남겼습니다. 그는 오늘의 본문을 자기의 생명을 던져 지켰던 훌륭한 목회자였습니다.

로마의 핍박 속에서 복음을 전하다가 여러 번의 경고를 받았지만 굴하지 않고 복음을 전했습니다. 로마 정부는 그 경고가 효과를 발휘하지 못하자 그를 붙잡아서 취조를 하고 이제 사형장으로 끌고 가려고 합니다. 워낙 86세의 노구에 존경을 받은 몸이기에 취조관이 동정을 하면서 한 마디 말을 합니다. "이 순간이라도 그리스도를 모르겠다고 한 마디만 하십시오. 그러면 그 생명을 건질 수 있습니다." 그 대답은 의외였습니다. "내 나이 86년 동안 주 하나님을 섬겼는데 내가 잘못을 저질러도, 내가 실수하여도, 내가 불충성해도, 내가 죄 속에 빠져도 한 번도 나를 모른다고 부정하지 않았는데, 나를 한 번도 외면하시지 않았는데 어떻게 내가 감히 나를 구원한 왕 중의 왕이신 그리스도이신 예수님을 부정할 수 있겠느냐?" 그러면서 순교의 형장으로 끌려가서 높은 장대에 매달려서 장렬한 순교의 죽음을 맞게 되었습니다. 그 영혼은 하나님의 품에 안기게 되었습니다.

적 용

오늘 우리에게는 폴리캅이 당하였던 그러한 핍박이나 환난이 없습니다. 그러나 더 무서운 것은 물질 만능과 육체를 즐겁게 해주는 모든 죄악의 세력입니다. 핍박이나 환난이 가득한 시대보다 더욱 견디기 어려운 것이 발전된 물질 문화 가운데서 청순한 나의 신앙의 정조를 지키는 일입니다. 하나님을 먼저 생각하고 교회를 먼저 생각하는 우리의 신앙에 무서운 변질이 확산되어 가고 있습니다. 도덕적인 순결이, 고지식한 신앙 생활이 파괴되는 무서운 시대에 우리는 살고 있습니다.

현대는 지극히 이기주의가 팽창해 있는 시대입니다. 나에게 유익이 있을 때에 충성의 냄새를 풍기고 충성의 모습을 보입니다. 그러나 나에게 유익이 없고 더 이상의 이용가치가 없다고 생각하면 서슴없이 떠나버리는 야속한 인간 세계가 바로 오늘입니다. 비록 과거에 많은 사랑을 받고 은혜를 받았다고 하여도 오늘 내게 도움이 되지 아니하면 교회를 미련 없이 떠나버리는 비정한 세계입니다.

그러나 하나님은 한 번도 우리를 사랑하는 그 손길로부터 버리시지 않았습니다. 언제 한 번이라도 그 자비의 손길을 우리로부터 외면한 적이 없습니다. 우리가 깊은 죄악에 빠져서 신음할 때도 하나님은 우리를 버리시지 않았습니다. 우리의 실수로 모진 환난 속에 빠져도 하나님은 우리를 버리시지 않았습니다. 우리가 게으르고 태만하여서 주님의 마음을 아프게 할 때도 한 번도 우리를 버리시지 않았습니다. 계속해서 십자가 위에서 그 붉은 피를 흘려 주시고 그 살을 찢기시면서 우리를 붙잡아 주시고 사랑해 주시는 하나님이십니다.

우리에게는 충성어린 그 꿋꿋한 모습이 없습니다. 오히려 하나님이 우리를 신실하게 지금까지 간수해 주셨습니다. 그렇습니다. 서머나 교회 감독 폴리캅의 말대로 우리가 살아오는 동안 한 번도 주님이 나를 모른다고 하신 적이 없는데 어떻게 나 하나의 생명과 유익을 구하기 위해서 우리는 순간순간 주님을 모르는 행동을, 주님을 외면하는 행동을 해야 하는지요? 가슴 아픈 사연입니다.

하나님은 이러한 충성된 종과 충성된 교회, 바로 서머나 교회와 같은 교회를 찾고 있습니다. 오늘의 서탑교회가 제2의 서머나 교회로서 주님 앞에 나타날 좋은 가능성을 가지고 있습니다. 여러분이 충성의 의미를 가슴에 안고 어려웠던 과거처럼 오늘도 내일도 행진하면 하나님은 분명히 기뻐하십니다.

결 론

오늘, 여러분의 서탑교회가 제2의 서머나 교회가 되어 보려는 의지를 세워 보시지 않겠습니까? 이 교회가 최선을 다 기울일 때 오는 21세기에 제2의 서머나 교회로 이 중국 땅에 우뚝 설 수 있습니다. 이 교회는 특수한 사명을 부여받은 교회입니다. 200만의 조선족이 마음의 고향으로 여기는 교회입니다. 200만의 조선족을 그리스도의 품으로 인도해야 할 사명이 주어진 교회입니다. 그러하기 위하여 하나님은 여러분을 좋은 목사님과 함께 그 모진 과정에서 훈련을 시키시어 오늘에 이르게 했습니다.

우리에게는 비전이 필요합니다. 거대한 비전과 희망을 가지고 일어서야 합니다. 우리는 복음의 십자군들로서 새로운 용기와 희망을 가슴에 품고 행진해야 할 교회입니다. 하나님을 기쁘시게 하고 그분께 영광을 드리기 위해서 땀 흘려 충성하는 교회가 되어야 할 사명을 가지고 있습니다. 하나님이 기뻐하시는 충성을 다하는 교회가 되십시다. 그때 하나님은 생명의 면류관을 우리 모두에게 주십니다. 그때 우리는 우렁찬 감격과 감사를 드릴 수 있게 됩니다.

교회는 언제나 연단을 위하여서 시련을 경험하기 마련입니다. 그 가운데서 인내를 키우면서 성숙되어집니다. 그리고 거기서 변함없이 주님을 사랑하는 충성을 보입니다. 하나님은 오늘 교회가 부흥의 길을 걷고 있는 이 순간에 분명히 말씀하십니다.

"선을 행하되 낙심하지 말지니 피곤하지 아니하면 때가 이르매 거두리라"(갈 6:9).

거듭하여 오늘 말씀하십니다.

"죽도록 충성하라. 그리하면 내가 네게 생명의 면류관을 주리라"(계 2:10).

- 설교자 : 정장복 / 이 설교는 1994년 중국 심양에 있는 서탑교회에서 행한 바 있다. -

부록 1 설교의 실례

2. 분석 설교의 실례

본문: 구약의 말씀 - 잠언 30:8-9, 서신서 - 야고보서
1:12-18, 복음서 - 누가복음 12:5
주제: 죽음을 몰고 온 탐욕   **제목**: 탐욕의 비극

▶ **설교의 목적**(10줄 정도)

> 선포적 설교-그리스도이신 예수님의 오심과 생애와 교훈과 부활과
> 　　　　승천과 재림을 선포하는 설교
> 교훈적 설교-성경의 진리와 교리 또는 신학을 담아 가르치는 데 목
> 　　　　적을 둔 설교
> 치유적 설교-상처받은 영혼과 삶의 아픔을 싸매 주는 목양을 목적으
> 　　　　로 하는 설교
> **예언적 설교-하나님의 말씀을 불순종하고 곁길로 가는 사회와 개인**
> **　　　　을 바르게 인도하기 위한 설교**

　　나라의 통치자가 탐욕의 결과로 투옥이 되는 현실은 우리 민족사에 있어서 참으로 비참한 기록이다. 물질의 풍요와 함께 양심들이 흐려지는 현실을 뜻있는 그리스도인들은 개탄한다. 빈손으로 왔다가 빈손으로 가야 하는 인생인데 무엇이 우리의 시야를 흐리게 하는가를 하나님의 말씀으로 조명해야 한다. 죄의 모태인 탐욕이 하나님의 형상을 지키는 데 거대한 장애물이다.

　　이 장애물을 제거하는 것은 하나님의 뜻이다. 어두운 사연으로 가득한 현장에 하나님의 말씀으로 바르게 사는 길을 제시하는 것은 오늘의 설교자들의 의무이다. 예언자들의 고뇌에 찬 심정으로 설교자 스스로를 포함하여 탐욕의 그늘에서 벗어나는 길을 찾아간다.

▶ **명제적 진술(10줄 이내)**

오늘의 그리스도인들은 욕심이 잉태하면 죄를 낳고 죄가 잉태하면 죽음에 이른다는 하나님의 말씀에 귀를 기울여야 한다. 여기서 탐욕의 실체를 밝혀 그것이 어떤 결과를 가져오는지를 알도록 한다. 인간의 탐욕이 얼마나 무서운 유혹이며 그것 때문에 겪어야 하는 인간의 추악한 현장을 보도록 한다. 또한 탐욕이란 끝이 없이 계속되다가 죽음에 이를 때에 멈추게 됨을 하나님의 말씀에서 듣게 한다. 그리고 사람의 생명과 그 가치가 소유의 유무에 있지 않음을 하나님의 말씀으로 들려준다. 현대인이 죽음에 이르는 병의 원인으로서 탐욕을 제시하고 있음을 말씀에서 발견하게 한다.

서 론

〈① 본문의 context 접근 ② 인간적인 경험 ③ 문제의 제기 ④ 뉴스의 활용 ⑤ 인용구의 사용 ⑥ 읽은 책의 활용 ⑦ 계절의 언급 ⑧ 유머의 사용〉

최근에 우리나라는 세계를 놀라게 하는 데 특별한 장기를 보이고 있습니다. 성수대교가 무너지자 세계의 매스컴은 앞을 다투어 톱 뉴스로 보도하면서 우리를 부끄럽게 했습니다. 지난 봄에는 삼풍백화점이 어이없이 무너져서 또 한 번 세계가 비웃는 나라가 되었습니다. 거대한 사건이 터지지 않으면 심심해서 견디지 못하는 나라처럼, 이 다음에는 무슨 사건이 터질 것인지 오히려 기다려지는 형편입니다.

요즈음에는 세계적으로 정평 있는 *Newsweek*지나 *Time*지와 같은 주간지들이 눈물짓는 우리의 전직 대통령 사진을 표지로 실으면서 한국 정치의 부정과 부패를 지적합니다. 감옥의 철창 속에 있는 또 하나의 전직 대통령을 보여 주면서 5·18의 상처를 새롭게 상기시키고 있습니다.

오늘 우리의 정치, 경제, 사회를 뒤흔들고, 우리의 민족을 창피하게 만드는 이 모든 사건들의 근원이 무엇인지를 좀더 진지하게 찾아보아야 할 시점에 와 있습니다. 이 상상할 수 없는 부정과 부패는 이 민족에게 심한 상처를 입히고 있습니다. 이 상처는 숱한 생명을 죽음의 골짜기로 이끌어 갑니다.

본문 접근

〈중심단어의 해석, **당시대의 정황**, 저자와 수신자, 표현의 장르, 자신과 회중의 언어로 재번역〉

오늘 우리 하나님께서 본문을 통하여 들려주신 귀한 말씀은 특별한 의미를 가지고 있는 말씀입니다. 오늘의 말씀은 예수님의 형제였던 야고보가 62년경 순교를 당하기 직전에 하나님이 그를 통하여 우리에게 주신 말씀입니다. 이 말씀은 세계에 흩어진 그리스도인들은 단순한 믿음만을 가지고 살 것이 아니라 그 믿음을 행동화해야 한다는 실천적인 기독교의 원리를 가르치고 있습니다.

때는 스데반 순교 이후 밀어닥친 박해로 많은 유대인 성도들이 로마제국의 각지로 흩어져 있던 때입니다. 이 성도들은 예루살렘을 중심으로 하여 활동하던 사도들과 좀처럼 만날 길이 없기에 그리스도인으로서의 신앙 생활에 변질을 가져오고 여러 가지의 어려운 문제들에 직면해 있었습니다. 박해 속에서 많은 성도들이 온전한 믿음의 행실로부터 이탈하는 일이 속출하였습니다. 믿음만 있으면 된다고 하면서 생활 속에서는 그 믿음을 증명하는 실천적인 행위가 전혀 없었습니다. 그래서 성도들이 삶의 현장에서 어떻게 살아야 할 것인가의 문제를 구체적으로 제시하고 있습니다.

이러한 말씀 가운데 오늘의 본문은 세상의 탐욕을 버리지 못하고 죽어 가는 사람들을 향하여 하신 말씀입니다. 이제 오늘의 본문을 알기 쉽게 우리의 말로 다시 한번 옮겨서 경청하십시다.

본문의 재경청
〈설교자와 회중의 현대 언어로 사역함〉

시련을 견디어 내는 사람은 행복하노라. 시련을 이겨 낸 사람은 생명의 면류관을 받을 것이니라. 그 면류관은 하나님께서 사랑하는 사람들에게 주시겠다고 약속하신 것이니라. 유혹을 당할 때에 아무도 "하나님께서 나를 유혹한다."고 말하지 말라. 하나님께서는 악에게 유혹을 받지도 않으시고, 또 스스로 아무도 유혹하지도 않으시니라. 사실은 사람이 자기 욕심에 끌려서 유혹을 당하고 함정에 빠지게 되는 것이니라. 욕심이 잉태하면 죄를 낳고, 죄가 장성하면 죽음을 가져오느니라.

나의 사랑하는 성도들아, 속지 말라. 온갖 훌륭한 은혜와 모든 완전한 선물은 하늘의 빛들을 만드신 하나님 아버지께로부터 내려오는 것이니라. 하나님 아버지는 변함도 없으시고 우리를 외면하심으로써 그늘 속에 버려두시는 일도 없으시니라. 하나님께서는 뜻을 정하시고 진리의 말씀으로 우리를 낳으셨느니라. 그래서 우리는 모든 피조물의 첫 열매가 된 것이니라.

주제의 부상
〈해당 주제를 5회 이상 언급〉

인간이 자기 앞에 다가오는 유혹을 물리치기는 실로 어렵습니다. 그러나 그 유혹을 뿌리치지 못하고 그대로 놔두면 그 미래는 비참한 결과를 초래합니다. 그 유혹이 만일 인간의 **탐심**과 야합을 하면 여지없이 그 **탐욕**은 하나의 독소로 우리 안에 자리를 잡습니다. 인간의 씨앗이 어머니의 태속에서 10개월이 되면 생명체로 이 땅에 나오듯이 잉태된 **욕심**은 때가 되면 반드시 이 죄라는 괴물을 해산합니다. 그리고 그 죄는 우리의 곁을 떠나지 않고 사뭇 커 갑니다. **탐심**에 의하여 생긴 죄는 인간 세계의 어떤 것보다도 활발하게, 그리고 급속도로 장성합니다. 그러한 과정에서 인간은 그 장성한 죄의 노예가 되어 헤어나오지를 못합니다. 결국 깊은 뿌리를 내리고 장성한 그 죄에 의하여 인간은 처절한 죽음의 종말을 맞이하게 됩니다.

죽음의 종말을 가져오는 근원이 된 탐욕이란 무엇을 말합니까?

주제에 대한 정의(What)
〈부정, 부정, 부정, 긍정〉

오늘의 본문에서 지적한 죽음에 이른 탐욕이란 인간이 정상적으로 가지고 있어야 할 삶의 목표와 그것을 실천하려는 의욕을 말하는 것이 아닙니다. 자신이 땀을 흘려 준비하고 좋은 학교를 지망하려는 강한 의지와 욕심을 말하는 것이 아닙니다. 자신의 땀과 눈물의 대가로 얻게 되는 결과는 전혀 욕심의 결과가 아닙니다. 나에게는 아무 유익이 없는 데도 바보처럼 불우한 이웃을 위하여 몸을 던져 살다가 죽는 것은 탐심이 몰고 온 죽음과는 너무나 차이가 나는 죽음입니다.

에릭 프롬과 같은 학자는 탐욕은 항상 만족에 도달하지 못하고 끝까지 욕구를 만족시키려는 무한한 노력 속에서 개인을 탕진시키는 바닥 없는 항아리라고 말한 바 있습니다.

어떤 이는 탐욕은 앞을 못보는 힘이라고 합니다. 그래서 그 힘에 끌려가다 보면 죽음에 이른다는 이야기입니다. 아리스토텔레스는 "재산의 수준을 높이기보다는 탐욕의 수준을 낮추도록 애쓰는 편이 오히려 낫다."라고 했습니다.

하나님은 오늘의 말씀 속에서 욕심, 곧 탐욕이란 자기에게만 이롭게 하고자 하는 마음으로 죄를 낳는 근본 원인임을 밝히고 있습니다. 이 욕심은 곧 성장하여 자신의 정당한 노력의 대가보다는 타인의 소유를 자기 것으로 삼고자 하는 터무니없는 탐욕으로 발전합니다.

그리고 이것은 곧 하나님의 형상인 인간 양심을 버리고 불의를 저지르게 합니다.

주제의 필요성(Why)

〈부정적인 사례를 통해 절박한 동기를 유발시켜 질문을 유도한다.〉

인간이 탐욕을 버려야 할 이유가 무엇입니까?

밀수가 번성하던 어느 시절의 어두운 이야기입니다. 어떤 사람이 여행 중에 일 캐럿짜리 다이아몬드를 구입하여 귀국했습니다. 주변 사람이 하도 졸라 팔게 되었는데 상당한 이익을 보았습니다. 왕복 비행기 값을 지불하고도 남았습니다. 두 번째 여행길에는 동일한 물건을 여러 개를 사서 김포공항에 내렸습니다. 착하게 생긴 그 사람은 아무 검색도 받지 않고 세관을 무사히 통과했습니다. 그 다이아몬드를 처분하여 얻은 이익금은 매우 컸습니다. 식구들이 원하는 큰 아파트로 이사를 하고도 이익금이 남았습니다. 그 마음에는 이미 탐심이 작동되기 시작했습니다. 자신의 직장 생활에서는 도저히 형성할 수 없는 재산이 일기 시작합니다. 탐심은 늘 이 사람을 유혹합니다. "한 번만 더", "한 번만 더", "딱 한 번만 더"……. 이번에는 아예 은행 대출까지 받아서 부인까지 대동하고 나가서 엄청난 양의 다이아몬드를 구입하여 머리를 써서 숨겨서 귀국했습니다. 세관 직원은 하는 일 없이 잦은 해외 여행을 하고 있는 이 사람에게 의심이 생겼고 짐을 철저히 검색했습니다. 신창이며 혁띠며 모자며 구석구석에서 다이아몬드가 두세 개씩 쏟아져 엄청난 양이 발견되었습니다. 물건은 모두 압수당하고 즉석에서 쇠고랑을 차게 되었습니다. 그의 모든 재산은 은행 빚에 다 날아가게 되었고 사글셋방에서 아이들만 외롭게 울고 있었습니다.

욕심이 잉태하여 낳게 되는 죄악의 결실이 이렇게도 아픈 상처를 온 가정에 남기게 되었습니다.

주제의 실천 방안(How)

〈본문에서 주안점을 가져옴 ① 선포 ② 해석 ③ 적용 ④ 예화〉

어떻게 해야 이 죽음에 이르는 길에서 우리가 해방될 수 있습니까? 어떻게 해야 이 나라에 혼돈과 불안의 폭풍이 멈출 수 있습니까? 하나님은 우리들에게 이 죽음의 길을 모면할 수 있는 방법을 오늘의 본문을 통하여 너무나 분명하게 말씀하십니다.

주안점

먼저, 하나님은 오늘의 말씀을 통하여 우리가 욕심을 잉태해서는 안 된다는 것을 가르쳐 주고 있습니다.

선 포

여기 우리에게 주시는 하나님의 말씀이 있습니다.

"오직 각 사람이 시험을 받는 것은 자기 욕심에 끌려 미혹됨이니"(약 1:14).

해 석

여기서 말씀하신 욕심이라는 단어의 뜻은 인간이 가지고 있는 강한 욕망을 의미합니다. 그것을 좀더 구체적으로 살피면 인간의 명예욕, 물욕, 정욕을 의미합니다. 문제는 이 욕망이 분수를 넘어 한 인간의 마음에서 살아 있는 생명체로 잉태되는 것을 경계하라는 말씀입니다. 인간이 이것을 경계하지 않으면 자기 욕심에 끌려서 유혹과 야합하고 함정에 빠지게 된다는 뜻입니다.

그러나 인간에게는 의욕이라는 것이 절대로 필요합니다. 의욕이라는 것은 욕심과는 달리 자신이 선택한 하나의 목표를 향하여 자신의 의지를 불태우면서 적극적이고 능동적으로 움직이고 노력하는 것을 말합니다. 여기서 유의해야 할 것은 이 의지가 하나님의 법도를 따르지 않고 그대로 방치해 두면 탐욕으로 변하게 되는 심각한 문제를 야기하게 됨을 명심해야 합니다. 그래서 하나님은 오늘도 욕심이 잉태되면 무서운 결과를 초래하게 됨으로 그 욕심이 우리 안에서 잉태되지 않도록 하라는 말씀을 들려주십니다.

적 용

처음부터 욕심을 부리는 사람은 없습니다. 모두가 처음은 선한 의지를 불태우면서 자신의 일을 시작하고 뜻을 펴려고 합니다. 그러나 그러한 과정에서 좀더 빨리 좀더 많은 것을 성취해 보고자 하는 유혹이 찾아옵니다. 이것은 바로 욕심이라는 것과 금방 결탁을 하게 됩니다. 그리고 이어서 그 다음의 단계로 이어집니다.

우리의 주변에서 환영받는 사람은 욕심이 없는 사람들입니다. 그러나 우리가 제일 경계하고 싫어하는 사람은 지나치게 자신의 이익만을 챙기면서 욕심을 부리는 사람들입니다. 그 욕심은 자신의 욕구를 채우는 데 그치는 것이 아니라 바로 상대에게 심각한 피해를 끼치기 때문입니다. 그리고 결과적으로 많은 사람에게 상대적 박탈감을 안겨주기에 모두가 그를 증오합니다.

예 화

요즈음 많은 사람이 관심을 가지고 "코리아 게이트"나 "제4공화국"과 같은 TV 프로그램을 보고 있습니다. 거기에는 불행한 한 장군이 단순하게 자신에게 맡겨진 임무만을 수행하지 않고 주위에서 치켜세우는 유혹에 빠지면서 드디어는 수많은 인명을 죽이고 상관들을 무참히 짓밟으며 나라의 질서를 파괴하였습니다. 그리고 청와대의 주인이 되어 보겠다고 정신없이 날뛰는 모습이 나타나고 있습니다. 마침내는 이 나라의 정권을 찬탈하고 참으로 어이없는 승리의 개가를 부릅니다. 그러나 그는 때가 지나매 심판의 손길을 피하지 못하고 자신이 믿고 세웠던 가장 가까운 후계자에 의하여 백담사의 계곡에서 귀양살이를 하게 되었습니다. 드디어 군사 문화가 통치권을 벗어나자 이 불행한 장군을 감옥에 가두는 결과를 가져옵니다.

비극은 언제나 탐심에서부터 시작됩니다. 그 장군이 장군으로서 만족하고 소임을 다했더라면 역사는 욕심을 부리지 않은 훌륭한 장군이라는 상패를 그의 가슴에 달아 주었을 것입니다. 그리고 그는 국민의 사랑을 계속 받았을 것입니다. 그러나 그 유혹과 탐심 때문에 그는 국민의 존경은커녕 감옥 속에서 신음하는 전직 대통령이 되었습니다.

우리의 삶에도 언제 어디서 어떤 유혹이 다가와 우리의 욕심의 속성을 자극할지 알 수 없습니다. 그러하기에 언제나 경계해야 합니다. 도리에 어긋나지 않고 순조로운 이치대로 나를 지켜 나가야 합니다. 특별히 예수님을 길이요, 진리요, 생명으로 따르는 사람들은 이보다 한 단계 앞서서 나아가야 합니다. 그것은 이익을 챙기는 삶보다는 남을 위하여 때로는 손해도 감수할 수 있는 착한 마음입니다.

하나님은 요한일서 2장을 통하여 다음의 말씀을 들려주십니다.

"자녀들아! 세상이나 세상에 속한 것들을 사랑하지 말라. 세상의 것들을 사랑하는 사람에게는 그 마음 속에 아버지 하나님을 향한 사랑이 없느니라. 세상에 있는 모든 것, 곧 육신의 욕망과 눈의 욕망과 재산을 가지고 자랑하는 것은 아버지께로부터 나온 것이 아니라, 세상으로부터 나온 것이니라"(요일 2:15-16).

주안점

둘째로, 하나님은 오늘의 본문을 통하여 죄가 장성하면 우리 인간은 죽음의 세계로 들어감을 밝히고 있습니다.

선 포

여기 우리에게 주시는 하나님의 말씀이 있습니다.

"욕심이 잉태한즉 죄를 낳고 죄가 장성한즉 사망을 낳느니라"(1:15).

해 석

죄란 무엇입니까? 오늘의 본문에서 밝힌 죄란 일정한 경계선을 그어 놓고 살아야 할 사람이 그 선을 상실해 버리고 방향과 목적을 모르는 채 살아가는 것을 뜻합니다. 그래서 죄란 '표적을 상실한 것'이라고 흔히들 말합니다.

웨스트민스터 소요리 문답에서 죄에 대한 정의를 잘 내리고 있습니다. 죄란 인간이 삶의 기준으로 삼아야 할 하나님의 말씀을 순종하지 않은 것이나 또는 순종함에 있어서도 부족한 것이라고 정의하고 있습니다. 누가 하나님의 말씀에 완벽하게 순종할 수 있습니까? 그러하기에 모두가 하나님 앞에 설 때마다 자신들의 결핍을 느끼게 됩니다.

죄가 우리의 인간 심성에 찾아오는 길은 여러 가지입니다. 먼저는 아담으로부터 우리의 속성에 뿌려진 죄의 씨앗이 있습니다. 그리고 우리 스스로가 늘 안고 다니면서 범하는 죄가 있습니다. 이 죄가 진리의 말씀에 부딪치면 자취를 감추고 진리의 말씀을 떠나면 늘 고개를 내밀고 우리를 지배합니다.

적 용

욕심에서 우러나온 죄가 크기 시작하면 그 힘은 대단합니다. 아무도 억제하지 못합니다. 억제하기는커녕 그 죄의 노예로서 비참한 길을 걷게 됩니다. 이 죄가 뿌리를 내리면 좀처럼 이겨낼 길이 없습니다. 한동안은 하나님이 주신 양심으로 이겨 보려고 노력하지만 금방 죄의 위력에 쓰러집니다. 그리고는 오히려 죄와 함께 춤을 추며 날뛰게 됩니다. 인간의 이성을 잃어버립니다. 그리고 신앙의 뿌리마저 흔들립니다. 그리고 돌아오지 못하는 다리를 건너 영원히 죄의 종이 되어 버립니다. 실로 무서운 것은 죄가 장성하는 문제입니다.

예 화

우리는 요즈음 나라 안팎에 폭풍을 몰고 온 어느 전직 대통령의 참담한 죄의 기록을 봅니다. 가난했던 면서기의 아들로 자라나 군에 들어가 줄을 잘 서서 이 나라의 집권자가 된 다음에 재물에 탐욕을 부린 기록이 요즈음 한참 보도되고 있습니다. 보도에 의하면, 그는 수천억 원의 현금에 만족하지 않고 땅과 빌딩을 움켜쥐어야 했고, 심지어는 금덩어리까지 금고에 거두어 넣어도 직성이 다 풀리지 않았다고 합니다. 특별히 그의 안방마님까지 재벌 회장의 부인들을 불러들여 돈을 챙기는 어이없는 부부가 되었다고 보도합니다. 생각하면 그들은 완전히 탐욕이 가져다 준 죄의 노예로 전락된 모습을 보이고 있습니다.

그들의 갈 길이 어디에 있습니까? 이제야 눈물을 흘리고 후회를 한들 그들의 갈 길이 어디에 있습니까? 비록 집권자가 자신의 문제와 얽힌 사연 때문에 그를 사면해 준다고 한들 그는 이미 죽은 몸입니다. 국민들의 망각 속에 머문다고 한들 부끄러운 기록의 소유자들임에 틀림이 없습니다.

바로 이것이 죄의 대가는 사망이라는 하나님의 말씀이 보여진 현장입니다. 자신에게 주어진 임무에만 땀을 흘리지 못한 한 통치자의 종말입니다.

하나님은 성경에서 이스라엘의 군인으로서 군의 사명에만 전념하지 않고 물질에 욕심을 부린 한 군사의 종말을 잘 보여 주고 있습니다. 그것은 아이성에 쳐들어가서 하나님의 명령을 어기고 전리품에 눈이 어두워진 아간이라는 군인의 기록입니다. 결국 그 때문에 이스라엘 민족은 심한 상처를 입게 되었고, 마지막에는 아골 골짜기에 끌려가 그의 가족과 함께 처형당한 처참한 모습을 보여 주고 있습니다 (수 7:1, 18).

맡은 소임에만 우리의 정신을 쏟아야 합니다. 인간의 욕심이 유혹과 결탁되면 반드시 죄가 따르게 됩니다. 그리고 그 죄는 끝없이 성장하게 됩니다. 멈추지를 않습니다. 그리고 그 종착역은 반드시 죽음의 골짜기가 되기 마련입니다. 바로 이러한 진리는 오늘 이 나라의 전직 대통령들의 기록에서 역력히 볼 수 있습니다.

주안점

셋째로, 사람의 생명과 그 가치성이 소유의 유무에 있지 않음을 우리 주님은 말씀하십니다.

선 포

여기 우리에게 주시는 하나님의 말씀이 있습니다.

삼가 모든 탐심을 물리치라. 사람의 생명이 그 소유의 넉넉한 데 있지 아니하니라(눅 12:15).

해 석

우리 주님은 인간들의 심성 속에 잠재하여 있는 기본적인 욕구가 한도를 넘으면 죄를 잉태하게 되고, 그 죄가 장성하면 죄를 낳게 된다는 것을 이미 알고 계신 주님이십니다. 그래서 천하와도 바꿀 수 없는 인간의 생명을 우리 안에 자리잡고 있는 모든 탐심이 지배하지 못하도록 단호하게 물리칠 것을 명령하십니다. 탐심이라는 단어가 가지고 있는 의미는 자신이 논밭을 갈아 곡물을 생산하여 자신의 욕구를 채우는 것이 아니라 남에게 있는 것을 내 것으로 삼으려는 인간 욕구를 의미합니다. 이러한 탐심에 의하여 이룩된 넉넉한 소유에 자신의 생명을 기대고 있다면 그 생명에게는 전혀 평화가 이룩될 수 없습니다.

오늘의 인간들은 자신들의 부귀 영화를 자신들의 생명과 같이 여기고 있습니다. 그래서 권세와 명예와 재산을 위하여서는 생명을 맞바꾸면서 살기도 하고 죽기도 합니다. 그래서 우리 하나님은 일찍이 잠언서 기자의 기도를 통하여 우리에게 들려주십니다.

> 곧 허탄과 거짓말을 내게서 멀리하옵시며 나로 가난하게도 마옵시고 부하게도 마옵시고 오직 필요한 양식으로 내게 먹이시옵소서. 혹 내가 배불러서 하나님을 모른다, 여호와가 누구냐 할까 하오며, 혹 내가 가난하여 도적질하고 내 하나님의 이름을 욕되게 할까 두려워함이니이다(잠 30:8-9).

적 용

참으로 귀한 말씀입니다. 인간은 부에 도취되고 권력의 상좌에 오르면 배를 내밀고 하나님이 누구냐고 하면서 하나님의 품을 벗어납니다. 또 너무 가난하면 유혹에 이기지 못하여 하나님의 이름을 욕되게 하는 결과를 가져오기 쉽습니다. 그래서 하나님은 우리가 하나님을 섬기는 데 지장이 되지 않도록 부하지도 가난하지도 않는 상태에서의 만족의 비결을 배울 것을 요구하십니다.

다시 말하면, 하나님을 중심한 나의 부와 명예와 권세가 되어야 한다는 사실입니다. 인간을 중심한 부귀 영화의 추구는 탐욕으로 변질되고 언제나 죄와 결탁이 된다는 사실입니다. 그리고 그 죄의 대가는 죽음을 불러오게 된다는 말씀입니다.

여기에 적절한 예화가 있습니다.

예 화

아프리카와 같은 지역에서 원숭이를 생포하는 데는 욕심이 많은 짐승의 심리를 이용합니다. 원숭이의 손이 간신히 들어갈 수 있는 야자수 열매나 항아리 안에 그들이 좋아하는 음식을 한 움큼 넣어 놓습니다. 원숭이는 그 냄새를 맡고 바로 그 안에 손을 간신히 집어넣고 한 주먹 가득히 붙잡습니다. 그리고는 손을 빼려고 합니다. 손을 펴고도 간신히 들어간 그 항아리의 입구로 주먹에 음식을 잔뜩 쥐고 손을 뺀다는 것은 불가능합니다. 그러나 원숭이는 그 음식을 향한 탐욕을 버리지 못하고 끝내 실랑이를 합니다. 사람이 다가가도 끝내 그 욕심을 버리지 못하고 주먹을 펴지 못하고 맙니다. 그리고는 그 욕심 때문에 사람의 손에 잡히게 된다는 이야기입니다.

욕심이 발전하여 탐욕으로 얼룩진 인간도 마찬가지입니다. 그러한 인간은 욕심이 생기면 이성을 잃어버립니다. 욕심의 주먹을 쥐면 펼 줄을 모릅니다. 그 때는 그 사람의 눈에는 하나님도 안 보이고 사람도 안 보입니다. 그리고 슬픈 종말을 맞이하게 됩니다.

주제의 실천 결과(What then)

<주제대로 행했을 때 생겨지는 긍정적인 결과(Good News) 사례 제시>

명예 퇴직을 앞두고 있는 어느 노 교사의 이야기입니다. 그는 20년이 넘도록 자신의 학교에서 가장 어려운 학생 1명씩을 골라 익명으로 등록금을 대신 내주었습니다. 자신이 받는 봉급이 얼마 되지

않는데도 남을 돕는 생활에 삶의 넉넉한 의미를 찾고 있었습니다. 주변의 동료 교사도, 수혜자도 모르는 이 손길의 주인은 동료 교사가 빚보증을 잘못 서서 곤경에 처해 있을 때 반년의 봉급액을 건네주기도 했습니다.

    그가 받은 별명은 단벌 신사였습니다. 30년이 넘도록 은평구 응암동의 낡은 주택에 살면서 연탄 보일러에 연탄을 갈면서 최근까지 살았습니다. 물론 자가용 같은 것은 그에게는 있을 수 없었고 평생 버스와 지하철을 이용했습니다. 자신을 위해서는 지나칠 정도로 인색하였습니다. 언제나 그의 얼굴에는 미소와 넉넉함이 가득했습니다. 누가 보아도 그는 이 땅에서 가장 행복한 삶의 주인으로 보였습니다. 진정 그가 가지고 있는 생명의 가치성은 보통 사람들과는 차원이 달랐습니다.

결 론

<설교 요점의 반복, 경이적이고 충격적인 표현, 격려의 형식, 시의 사용, 축복의 형태, 명령적이고 교훈적인 형식, **본문을 비롯한 성구의 낭독**>

    오늘 우리는 눈앞에서 권세와 물질에 탐욕을 부리면서 거대한 죄를 범하고 죽음의 골짜기를 헤매이고 있는 전직 두 대통령의 모습을 봅니다. 그들을 통하여 우리나라는 다시 한번 세계를 놀라게 하고 있습니다. 나라의 모든 국민들은 심각한 충격을 받고 있습니다. 이러한 시점에서 오늘 우리들은 이 때에 있어야 할 하나님의 말씀을 경청하였습니다.

    우리 속에 자리잡고 있는 욕심의 속성이 유혹과 야합이 되면 탐욕으로 잉태됨을 잘 보고 있습니다. 그 탐욕은 지체 없이 죄를 낳게 되고 그 죄가 장성하여 죽음을 가져온다는 말씀을 경청했습니다. 과욕을 부리지 맙시다. 오늘 주어진 나의 일터에서 성실히 땀을 흘립시다. 그리고 하나님의 말씀대로 부하지도 가난하지도 않은 오늘을 즐기면서 감사하는 삶의 지혜를 배웁시다. 소크라테스는 이런 말을 남긴 바 있습니다. "나는 가장 작은 욕심을 갖고 있기 때문에 신에게 가장 가까운 사람이다."

이 말대로 우리가 하나님에게 가장 가까운 사람으로 살기 위하여서는 오늘의 말씀이 우리의 가슴에서 떠나지 않아야 합니다.

"사람이 자기 욕심에 끌려서 유혹을 당하고 함정에 빠지게 되는 것이니라. 욕심이 잉태하면 죄를 낳고, 죄가 장성하면 죽음을 가져오느니라."

- 작성자 : 정장복 / 본 설교는 1995년 전두환, 노태우 전 대통령들이 감옥에 있을 때 서울 시내 교회에서 행한 바 있다. -

3. 서사 설교의 실례

1) 설화체 설교

본문 : 요한복음 2:1-11   **주제** : 율법과 은혜
제목 : 잔칫집의 돌항아리   **방법** : 4C 구성에 따른 서사 설교

<1단계 - 모순> 하필이면 율법의 항아리인가?

"야단났습니다. 포도주 통이 바닥났습니다."
"무엇이라고? 왜 충분히 준비하지 않았더냐?"
"결혼식에 사람이 이토록 많이 올 줄 몰랐습니다. 어떡하죠?"
"이 시골에서 어떻게 포도주를 구할 것인가? 큰 낭패로구나."

하인들이 황급히 신랑에게 달려와 하소연했지만 포도주를 보충할 방법은 없었습니다. 이 순간에도 새로운 하객들이 속속 문간에 들어서서 돌항아리의 물을 퍼내 발을 씻는 모습이 보였습니다. 음식을 더 먹기 원하는 사람들 역시 항아리에서 손을 씻고 결례를 행한 뒤 다시 자리에 앉습니다. 손발을 씻고 앉은 그들 앞에 당장 내놓아야 할 것은 목을 축일 포도주입니다. 어찌해야 합니까? 아직도 혼인 잔치는 여러 날이 남았는데······.

신랑은 자신의 곁에 있던 한 사람의 노부인을 바라보았습니다. 마치 엘리야 시대에 가루와 기름이 마르지 않은 이적을 얻었던 은총의 사람 사르밧 과부를 향하는 듯한 간절한 눈길이었습니다. 부인은 조용히 자리에서 일어섰습니다. 유대인들이 정결 예식을 행하고 있는 항아리 곁 가까운 자리를 찾아가자 거기에는 다섯 사람의 제자와 마주 앉은 예수님이 계셨습니다. 일행은 막 식사를 마치고 손 씻는 결

례 문제에 관해 이야기하는 중이었습니다.

"선생님, 유대인의 결례는 지나치게 형식적입니다."
"저는 포도주 마시기 전에 다시 씻지 않았으니 과연 부정합니까?"
"바리새인들이 여기 왔더라면 저 여섯 돌항아리의 물도 부족했을 것입니다."

예수님께서는 그들에게 대답을 하지 않으신 채 잔잔한 미소를 머금고 계셨습니다. 부지런히 손을 씻으러 오는 유대인들의 발걸음을 바라보시며 일행의 숫자와 우연히 똑같은 여섯 개의 돌항아리를 응시하다가 문득 노부인과 그 뒤를 따르는 하인들의 발걸음 소리에 몸을 일으키셨습니다.

"어머니."

순간, 여러 제자들도 자리를 박차고 일어섰고 하인들도 멈춰 고개를 숙였습니다. 자애로움이 가득한 노부인 마리아는 아들 예수께 가까이 다가가서 몇 마디 말씀을 나누었습니다. 진지하고 숙연한 분위기로 인해 주위에서 떠들던 사람들도 말을 그쳤습니다. 포도주가 부족하다는 것을 직감할 수 있었습니다.
드디어 마리아 부인이 하인들을 향하여 짤막한 명령을 내렸습니다. 그 음성은 부드러우면서도 거부할 수 없는 힘을 느끼게 했습니다.

"너희에게 무슨 말씀을 하시든지 그대로 하라."
"예."

하인들과 제자들, 그리고 항아리 주위에서 손을 씻고 있던 사람들이 일제히 예수님을 바라보았습니다. 특히 제자들의 가슴은 터질 것 같이 두근거렸습니다. 예수님께서 무슨 말씀을 하실까? 남아 있는 포도주 통을 가져오라고 하실까? "여호와께서 선지자 엘리야로 하신 말씀같이 이 잔치가 다하는 날까지 통의 포도주가 없어지지 아니하리라."(왕상 17:16 참조)고 선포하시지 않을까?

"저 항아리들에 물을 채우라."
"아니, 결례 항아리에?"

제자들은 너무도 의아한 나머지 서로의 얼굴을 번갈아 바라보았습니다. 그 항아리들은 포도주와 전혀 관계도 없었고 더구나 유대인의 율법에 따라 손발을 씻는 물통에 지나지 않았습니다. 율법은 모세로 말미암아 주신 것이지만 은혜와 진리는 예수님으로 말미암아 오는 것이 아닙니까?(요 1:17) 그런데 율법의 항아리에 은혜를 담으려 하시니 얼마나 큰 모순입니까? 혼란에 빠진 제자들은 이해할 수 없어 중얼거렸습니다. "하필이면 율법의 항아리란 말인가?"

<2단계 - 갈등> 은혜와 순종의 갈림길

갈릴리 땅 조그만 마을 가나 외딴 집에서 혼인 잔치가 시작된 지 사흘, 축하객들은 끊임없이 이어지고 있었습니다. 불과 십 리 길 남쪽 동네 나사렛에는 친척들이 많이 사는 바람에 대부분의 사람들이 청함을 받았고, 상당히 멀리 떨어진 나인이나 가버나움에서도 손님들이 찾아왔습니다.

혼인 잔치는 거의 한 주일 동안 계속되는 것이 상례였습니다. 그 동안 신랑 신부는 집을 개방하고 하객들과 어울리며 마음껏 축하를 받았습니다. 삶의 고통 속에서 평안함을 사모하는 사람들은 혼인 잔치를 기뻐하고 즐거워하며 아예 자기 일처럼 잔칫집에서 살다시피 했습니다.

그러나 그들은 가장 중요한 사실을 아직 알지 못했습니다. 영원한 하나님 나라에서 있게 될 '어린 양 혼인 잔치'(계 19:9)의 주역이신 그리스도이신 예수님께서 이 곳에 청함을 받고 오셨다는 것을. 그토록 복된 자리에 기쁨의 포도주는 부족하고, 율법의 항아리만 넘치고 있다는 것을.

"나다나엘, 이 곳이 너의 고향이지? 사람들의 정이 넘치는구나."
"예, 워낙 시골 마을이라 무슨 행사가 있으면 타향에 나간 사람들도 다 찾아옵니다."

이 잔칫집에 막 들어설 때의 일입니다. 예수님의 제자가 된 지 사흘밖에 되지 않은 나다나엘은 퍽 조심하면서 주님께 대답했습니다. 베드로와 안드레와 요한, 그리고 빌립은 이 때다 싶어 내성적인 나다나엘에게 다투어 말을 건네 봅니다.

"나다나엘, 저기 있는 친구들에게 포도주 좀 그만 마시라고 하게."
"저러다가는 포도주가 바닥나고 말지. 그러면 잔치를 어떻게 할 건가?"
"새 포도주가 나올 때마다 모두 손 씻으러 오는 걸 봐."
"율법사가 무색할 지경이야."

사람 좋은 나다나엘은 빙긋 웃기만 할 뿐 일일이 대꾸하지 않았습니다. 대신 여섯 개나 되는 커다란 돌항아리 앞으로 걸어나가서 사람들이 손을 씻다가 엎지른 물을 닦아내며 말했습니다.

"얼마 전에도 바리새인들이 이 곳에 와서 결례 훈련을 시켰지요."

마침 한 유대인이 식사를 하기 위해 결례를 행하고 있었습니다. 그는 손을 펴서 손가락을 위로 들고 다른 손으로 물을 부어 손목까지 흘러내리게 했습니다. 다음에는 손을 다시 펴서 아래로 내리더니 또 다시 손목에 물을 부어 손가락 끝까지 흐르도록 하는 것이었습니다. 두 손을 바꾸어서 각각 그렇게 한 뒤에 한 손바닥을 다른 손 주먹으로 문지르고 또 물에 적셔 반대로 문지르는 동작을 익숙하게 해냈습니다. 이 행동을 보고 있는 동안 포도주가 부족하다는 전갈이 온 것입니다. 반면, 결례에 쓸 물은 아직도 많이 남아 있었습니다.

어린양 혼인 잔치에 기쁨을 주는 것은 은혜의 포도주이지 율법의 항아리가 아닙니다. 그러나 가나 잔칫집의 사람들은 율법의 항아리만 크게 준비하였고, 은혜의 포도주 마련은 미약했습니다. 은혜를 소홀히 한 채 신앙의 형식에 더 큰 관심을 두는 오늘 우리의 모습을 보고 있는 것 같지 않습니까?

이 잔치를 준비한 사람 가운데 하나는, 바로 예수님의 모친 마리아였습니다. 모친도 포도주 준비의 부족함 때문에 책임을 느끼며 당황했습니다. 그러나 마리아에게는 그 어떤 문제든지 아들 예수에게 가지고 가면 반드시 해결될 수 있다는 믿음이 있었습니다. 아들이 일단 거부의 뜻을 보이고, 이해하기 어려운 말씀을 했을 때 순간적으로 심각한 갈등이 밀려왔지만 곧 믿음으로 그 갈등을 넘어섰습니다.

"예수야, 저희에게 포도주가 없다."

"여자여, 나와 무슨 상관이 있나이까? 내 때가 아직 이르지 못하였나이다."

아무래도 예수님께서 사용하신 호칭부터 딱딱함이 배어납니다. "여자여!"라고 부른 헬라어 '구나이'는 "부인이시여!"와 같은 최상의 존댓말이지만, 평소에 "어머니"라고 부르던 모자로서의 친애감은 사라지고 없습니다.

이어서 "나와 무슨 상관이 있나이까?" 하고 되물었습니다. 이 표현은 구약에서 자주 나타나는 어투로서 서로의 입장에 차이가 있을 때 사용합니다. 분명 이 자리에는 어머니로서 알 수 없는 무엇인가가 예수님께 있다는 뜻입니다.

예수님의 '때'에 관한 개념은 그분이 메시야이심을 보이시는 이적이나 수난의 시간을 생각하지 않고서는 이해하기 어렵습니다. 아직 이적을 행하시지 않았고, 고난의 십자가 길을 시작하시지 않은 시점에서 예수님의 때를 이해할 수 있는 사람은 아무도 없었습니다.

그러나 어머니 마리아는 아들 예수께서 공적으로 하시는 말씀에 대해 전혀 노하거나 서운해하지 않았습니다. 오히려 이해하지 못할 말씀을 믿음으로 받아들이면서 하인들에게 복종하도록 타이르는 모습을 보여 줍니다. 돌항아리에 물을 부으라 할지라도 묵묵히 따르도록 인도했습니다.

우리는 때때로 삶의 흐름 속에서 무엇인가 몹시 부족하고 결핍을 느껴 주님께 부르짖는 경우가 많습니다. 그렇지만 능력의 주님께서 서운하게 하시고 이해되지 않은 결과를 주시며 순종을 요구하시는 때도 있습니다. 그리하실지라도 우리는 진정 "무슨 말씀을 하시든지 그대로 하리라."는 믿음을 갖고 있습니까? 마리아처럼 전폭적인 순종을 보일 수 있습니까?

<3단계 - 전환> 물 같은 신앙을 포도주처럼

돌항아리 앞에서 어지럽게 손과 발을 씻던 사람들이 물러섰습니다. 하인들은 물을 길어 결례 항아리 여섯 개를 가득 채웠습니다. 일백 리터도 더 넘게 담을 수 있는 항아리인지라 하나를 채우는 데도 꽤 시간이 걸렸습니다. 집 안쪽에 놓인 항아리는 몇 번의 물지게로 금방 넘쳐 났지만 대문 가까이 있던 항아리는 거의 비어 있어서 여러 동이의 물을 부어야 했습니다. 드디어 여섯 개의 뚜껑이 나란히 덮였습니다.

제자들과 하객들은 예수님과 돌항아리를 번갈아 바라보았습니다. 무슨 일이 일어날 것인가? 포도주가 솟구칠 것인가? 예수님의 명령 따라 돌항아리가 깨뜨려지며 포도주가 흐를 것인가? 예수님은 잠시 하늘을 바라보셨을 뿐 시종 평안하고 담담한 모습을 잃지 않으셨습니다. 그러나 믿음이 있는 사람들은 그때 그분에게서 신령하게 우러나는 영광을 볼 수 있었습니다. 그 영광은 충만한 은혜로 잔칫집 모두를 덮어 버리는 것이었습니다.

"이제는 떠서 연회장에게 갖다 주라."

잠시 꿈꾸는 듯하던 사람들의 귓전에 예수님의 음성이 울려 퍼졌습니다. 항아리 가장 가까운 곳에서 그릇을 들고 서 있던 하인이 어느 뚜껑을 열까 망설였습니다. 그가 첫 번째 항아리 뚜껑을 조심스럽게 열자 포도주 향기가 뜰에 진동했습니다. 그의 손이 파르르 떨리더니 돌항아리를 붙든 채 예수님을 쳐다보며 어쩔 줄 모르고 망연히 서 있습니다.

"아아!"

사람들의 입에서 탄성이 쏟아져 나왔습니다. 하인들이 제각기 달려들어 항아리의 뚜껑을 젖히고 그릇에 포도주를 담아 연회장에게 갖다 주기 위해 종종걸음을 칩니다.

율법의 항아리는 순식간에 은혜의 항아리가 되었습니다. 누구도 이 항아리에서 결례를 행하려 하지 않을 것입니다. 율법의 부족함을 은혜로 채우시는 우리 주님! 믿음이 있는 자들은 이 은혜의 잔치에서

물 같던 신앙을 진한 포도주로 전환시키면서 주님의 영광을 찬송하였습니다.

<4단계 - 확인> 극상품의 은혜

"아니, 이 포도주는 어디서 났어? 극상품이야, 극상품!"
"예, 그건……."
"신랑을 부르게, 어서."

연회장은 신이 났습니다. 가나 마을에서 으뜸가는 지식인이며 음식 전문가인 그는 좀처럼 흥분을 누그러뜨리지 못하면서 극상품 포도주에 혀를 적셔 보고 향내를 맡아보았습니다. 하인들의 보고를 받은 신랑이 들어오자 연회장은 크게 웃으며 말합니다.

"이보게, 신랑. 이럴 수가 있나?"
"왜요?"
"사람마다 먼저 좋은 포도주를 내고 취한 후에 남은 것을 내거든."
"예, 그건……."
"그런데 그대는 지금까지 좋은 포도주를 두었었네그러. 멋진 젊은이야."

신랑은 연회장의 찬사를 들으면서도 뛰는 가슴을 억누를 길이 없습니다. '우리 집에 초대한 그분 예수님께서 이런 이적을 나타내 주시다니. 이 혼인 잔치가 바로 메시야의 영광을 드러내는 자리가 되다니.'

그는 그저 무심히 보았던 자기 집안의 모습을 떠올려 보았습니다. 불완전을 상징하는 숫자 여섯의 돌항아리, 씻어도 씻어도 늘 채우지 못했던 율법의 부족함, 기쁨이 금방 소멸되는 적은 포도주, 그러나 그분은 무미건조한 율법을 영광의 메시야 잔치로 만드시고 넘치는 은혜와 기쁨을 주셨습니다. 신랑은 감격에 넘쳐 주님께로 달려갑니다. 영광을 드러내신 주님께서는 벌써 제자들과 하인들, 어머니와 무리들에 둘러싸여 하나님의 말씀을 선포하고 계셨습니다.

가나 잔칫집의 신랑처럼 우리도 함께 누릴 수 있습니다. 어린 양 혼인 잔치의 기쁨과 함께 넘치도록 채워진 은혜, 우리 주님을 모시는 순간부터 찾아온 이 극상품의 은혜와 기쁨을 영원히 영원히.

- 설교자 : 김수중 / 본 설교는 한양교회에서 행한 바 있는 설교이다. -

2) 이야기체 설교

본문 : 창세기 5:28-9:28   주제 : 감사
제목 : 이것만으로도 감사한데

▶ 설교의 목적

선포적 설교-그리스도이신 예수님의 오심과 생애와 교훈과 부활과 승천과 재림을 선포하는 설교
교훈적 설교-성경의 진리와 교리 또는 신학을 담아 가르치는 데 목적을 둔 설교
치유적 설교-상처받은 영혼과 삶의 아픔을 싸매 주는 목양을 목적으로 하는 설교
예언적 설교-하나님의 말씀을 불순종하고 곁길로 가는 사회와 개인을 바르게 인도하기 위한 설교

현대를 살아가는 우리들에게 과거의 역사가 던져 주는 경고의 메시지는 매우 중요하다. 무엇인가에 자신의 육신을 맡기고 영원토록 안식함을 얻어 갈 수 있는 기쁨은 어디에서 얻을 수 있겠는가? 여기에서 인간들의 관심사는 중차대한 문제로 드러나고 있다. 시대적인 국가경제 난국 시기에 모든 이들이 어려움을 당하고 있다. 그리고 모든 이들이 방황하고 자신의 진로를 상실한다. 이에 근시안적인 접근으로 드러나는 자신의 결정으로 인해 자신의 생애의 마지막 부분에서 후회하게 된다. 또다시 사회, 문화, 경제의 전반적으로 혼탁으로 드러나고 있는 이 시기에 성경에서 들려주는 노아 시대의 불신앙과 감사 없음, 죄악들을 재조명함으로써 오늘의 불신앙을 신앙으로 바꾸어야 한다. 불평과 원망을 감사로 바꾸어야 한다. 죄악들을 하나님의 말씀에 붙잡힌 순종으로 이기게 해야 한다. 따라서 본 설교는 교훈적이면

서도 치유적인 성격의 설교로 구성된다.

▶ 명제적 진술

하나님의 말씀과 율법 대신에 오직 자기 눈에 보기 좋은 육체적 아름다움에 탐닉해 있던 노아 시대의 세상을 하나님은 심판하시기로 한다. 그리고 당대의 의인인 노아에게 방주를 짓는 일을 부여해 주셨다. 감사함이 없이는 정말 견뎌낼 수 없었던 120년의 긴 장정의 일을 노아는 한결같은 성실과 감사로 이루어냈고, 홍수 이후의 방주 안에서도 무료함과 답답함, 지루함을 오직 감사로 이겨낼 수가 있었다. 하나님의 공의로 새 창조된 땅에 첫발을 내디디면서도 그는 감사할 수밖에 없었다. 약속의 무지개를 보면서 지난 일들이 생각났기 때문이다. 방주를 짓던 시기에 무수한 사람들의 시기와 질투와 질책 등이 생각이 난다. 방주 안에 들어가면서 혹시나 하는 염려의 일이 생각난다. 방주 속에서 동물들의 배설물을 치우며 지내던 일과 고된 노동 뒤에 엄습해 오던 두려움의 기억들도 생각났다. 이 모든 일들 앞에서도 노아는 감사를 잊지 않았다. 그는 순간순간 "이것만으로도 감사합니다."라는 감사의 기도를 종말론적으로 드리며 살았다. 홍수 뒤에 무지개가 모든 이들의 가슴에 위로와 안식함을 던져 주었던 것같이 오늘의 위기에 처해 있는 우리도 노아의 감사를 본받음으로써 하나님의 기억하심 속에 들어가 노아처럼 승리하게 된다.

Stage Ⅰ. 하나님을 떠난 사람들

깊은 어두움으로 뒤덮인 밤이었습니다. 태양은 저 지평선 너머에 자기의 발 끝자락을 묻고 잠든 지 오래되었고 촘촘히 박힌 별들은 이곳이 하늘임을 알려 주려는 듯 어둠 속에서 빛나고 있었습니다. 자연의 모든 것들이 안식을 취하고 있는 그 곳에 오랫동안 꺼지지 않는 불이 있었습니다. 그것은 사람들이 지펴놓은 잔치를 위한 불이었습니다. 오늘은 족장의 둘째 아들이 한 여자를 납치해 왔습니다. 그녀의 아름다운 외모를 연모해 오다 오늘 끝내 그 여자를 자기의 손아귀에 넣었습니다. 그들에게 있어서 사람을 보는 기준은 오직 한 가지, 육체의 아름다움 그것뿐이었습니다. 하나님의 법은 더 이상 그들의 마음에 없었습니다. 하나님 대신 내가, 하나님의 법 대신 나의 기준이 먼저였습니다. 하나님을 생각하고 바라보는 그들의 눈은 늙은이의 시각처럼 희미해진 지 오래되었고, 하나님의 법은 자기들의 조상이 살아온 시간만큼이나 멀리 떨어져 있었습니다. 〈적용〉 **내면적인 미는 외면당하고 오직 눈에 보기 좋은, 외면적인 미에 길들여져 있는 우리의 모습, 하나님의 말씀과 법 대신 나의 기준이 앞서는 나의 모습을 보는 듯합니다.**

Stage II. 하나님의 근심(창 6:13-7:6)

야수 같은 괴성과 질펀한 술자리, 난잡한 혼음으로 잔치는 끝이 났습니다. 하나님은 다시 창조 전으로 되돌아가는 느낌을 지울 수가 없었습니다. 혼돈과 공허, 깊은 흑암. 그것은 이제 더 이상 땅의 모습은 아니었습니다. 하나님께서 지으신 온 땅은 아름다운 자연으로 햇빛처럼 빛나건만, 사람들의 마음은 천지 창조 이전의 혼돈의 상태로 있었습니다. 그래서 하나님은 근심하셨습니다. 마음이 아프셨습니다. 자신의 형상을 부어 주셔서 만든 인간이 악함과 교만을 둘러 입고, 그들의 죄와 허물을 먹고 마시는 현실 앞에서 하나님은 심히도 근심하셨습니다.

하나님의 근심하심, 그 끝에는 정의와 심판의 어두운 그림자가 혜성의 꼬리처럼 따라옵니다. 사람의 근심은 하나님이 풀어 주시고 마음에 기쁨으로 심어 주시기도 하지만, 하나님이 근심하시면 사람의 통곡과 심판이 있다는 것을 그들은 왜 몰랐던 것일까요? 그들은 하나님을 근심케 했습니다. 만드신 모든 것을 보시면서 "참 좋다. 참 좋다." 감탄하신 하나님을 "오! 내가 왜 저것들을 만들었던가!" 하고 후회하도록 만들고 말았습니다. 혹 우리는 오늘 하나님을 근심하게 하는 존재가 아닙니까?

하나님은 작정하십니다. '저들을 이 지면에서 쓸어버리리라.' 홍수로 이 세상을 심판하기로 작정하셨습니다. 그러기에 이 심판은 산 사람을 죽인 것이 아니었습니다. 하나님의 형상을 상실하고 육체만 남아 이미 영적으로 죽어 버린 그들을 다만 물속에 장사하신 것이었습니다. 하나님께서는 죄와 함께하실 수 없기에 혼돈과 흑암을 빛으로 물러가게 하시고 첫 번째 창조를 시작하신 것처럼 죄를 먹고 마시며 고깃덩어리로 변한 죄인된 인간을 쓸어버리고 새로운 창조를 하려는 것이었습니다. 하나님의 새 창조가 시작되었을 때, 온 세상은 아팠습니다. 온 땅이 물에 잠겨야 했습니다. 〈적용〉 **고난 가운데 서 있는 분이 있습니까? 그것이 어디에서 왔든지, 그 자리는 하나님의 재창조의 시간들임을 기억하고 감사하며 엎드려야 합니다. 바로 그 자리가 우리의 두 번째 창조의 자리이기 때문입니다.**

Stage Ⅲ. 공의 속에 감추인 사랑

그러나 하나님은 공의 속에 사랑을 감추어 놓았습니다. 공의를 바라보며 사랑을 생각하고, 사랑을 느끼면서도 하나님의 공의 앞에 압도되게 해놓으셨습니다. 공의 속에 감춰진 하나님의 사랑, 그것은 노아의 방주였습니다. 노아는 오늘도 그 힘겨운 싸움을 계속하고 있습니다. 하루 이틀이 아니라 강산이 변한다는 10년의 세월도 아니라 120년 동안 그 지루한 방주 짓는 일을 멈추어서는 안 되었기 때문입니다. "왜 배를 산에다 짓느냐?"는 사람들의 비아냥거림도, "왜 당신 혼자서 그렇게 힘들게 사느냐? 우리처럼 자유롭게, 남들처럼 적당히 살아야 한다."는 그럴듯한 논리로 유혹해 오는 사람들의 타협도 그의 성실함을 막을 수는 없었습니다. 변변치 못한 도구로 그 큰 방주를 짓는 일은 상상하기조차 끔찍한 일이었지만 그는 그 일을 거절하지 않았고 하나님을 원망하지 않았습니다. 불평과 원망 대신 한결같은 성실함을 하나님께 드렸습니다. 한결같은 성실함, 그것은 감사의 다른 표현이기도 했습니다. 매일 똑같은 일상의 시간 앞에서 감사하면서도 그의 곁에서 노래하다 놀라 달아나는 산새의 푸드덕거림 같은 아린 심장으로 눈물을 흘리기도 했던 노아. 그 눈물은 생명과 사람을 향한 안타까운 사랑의 눈물이었습니다.

하늘을 보지 못하고 땅에서 기어다니는 개미들도 비가 올 것을 예감하고 바쁘게 움직인다는데, 처량한 울음소리가 전부인 갈매기도 몇 킬로미터 밖에서 불어오는 태풍을 감지하고 안전한 보금자리로 숨는다는데 어찌하여 인간은 자신 앞에 닥쳐온 불길한 징조를 깨닫지 못했단 말입니까? 먹구름이 저쪽 산등성이에서 몰려오는 것을 보면서 개미처럼, 갈매기처럼 놀란 가슴만이라도 있었으면 좋았을 텐데, 한 방울씩 후드득 떨어지는 빗방울에 불신의 심장을 던져 버리고 믿음의 포로가 되었다면 십자가 위의 한 강도가 받은 부끄러운 구원이라도 얻었을 텐데 그들은 그 남은 마지막 기회마저 잃고 말았습니다. 하나님께서는 노아가 불러들인 짐승들과 노아와 나머지 일곱 식구가 방주 안에 들어가자 방주의 문을 닫아버렸습니다. 아무도 열 수 없도록 하나님께서 친히 빗장을 거셨습니다.

믿음 안에서는 너무나 넓게 열린 문, 믿음 안에서는 끝없이 열려 있을 것만 같았던 그 큰 구원의 문은 이젠 불신 앞에서 굳게 닫혀 버렸습니다. 어쩌면 그 큰 구원의 문을 닫아 버린 것은 하나님이 아니라 그들의 죄와 불신이었는지도 모릅니다. 하늘이 큰 입을 벌려 큰물을 쏟아 내리고 땅이 터져 용암처럼 큰물이 솟아오를 때 방주 밖의 사람들은 이제까지 이토록 고마웠던 물이 얼마나 저주스러운지 그만 정신을 잃고 말았습니다. 욥이 자기의 생일을 저주한 것처럼 그들은 그들의 몸을 연기처럼 휘감아 오는 홍수를 저주했습니다. "오! 저주스러운 물이여, 나의 죄악된 몸과 영혼을 삼켜다오!" 〈적용〉 감사해야 할 것에 감사하지 못하는 것은 이미 심판받은 심령입니다. 감사가 진정한 감사가 되지 못하고 감사할 것들이 어느새 저주로 여겨질 때 그 심령은 이미 심판받은 영혼이 됩니다. 우리는 얼마나 감사하며 살아갑니까?

Stage Ⅳ. 홍수를 통한 하나님의 말씀

그 엄청난 홍수를 통하여 하나님은 이렇게 말씀하십니다.

"나는 너희들에게 감사해야 할 것들을 끝없이 주었건만
너희들은 감사하지 아니하였노라.
나는 너희들이 회개하고 돌아오기를 끝없이 기다렸건만
너희들은 죄악을 신부 삼아 그것과 동거했느니라.
쏟아지고 터지는 이 물은 너희들이 흘려야 했을 너희들의 눈물이니라.
나에게로 돌아와 회개하고
용서함 받는 회복과 감사의 눈물이어야 했느니라.
그런데 너희들은 돌아오지도, 회개하지도, 감사하지도 않는구나.
그러기에 이제는 내가 눈물을 흘리노라.
이 큰 물은 내가 너희를 위하여 흘리는 눈물이노라.
불쌍한 너희를 위하여 흘리는 나의 눈물이노라."

〈적용〉 환난과 고통의 슬픔 속에서도 하나님은 우리에게도 이렇게 말씀하시지 않았을까요?

Stage V. 방주 안에서의 감사

방주 속에 들어간 노아와 식구들, 그리고 둘 혹은 일곱 쌍씩 짝 지워 들어온 동물들은 다함께 감사의 예배를 드렸습니다. 그들은 하나님의 돌아보심, 구원에 대한 감사의 노래를 불렀습니다. 방주 안에서는 감사의 노래가 흘러나오고, 방주 밖에서는 한탄과 후회, 저주와 죽음의 울부짖음이 교차되었다니, 똑같은 한 가지 사건 앞에서 이렇게 다른 극과 극이 있었다니 그것은 참으로 이해하기 힘든 역사의 비극적 아이러니였습니다. 대홍수의 첫날밤은 깊은 물속만큼이나 그렇게 깊어 갔습니다.

하루 이틀 사흘……. 비는 그칠 줄 모르고 40일 동안이나 계속 되었습니다. 여름 장마 때 지하 자취방에 있는 것 같은 퀴퀴함과 눅눅함, 동물들이 토해 놓은 토사물과 배설물, 캄캄한 하늘에 가려져 분간할 수 없는 낮과 밤, 목적지도 없이 이리저리 떠밀려 다니는 방주의 위태로움, 이런 것들이 노아의 방주 생활의 전부였지만 거기에서도 그는 한마디 불평과 원망 없이 자기에게 맡겨진 일들을 성실히 수행하고 있었습니다. 방주를 지을 때도, 방주 속에 있을 때도 그의 성실함은 그치지 않고 계속 되었습니다. 아니, 그의 감사가 계속 되었습니다. 그는 비록 저 깊은 배 밑창 속에 있으면서도 방주의 높은 곳에 위치한 창문을 바라보았습니다. 그는 권념하시는 하나님을 소망하며 인내하였습니다. 〈적용〉 세상의 거센 풍파로 삶의 즐거움이 사라져 가는 성도 여러분! 나의 자리가 캄캄한 배 밑창이든, 동물들의 배설물이나 치워야 하는 궂은 자리든, 한결같은 성실함과 감사함으로 주님을 바라보고 인내할 때 주님은 나를 권념하십니다.

Stage Ⅵ. 이것만으로도 감사한데……

이제 비는 더 이상 삼킬 것이 없다는 듯 조용해졌습니다. 노아는 까마귀와 비둘기를 내보내었습니다. 비둘기 입에 물려진 푸른 감람나무 잎새, 그것은 믿음의 일꾼에게 바쳐진 승리의 면류관이었습니다. 하나님께서 닫으셨던 문이 열리자, 노아는 하나님의 공의로 새 창조된 땅에 첫발을 내디뎠습니다. 맨발에 느껴지는 흙의 부드러움, 노아는 그 감격적인 순간을 잊을 수 없었습니다. 영원히 밟아보지 못할 뻔했던 흙에서 느껴지는 감촉은 그로 하여금 다시 한번 자신이 흙으로 지어진 인간임을 상기케 하고 상실된 하나님의 형상에 대한 그리움을 자아내게 했습니다.

노아는 방주에 있던 동물들을 하나둘씩 밖으로 내보내기 시작했습니다. 그것은 결혼식이 다 끝난 후에 세상 속으로 행진하는 신랑 신부의 모습과도 같았습니다. 황량한 세상 속으로 파송받은 생명의 씨앗으로서의 긴 대열. 그것을 지켜보는 늙은 아비로서의 노아. 그의 눈가에 맺히는 감사의 눈물. 단을 쌓고 감사의 예배를 드릴 때 하나님은 약속의 무지개를 선사하셨습니다.

> 구원의 방주를 짓는 목수로 불러 주신 것만으로도 감사한데
> 구원의 방주 안에 들어가게 해주신 것만으로도 감사한데
> 마구간의 마부로만 있어도,
> 양을 보살피는 목자로만 있어도 감사한데
> 배 밑창 속에서 창문을 통하여
> 주님을 생각하는 것만으로도 감사한데
> 흙을 밟으며 내 존재의 근원을 기억하는 것만으로도 감사한데
> 어찌하여 황량한 대지와 내 심지(心地)에
> 한 줄기 무지개까지 뿌리시나이까?

감사의 눈물에 아른거리는 무지개가 더욱 깨끗하게 아른거렸습니다.

- 설교자 : 이양수 / 본 설교는 신대원 2학년 '설교의 실제' 시간에 우수 설교로 선정된 것임 -

4. 귀납법적 설교

본문 : 로마서 11:33-36   **제목** : 영광의 찬가(Doxology)

낮이 짧아지며 공기는 상쾌한 그 해 가을철에도, 나는 하루가 끝나면 집의 안뜰(patio)에 홀로 나가곤 했다. 그 곳에서 나는 엉클어지고 복잡한 생각들을 정리하곤 했는데, 보통 불과 몇 분의 시간이 소요되었다.

그러나 이러한 몇 분의 시간은 나에게 매우 필요한 시간으로 모든 사람은 이러한 시간과 장소가 필요하다.

그러나 그 저녁은 다른 날과는 다른 아주 특별한 저녁이었다. 나는 집의 안뜰에 앉아 내가 계획했던 하루와 내가 살아온 하루 사이에 너무나 큰 거리가 있음을 기억하며 가슴 아파하고 있었다. 저녁의 어두움이 점점 나의 생각과 마음속에 스며들어 나는 밤처럼 어두움 속에 있었다.

돌이켜 생각해 보니 그날 저녁에 '아이디어'(Idea)가 나에게 온 것이었다. 솔직히 나는 '아이디어'를 마음 속에 품고 싶은 기분이 아니었다.

그것은 실상 새로운 '아이디어'가 아니었고, 그렇다고 오래된 것도 아니었다. 그것은 단지 하나의 '아이디어'였을 뿐이었다. 그런데 다음날 저녁 '아이디어'는 나에게 다시 돌아왔고, 나는 마음의 긴장이 풀려 있었기에 그 '아이디어'와 함께 잠시 놀았으며, 얼마 후 '아이디어'는 다시 떠나갔다. '아이디어'는 다음날 저녁에도 돌아왔기에 나는 더 많은 시간을 그와 함께 유희하며 지냈고, '아이디어'를 먹여 주기도 했다. 말할 필요도 없지만 얼마 안 되어 나는 '아이디어'에게 점점 애착을 갖게 되었다. 그러면서 나는 '아이디어'가 혹시나 이웃집 사람들에게 속한 것이어서 내가 가지고 있을 수 없는 것은 아닌가 하는 두려움을 가지게 되었다. 그리하여 나는 동네 사람들의 집을 찾아다니며 물었다.

"이것이 당신의 '아이디어'입니까?"

"아니요, 우리의 '아이디어'가 아닙니다."

나는 '아이디어'를 나의 것으로 주장하게 되었고 주인의 권리로 그것에 이름을 부여했는데, 이름을 '영광의 찬가'라고 부르게 되었다.

나는 영광의 찬가를 우리 가족의 저녁식사 테이블로 데리고 왔다. 저녁식사는 가족 모두의 시간이며, 대화는 주로 그날 하루를 돌이켜보는 것들이었다. 모두가 조용하면, 나는 주로 "오늘 일어난 일 가운데 가장 안 좋았던 일은 무엇이냐?"고 묻고는 했다.

존은 대답하기를, "학교종이 수업을 시작하라고 8시 30분에 울린 것이지요."라고 했다.

"그러면 오늘 가장 좋았던 일은 무엇이었느냐?"

"학교종이 수업을 끝내라고 3시 30분에 울린 거예요."

이렇게 되면 말들이 터져 나와 로라, 존, 네티, 그리고 나, 우리 모두는 하루 일어난 일들을 서로 나누곤 했다. 저녁 식사 시간은 좋고 즐거운 시간이다. 우리 식구 모두 영광의 찬가는 저녁 식사 테이블에 속한 것이라고 동의하였다.

그 다음날 나는 영광의 찬가와 함께 상례적인 볼일을 보러 갔다. 그러나 그날이 보통의 날은 아니었던 것 같다. 어느 아이가 아이스크림을 부지런히 핥아먹고 있었는데, 먹는 속도보다 아이스크림이 더 빨리 녹아 아이의 팔꿈치에 녹아내리는 것이었다. 우리는 그 광경을 바라보며 웃었다. 우리는 보석 상점 진열창을 들여다보는 한 걸인의 얼굴을 자세히 관찰했다. '저 걸인은 지금 과거의 좋았던 시절을 기억하고 있는 것일까? 아니면 앞으로 좋은 날이 올 것을 희망하고 있을 것인가?' 하고 우리는 의아해했다. 우리는 엄지 손가락을 조끼 속에 넣고 값비싼 판유리창 앞에 서 있는 은행의 간부, 마치 천국의 열쇠를 소유한 사람 모양으로 웃고 있는 그 사람과 이야기를 했다. 우리는 또한 바람이 세게 불어오는 야외 매점에서 여인들이 여러 가지 물건을 한 손에 들고 다른 손으로는 바람에 날리는 치마를 잡고 있는 것을 바라보고 웃었다. 시내에 영광의 찬가와 함께 간 것은 매우 잘한 일이었다.

나는 또한 성 메리병원에 들러 베티를 만나야 했다. 베티는 암에 걸려 죽어 가고 있는 환자였기에 나는 영광의 찬가를 차 안에 두고 가려고 했다. 영광의 찬가는 나와 함께 병실에 가야 한다고 주장했으나, 나는 죽어 가는 환자가 있는 곳에 영광의 찬가를 데리고 간다는 것은 적절한 일이 아니라고 생각했기에 데리고 가지 않았다. 나는 영광의 찬가를 차 안에 두고 차를 잠가버렸다.

베티는 깨어 있었고 나를 만나 반가워했다. 나는 거북스러운 죽음에 관한 제목을 피하려고 했다. "괜찮아요." 그녀는 말했다. "죽음에 관한 것을 말하기가 거북스러운 것을 잘 알아요. 나는 죽음에 관하여 이미 정리를 했습니다. 하나님은 그 동안 내게 복을 주셔서 좋은 가족과 친구들, 그리고 많은 행복을 주셨습니다. 나는 하나님께 감사를 드립니다. 나는 죽는 것을 원치 않으나, 죽는다고 원망하지 않습니다." 내가 베티 방을 떠나기 전에 오히려 그녀가 기도를 하였다. 차에 돌아오자 영광의 찬가는 나에게 물었다. "내가 베티 입원실에 갔었더라면 좋을 뻔했지?", "그래, 미안해. 내가 몰라서 그랬어."

물론 영광의 찬가는 우리 가족의 휴가에도 같이 갔다. 금년 여름에 우리는 걸프 해안의 해변가로 휴가를 갔었다. 너무나도 좋은 시간들이었다. 아침 먹기 전에 수영을 하고, 오후에는 낮잠을 자고, 저녁에는 조개껍질을 주으러 해변가를 산책하였다. 젊은이들이 모래 언덕 속에 파묻혀 있는데 벌레가 윙윙 소리를 내며 모래를 노인 곁으로 쌓아올리는 광경, 노인의 아내는 닭이 바베큐를 당하듯 태양빛 속에 일광욕을 하고 있는 모습들을 보면서 영광의 찬가는 즐거워했다. 파도

속을 거니는 것도 재미있는 일이었다. 파도는 높이, 성난 것처럼, 위협하듯 우리를 향하여 다가왔다. 그러나 가까이 오면서 파도는 가라앉으며 웃으며 바다로 돌아가는 것이었다. 영광의 찬가가 휴가 중에도 함께해야 한다는 것에 아무 질문이 야기되지 않았다.

곧 새 학기가 시작되었다. 나는 신학교의 강의에 돌아갔으며, 영광의 찬가에게 신학교에서 영광의 찬가란 잉여농산물 정도로 불필요한 것이라고 설명해 주었다. 신학교에서 하는 일은 날마다 온종일 하나님에 관하여 말하며, 하나님에 관하여 읽으며, 하나님에 관하여 글을 쓰는 것으로 소비하기에 영광의 찬가는 불필요하였다. 우리가 이처럼 많이 신학을 하고 있기에 영광의 찬가는 필요하지 않았다.

나는 신학교에서 바울의 로마서 서신을 신학생들에게 가르치게 되었다. 그런데 바울이 기록한 가장 중요하고 영향력이 있는 로마서에서, 우리는 바울의 논설이 가끔 영광의 찬가로 중단되고 있는 것을 발견하게 되었다. 로마서 첫 장과 그리스도의 지식이 없이 삶을 살아가고 있는 사람들의 영적인 상태에 관하여 언급하고 있는 구절들 가운데에 바울은 하나님을 찬양하는 구절을 집어넣고 있다. "주는 곧 영원히 찬송할 이시로다. 아멘." 또한 그리스도가 유대인으로 오셨건만, 그를 믿지 않는 유대인들의 비극적인 상황에 관하여 길게 언급한 다음에 바울은 갑자기 그의 논설을 그치고, 다음과 같이 노래를 부르고 있다.

> 깊도다. 하나님의 지혜와 지식의 부요함이여, 그의 판단은 측량치 못할 것이며, 그의 길은 찾지 못할 것이로다. 누가 주의 마음을 알았느뇨?
>
> 누가 그의 모사가 되었느뇨? 누가 주께 먼저 드려서 갚으심을 받겠느뇨?
>
> 이는 만물이 주에게서 나오고 주로 말미암고 주에게로 돌아감

부록 1 설교의 실례

이라. 영광이 그에게 세세에 있으리로다. 아멘.

바울은 이처럼 여러 번, 마치 자기 자신에게 무엇을 상기시키려는 듯이 그의 사고의 흐름을 영광의 찬가로 깨뜨리고 있다. 왜 그러한가?

아마 바울은 신학자가 해야 할 과제로서 영광의 찬가란 가장 적절한 일이라는 것을 알았기 때문일 것이다. 신학은 하나님에 관한 말이 아니고 하나님에게 하는 말로 시작된다. 인간은 거룩한 것이 무엇인가를 먼저 인식해야 무엇이 진리이고, 무엇이 선인가를 알 수 있게 된다. 예배는 신학의 연구를 방해하지 않는다. 신학은 예배로부터 발생한다. 우리는 예배를 신학교의 공동 생활에 어떠한 부수적인 것으로 부착시키지 않는다. 우리가 예배드리는 것은 이미 우리에게 무엇이 주어졌기 때문이다. 어머니는 딸을 예쁘게 만들기 위해 딸의 머리에 리본을 달지 않는다. 딸이 예쁘기 때문에 머리에 리본을 달아 준다.

무엇보다도 바울의 삶에서 영광의 찬가는 가장 알맞은 일이었다. 바울이 누구이기에 우주 창조와 구원의 역사, 그리고 그리스도이신 예수님 안에서의 구원의 주제를 기록할 수 있다는 말인가? 바울은 자신이 스스로 말한 바 있는 하나님의 은혜의 산물인 것을 잘 알고 있었다. 그러하기에 하나님의 구속의 사랑의 증거로서 자기 자신을 드려야 한다. 그러므로 그는 여기저기에서 하나님께 영광송을 드리게 된다.

나의 견해로는 우리가 누구이든지 어디에 있든지 간에, 우리 모두에게 영광의 찬가보다 더 적절한 것은 없다. 우리가 끈적끈적한 카페의 테이블에서 혁명을 말하며 시간을 보내든지, 아니면 교외의 집 안뜰에서 무관심 속에 조용히 앉아 있든지 간에, 영광의 찬가는 부적당한 것이 아니다.

몇 년 전 독일에서 내가 안식년을 보내고 있었을 때, 나는 친구

들과 함께 오스트리아의 잘즈부르크 부근에 있는 조그마한 호텔에 가
게 되었다. 그 호텔에서 우리가 저녁을 먹고 있을 때, 우리는 한 젊
은 여성이 부르는 노래를 듣게 되었다. 그녀는 미국의 주디 갈런드와
같은 류의 가수로 영국 런던에서 온 줄리 레이네였다. 그녀는 영국과
독일과 미국의 노래를 불렀는데, 그녀가 부른 노래 가운데는 내가 좋
아하는 옛날 노래들도 있어서 나는 곧 그녀의 노래에 녹아 들어갔다.
줄리 레이네가 부른 노래 가운데 곡조는 익숙하지 않으나 가사는 나
에게 너무나 익숙한 것이 있었는데 그것은 시편 121편에 나오는 가
사였다.

내가 산을 향하여 눈을 들리라. 나의 도움이 어디서 올꼬? 나
의 도움이 천지를 지으신 여호와에게서로다.

도대체 어떤 일이 벌어지고 있는 것인가? 만일 연예인이 종교분
야로 들어간다면 직업을 잃어버릴 것이다. 나는 레이네 양을 만나 말
할 수 있기를 요청했고, 그녀는 내 말에 동의를 하였다. 나의 질문은
"왜?"였다. 인기 있는 대중가요를 부르면서 왜 시편 121편을 한 곡
부르느냐고 물었다. 그렇게 하는 것이 그녀에게 어색하며 부적당하지
않은지를 물었다. 그녀의 대답에 의하면, 그녀는 모든 공연마다 찬양
곡을 하나씩 포함하겠다고 하나님께 약속하였다고 한다. "만일 당신이
내가 어떠한 사람이었고, 무엇을 하고 있었는지를 안다면, 그리고 내
가 하나님께 내 삶을 드린 후부터 무슨 일이 일어났는지를 당신이 안
다면, 내가 부르는 노래 중 시편 121편이 가장 적절한 노래인 것을
당신은 알게 될 것입니다."라고 그녀는 말하였다.

간혹 신학생들 가운데 학업을 포기하고 떠나는 학생들이 있다.
하지만 갑자기 이런 일이 일어나는 것이 아니다. 점점 그들의 열심이
식어가며, 믿음이 약해지며, 사역에 대한 갈망이 사라지며, 샘물이 메

마르듯 영혼이 말라 버리며, 눈이 무디어지고 생기가 점점 사라지는 것을 우리는 알 수 있게 된다. 무슨 일이 일어났는가? 사단이 그들의 마음을 공격하여 점령해 버렸는가? 학업에 정진하다 보니 의심이 생겼는가? 목회 이외에 다른 어떤 매혹적인 길이 열렸는가? 아니다. 어떠한 극적인 일도 일어나지 않았다. 그들은 단지 하나님에 관하여 말하는 것이 하나님과 더불어 말하는 것이라고 잘못 생각하였다.

그들은 하나님을 향한 영광의 찬가를 잃어버림으로 믿음이 메말라 죽게 된 것이다.

"이는 만물이 주에게서 나오고 주로 말미암고 주에게로 돌아감이라. 영광이 그에게 세세에 있으리로다. 아멘."이라고 찬양하는 것이 부적절한 시기와 장소가 있는가?

내가 로마서를 가르치고 있었을 때 급한 전화를 받게 되었다. 나의 큰형님이 금방 심장 마비로 사망했다는 소식이었다. 너무도 놀랍고 아픈 소식이기에, 그 생각을 잊어버리기 위해 분주하게 일들을 시작하였다. 아내에게 전화를 했고, 아이들을 학교에서 조퇴시켰다. 강연 예약들을 취소했다. 그리고 물론 우유 배달, 신문 배달, 편지 배달 등을 다 중지시켰다. 개도 누가 돌봐 먹이도록 했으며, 주일 교회 학교 성경 공부반도 다른 사람이 대신 가르치도록 부탁했으며, 차도 정비를 받게 했다. 집안 모든 식구들이 다 차에 타게 될 때, "우리에게 필요한 옷들은 다 챙긴 것 같아요."라고 아내는 말했다.

아내와 나는 밤새도록 운전하면서 우리의 눈동자는 창밖을 내다보고 있었다. 대화도 오래 지속되지 않았다. 형수님댁에 가까이 오게 되었을 때, 나는 형수님에게 무슨 말을 할 것인가 하고 할 말을 찾았다. 차가 형수님댁 앞에 이르게 되었을 때에도 죽은 형님의 아내인 형수님에게 할 말을 찾지 못하고 있었다. 그녀는 집밖으로 나와 우리를 맞이했다. 내가 차문을 열고 나와 아무 말을 하지 못하고 있을 때, 형수님은 침묵을 깨뜨렸다.

"영광의 찬가를 가져왔지요?"

"영광의 찬가요? 아니요, 가져오지 못했습니다."

실상 형님이 돌아가셨다는 전화를 받은 후부터 한 번도 영광의 찬가를 생각해 본 일이 없었다. 그러나 내 마음에 확실히 떠오르는 진리가 있었다. 우리가 영광의 찬가를 잃어버린다면 우리는 죽은 것이나 마찬가지라는 사실을······.

"이는 만물이 주에게서 나오고, 주로 말미암고, 주에게로 돌아감이라. 영광이 그에게 세세에 있으리로다. 아멘."

- 설교자 : 프레드 크래독(Fred Craddock), 번역자 : 계지영 -

5. 대화 설교

하나님 탓이라 하지 마십시오(Don't Blame God)

목사(Minister): 시편 23편에 기록된 하나님의 말씀을 경청하십시오. "여호와는 나의 목자시니 내게 부족함이 없으리로다."
이 말씀에 대해 생각해 보겠습니다.

악마의 대변인(Devil's Advocate): 좋아, 한번 생각해 보지. 음, 이건 곤히 잠들어 있는 사람에게나 읽어 줄 만한 이야기구만. "여호와는 나의 목자시니 내게 부족함이 없으리로다." 흥! 아주 좋으시겠어. 이봐, 목사 양반, 당신 또 사람들을 속여서 그저 마음만 편하게 해줄 작정인 것 같은데. 당신은 제대로 아는 것도 없으면서, 편안히 있는 것만 좋아하는 사람들한테 편안한 이야기만 한단 말씀이야. 그렇지만 이번엔 그게 그렇게 쉽게 안 될걸?
아, 먼저 여기 있는 사람들한테 한 마디 해야지. 내가 지금 어디 있는지 다들 궁금하겠지? 그렇지만 날 찾아보려 해도 소용없어. 당신들은 날 찾지도, 보지도 못해. 하지만 나는 마음만 먹으면 당신들 한 사람 한 사람 모두를 볼 수가 있지. 내가 누구냐고? 글쎄, 하나의 '소리'라고나 할까? '양심의 소리'냐고? 천만에. 그 반대지.
목사 양반! 그래, 당신 말이 맞아. 여호와는 당신 목자이시니까 아무 부족함이 없다 이거지. 그렇지만 내가 당신과 함께 가보고 싶은 곳들이 있어. 비행기로 몇 시간 안에 갈 수 있는 곳들이야. 당신이 한 번 만나 봤으면 하는 사람들이 있거든.
먼저 한국에 있는 한 어린아이를 만나 보겠나? 저기 혼자서 놀고 있는 아이가 보이지? 그래, 언제나 혼자서만 노는 아이야. 저 아이는 보시다시피 문둥병 환자야. 저 아이의 어두운 갈색 피부를 좀

보게나. 피부가 흉하게 일그러진 모습도 잘 보이지? 피부가 몸에서 벗겨지고 있기 때문이야. 자, 여호와는 저 아이의 목자라고 할 수 있겠나?

이번엔 인도에 사는 농부 한 사람을 만나게 해줄게. 하, 정말 기가 막히는군. 인도에 사는 농부라. 씨앗 살 돈이 없을 정도로 가난한 사람이야. 저 땅은 또 어떤가? 저 메마른 먼지투성이 땅에서 제대로 농사지을 수나 있겠나? 3년 동안이나 가뭄이 계속되고 있어. 여호와가 저 사람의 목자이신 게 맞기는 맞는 거야?

파키스탄에 있는 어린아이 한 명을 더 보여 주지. 얼마나 빼쩍 말랐는지 갈비뼈가 툭 튀어 나왔구먼. 당신이 먹고 남긴 음식 찌꺼기라도 저 아이는 감지덕지해서 먹어 치울 거야. 여호와는 저 아이의 목자이신 게 분명한가?

그저 저런 경우가 몇몇 있을 뿐이라고 생각하는 건가? 그럴지도 모르지. 하지만 아닐지도 몰라. 이 세상 사람들의 3분의 1이 굶주린 채 잠자리에 든다는 걸 알고 있나? 인도의 평범한 한 가정 식비보다 쓰레기 처리 비용으로 당신이 돈을 더 많이 쓴다는 걸 알고 있나? 이 부유한 미국 땅에 있는 개들이 이 세상 사람들의 절반 이상보다 의료 혜택을 더 잘 받고 있다는 것도 알고 있나?

당신 거기서 도대체 뭘 읽고 있는 거야? 그 목자라는 분은 시간제 목자(a part-time shepherd)인가? 아니면 제대로 된 양들만 돌보는 목자인가? 그 목자는 인도나 파키스탄이나 홍콩에는 관심이 없다던가? "여호와는 나의 목자시니 내게 부족함이 없으리로다." 하, 정말 어이가 없구먼.

첫 번째 예배자(First Worshiper): 인정하기 쉽지 않지만, 이것이 누가 하는 말이든 이 이야기가 전부 거짓이라고는 할 수 없어요. 그리고 이러한 문제는 아시아나 아프리카, 로스엔젤레스에만 있는 것도 아니에요. 저는 지난 주, 스프링스(Springs)의 아주 가난한 사람들이 사는 곳을 지나가게 되었어요. 단칸방 판잣집들에 네다섯 명 되는 가족이 모여 살고 있었어요. 추운 밤 석탄 난로를 때면서 겨우 얼어죽는 것만 면하는 사람들이에요. 분명히 먹을 것도 얼마 없을 거예요. 롱 아일랜드(미국의 New York 주 남동부에 있는 섬-역자 주)에 있는 인디언들은 또 어떤가요? 사우드햄튼에 있는 쉬내코크스나 매스틱스에 있는 푸세파우크스 말이에요.

아마도 인디언들은 오늘 우리가 잊고 있는, 힘없는 사람들일 거예요……. 그리고 우리 아주 가까운 곳에도 이 시편 말씀을 들으며 공감하기 어려운 사람들이 있으리라고 생각해요.

주님께서 세상을 창조하실 때, 아마 이런 일까지는 미처 생각을 다 못하셨던 것 같아요. 아마도 이렇게 많은 사람들이 세상에 태어나게 될 거라고 다 헤아리지 못하셨었나 봐요. 아마도 이렇게 필요한 음식과 여러 가지 것들이 충분히 없을 거라는 사실을 모르셨던 것 같아요. 오래 전에는 이 시편 말씀이 괜찮았을 테지만 오늘날에도 참된 진리의 말씀이라고 보이지는 않아요.

하지만 잠깐만요! 그렇지 않아요. 주님께서 잘못하셨기 때문에 이런 문제가 있다는 게 아니라는 걸 알아요. 그럼요. 하나님께서 잘못하신 게 아니에요. 가난한 사람들이 잘못했기 때문에 이런 문제가 있는 거예요. 한번 생각해 보자구요. 하류 계층 사람들이 얼마나 게으른지 우리는 다 알고 있잖아요. 그리고 성경에서는 "하나님께서는 스스로 돕는 자를 돕는다."고 말씀하고 있구요.(정말 성경에 이런 말씀이 있던가? 적어도 성경에 이런 말씀이 있다고 **생각해요**.) 어쨌든 그 사람들이 지독하게 게을러서 일을 안 하고 있다면 그 사람들에게 먹을 게 없다 해도 그건 내 잘못이 아니에요.

그리고 우리를 봐요. 우리는 모두 열심히 일하고 있기 때문에 우리 중에서 굶고 있는 사람은 아무도 없잖아요. 가난해서 너무나 살기 힘들다고 불평할 시간에 나가서 일했더라면 분명히 굶어 죽지는 않을 거예요. 가난하고 궁핍한 사람들이 세상에 많은 건 사실이에요. 하지만 그건 하나님 잘못이 아니에요. 내 잘못도 아니구요. 그 사람들 잘못일 뿐이에요.

"여호와는 나의 목자시니 내게 부족함이 없으리로다." 물론 저는 열심히 일하고 있기 때문에 이런 특권을 받아 누릴 자격이 있어요.

두 번째 예배자(Second Worshiper): 악마가 했던 이야기라고 해도 맞는 점이 있다고 생각해요. 시편 말씀을 받아들이기 어려운 사람들이 이 세상에 무척 많은 것은 사실이에요. 그렇지만 그것은 분명 하나님의 잘못은 아니에요. 하나님께서는 모든 이들의 필요를 채울 만한 것들을 주었어요. 그것은 우리의 책임이에요. 우리가 하나님께서 주신 것들을 낭비했고, 욕심을 부리며 내 곳간에 쌓아 두었고, 남용했기 때문이에요. 우리가 베풀지 않았고 나누지 않았기 때문이에요. 생각해 보세요. 하나님께서는 우리에게 깨끗하게 흐르는 강물을 주셨지만 우리는 그 강물에다 공장에서 나오는 오염물질을 내버렸어요. 하나님께서는 상쾌하고 맑은 공기를 주셨지만 우리는 독한 연기로 공기를 가득 메워 버렸어요. 하나님께서는 우리에게 울창하고 드넓은 숲을 주셨지만 우리는 나무를 심고 가꾸는 일을 멀리한 채 마구 베어 버리는 데만 힘을 쏟았어요. 홍수가 일어나는 것은 사실 우리의 책임이에요.

그리고 오늘 우리의 창고에는 곡식이 넘칠 정도로 가득해서 창고를 더 많이 지으려 하고 있어요. 인도에서는 사람들이 굶어 죽고 있는데 말이죠. 그래요, 분명히 이건 하나님의 잘못이 아니에요. 그분은 선한 목자이세요. 그렇다면 이건 누구의 잘못이죠?

어쩌면 가난한 사람들 그 자신의 책임인지도 몰라요. 하지만 정말로 다 그럴까요? 자신의 피부빛이 검기 때문에 일자리를 얻지 못해 살아가기 힘들게 된 사람이 있다면 그것은 분명 그의 잘못이 아니에요. 그리고 우리가 더 이상 석탄을 연료로 쓰지 않게 되어 평생토록 광산에서만 일했던 사람이 일자리를 잃게 되었다면 그것도 그의 잘못이라고 할 수 없어요. 그리고 인도에 있는 가난하고 굶주린 아기들을 생각해 보세요. 그 아기들은 자기들이 어디서 태어나게 될지 스스로 선택했던 게 아니었어요.

이것은 단지 그 사람들은 게으르고 나는 열심히 일했다고 말할 수 없는 문제예요. 단지 내가 엄청나게 운이 좋은(lucky) 사람이기 때문일 뿐이에요. 행운아라고 해서 내가 칭찬받을 수 없는 것처럼 불행하다고 해서 누군가를 비난할 수는 없어요. 제가 미국인으로 태어날 수 있는 확률은 15분의 1이었어요. 여기 미국에는 온 세상 돈의 5분의 2가 모여 있죠. 저는 그저 운이 좋았을 뿐이에요. 그게 다예요.

그렇지만 아시다시피 저는 감사하는 마음으로 제 행운을 여러 사람들과 나눌 수 있어요. 한국에 있는 그 아이는 근처에 병원이 있다면 문둥병을 치료받을 수 있을 거구요. 인도에 사는 그 농부에게 농사짓는 데 필요한 도구와 씨앗과 비료를 주고 그 땅에 물을 대는 방법을 알게 해준다면 그는 그 땅을 경작할 수 있을 거예요. 그리고 우리에게는 분명히 파키스탄에 있는 그 불쌍한 소년에게 줄 수 있는 음식이 충분히 있어요. 제가 짐을 꾸려서 그 곳으로 갈 순 없죠. 우리 중 누구라도 그렇게 하기는 쉽지 않을 거예요. 그렇지만 "우리가 가진 것을 함께 나누는 위대한 시간"이 이루어질 수는 있죠. 우리가 그들을 도우려는 마음만 있다면 말이죠.

"여호와는 나의 목자시니 내게 부족함이 없으리로다." 이 말씀에는 여러 가지 의미가 담겨 있어요. 이 말씀은 약속(promise)이라 할 수 있어요. 실현될 수 있는 참된 약속인 것이죠. 혹은 기도(prayer)라고도 할 수 있어요. 하나님의 도움으로 이렇게 이루어지기를 바라는 간구말이에요. 그리고 우리에게 주시는 도전(challenge)일 수도 있어요. 우리가 이 말씀이 이루어지는 것을 막고 있기 때문에 이 말씀을 들려주시는 것은 우리를 향한 도전이 될 수 있는 거예요. 또한 우리의 손을 통해 이 말씀이 모든 사람들에게 이루어질 수 있도록 우리의 헌신(commitment)을 요구하는 말씀이라 할 수도 있어요.

목사:"……그가 나를 푸른 초장에 누이시며 쉴만한 물가로 인도하시는도다. 내 영혼을 소생시키시고……."

악마의 대변인:아, 정말 멋진 말들이군. 푸른 초장에, 쉴만한 물가에, 영혼까지 소생시키신다 이거지. 당신들 말이야, 저 앞쪽에 있는 스테인드 글라스 유리창을 한번 보시지 그래. (사실, 당신들 매주 설교 들으면서 저것만 바라보고 있잖아. 저 목사 양반은 설교 시간에 당신들이 자기를 바라보고 있다고 생각하겠지만 말이야.) 당신들에게는 저 유리창으로 보이는 세상이 온 세상이지 않은가? 적어도 당신들의 세상 말이야. 아주 평화롭고 차분하고 고요하지. 정말 푸른 초장이라고 할만해. 나는 여기 사는 사람들이 부러워 죽겠어.
　당신들은 C-47기(機)가 언덕 위를 날아다니면서 고엽제를 뿌려대도 별로 걱정할게 없겠지, 그렇지? 그런 비행기가 지나가고 나면 그 언덕이 어떻게 되는지 알고 있기나 하나? 완전히 죽어 버린 땅이 되는 거지. 그러면 베트남에는 과연 푸른 초장이 얼마나 남아 있을까?……그래, 저 목사가 들려주는 달콤한 말이나 계속 들으면서 굽이진 언덕, 이 롱 아일랜드 끝에 있는 당신들 세상에 대해서나 마음껏 생각하시지. "쉴만한 물가으로 인도하시는도다. 그가 나를 푸른 초장에 누이시며……." 그렇지만 어두워진 뒤 센트럴 파크(Central Park)는 이와 전혀 딴판이야.
　그렇지만 그런 곳은 멀리 떨어진 곳이잖아, 그렇지? 몬택(Montauk)과는 아무런 상관이 없는 곳이니까 말이야. 당신들이 다른 사람들 문제로 걱정할 것 같지는 않아. 당신들의 "의의 길"이 바로 여기 있어. 당신들은 십계명을 지키면서 살고 있고 교회도 잘 나오고 있잖아. 이봐, 내가 당신들 입장이라면, 그저 푸른 초장과 쉴만한 물가에서 즐겁게 살 것 같아. 복잡한 문제들은 다 잊어버리고 말이야.

첫 번째 예배자:또 시작이네요. 악마는 가장 기본적인 것은 무시하고 그저 불행하고 부정적인 모습에 대해서만 이야기하고 있어요. (이런 게 악마가 본래 하는 일의 취지에 부합한 것이겠지만 말이에요.) 그렇지만 저는 상황이 그렇게 나쁘지만은 않다고 생각해요. 우리가 칭찬받을 만한 일도 많이 하고 있다고 생각해요.

시민권에 대해서 이야기해 볼까요? 국회에서는 이 나라에 있는 흑인들도 다른 사람들과 똑같은 권리를 갖게 하는 법률을 제정했어요. 그리고 몬택에 있는 사람들은 시민권이 더욱 개선될 수 있도록 주어진 바 역할을 충실히 해내고 있어요. 이 곳에서는 아무런 차별도 없을 거예요. 제 친한 친구들 중에도 흑인들이 있는 걸요. 어느 인종에나 나쁜 사람들이 있기는 있죠. 여러 인종 사람들이 자기 자리를 지키기만 한다면 저는 모든 인종 차별을 철폐하는 것에 적극 찬성이에요.

그리고 우리는 가난한 사람들을 위해 기부금을 내는 것도 열심히 하고 있어요. 아마 우리가 다른 그 어떤 사람들보다 더 많은 돈을 내고 있을 거예요. 우리가 이렇게 후하게 베풀지 않는다면 아마 수백만 명이 굶어 죽게 될걸요.

물론 세상에 불행한 일들이 있는 게 사실이에요. 그렇지만 고요한 물결에도 잠시 파문이 일 때도 있는 거예요. 우리가 할 수 있는 일은 다했잖아요? 저는 너무 그렇게 염려할 필요가 없다고 믿어요. 이 세상 모든 사람들이 문제로 밤새워 고민하며 살 수는 없다고 생각해요. 그게 제가 몬택으로 온 이유이기도 해요. 그 모든 것으로부터 벗어나는 거죠. 그래요. 푸른 초장, 맑은 물가……이런 것들을 누리며 몬택에 사는 것은 정말 행복한 삶이에요.

두 번째 예배자: 이곳 몬택에서 즐겁게 지내는 것은 정말 쉬운 일이에요. 우리는 어린아이들처럼 살고 있어요. 우리의 눈을 가리고서 세상을 못 본 척하죠. 우리가 보지 않았다면 그냥 사라져 버릴 거라고 생각하구요. 그렇지만 세상의 여러 상황은 갈수록 악화되고 있다고 생각해요. 베트남의 전쟁도 그렇고, 파키스탄과 아프리카, 남아메리카가 다 마찬가지예요. 물살은 험하고 푸른 초장은 얼마 없어요. 정말로 이러한 모습이라고 말하는 게 맞을 거예요.

그렇지만 이렇게 가만히 있을 수는 없어요! 이곳 몬택에 앉아서 우리가 저런 일들에 관여할 필요 없다고 감히 말할 수는 없는 거예요. 그리고 사실, 우리가 정말로 한 일이 얼마나 될까요? 시민권이라구요? 우리는 흑인들이 우리 학교에 입학할 수 있게 했고 버스의 앞자리에 앉게 하긴 했어요. 그렇지만 진실로 그들이 우리 삶에 들어오게 한 적이 있나요? 우리는 정말 다른 사람들을 대할 때처럼 그들을 '사람으로' 대하였나요? 우리가 기부금을 냈던 것에 대해 이야기할 수는 있죠. 그렇지만 우리가 진정 마음으로부터 그러한 일을 했던 것은 몇 번이나 되나요? 식탁에서 떨어진 부스러기를 닦아 가난한 사람들에게 주고 큰 덩어리는 우리가 가지고 있지 않나요? 이기적으로 계산하면서 잔돈을 살짝 걸러내서는 그걸 구제 헌금함에 집어넣죠. 물론 기부금을 내는 것은 중요한 일이에요. 하지만 우리는 볼링 치고 담배 피고 주사위 놀이하고 술 마시는 데 더 많은 돈을 쓰고 있어요.

우리가 궁핍한 사람들에 대해 생각하는 것처럼 하나님께서 우리에 대해서 그렇게 생각하신다면 우리가 어떤 모습으로 있게 될까요? 그분은 단지 우리에게 부스러기를 주신 게 아니었어요. 그분 자신을 우리에게 주셨어요. 우리는 우리 돈에서 한 조각 떼어내는 것도 하지 않으려 하는데, 예수님께서는 그분의 생명을 내어 주셨어요. 우리는 몬택 너머 있는 곳은 보지 않으려 하지만 그분은 모든 곳에 있는 모든 사람을 자신의 이웃으로 여기셨어요.

　예수님의 말씀을 따르고 그분을 본받아 산다는 것은 정말로 어려운 일이라 우리는 그걸 좋아하지 않죠. 오늘 교독문에서 읽었던 내용은 이에 대해 보여 주고 있어요. 정말 이 말씀대로 사는 것이 중요해요. 그렇지 않나요? 주린 자를 먹이고 헐벗은 자에게 옷을 입히고 옥에 갇힌 사람들에게 찾아가지 않는 것은 곤경에 처한 사람들을 외면하는 동시에 예수님을 외면하는 거예요.

　의의 길이 늘 푸른 초장과 잔잔한 물가 곁에 있는 것은 아니라고 생각해요. 결코 쉽지 않은 길이에요. 그렇지만 예수님께서는 우리가 어떤 선택을 내려야 할지 분명히 알 수 있게 해주세요.

　목사:"……내가 사망의 음침한 골짜기로 다닐지라도, 해를 두려워하지 않을 것은 주께서 나와 함께하심이라. 주의 지팡이와 막대기가 나를 안위하시나이다. 주께서 내 원수의 목전에서 내게 상을 베푸시고."

　악마의 대변인:아, 참 멋진 말이구먼. 괴로움 없는 인생을 산다는 건 참 좋은 일이야. 당신들에게는 괴로움이 없을 거야. 암, 그렇고말고. 주님이 당신들과 함께 있지 않은가? 그렇지? 그런데 그렇다고 해도 괴로움이 없지는 않을 텐데, 내 말이 맞지? 한번 말해 봐. 왜지? 당신들의 하나님이 잠시 휴가 중이라 그런 건가? 아니면 하나님이 당신들 집에 심방을 와주지 않아서 그런 건가? 하나님에게도 비번(非番)인 날이 있다던가?

　어쩌면 하나님은 그 요란한 말씀과는 달리 그렇게 대단한 분이 아닐지도 몰라. 내가 틀렸다고 생각하면 그만하라고 해도 좋아. 하나님은 전능하신 분이라 했지, 그렇지? 그리고 하나님은 온전한 사랑이라고 했지, 맞지? 그렇지만 세상의 이 수많은 고통을 좀 봐. 하나님이 전능하시다면 왜 이런 고통이 사라지게 하지 않는 거지? 어쩌면 하나님은 당신들을 그렇게 사랑하지 않는지도 몰라. 한번 말해 보시지. 하나님은 도대체 무얼 하고 있는 거야?

당신들의 하나님이 이 세상을 창조하고 나서 '보시기에 좋았다.'고 했는데 전쟁은 왜 일어나는 거지? 범죄는 왜 이렇게 자주 일어나고 악한 것들이 왜 이리도 많은 거야? 왜 세상에는 서로를 미워하고 잔인하게 대하는 일들이 일어나는 거지? 당신들이 '하나님의 형상'을 따라 지음받았다고 했는데 당신들은 왜 이렇게 좌절과 어려움과 재난과 고통을 자주 말하지?

"내가 사망의 음침한 골짜기로 다닐지라도 해를 두려워하지 않으리라." 좋은 말이야. 그렇지만 당신들의 하나님이 정말로 이렇게 해줄 수 있으리라고는 생각하지 않아.

첫 번째 예배자:이런! 이번엔 정말로 아픈 곳을 건드리네요. 이런 것은 제가 다룰 수 있는 지적인 물음일 뿐이라는 생각도 들어요. 하지만 이런 질문이 구체적인 경험을 바탕으로 제기되니까 정말 곤혹스럽네요. 물론 저는 하나님께서 언제나 우리와 함께하신다고 믿어요. 하지만 몇 년 남은 은퇴를 기다리던 중에 자신이 암에 걸렸다는 사실을 알게 된 사람에게 제가 무어라 말할 수 있을까요? 질주하는 트럭에 치여 심하게 다친 어린아이의 엄마에게는 무슨 말을 할 수 있을까요? 번영을 누리며 장수하는 사람들이 있는데 왜 고통받고, 젊은 나이에 생명을 잃는 사람이 있는지 어떻게 알 수 있을까요?

다른 정신 병원들과 마찬가지로 센트럴 일리프(Central Islip)병원은 환자들로 만원이에요. 점점 더 정신병 환자들이 늘어가고 있기 때문이에요. 이혼율이 급격히 증가하고 있고 자살율, 범죄율도 마찬가지예요. 마약을 복용하는 사람들도 늘어나고 있어요. 시편 말씀이 이 점에서는 정말 옳아요. 우리는 지금 사망의 음침한 골짜기를 지나고 있어요.

　　두 번째 예배자:그렇지만 아마도, 바로 그게 중요한 사실일 거예요. 우리가 사망의 음침한 골짜기를 **지나고 있다**는 것 말예요. 시편 말씀에서는 "사망의 음침한 골짜기 안에서(within) 걷고 있다 해도"라고 하지 않았고, "사망의 음침한 골짜기만을(only) 걷고 있다 해도"라고 하지도 않았어요. "내가 사망의 음침한 골짜기를 지나가고(through) 있다 해도"라고 되어 있어요. 아마 이 외에는 다른 길이 없을지 몰라요. 그래요, 아마 계곡이 없는 산은 없을 거예요.
　　그런데 예수님께서 하신 일 중에서 우리가 가장 생생하게 기억하는 것은 무엇인가요? 혼인 잔치가 계속되도록 물을 포도주로 바꾸셨던 일을 우리는 분명히 기억하고 있죠. 그리고 그분은 수천 명이나 되는 사람들에게 음식을 풍족히 나누어 주기도 하셨어요. 또 앞을 보지 못했던 사람과 불구였던 사람들을 치유하셨고, 제자들에게 어느 곳에 가면 고기를 잡을 수 있는지 말씀해 주기도 하셨어요. 그렇지만 그분의 하신 모든 말씀을 떠올려 볼 때, 우리는 이 일로 인해 예수님을 가장 뚜렷이 기억하게 돼요. 그분은 고난받으셨고 죽음을 겪으셨어요. 참 이상해요. 정말이지 우리에게는 그런 일이 없었기를 바라는 마음이 있어요. 하지만 십자가 없이는 부활도 없어요. 수난의 금요일(Good Friday)이 없으면 부활절 아침(Easter Morning)도 없어요. 패배가 없이는 승리도 없는 거예요. 그 깊고 깊은 계곡을 지나지 않는다면 높은 산 정상에 이를 수도 없다는 걸 알아야 해요. 하나님께서는 그 계곡에서 나오라고 우리에게 말씀하지 않으셨어요. 그리고 "그곳이 그렇게 험하지는 않다."고 우리에게 말씀하지도 않으셨어요. 그분은 그 곳으로 내려오셔서 우리와 함께하시고 우리가 그 곳을 다 지나기까지 이끌어 주세요.

    이러한 경우는 사람들 사이에서도 있을 수 있어요. 고통받고 있는 사람을 볼 때 정말로 그 사람과 가깝게 느껴지고 함께 고통을 겪게 될 때가 있죠. 프랭크(Frank)의 아버지가 죽게 되었을 때처럼 말이에요. 그러한 때는 우리가 진정한 친구가 되는 순간이에요. 우리를 필요로 하는 누군가를 만나게 될 때 우리는 우리 자신을 발견하게 돼요.

    문둥병에 걸려 있는 한국인 아이와 인도에 사는 농부, 스프링스의 가난한 사람들, 그리고 그 많은 어려움 속에 있는 이들에게는 제가 가진 돈보다 더 많은 것이 필요하답니다. 그들에게는 제가 필요하고 제게는 그들이 필요해요. 이것이 바로 진정한 구제의 의미예요. 사랑으로 이웃과 함께 나누는 것이죠.

    - 작성자 : Howard E. Friend.(March, 1967). 출처 : William D. Thompson, *Dialogue Preaching*(Valley Gorge, Pa.:The Judson Press, 1969), pp. 137-147. -

6. 독백 설교(monologue Preaching)

본문 : 이사야 65:17-25　　**주제** : 새로운 출발
제목 : 재건하라

　제 이름은 사라입니다. 몇 안 되는 남은 자 중에 한 사람이죠. 고향으로, 약속의 땅으로 되돌아온 몇 안 되는 이스라엘 백성 중에 한 사람입니다. 오호라! 저는 돌아온 고향의 형편을 눈으로 직접 보았을 때 소리쳐 울지 않을 수 없었습니다. 한 마디로 엉망진창이었습니다. 해야 할 일들이 산적해 있었습니다. 도저히 감당해 낼 수 없을 것 같아 보였습니다. 저는 이미 상당히 지쳐 있었고, 반면 우리는 아직 그 일을 시작도 못한 상태에 있었습니다. 저는 살아남았습니다. 그것으로 충분하지 않습니까? 저는 하나님께 끝까지 신실한 사람으로 남았습니다. 이 모든 역경 중에도 저는 오로지 주님을 의지했습니다. 그런데 여러분은 저에게 무얼 더 요구하십니까? 누가 감히 저에게 이제 또 일하라고 요구할 수 있습니까? 저는 상당히 지쳐 있었습니다.

　주님의 말씀이 선지자 학개에게 임했습니다. 그는 위정자와 대제사장, 그리고 우리 남은 자들에게 우리의 처지를 아주 잘 설명해 주었습니다. "여러분 중에 이 집의 이전 영광을 본 사람이 있습니까? 이제 이 집이 여러분에게 어떻게 보입니까? 여러분이 지금 눈으로 직접 보시다시피, 이젠 말 그대로 폐허입니다. 그렇지 않습니까?"

　정말 그랬습니다. 그 웅장하던 성전은 이제 폐허가 되었고, 무너져 흩어진 돌들만 남아 있었습니다. 제 마음은 찢어지는 것 같았습니다. 너무 아파서 도저히 견딜 수가 없었습니다.

　"너희들 중에 이 집의 이전 영광을 본 사람이 있느냐?" 만유의 주님께서 한때 위대한 나라의 백성이었던 우리 남은 자들에게 물어

오셨습니다.

저는 기억합니다. 제가 아직 어린아이였을 때, 이미 오래 전 이 야기입니다. 49년이나 지났으니까요. 49년 전 우리들은 포로로 잡혀 이방 땅으로 쫓겨났습니다. 그리고 우리가 거주하던 집들과 하나님의 성전은 바벨론 사람들에 의해 무참히 파괴되었습니다.

여러분은 이 사건이 무엇을 의미하는지 알고 계십니까? 하나님 의 땅에서 쫓겨났다는 이 중요한 사건에 함축된 의미를 여러분은 알 고 계십니까? 아마 모르고 계실 겁니다. 이제 제가 그 의미를 설명해 드리겠습니다.

이 포로 생활이 우리에게 가져다준 충격이 어떤 종류의 것이었는 가를 제대로 이해하기 위해서는, 먼저 하나님께서 시온 땅에 현존하 셨다는 사실의 의미를 올바르게 이해해야 합니다.

가장 먼저 하나님께서 우리에게 한 왕을 약속하셨다는 사실을 이 야기하고자 합니다. 다윗 왕은 우리의 첫 번째 왕이었습니다. 이후의 왕들은 모두 다윗의 후손들이었습니다. "다윗의 자손이 영원토록 다스 리리라." 하고 하나님은 약속해 주셨습니다. 하지만 바벨론 사람들이 와서 다윗 왕가를 뒤엎어 버렸습니다. 다윗 왕조가 영원하리라고 약 속하셨던 그 하나님은 이제 어디에 계십니까?

다음으로, 예루살렘 성전은 하나님의 영원한 집이었다는 사실을 이야기해야 할 것입니다. 바벨론 사람들은 이 성전 곧 하나님의 집을 폐허로 만들어 버렸습니다. 이제 하나님은 어디에 계십니까? 성전이 사라진 지금 하나님은 우리 가운데 자신의 신성한 임재의 통로를 어 떻게 마련하실 수 있습니까?

또한 이스라엘 백성들은 광야에서 유랑 생활을 할 때, 하나님으 로부터 약속의 말씀과 귀한 전승들을 받았습니다. 그런데 그 하나님 은 지금 어디에 계십니까? 어떻게 이 모든 불행한 사건들을 방관하고 계실 수 있습니까? 왜 우리를 지켜 보호해 주지 않으셨습니까? 우리가 예배하던 하나님이 진정 참된 신이었습니까? 혹시 바벨론 사람들이 경배하던 신이 참되고 유일한 신이었던 것은 아닙니까?

저는 바벨론 강가에 주저앉아 목놓아 울부짖었습니다. 어머니, 아버지와 함께, 자매들, 형제들과 함께 슬피 울었습니다. 이방인의 땅에서 어떻게 주님의 노래를 부를 수 있습니까? 하나님과 그 땅은 서로 불가분(不可分)의 관계 속에 있었습니다. 우리는 그 땅을 떠나 방황했습니다. 우리는 약속의 땅에서 쫓겨난 처지에 있었습니다. 우리에게는 하나님도, 약속의 땅도 없었습니다. "하나님을 찬양하라. 페르시아가 바벨론을 정복했도다!" 이 일이 이루어지기까지 49년이라는 시간이 지났습니다. 저는 벌써 힘없는 노모가 되었습니다. 하지만 우리는 이제 희망을 가지게 되었습니다. "결국에는 자유케 되리라." 결국은 자유의 몸이 되어 고향으로 돌아갈 수 있겠구나. 약속의 땅으로 되돌아온 이 큰 사건은 하나님께서 여전히 살아 역사하고 계시다는 확실한 증거였습니다.

우리의 선지자 학개는, 이것이 이스라엘에게 있어서 새 시대의 여명이라고 말했습니다. 진실로 하나님께서는 우리와 함께 계실 것입니다. 진실로 그분은 우리에게 복을 주실 것입니다. 하지만 우리는 일을 계속해야 했습니다. 그리고 제가 보기에 우리에게는 그 일을 완수해 낼 만한 힘이 없어 보였습니다.

저는 오늘날의 교회 또한 여러 가지 어려움을 겪고 있다는 말을 듣습니다. 오늘날의 교회도 출애굽을 경험했으며 이제는 소수만이 남아 있다는 말도 듣습니다. 사람들은 모두 지쳐 있는데 여전히 해야할 일은 너무 많다고도 합니다. 사람들은 지쳐 있는데 여전히 지붕을 수리해야 한다고 합니다. 사람들은 지쳐 있는데 여전히 벽을 페인트칠해야 한다고 합니다. 사람들은 지쳐 있는데 여전히 아이들에게 주님을 가르치는 일을 계속해야 한다고 합니다. 사람들은 지쳐 있으면서도 여전히 식사 때 함께 모이는 것을 기다리고 있습니다.

우리의 선지자 학개는, 하나님께서 이 모든 것과 관련해서 하실 말씀이 있다고 이야기합니다.

"이제 용기를 내어라. 약속의 땅의 백성인 너희 모두 용기를 내어 일을 계속하여라. 내가 너희와 함께하겠노라. 너희가 애굽에서 나올 때 내가 약속한 대로 내가 너희와 함께하리라. 두려워하지 말아라. 용기를 내어라."

우리들과 마찬가지로 여러분들도 지난날 행복했던 시절들을 추억하고 계실지 모르겠습니다. 다툼도, 분쟁도 없는 그 시절 말입니다. 저는 경제가 흥왕하고 젊은 부부들이 이 땅으로 몰려왔던 시절의 이야기를 들은 적이 있습니다. 그 당시 젊은 부부들은 많은 아이들을 낳아 길렀고, 교회는 하나의 대가족이었다고 합니다

그렇습니다. 모든 세대들은 지나간 나날들을 추억하며 살아갑니다. 주님은 선지자 학개를 통해서 우리에게 지난 과거를 되돌아보라고 말씀하십니다. 지난날 행복했던 시절을 떠올리십시오. 그리고 그 과거의 기억들로, 지금 여러분이 새로운 꿈을 꿀 수 있도록 영감을 불어넣어 주는 기폭제가 되게 하십시오. 학개는 우리에게 계속해서 전진하라고, 힘을 내어 계속해서 일하라고, 용기를 내라고, 하나님께서 함께하신다고 말하고 있습니다.

이스라엘 사람들에게 있어서, 새 성전은 학개의 도움으로 우리가 건축한 것으로 주님이 우리와 함께 계시는 것을 의미합니다. 하지만 여러분들에게 있어서 새 성전은 사람들이 함께 모인 그 곳에 있습니다. 그리스도인 여러분들에게는 둘 이상의 사람들이 그분의 이름으로 모인 그 곳에 주님께서도 함께 계신다는 말입니다. 그리스도인 여러분들에게 있어 교회를 재건축한다는 것은 사람들이 함께 모여 떡과 잔을 나누며 세례를 받는 것을 의미합니다. 그리스도인 여러분들에게

있어 교회를 재건축한다는 것은 함께 차를 나누고, 함께 성경을 읽으며, 함께 웃으며 함께 슬퍼하는 것을 의미합니다. 왜냐하면 여러분들이 함께 있는 그 곳에 하나님께서도 함께 계시기 때문입니다.

주님은 말씀하십니다. "용기를 내어라. 힘을 내어 일을 계속하여라. 내가 너와 함께함이니라." 아멘.

- **설교자** : Kelly / Alberta, Canada, **출처** : http://www.javacasa.com/sermons/pool/rebuild.htm, JavaCasa Resources and the Desperate Preacher's Site, 1999. -

부록 2

설교 역사의 거성들이 남긴 공통점

　설교자가 단순히 강단을 지키는 존재가 아닌 '말씀의 선포자'로서 있기를 원할 때, 그를 그같이 되게 할 요건들을 반드시 이행해야 한다. 그러나 "이 요건이 과연 무엇인가?" 하는 질문 앞에 우리는 한 마디로 꼭 집어 말할 수 없는 깊고 다양한 인식이 존재하고 있음을 부인할 길이 없다. 그만큼 설교자들에게 부과되는 요구의 하중이 크고도 무겁다는 말이 된다. 이 요건을 가장 합리적으로 도출하기 위한 방법으로 역사적 검증의 수단을 사용하는 것도 퍽 의미 있는 일이라고 본다. 오직 말씀의 선포만을 위하여 한 생애를 살다간 설교자들의 삶을 역사적으로 분석하여 공통된 특징들을 추출하는 방식이 바로 이것이다. 다음의 특징들은 데머레이(D. E. Demaray)가 「강단의 거성들」(Pulpit Giants)에서 밝힌 내용을 기초로 하여 설교자, 설교 방법, 설교 내용 등 세 부문에 걸친 인물 중심의 역사적 고찰을 통해 위의 요건을 종합해서 정리한 결과이다.

1. 설교자로서의 특성

1) 그들은 모두 '긴박한 의식'(sense of urgency)의 소유자

들이다.

오래 참음을 삶의 기틀로 삼고 살아가는 설교자들이 예외적으로 화급하게 서두르는 문제가 하나 있다. 이것이 바로 설교에의 소명이다. 반드시 전해야만 하고, 더구나 시급히 선포해야 한다는 소명적 의식은 설교자에게 죽음의 위협보다도 더한 긴박한 의식을 심어 준다. 리처드 박스터(R. Baxter:1615-1691)는 죽음이 임박한 줄 알면서도 임종 사흘 전까지 말씀을 선포한 마틴 루터를 가리켜 말하기를 "죽어 가고 있는 사람들에게 죽어 가고 있는 사람으로서 선포한다."고 하였다. 눈앞에 다가와 있는 죽음의 그림자보다 더 촉박한 것이 무엇인가? 그것은 구원의 말씀을 듣게 하는 일일 뿐이다. 그러므로 아담 클라크(A. Clarke:1762-1832) 같은 선포자도 "내가 복음을 전하지 않는다면 내게 화가 있을 것이라."면서 비장한 각오로 영국 땅을 샅샅이 누비는 일을 기쁘게 감당했다. 스탠리 존스(E. Stanley Jones:1884- 1973)가 소명의 응답으로 긴박하게 찾아간 인도 땅에서, 그리스도이신 예수님을 문화적 장식 속에서가 아니라 참 인격으로 만날 수 있도록 피땀 흘려 설교를 행한 것도 이 의식이라고밖에는 달리 표현할 길이 없다.

2) 진리를 전달하고자 하는 타고난 열정이 있다.

어려서부터 진리를 대하는 정열적 태도가 몸에 배어 있는 것이 바로 설교자의 특징이다. "진리를 어찌 외면할 수 있으며, 어찌 나 혼자의 것으로만 놓아둘 것인가?" 하는 심정이 스스로를 말씀의 종으로 채찍질해 가도록 만든다. 일찍이 찰스 하든 스펄전(C. H. Spurgeon: 1834-1892)은 열정적으로 평신도 설교자 운동에 가담하여 17세에 농촌교회의 설교자가 되었고, 20세 때는 런던의 뉴파크 스트리트 교회의 강단을 지키는 복음주의 설교자가 되었다. 조지 캠벨 모간(G. C. Morgan:1863-1945)은 불과 13세에 공식적 설교를 하기까지 누나와 인형들을 회중 삼아 연습하는 정열을 보여 주었고, 19세에 웨슬리안 학교의 교사 겸 설교자가 되었다. 그가 한때 여러 철학 사상을 순례하며 어두운 밤 같은 회의의 시간을 보냈으나, 어릴 적의 열정이 그를 다시 설교자로 회복시켰고 결국 어두운 터널을 벗어나게 해주었다.

3) 어찌할 길 없는 개인주의자들이다.

말씀의 선포나 그에 수반되는 행위가 정치적, 목회적, 그리고 가정적 위기를 초래하거나 반대를 받을 경우에도 외로운 개인주의의 길을 후회 없이 걸어가는 모습을 보이고 있다. "하나님을 두려워하지 않는 국가와 민족과 권력자들에게 개혁을 외쳐 말씀의 성취를 알리는 하나님의 나팔이 되겠다."면서 원치 않던 무력 항쟁을 국가 차원에서 시인하고 앞장섰던 존 낙스(J. Knox:1513-1572)의 히브리 예언자적 격노라든지, 미국 의회의 목사로서 사회적 관심을 복음적으로 선포할 때 그를 비난하는 회중을 극복해 낸 피터 마샬(P. Marshall:1902-1949)의 용기가 귀중한 사례로 기억될 수 있다. 그리고 전혀 예기치 않게 날벼락처럼 아내가 세상을 떠난 날, 그 슬픔을 붙든 채 "인생의 죽음, 그 후는 어찌될 것인가?" 하는 불후의 대표적 설교를 써냈던 아더 존 거시프(A. J. Gossip:1873-1954)의 불가피한 개인주의도 잊을 수 없다.

4) 계속적인 독서와 연구에 몸 바친 사람들이다.

한 편의 설교를 이루어 내기 위하여 몇 권의 책을 읽고 있는가? 지속적인 말씀의 준비를 위하여 조직적인 교육을 받고 있는가? 설교자는 이러한 물음에 대하여 인색함 없는 대답을 항상 예비하고 있어야 한다. 여기서의 독서는 오직 성경의 주석만을 의미하지 않는다. 폭넓은 분야의 관심이 뒤따라야 한다. 존 앨버트 브로더스(J. A. Broadus: 1827-1895)는 의학, 정치학, 법학, 그리고 신학의 각 방면에 걸친 독서를 쉬지 않았으며 그가 목회만을 위해 버지니아 대학의 교수직을 버린 후에도 늘 책읽기에 골몰하였다. 설교자들은 매일 연구하는 사람이어야 한다고 주장했던 존 웨슬리(J. Wesley:1703-1775)가 체계적인 교육을 행할 것을 주장한 끝에 킹스우드 학교를 세운 것은 유명한 일이다.

5) 설교자들은 대부분 훌륭한 저술가들이다.

목회를 위한 내용이나 또는 목회에서 얻은 내용들을 빠짐없이 활자화하여 후대에 전하는 것이 바로 설교자의 임무이다. 존 칼빈(J. Calvin:1509-1564)처럼 「기독교 강요」 같은 대 신학서를 내는 일이나, 마틴 루터(M. Luther:1483-1546)처럼 '독일의 셰익스피어'로 불려지는 저술 생활이 반드시 불가능한 것만은 아니다. 금세기의 수많은 설교자들도 펜을 쉴새없이 굴리면서 어떠한 문학인이나 신학자 못지않은 저술의 의지로 밤을 밝히고 있다.

6) 그들은 한결같이 불타는 전도의 역군이다.

그리스도를 받아들이고 회심하는 사람들이 그 곁에서 끊이지 않는 것을 보아야만 하는 사람들이 이들이다. 그렇기 때문에 이전에 노예 상인으로서 악명이 높았던 존 뉴턴(J. Newton:1725-1807)은 자신이 회심한 후 올르니 지역의 가난하고 약한 사람들로부터 시작한 전도를 늙어 눈이 멀고 귀가 막힐 때까지 그치지 않았다. 드와이트

라이만 무디(D. L. Moody:1837-1899)도 마찬가지이다. 주일 학교 아동에서부터 남북 전쟁의 자리에서 원한과 복수의 칼을 갈고 있는 사람들을 거쳐 영국 땅의 순회 전도에 이르도록 불타는 전도의 역군으로서 한평생을 살았다.

7) 자신의 약함을 극복해 낸 승리자들이다.

인간이기 때문에 그들도 취약한 부분과 결점이 없지 않다. 그렇지만 성령님의 도우심에 힘입어 이것들을 능히 극복해 내는 삶의 승리가 설교자들에게 반드시 나타난다. 루터는 개혁을 주도한 인물답게 거칠고 충동적인 성격의 소유자였고, 존 칼빈은 신경질적이며 소심하며 병약하기까지 한 인물이었지만 이들은 성령님의 도움을 간구하며 자신을 변화시켰다. 존 칼빈보다 더 병약했던 백스터는 언제든지 죽을 수 있는 몸이라고 진단받은 상태를 무한한 은혜라 일컬으며 이를 극복해 나아갔다. 비천한 신분이 문제인가? 감옥에 갇히는 시련이 문제인가? 존 번연(J. Bunyan:1628-1688)을 보라. 땜장이의 아들로 태어나 땜장이의 직업을 가졌었고, 허가 없는 설교를 행했다는 이유로 모진 옥고를 치루면서도 「천로역정」이라는 수작을 세상에 내놓았던 의지의 설교자를······. 가난이 문제인가? 교육을 받지 못한 약점이 문제인가? 무디를 보라. 문법과 발음마저도 정확하지 못했던 한 구둣방 점원에서 그 유명한 시카고 무디 성경 학교 설립의 대역사를 이루어 낸 이 설교자를······.

8) 그들은 모두가 숫자를 초월한 사람들이다.

회중의 숫자를 통해 설교자의 성공 여부를 따지는 것은 위험한 일이다. 강단의 거성들은 선포의 효과를 결정짓는 일은 하나님에 의해서일 뿐이라는 생각을 가졌기에 숫자가 많다고 자랑하지 않았으며, 그 반대의 경우에도 실망하지 않았다. 한 예를 들면, 거의 비슷한 시대에 미국 퓨리탄들의 신앙의 깊은 잠을 깨우던 두 비범한 인물 조나단 에드워즈(J. Edwards:1703-1759)와 조지 횟필드(G. Whitefield: 1714- 1770)의 경우가 퍽 인상적이다. 전자는 가늘고 약한 성대에다가 극심한 근시안을 가지고서 개인의 영혼을 뜨겁게 두드리는 선포를 행하였고, 후자는 무려 삼만 명 이상이 동시에 설교를 들을 수 있는 거대한 음성을 가지고 다수의 회중으로부터 열풍 같은 호응을 얻었다.

9) 자연을 사랑하며 늘 가까이하는 자세를 갖고 있다.

설교자는 항상 자연 속에 묻히기를 좋아하며 거기에서 하나님을 만나 뵙는 경험을 한다. 자연에는 하나님의 숨결이 어려 드넓게 퍼져 있고 설교자는 심령을 열어 그것을 받아들인다. 그리하여 하나님의 말씀과 대면하려 할 때 에드워즈는 어김없이 노드앰턴 숲길로 나갔으며, 무디는 미시간 호수를 찾아 그 호반에 앉았다. 웨슬리는 이렇게 외쳤다. "우주적인 하나님은 우주적인 공간 어디에나 계십니다. 그러므로 우리는 다만 노래합니다. '찬양하라! 아버지께. 그의 창조의 음성에 헤아릴 수 없는 세계가 창조되었도다. 여호와여! 모든 만물을 아시는 주여, 아무도 주를 온전히 알지 못하나이다.'"

10) 매일 죽고, 또 위기마다 성장하는 신앙의 체험을 이루어 간다.

설교자에게 죽음과도 같은 위기의 순간들이 찾아올 때, 그 체험을 성장의 방편으로 사용해야 한다는 사실은 대단히 중요하다. 뉴욕 허드슨 강변의 리버사이드 교회와 함께 유능한 설교자로 기억되는 해리 에머슨 포스딕(H. E. Fosdick:1878-1969)은 뜻하지 않은 신경질환으로 고통의 늪을 헤맨 경험이 있다. 한때 자살을 시도하리만큼 심각해진 그의 질병은 그 자신을 위태로운 경지까지 몰고 가기도 하였다. 그러나 포스딕은 다음과 같은 신앙의 경험을 고백하면서 위기를 극복한다. "이 무서운 경험이 나의 목회를 준비하게 된 가장 중요한 요인이었다. 나는 내 의지로는 도저히 어찌할 수 없는 상황에 직면케 되었다. 스스로 강하다고 생각했었던 나는 이제 완전히 패배했음을 깨닫고 내 자신이나 내 외적 환경을 결코 수습할 수 없음도 깨닫게 되었다. 여기에서 나는 신학교에서 가르쳐 주지 않았던 것을 비로소 배웠다. 특히 나는 기도를 배웠다. 논리적인 기도보다는 큰 힘을 소유하신 분에게 필사적으로 구하는 그것을. 곧 하나님께서는 신학적인 어떤 위치보다 더 위대하시다는 것과, 기도란 우리 몸을 움직이는 에너지처럼 삶을 주장하는 영적인 힘이라는 것을 확실히 배우게 되었다."

11) 그들은 무척 충성스러운 사람들이다.

하나님 앞에 충성되고, 온 회중에게 충실한 사람의 이름이 곧 설교자이다. 디트리히 본회퍼(D. Bonhoeffer:1906-1945)는 성경 본문에 복종하는 자세를 비롯하여 신앙 고백에 대한 충실성, 회중에 대한 충실성을 우선적으로 지적하며 진실한 선포를 행하였고 마침내 하나님 앞에 젊은 생명까지 충성스럽게 바치었다. 프레드릭 마이어(F. Meyer: 1847-1929)는 수많은 매음여성, 미혼모, 우범소년들에 대한 변치 않는 동정심으로 새 삶을 확립하기까지 충성을 다했으며, 사무엘 체드위크(S. Chadwick:1860-1932) 같은 인정어린 설교자는 알콜중독자, 거리의 부랑자들의 회심을 위한 도움을 목표로 삼고 끝까지 충성하였다.

12) 그리고 그들은 얼마나 바쁜 사람들인지 모른다.

고대의 아우구스티누스(A. Augustine:354-430)가 설교자로서, 신학자로서, 히포의 감독으로서 이룬 초인적인 업적을 보면서 말씀의 선포자들이 자신에게 맡겨진 방대한 양의 일들을 어떻게 해결해야 할 것인지에 대한 각오를 새롭게 하는 것은 매우 신선한 일이다. 설교자들이란 인간의 삶의 현장 곳곳에 빠짐없이 관련되어 있고 그것을 통하여 선포의 자료를 마련하는 것이기에 한없이 바쁠 수밖에 없다. 칼빈은 설교자요, 행정가요, 신학교수로서뿐만 아니라 교회와 학교의 감독자 및 시의회나 교회 예전, 그리고 공중도덕의 감독자로서 하루 평균 12~18시간을 일하였다. 행동하는 지성으로 활력의 한평생을 살았다는 평가를 받고 있는 금세기의 사람 라인홀드 니이버(R. Niebuhr:1892-1971)의 삶도 여기에 적합하다. 열정적인 말씀의 공습을 받으려 애쓰는 노력, 자동차의 도시 디트로이트를 누비며 고용인들의 수고를 현장에서 체험하는 목회, 신학상의 난기류가 어지러이 교차하던 20세기 초반 신정통주의 운동의 기치를 높이 든 신학 사상가로서의 활동 등은 바쁜 설교자의 생활을 잘 드러내 준다.

13) 동시에 설교자들은 큰 기쁨을 지니고 살아간다.

불만과 짜증으로 일관한 설교자의 생애를 찾을 수는 없다. 어려운 사역 가운데서도 하나님의 도우심으로 설교자들은 기쁨이 넘치는 나날을 살아간다. 목회가 힘들고 설교 준비가 어렵다고 생각하는 사람들에게 체드위크는 리드즈 웨슬리 교회에서의 경험을 이렇게 들려준다. "그 곳은 내가 가장 즐겁게 목회한 교회이며, 가장 유쾌하고 거룩한 교회였다." 참다운 설교와 목회는 이처럼 큰 기쁨 속에 존재한다는 사실을 잊어서는 안 된다. 대중 설교의 거성 헨리 워드 비이처(H.

W. Beecher:1813-1887)의 회중은 그의 설교 중 적소에 사용하는 유머 구사력에 만족스런 호흡을 맞추며 대화적 참여를 즐겼다. 설교자의 기쁨에 회중의 즐거움이 화답하는 설교의 현장이었다.

14) 하나님 나라의 확장을 위하여 해야 할 일이 많음을 알고 있는 사람들이다.

설교자는 자신이 이룬 일단의 업적에 결코 자만하는 사람이 아니다. 아직도 해야 할 일이 많고 그러하기에는 나의 능력이 너무도 부족하다는 것을 깨닫는 존재들이다. 웨슬리가 가졌던 불만은 바로 이것이었다. "우리는 전 세계에서 빚진 자들이다. 우리는 모든 사람에게 경고하고 모든 사람에게 권면하도록 부름을 받았다. 아아, 만일 어떻게 해서든지 우리가 몇몇이라도 구원할 수만 있다면……." 이러한 불만을 일러 '거룩한 불만'이라 말한다면, 모든 설교자들은 마땅히 거룩한 불만을 품고 지내는 자일 수밖에 없다.

15) 그들은 모두 고도의 민감성을 지닌 사람들이다.

선포의 대상들과 함께 깊이 공감하면서 그들이 아파할 때 함께 아파하고, 한편 그들보다 더욱 심각하게 깨달아서 그들이 미처 느끼지 못하는 것을 앞서 느끼는 고도의 민감성을 설교자들은 가지고 있다. 제임스 스튜어트(J. Stewart)는 인간의 고통에 대한 민감성을 소유하고 늘 설교를 통해 이를 표현하려 했다. 그러므로 그의 회중은 바로 이 설교자야말로 자신의 문제를 가장 잘 알고 이해해 줄 것으로 믿었다. 이 민감성은 또 설교자가 지닌 꿈으로 전달되기도 한다. 설교의 형식을 빌어 위대한 자유의 선언을 해낸 마틴 루터 킹(M. L. King:1929-1968)은 흑인 인권 회복 운동을 주도하면서 하나님의 사랑과 인간의 폭력이라는 민감한 문제의 표출을 "나에게는 한 꿈이 있습니다."라는 감동적인 외침으로 이루어 냈다. "나에게는 오늘도 한 꿈이 있습니다. 주의 영광이 드러나고 모든 육신이 그것을 함께 보리라는 그 꿈을 나는 꾸고 있습니다. 이것이 우리의 소망입니다. 이것이 내가 가지고 돌아온 믿음입니다. 이 믿음을 가지고 우리는 저 소망의 바위를 절망의 산정에 새길 수 있을 것입니다. 이 믿음을 가지고 우리는 국가의 온갖 불협화음을 형제애의 아름다운 교향악으로 바꿀 수 있을 것입니다. 이 믿음을 가지고 우리는 어느 날 자유를 얻게 될 줄 알고서 함께 일하고, 함께 기도하고, 함께 투쟁하고, 함께 갇히고, 함께 자유를 위하여 일어서는 것입니다."

2. 설교 방법

1) 그들은 모두 자신의 전달 방법을 확고하게 지니고 있다.

하나님의 말씀이 회중에게 전달되는 과정 속에 설교자가 원고를 어떻게 관리하고 사용하느냐에 따라 커뮤니케이션의 성패가 좌우되는 것이 사실이다. 그런 까닭에 전달 방법의 제한을 초래하는 원고를 과감하게 없애야 한다고 주장하면서 그것을 몸소 실천한 강단의 거성들이 있다. 대각성 부흥 운동을 자극한 조지 휫필드로부터, 20세기의 뛰어난 설교자 중의 한 사람인 클래런스 매카트니(C. E. Macartney: 1879-1957)에 이르기까지 상당수의 설교자들이 원고 없는 설교를 행하였다. 그러나 마지막까지 말씀을 받아 적는 심정으로 한 글자 한 글자씩 빠짐없이 기록하여 이것을 읽어 내리는 방법을 고수한 말씀의 종들도 적지 않았으며, 이 방법을 통해서도 설교의 불길은 어김없이 점화되었던 것을 얼마든지 확인할 수 있다. 조나단 에드워즈의 감동적인 선포라든지 필립스 브룩스(P. Brooks: 1835-1893)의 독특한 설교방식은 그 대표적인 경우로 꼽힌다. 브룩스의 경우, 웅변술과 수사에 능하지 못한 데다가 가끔 단어조차 빼고 읽는 실수까지 범하기도 했었지만 그 대신 빠르고 강력한 전달로써 회중의 심령을 밀물처럼 덮는 역사를 일으켰다. 한편, 아더 거시프처럼 모든 설교를 철저하게 원고로 작성하다가 말씀의 주제를 가슴 속에 숙지한 후로부터 차차 원고에서 벗어나는 단계를 밟아가는 경우도 보인다.

2) 언어 구사에 있어 단순성을 특징으로 하고 있다.

아우구스티누스는 수사학이나 문학, 라틴어 발성법 등에서 당대 최고의 능력을 인정받은 설교자였다. 그러나 그는 강단에 서서 결코 회중을 뛰어넘는 언어 구사력을 과시하지 않았다. 정통신학자, 이단 논객, 심지어 길가는 행인이나 노점상들도 알아들을 수 있는 쉽고 감화적인 언어를 사용했다. 존 뉴턴이 올르니 교구에서 어린이들을 가르치는 언어를 설교에 도입함으로써 훗날 런던의 지성들을 감동시킨 사례도 단순성의 특징을 선용한 일로 기록될 수 있다. 철학적 설교자 폴 틸리히(P. Tillich:1886-1965)가 늘 고민했던 것도 바로 이 문제였다. 그 결과 그의 심각한 설교가 전달되지 못한 독백으로 끝났던 과거를 청산하고 회중과의 상호관계를 유지하는 선포로 바꾸기 위해서 언어구사를 단순하게 하는 것이 무엇보다도 중요한 일임을 깨닫게 되었다.

3) 뜨거운 열정, 불붙는 가슴으로 전달한다.

복음을 선포할 기회가 찾아오면 그들의 가슴에는 새로운 불길이 일기 시작한다. 건강하지 못한 모습으로 생기 없는 말씀을 전하는 강단의 거성이란 그 유례조차도 결코 찾아볼 수 없다. 계속되는 전도 사역에 지칠 대로 지친 웨슬리는 그래도 자신이 강단에 서기만 하면 놀랄 만한 열정이 뒷받침되어 통증이나 연약함이 씻은 듯이 사라지고 불붙는 가슴만 남는다고 말했다. 스펄전이 말씀을 전할 때는 그의 뜨거운 정열이 마치 힘찬 악기와도 같이 온 회중의 가슴을 덮었다. 강렬하고도 명쾌한 음성 속에 설교자의 불 같은 심령이 그대로 실려 있었던 탓이다. 횟필드의 설교는 너무도 열정적이고 진실하여 어느 누구도 그가 자신의 설교 속에 스스로를 던지고 있음을 믿지 않을 수 없었다. 그가 설교를 행할 때마다 회중과 함께 눈물 흘리지 않을 수 없었던 것은 바로 그 불타는 진실에 연유하였다.

4) 표현의 방식을 연구하고, 그 기술을 습득한 사람들이다.

말씀의 효과적 선포를 위해 필수적인 연구 작업의 일환으로 언어의 기술적 전달 방식의 고찰에 심혈을 기울이는 것이 설교자의 특징이다. 일찍이 아우구스티누스의 손에 의해서 「기독교 교리에 관하여」(*De Doctrina Christiana*)가 편찬되고 그 4권이 설교학과 커뮤니케이션 이론의 선구가 된 이래 수많은 강단의 거성들이 뒤를 이어 표현의 방식과 기술을 연구하고 몸소 실천하게 되었다. 웨슬리의 「발음과 동작에 관한 지침」(*Directions Concerning Pronunciation and Gestures*)이라는 잘 알려진 저술도 이 같은 노력의 소산이며, 틸리히가 남긴 말 중에 "전달되어지지 않는 메시지는 메시지가 아니다.…… 그러므로 나의 질문은 그리스도인의 메시지가 어떤 것이어야 하는가에 있지 않고 오히려 어떻게 오늘의 현대인들에게 초점을 맞추어 전달하느냐에 나의 깊은 관심이 있다."는 내용도 이에 관한 고뇌의 산물이라 할 만하다.

5) 논증과 설득의 능력을 소유한 사람들이다.

열일곱 살에 예일 대학을 졸업하고 얼마 후 모교의 강사로 부임했던 조나단 에드워즈는 가히 천재적 논리학자였다. 그러한 능력을 지닌 에드워즈는 말씀을 선포할 때, 당시의 설교가 대부분 논리에 치우치고 형태가 고정되어 있었던 것을 한 차원 높여 변화를 도모했다. 즉, 깊은 사색과 신앙의 경험, 그리고 신학적 깊이를 말씀에 접목시키는 설교자의 논증 원리를 확증했다. 그의 논증의 기반은 하나님과의 계약이라는 점을 강조한 계약신학의 입장을 취하고 있었는데, 감히 어느 누구도 반박할 수 없으리만큼 하나님의 주권이 강조된 칼빈주의적 논리로 무장하고 있었다. 찰스 그랜디슨 휘니(C. G. Finney: 1792- 1875)가 변호사로 있을 때 그의 예리한 설득 논리가 소송을 줄곧 승리로 이끌어 내던 어느 날, 그의 능력이 하나님의 손에 있는 것이라는 것을 깨달은 순간부터 그것은 세상의 것들만을 위해 쓰여질 수 없게 되었다. 휘니는 마치 배심원들에게 이야기하던 방식으로 회중을 향해 설교하였다. 죄인이 아닐 수 없는 회중은 꼼꼼하고 예리하게 숨은 죄를 파고드는 논리적 설교 앞에 어쩔 수 없이 무너져 가는 자신들을 가눌 수 없었다.

6) 선포의 수단으로서 음악을 무척 중시한다.

강단의 거성들이 딱딱한 논리적 체계에만 전달 수단을 맡겨 버리고 있는 것은 아니다. 음악에 무관심한 설교자를 찾아보기란 힘든 일이다. 웨슬리 형제가 찬송을 통해 받았던 은혜는 얼마나 생생한 것인지, 그리고 무디의 설교 때마다 반주하며 노래하는 생키(I. Sankey)의 모습은 말씀을 갈망하는 수많은 회중의 마음과 함께 설교자 무디의 심령까지도 사로잡았다. 20세기 최대의 전도 설교자 빌리 그래함(B. Graham:1918-)도 "큰 죄에 빠진 날 위해 주 보혈 흘려 주시고 또 나를 오라 하시니 주께로 거저 갑니다."라는 찬송으로 인해 회개하고, 그가 설교하는 곳마다 새롭게 결단하는 회심의 행렬들을 이 찬송곡에 맞춰 인도해 내고 있다. 그래함의 설교와 함께 울려 퍼지는 쉐이(G. B. Shea)의 "주 예수보다 더 귀한 것은 없네."에서 기쁨을 느껴 보지 않은 금세기 후반의 기독교인은 아마도 없을 것이다.

7) 신선하고 기지에 넘쳐 있다.

강단의 거성들은 복음의 내용을 즐겁고 생생하게 표현하는 재능을 가지고 있었다. 스펄전은 다양한 계층의 사람들에게 지식과 문화적 한계를 뛰어넘는 위트와 유머를 적절히 구사하여 전달 효과를 극대화시키는 데 성공하였다. 조지 아더 버트릭(G. A. Buttrick:1892-1955)같이 신선한 선포를 추구해 온 설교자는 새로운 예화를 통해 회중의 눈에 선연한 상상력을 불러일으켰으며, 거의 모든 설교에 두 편 정도의 시를 포함시켜 감동을 배가하였다. 항상 회중을 사로잡았던 그의 설교 방법의 특징은 느릿하고 명료하게 말하면서 하나하나의 어구가 다음 말이 시작되기 전에 충분한 효과를 취하도록 하고 있는 점이다. 그의 태도에는 잔잔한 자신감이 넘쳐 있으며 즉흥적인 흥분을 자제하면서도 지, 정, 의를 조화하여 전체적인 인간형에 호소하는 특출한 재능을 보였다.

3. 설교 내용의 특성

1) 강단의 거성들은 한결같이 성경만을 기초로 삼았다.

그들은 대부분 세상의 지식에 있어서도 드높은 경지에 도달해 있는 사람들이다. 그러나 끝내 성경에 기초한 설교만을 한사코 붙들고 있는, 어쩌면 고루한 의식의 소유자들이다. "나의 설교는 그 자체로 아무런 권위도 갖지 않으며 그것은 성경 본문 안에 있는 진리의 해석이며 주석이요, 증거일 뿐"이라고 단정했던 조지 캠벨 모간은 오직 성경적 설교로 19세기가 저물어가던 무렵 혼미한 영국교회의 강단을 되살렸다. "우리가 사색의 모험 속에 있을 동안은 결코 설교하는 것이 아니다. 설교는 계시된 것으로서의 진리인 말씀의 선포이다." 이것은 성경적 설교관에 대한 그의 확고한 의지의 표명이자 훗날의 설교자들에게 주는 인상적인 경고가 되었다. 그리고 성경을 기초 삼는 방법의 하나로서 구약과 신약을 균형 있게 사용하는 것도 중요하다. 신약에만 일방적으로 치우친 설교는 자칫 말씀의 폭넓은 배경을 소홀히 하기 쉽다. 무디와 뉴턴은 이러한 균형의 문제에 남달리 신경을 썼던 설교자들이었다.

2) 그들은 인간의 마음을 이해하고 그것을 설교의 내용으로 삼고 있다.

존 뉴턴은 설교자가 배워야 할 세 가지 책이 있다고 하였다. 그것은 성경책과 자연이라는 책과 인간 마음의 책을 말한다. 마지막 책은 인간으로서 삶의 고통을 통하여 배우게 되는데 뉴턴 자신이 이것을 뼈저리게 체험했으며, 존 번연이 옥고를 치루면서 깊이 경험한 일이고, 인간의 문제에 대한 양심적 고통을 겪은 모든 설교자들이 한결같이 공감했던 내용들이다. 거리의 부랑자를 회심시키기 위한 인정어린 선포자 체드위크의 설교 내용, 불안한 노동자들과 빈민들의 고통 및 전쟁 방지를 위한 기독교인의 노력을 호소한 선포자 헨리 코핀(Henry S. Coffin:1877-1954)의 설교 내용이 바로 인간에 대한 이와 같은 이해의 발로이다.

3) 교육과 관련되는 내용을 담고 있다.

설교의 양대 요소는 선포(케리그마, kerygma)와 교육(디다케, didache)이다. 복음을 선포한 후 필연적으로 이루어져야 할 일이 바로 신자의 교육인데, 강단의 거성들은 한결같이 이것을 잊지 않은 사람들이었다. 개혁자 마틴 루터가 이를 깨닫고 설교의 교육적 효과 증대에 최선을 다하였고, 이어 존 칼빈의 영향을 받은 장로교회 계통의 설교자들이 이 부분에 깊은 관심을 가지고 교육적 설교의 정신을 구현했다. 수많은 거성들이 신학 교수나 또 다른 방법을 통하여 교육과 관련된 설교를 행하였고 그 효과를 중시했다는 기록들이 남아 있다.

4) 은혜와 심판이라는 양 주제가 포함되어 있다.

"우리들이 고통받고 있다는 증거가 있습니다. 그 고통은 여러 가지 이름으로 불릴 수 있으나 한 마디로 말하면 바로 죄입니다. 죄는 바로 하나님으로부터 멀어져 있는 상태입니다. 하나님께서는 그 죄에 대해 무엇인가 하시기를 원하십니다. 그래서 하나님은 그리스도를 통하여 우리에게 도움을 주십니다. 하나님의 사랑은 모든 사람들을 나아오도록 초대하는 것입니다. 우리는 이 사랑에 응함으로써 회심할 수 있습니다." 이와 같이 설교하는 빌리 그래함은 선포 내용 속에 늘 하나님의 진노와 심판, 그리고 하나님의 사랑을 함께 담고 있다. 그러나 빌리 그래함은 날이 갈수록 사랑이라는 주제에 집중하는 경향을 보이고 있다. 이것은 비단 그래함뿐만 아니라 현대교회 설교의 한 추세가 되어 은혜만으로 강단 전체를 휩싸려 하는 위험한 진행 양상을 나타낸다. 이러한 일방적 은혜 중심의 메시지에 일찍이 경고를 보낸 바 있었던 조나단 에드워즈의 폭탄적 설교 내용은 이러했다.

"그대들을 지옥의 갱으로 던지기를 잠깐 유보하신 하나님은 불길 위에서 징그러운 거미나 벌레를 붙잡고 있는 것처럼 여러분을 소름끼칠 정도로 싫어합니다. 그리고 몹시도 노여워하십니다. 여러분을 향한 하나님의 진노는 불처럼 타고 있습니다.……그런데도 여러분이 아직 지옥불에 떨어지는 것을 막아 주는 것은 여러분을 붙들고 있는 하나님의 손뿐입니다."1)

5) 시대적 상황을 인식하고 이에 적극적으로 참여하는 내용을 담고 있다.

복음은 개인 구원의 차원일 뿐이라며 시대적 상황에 무관심해 버렸던 설교자는 진실한 설교자라 할 수 없다. 경건한 흑인 노예의 인고와 헌신의 생활을 바라보면서도 성경에 종과 노예가 등장한다는 이유로 이 비인간적 상황을 외면하고 합리화시키는 설교자가 있다면 과연 진실한 설교자가 될 수 있는 것일까? 노예의 믿음 속에서 시대적 병폐를 발견한 헨리 워드 비처는 이후의 강단에서 사회적인 문제에 깊이 개입하였고, 특히 노예 제도 반대에 전력을 다하게 되었다. 그래서 그는 인간의 삶과 관련이 없는 학술적 주석은 단연코 거부하는 고집을 꺾지 않았다. 사회복음 설교자로 널리 알려진 월터 라우쉔부쉬(W. Rauschenbusch:1861-1918)는 소년 시절 그토록 열심히 일하고 받아든 임금이 놀라울 정도로 보잘것없었음에 충격을 받고 회심의 경험 이후 그에게 사명처럼 박힌 노동 시간과 저임금 개선에 대한 주제의 선포를 발전시켜 나갔다.

6) 세속적 체험을 설교학적으로 활용할 줄 안다.

경험하는 모든 것은 설교의 자료로 재생되어 다시 활용되는 과정을 거친다. 그러므로 강단의 거성들은 그것이 말씀의 선포를 위하여 내게 주시는 체험인 줄로 확신하며 용기를 잃지 않는다. 안드레성 전투에서 프랑스 군대에 잡혀 군함의 노를 젓는 노예로 끌려간 절망의 상황 아래서도 존 낙스는 의연했으며, 히브리 예언자적 선포의 준비를 갖추고 있었다. 물론 지적이며 고상한 삶의 경험을 선용한 경우도 많다. 불의 앞에서 침묵하는 것은 죄악이라고 외쳤던 휘니의 선포는 양심적 변호사로서의 경험에서 기인된 것이고, 정밀한 말씀의 기틀과 묘사의 날카로움을 겸비한 버트릭의 설교는 교수와 작가로서 다져진 지적 체험의 소산이었음을 간과할 수 없다.

7) 그들은 기도를 통해 끝없이 말씀의 내용을 새롭게 하려 한다.

기도 없이 말씀의 내용을 계속 생산해 내기 원하는 것은 헛된 꿈에 불과한 것임을 설교자들은 잘 알고 있다. 그래서 강단의 거성들은 그들의 설교 내용을 무릎을 꿇고서 얻어 낸다. 특히 젊은 날 자신의 지식에만 의존하다가 처절한 실패를 경험했던 설교자에게는 이것이 더욱 심각한 문제가 아닐 수 없다. 일찍이 인생의 목표를 변호사에 두고 법학을 공부했던 스탠리 존스는 첫 설교의 기회를 맞아 변론의 형식으로 말씀을 전하려 하였으나 그만 참담한 실패를 맛보게 된다. 이때 존스의 마음 속에 임한 진리는 설교자란 하나님의 변호인으로 변론을 전개하는 인간이 아니라, 한없는 은총을 가지고 이 땅에 오신 그리스도를 증거하는 하나님의 증인이어야 한다는 확신이었다. 이 때부터 기도를 통한 내적 응답을 설교하기 위해 그의 준비는 항상 경건한 기도로 시작되었다. 참으로 기도로 준비되지 않은 말씀의 내용이란 생명력을 갖지 못한 언어의 유희에 불과한 것이라 할 수밖에 없다.

이 강의를 매듭짓는 결론에 대신하여, 내일의 강단을 밝힐 새로운 거성들이 지녀야 할 특징 몇 가지를 소개하려 한다. 데머레이가 권면하는 아래 다섯 가지의 항목은 보편적인 설득력을 가지고 있어 내일의 한국교회에도 여과 없이 그대로 적용될 수 있으리라 본다.

    (1) 우리 시대의 위기를 극복할 수 있도록 성령님의 특별한 감동을 받아야 한다.
    (2) 거룩한 고집(holy toughness)을 발전시켜야 한다. 내일의 강단은 죄에 대항하여 설교할 수 있고 또 그럴 결심이 되어 있는 독자적이고 고집이 센 강철 같은 사람들을 요구하고 있다.
    (3) 그 고집과 함께 신적인 유연함도 겸비해야 한다. 설교자가 잃어버린 자들의 구원과 범죄자들의 회개를 위해 예수님의 충심어린 근심으로써 간구할 때 비로소 그들을 눈물 흘리게 할 수 있다.
    (4) 그들은 하나님의 메시지를 선포하는 데 필요한 기술과 지식을 전수받아야 한다.
    (5) 그들은 하나님과 효과적으로 접촉하는 수단인 기도에 힘써서 결코 영적 결핍을 드러내는 일이 없어야 한다.

주〉─────────

1) Perry Miller, *Jonathan Edwards*(Toronto:Willam Sloane Associates, Inc, 1949), pp. 35-40.

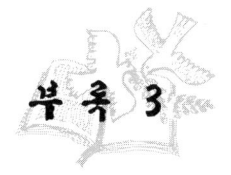

부 록 3

설교 평가서

1. 설교 비평을 위한 평가 기준

　설교의 발전이란 설교자가 추구하는 가장 우선적인 이상이다. 이 이상의 실현은 설교자의 끊임없고 눈물어린 노력에 의해서만 가능하다. 다양한 설교자의 노력 가운데 필연적으로 있어야 할 것은 바로 설교에 대한 평가의 문제이다. 설교자가 설교를 한 다음에 아쉬움이 가득한 마음에서 겸허하게 자신의 설교에 대한 평가를 진행하는 것은 너무나 당연한 과정이다. 이러한 생활이 계속될 때 어느 때인가 자신의 이상이 다 채워질 수는 없을지라도 어느 수준까지는 쉽게 도달할 수 있다.

　자신의 설교에 대해 자만하거나 또는 자학하는 어느 경우도 설교자로서는 타당하지 않은 자세이다. 겸손하게 더 낳은 발전에 대한 노력을 지속시키는 길만이 자랑스러운 자세이다. 다음의 평가서는 설교 교육에서 쓰이고 있는 평가 요령들을 다시 종합적으로 정리한 내용이다. 기재 요령은 항목마다 만족한 경우는 5점을 기준으로 하여 그 정도를 나타내고 숫자가 없는 경우는 해당란에 표시만 한다.

2. 설교 비평을 위한 설문서

> 설교 비평을 위한 설문서

때 :　　　년　　월　　일
곳 :

1) 설교의 본문과 주제

본문(Text) :　　　　　　주제(Subject) :

2) 본 설교가 설정한 목적

선포적인 설교_____　　치유적인 설교_____
교훈적인 설교_____　　예언적인 설교_____

3) 설교의 자료

성서____ 역사____ 현대상황____ 예화____ 설교자의 분석____
신학____ 철학____ 문학_____ 경험____ 설교자의 경험____

4) 서 론

▷ 서론의 형태는 어떤 것을 택하였는가?
문제의 제기____　　뉴스의 활용____　　인간적인 경험담____
읽은 책의 활용____　계절의 언급____　유머의 사용____
인용구의 사용____　본문의 Context 접근____

▷ 서론의 기본 요건에 대한 충실도는 어느 정도인가?

주제 소개　　 1. 2. 3. 4. 5.　흥미의 정도　1. 2. 3. 4. 5.
서론의 길이　 1. 2. 3. 4. 5.　설교의 방향　1. 2. 3. 4. 5.
서론의 간결성 1. 2. 3. 4. 5.

5) 본문의 주석 및 주해와 적용

본문의 뜻에 대한 정확한 포착　　　　　1. 2. 3. 4. 5.
주석 연구에 대한 정도　　　　　　　　1. 2. 3. 4. 5.
주해의 심도　　　　　　　　　　　　　1. 2. 3. 4. 5.
적용의(말씀의 현장) 타당성　　　　　　1. 2. 3. 4. 5.

6) 본 론

▷ 강해 설교인 경우

성경의 본문이 충분하게 설정되었는가?　　1. 2. 3. 4. 5.
본문의 기본적인 의미가 보편적으로 설명되고 있는가?
　　　　　　　　　　　　　　　　　　　1. 2. 3. 4. 5.
본문에 함축된 진리가 어느 정도 전달되고 있는가?
　　　　　　　　　　　　　　　　　　　1. 2. 3. 4. 5.
주제 설정의 명확성과 현실성은 어느 정도인가?
　　　　　　　　　　　　　　　　　　　1. 2. 3. 4. 5.
회중의 삶에 어느 정도 효과적인 적용을 하고 있는가?
　　　　　　　　　　　　　　　　　　　1. 2. 3. 4. 5.

▷ 본문 설교인 경우

본문의 길이는 적절한가?　　　　　　　1. 2. 3. 4. 5.
설교 내용이 본문과 일치한가?　　　　　1. 2. 3. 4. 5.
본문의 개념과 어휘는 면밀한 연구가 되었는가?
　　　　　　　　　　　　　　　　　　1. 2. 3. 4. 5.
설교자의 주관적 추리나 분석의 개입은 어느 정도인가?
　　　　　　　　　　　　　　　　　　1. 2. 3. 4. 5.
본문의 회중의 현장 적용은 성공적인가?　1. 2. 3. 4. 5.

▷ 분석 설교인 경우

주제에 대한 정의의 정도(What)　　　　1. 2. 3. 4. 5.
주제의 필요성(Motivation)의 정도(Why)　1. 2. 3. 4. 5.
그 실천 방법의 구체성과 가능성(How)　 1. 2. 3. 4. 5.
방법의 제시가 본문에서 어느 정도 유출되었는가?
　　　　　　　　　　　　　　　　　　1. 2. 3. 4. 5.
이때 찾아올 결과는 Good News로 충분한가?(What then)
　　　　　　　　　　　　　　　　　　1. 2. 3. 4. 5.
전개된 논리의 정확성은?　　　　　　　1. 2. 3. 4. 5.
상호 연관관계　　　　　　　　　　　　1. 2. 3. 4. 5.

▷ 대지 설교인 경우

대지가 본문에서 유출되었는가?　　　____(예. 아니오)
대지가 자신의 분석에서 유출되었는가?　____(예. 아니오)
대지들은 동일한 방향의 감각을 가지고 있는가? ____(예. 아니오)

대지들은 현재성을 충분히 내포하고 있는가? _____(예. 아니오)
대지들은 간결성과 밀착감을 가지고 있는가? _____(예. 아니오)

▷ 서사 설교인 경우

본 주제는 성경에 충분한 자료를 가지고 있는가?
　　　　　　　　　　　　　　　　　　_____(예. 아니오)
본 설교는 성경의 기록에 어느 정도 충실한가?　1. 2. 3. 4. 5.
문학적 서술과 표현의 수준은 어느 정도인가?　1. 2. 3. 4. 5.
본 설교의 특유한 효과적 적용의 정도는 어떤가?　1. 2. 3. 4. 5.
설교자의 통찰력은 어느 정도인가?　　　　　　1. 2. 3. 4. 5.

7) 결 론

▷ 결론의 형태는 어떤 것을 택하였는가?

　　설교 요점의 반복_____　　경이적이고 충격적인 형식_____
　　격려의 형식　　 _____　　시구 사용　　　　　　 _____
　　은총의 선언 형태_____　　명령적이고 교훈적인 형식_____

▷ 결론의 기본 요건에 대한 충실도는 어느 정도인가?

　　결론의 정확성　　　　　　　　1. 2. 3. 4. 5.
　　공감의 정도　　　　　　　　　1. 2. 3. 4. 5.
　　긴급성　　　　　　　　　　　 1. 2. 3. 4. 5.
　　자연스럽고 적절한 연결　　　 1. 2. 3. 4. 5.
　　개인적인 만남의 시도　　　　 1. 2. 3. 4. 5.

간결성   1. 2. 3. 4. 5.
설교 절정의 실현   1. 2. 3. 4. 5.

8) 사용된 언어 평가

보편적인 구어체 _____ 저질적인 구어체_____
어느 정도의 수준을 지킨 문장체_____ 지나친 학술언어_____
알아들을 수 없는 단어들의 남발_____
            (이상의 질문에는 예와 아니오로 대답함.)
발음의 정확도   1. 2. 3. 4. 5.
문장력   1. 2. 3. 4. 5.

9) 전달 방법

음성의 폭   1. 2. 3. 4. 5.
음성의 고저   1. 2. 3. 4. 5.
언어의 속도   1. 2. 3. 4. 5.
제스처의 효율   1. 2. 3. 4. 5.
자율성   1. 2. 3. 4. 5.
회중과의 시선관계   1. 2. 3. 4. 5.

10) 종합적인 평가 :

찾아보기 / 인명

ㄱ

거시프(Gossip, A. J.) 441, 449
고려위 26
곽안련 14, 28, 32, 72, 350
그라소(Grasso, D.) 74
그래함(Graham, B.) 451, 452, 454

ㄴ

나다나엘 398
나단 122
낙스(Knox, J.) 102, 105, 441, 456
넌스(Nounce, R.) 142
노췌(Knoche, G.) 157
뉴턴(Newton, J.) 442, 449, 453
니이버(Niebuhr, Reinhold) 446

ㄷ

다나(Dana, H. E.) 115
다윗 122, 434
데머레이(Demaray, D. E.) 439, 456
데모크리투스(Democritus) 133
데이비스(Davis, H. G.) 137, 145, 217, 218
데이비스(Davis, Ozara) 230
도드(Dodd, C. H.) 73, 141
도발드슨(Thorvaldsen) 246
듀남(Dunnam, M.) 349
듀이(Dewey, J.) 338
디일(Diehl, C. F.) 288
디플러(Difleur, M.) 337

ㄹ

라우리(Lowry, Eugene L.) 183, 185
라우쉔부쉬(Rauschenbusch, W.) 465
랄슨(Larsen, O. N.) 337
랜돌프(Randolph, D. J.) 72
레이시(Lacy, B. R.) 132
로빈슨(Robinson, H. W.) 164

롱(Long, T.) 231
루이스(Lewis, R.) 205
루터 79, 84, 116, 264, 440, 442, 443, 454
리드(Reid, C.) 205, 207, 331, 332, 335
리빙스톤(Livingstone, D.) 243

ㅁ

마샬(Marshall, P.) 236, 441
마이어(Meyer, F. B.) 166, 445
마틴 루터 킹(King, M. L.) 447
매카트니(Macartney, C. E.) 448
맥루한(McLuhan, M.) 323, 330
맥이천(McEachern, A. H.) 196
맥콤(McComb, S. L.) 216
머라비안(Mehrabian, A.) 296
모간(Morgan, G. C.) 441, 453
무디(Moody, D. L.) 275, 276, 443, 444, 451, 453
밀러(Miller, D.) 66, 75, 104, 107, 132, 163

ㅂ

바렛(Barrett, C. K.) 101
바르트(Barth, K.) 32, 51, 68, 69, 216, 223
바우만(Baumann, D.) 71, 92, 122, 123, 148, 151, 197, 206, 259, 271
바울 66, 88, 170, 224, 239, 244, 274, 349, 416, 417
바클레이(Barclay, W.) 345, 348
박스터(Baxter, R.) 89, 440
박형룡 91, 94
밴스(Vance, J.) 83, 84
버나드(Bernard of Clairvaux) 113
버트릭(Buttrick, David) 42, 294
버트릭(Buttrick, George) 140, 452, 456
번연(Bunyan, J.) 443, 453
베드로 122, 139, 140, 181, 349, 398
베켈히머(Beckelhymer, H.) 245
보이(Bowie, W. R.) 356
보이스(Boice, J.) 85
본회퍼(Bonhoeffer, D.) 36, 73, 445
불트만(Bultmann, R.) 50, 115
브라운(Brown, H. C.) 72, 112
브로더스(Broadus, John) 252, 253, 442
브루너(Brunner, E.) 73, 336
브룩스(Brooks, P.) 69, 72, 83, 143, 285, 334, 448, 449
브리드(Breed, D. R.) 230
블랙우드(Blackwood, A. W.) 286
비이쳐(Beecher, H. W.) 72, 446

찾아보기 / 인명

ㅅ

생키(Sankey, I.) 451
쉐이(Shea, G. B.) 452
스토트(Stott, J. R.) 110, 277
스튜어트(Stewart, J.) 73, 96, 447
스티븐슨(Steventon, D.) 86, 288
스펄전(Spurgeon, Charles H.) 243, 244, 265, 440, 450, 452
쌩스터(Sangster, W. E.) 216, 290

ㅇ

아리스토텔레스 133, 200, 283, 383
아우구스티누스 16, 113, 156, 200, 321, 322, 446, 449, 450
알렌(Allen, Arthur) 134
에드워즈(Edwards, J.) 444, 448, 451, 454
에반스(Evans, W.) 174
에비(Abbey, Merrill) 331
에슬링거(Eslinger, R.) 184
엘리슨(Ellison, J.) 89
예레미야 47, 75, 98, 255
오덴(Oden, T. C.) 145
오리겐 112
오웬(Owen, D. R.) 337
오트(Ott, Heinrich) 74
와들로(Wardlaw, D. M.) 74
요한(사도) 366, 398
요한(세례) 149
웨버(Webber, R.) 339
웨슬리(Wesley, J.) 77, 78, 79, 80, 87, 88, 93, 441ff, 451,
융(Jung, C. G.) 145
이그나티우스 347
이명직 74

ㅈ

존스(Jones, E. Stanley) 440, 456
존스(Jones, Illion) 246, 272

ㅊ

체드위크(Chadwick, S.) 445, 446, 453

ㅋ

칼빈(Calvin, J.) 15, 24, 32, 51, 60, 68, 75, 77, 78, 79, 80, 106, 116 341, 344, 347, 442, 443, 446, 451, 454
캄(Come, Arnold B.) 346
캐머러(Caemmerer, R. R.) 344
코핀(Coffin, H. S.) 73, 354, 357, 358, 453
콕스(Cox, H.) 204, 324
콕스(Cox, James) 138

콜러(Koller, C. W.)　　　　　201
크라우스(Kraus, H.-J.)　　　　359
크라이테스(Crites, S.)　　　　183
크래독(Craddock, F. B.)　　205,
　　　　206, 270, 419, 420
크롱카이트(Cronkhite, G.)　　221
클라크(Clarke, A.)　　　　　　440
클레멘트(알렉산드리아의)　　112
클리랜드(Cleland, J. T.) 116, 117

ㅌ

토랜스(Torrance, T. F.)　　　345
톰슨(Thompson, W.)　　193, 327
티자드(Leslie Tizard　　　　　84
틸리케(Thielicke, H.)　　30, 324
틸리히(Tillich, P.)　　74, 157, 285,
　　　286, 321, 322, 332, 449, 450

ㅍ

파머(Farmer, H. H.)　　　　　73
파커(Parker, T. H. L.)　　　　74
팔머(Palmer, E. H.)　　　　　358
패턴(Patton, C. S.)　　　　　95
패티슨(Pattison, T. H.)　　　　72

팬트(Fant, C.) 90, 120, 121, 355
페로우(Perrow, M. V.)　　　　329
페리(Perry, L. M.)　　　107, 217
펠라기우스　　　　　　　　　179
포사이드(Forsyth, P. T.) 72, 163,
　　　　　　　　　　　　　352
포스딕(Fosdick, H. E.)　136, 146,
　　　　　　　　147, 225, 445
폰 알멘(Von Allmen, J. J.)　　75
프로취노우(Proechnow)　　　292
피어링(Fearing, F.)　　　　　337
피어슨　　　　　　　　　　　286

ㅎ

하우(Howe, R.) 53, 204, 205, 328
하이데거(Heidegger, M.)　　　50
헤겔(Hegel, G. W. F.)　　　　206
홀(Hall, Edward T.)　　　　　296
휘니(Finney, C. G.)　　451, 456
휫슬(Whitesell, F. D.)　129, 217,
　　　　　　　　　　　　　351
휫필드(Whitefield, G.)　444, 448,
　　　　　　　　　　　　　450
휴이(Huie, W.)　　　　118, 125

찾아보기 / 개념

4

4C의 구성 방법　　185, 212, 395

ㄱ

가성　　　　　　　　　　295
가시적 의사소통　　　　　296
갈등의 심화　　　　　　　185
감성　　　　　14, 142, 296, 447
감정 조절　　　　　　　　303
강도요령　　　　　　　　　72
강복의 하나님　　　　　　238
강해 설교　　110, 138, 155, 156,
　　　　　　158, 162ff, 171, 189
　　　　　　203, 211, 221, 461
개신교(회)　　20, 28, 47, 49, 50,
　　　　　　60, 99, 100, 108, 179
개체 단어　　　　　　　　292
거짓 말씀　　　　　　　　105
결론의 전략적인 연기　　　183

경건　　　79, 85ff, 101, 451, 452
경건주의자　　　　　　　　113
공간적인 특성　　　　　　183
공유　　　　22, 162, 329, 332
교리 설교　　138, 142, 143, 144
교만　　　44, 45, 245, 246, 406
교의의 보고　　　　　　　106
교황　　　　　　　　　　264
교회력　　　110, 132, 163, 166,
　　　　　　　　251, 257, 265
교회의 권위　　　　　　　113
교훈적 설교　　　363, 379, 404
구개음　　　　　　　　　315
구상　　　　161, 183, 185, 230,
　　　　　　250, 259, 336, 374
구어체　　　　　91, 261, 464
귀납법　　155, 200, 203ff, 213,
　　　　　　　232, 270, 413
그리스-로마　　　　　　　209
그리스도의 대리인　　　　347
그리스도의 수난과 부활　　140

그림 언어　　　　　　　　184
기독교 민간 전승　　　　115
기복 사상　　　　30, 59, 239

ㄴ

내용 전개　　　　　　176, 188
높낮이　　　　　　　314, 316

ㄷ

대림절　　　　　　　　　251
대사　　　　32, 51, 68, 124, 341
대지 설교　　155, 158, 167ff, 202,
　　　　　　208, 223, 363, 462
대화 설교　　158, 189ff, 199, 419
대화의 기적　　　　204, 213, 328
대화의 현시　　　　　　　　120
대화적인 설교　　　　　　　299
데라페이아　　　　　　　　145
도용　　　35, 46, 257, 264, 325
도입부　　　　　　　　　　188
독백 설교　　158, 189, 195ff, 433
독백적인 패턴　　　　　　　336
독서　　　　91, 207, 221, 249,
　　　　　　276, 306, 441, 442
두성　　　　　　　　　　　289
드라마적 전개　　　　　　　196
디다케　　　　　　　　143, 454
디지털　　197ff, 212, 248, 333

ㄹ

로고스　　　　　　　　　　283
리듬　　　92, 289, 293, 294, 307,
　　　　　　317, 318, 319

ㅁ

말씀의 균형　　　　　　　　256
말씀의 메신저　　　　　　　165
말씀의 씨앗　　　　　　　　354
말씀의 운반자　　20, 77, 117, 165
말씀의 주인　　33ff, 56, 57, 60,
　　　　　　105, 176, 192, 208, 303
말씀의 현장화　　97, 109, 121, 140
말의 생성　　　　　　　　　291
멀티미디어　　　　　　197, 213
메시지의 선명성　　　　　　187
명령형　　　55, 56, 57, 315, 339
명제적 진술　　　255, 259, 260,
　　　　　　　　364, 380, 405
모순점 제기　　　　　　　　185
목양 설교　　　　　138, 145, 146
몸짓　　　　　　　　　　　298
문어체　　　　　　　　54, 260
문학적 표현　　　　　　181, 187
문화의 신학　　　　　　　　322
물량주의　　　　　　　　　 30
미 연합장로교의 예배모범　　83

ㅂ

반신	18, 23, 149, 239
발성	281, 287ff, 299, 300, 315, 346, 449
발음	146, 291ff, 307, 312, 315, 316, 318, 443, 450, 464
번역	24, 111, 118, 125, 126, 172, 211, 212, 341, 381, 420
복된 소식	104, 117, 139, 171, 176, 178
복음의 전령	267, 268
복음주의	79, 151, 164, 441
복장	196, 248, 297
본문 설교	110, 158ff, 189, 192, 210, 462
본문의 관점	187
본문의 배경	184, 223
본문의 분위기와 어조	187
봉헌 설교	138
부르심	78ff, 83, 327, 336
부활절	251, 431
부흥회	142, 192
분석 설교	155, 158, 167, 168, 174ff, 202, 223, 379, 462
분절	292, 293
불교	99, 100
비복음적인 설교자	150

ㅅ

사경회	142
사이버	197, 198, 212
사회 구원	150
삶의 자리	90, 117, 118
삶의 현장 설교	225
삼단논법	206
상관 설교	158, 189, 190, 202
새로운 설교학	205
서사 설교	155, 158, 179ff, 190, 196, 199, 211, 212, 395, 463
석의 작업	113, 166, 189, 192, 258, 268
석의	39, 59, 91, 109, 117, 119, 121ff, 144, 159, 165, 168, 201, 230, 255, 259, 263
선비	40, 90, 91, 227, 254, 276
선포적 설교	363, 379, 404
설교 목적	131, 133, 256
설교 유형	155, 157, 166
설교 전문인	25, 179, 192, 249
설교 준비	37, 38, 150, 212, 245, 247, 254, 263, 278, 446
설교 현장	20, 23, 29, 38, 45, 95, 98. 122, 249, 272, 301, 320, 321, 324, 337
설교 횟수	28
설교의 도구	93, 248
설교의 본문	95, 98, 103, 109,

　　　　　　　111, 165, 174, 220, 230,
　　　　　　　257, 354, 355, 456
설교의 사역　　23, 33, 54, 60, 67,
　　　　　　　82, 92, 100, 124, 133, 261,
　　　　　　　327, 328, 336, 345, 353ff
설교의 위기　　21, 35, 46, 47, 101,
　　　　　　　204, 205, 213, 277, 324,
　　　　　　　328, 340, 341
설교의 유형　　　　155, 157, 160,
　　　　　　　　　167, 174
설교의 윤곽　　156, 255, 259, 260
설교의 주안점　　　　　　162, 170
설교학자　　44, 69, 70, 71, 86,
　　102, 137, 138, 153, 157, 164,
　　205, 208, 217, 230, 235, 250,
　　253, 254, 257, 290, 348
설득　　72, 135, 136, 137, 156,
　　　157, 175, 270, 298, 299,
　　　353, 450, 451
설화체 설교　　155, 180ff, 211,
　　　　　　　212, 395
성경 봉독　　　　　　　307, 310
성경 사전　　　　　　118, 126, 191
성경적 설교　　95, 98, 101ff, 124,
　　　　　　　211, 212, 453
성령님의 도구　　　33, 345, 349
성령님의 두루마기　　　358, 359
성령님의 열매　　　　　349, 350
성서일과　　110, 251, 257, 265
성언운반일념　　　13, 15, 16, 80

성육화　　90, 92, 255, 261, 263,
　　　　305
성찬성례전　　　　　　　　　30
성탄절　　　　　　　　　　251
성화　　　　　　　　　　79, 87
세속도시　　　　　　　　　324
수난절　　　　　　　　　　251
수사학　　116, 133, 136, 156, 161,
　　　200, 235, 269, 322, 353, 449
수용　　31, 71, 87, 91, 112, 128,
　　　137, 186, 187, 194, 205, 207,
　　　208, 212, 247, 309, 334
수용자　　　　　　　　331, 332
시간 조절　　　　　　　305, 306
시선 분배　　　　　　　　309
식민지 교회　　　　　　　　16
신언　　　　33, 51, 52, 57, 99
신정통주의적 해석　　　114, 115
신체언어　　　　281, 296, 297
실존적 해석　　　　　　　114
실천 신학　　　　　　14, 27, 28

ㅇ

양방적　　　　　　　　69, 193
양식비평　　　　　　　　　115
어감　　196, 239, 306, 307,
　　　314, 317, 318, 319, 320
언어 구조　　34, 49, 53, 54, 208
언어 능력　　　　　　　　　54

찾아보기 / 개념

언어 메커니즘　　　　　286
언어 외적인 표현　　　　307
언어 위주　　　　　337, 338
언어의 속도　　295, 318, 464
에토스　　　　　　　13, 283
여성 설교자　　　　319, 320
역동적인 사건　　　　67, 352
연골　　　　　　　　　　288
연역법　　　　　　200ff, 232
연중 계획　　243, 250, 252, 256, 257, 258
영상　　　　　119, 120, 200
영상 매체　　　　　200, 212
영성　　18, 26, 38, 85ff, 111, 182, 256, 259, 349, 350, 359
예언자　　63, 64, 67, 84, 98, 107, 149, 150, 151, 184, 327, 346, 353, 379, 441, 456
예언적인 메시지　　　151, 152
예언적인 설교　　149, 151, 460
예일대학의 비쳐 기념 설교학 강연
　　　　　　　　　　　　69
예증　　　　115, 123, 201, 270
예화 설교　　158, 189, 191, 192
오순절　　　251, 345, 348, 355
원고화　　176, 255, 259, 260, 261, 276, 305
유교　　20ff, 40, 54, 180, 208, 229, 239, 339
윤리 설교　　　　　　　138

율법과 복음　　　　　　141
음색　　289, 290, 295, 316, 319
음악　　　289, 294, 335, 451
음역　　　　　　　　　289
음정　　196, 221, 222, 233, 284, 293ff, 314, 315, 316, 317, 319,
음폭　　　221, 287, 295, 316
음향 시설　　　　　　　295
의사 전달　　56, 209, 293, 296
이미지　　198, 199, 211, 236, 347
이야기체 설교　　155, 180ff, 212, 270, 404
인도주의　　　　　　　147
인물 설교　　　　158, 189, 190
인물의 성격　　　　　　187
인언　　　　　　　　33, 59
일방적　　69, 156, 194, 206, 271, 299, 325, 334, 453, 454

ㅈ

자료 배열　　　　　260, 263
자유주의　　　　　　　150
전개 형태　　155, 157, 158, 167, 174, 181, 182, 189, 194, 200, 202, 203, 207, 208
전개론　　　　　　200ff, 209
전도 설교　　138, 139, 140, 447
전도집회　　　　　　　142
전자 문화　　　　　　　197

전자 시대　　　　　　145, 335
전환　　50, 185, 194, 207, 322,
　　　335, 400, 402
접촉　　71, 91, 117, 287, 309,
　　　331, 332, 457
정념　　　　　　　　　　283
정치적 설교자　　　　　　150
정황　　38, 110, 150, 159, 172,
　　　177, 196, 223, 239, 254,
　　　365, 381
정황 설교　　　　　　　　146
제목 설교　　　　　　　　160
제스처　296, 298, 303, 307, 310,
　　　313, 314, 319, 464
제의적 문화　　　　　　　　87
종결어　34, 45, 49, 57, 58, 59, 60
종교 문화　　22, 24, 31, 239
종지부　　　　　　　　　188
주제 설교　110, 158ff, 171, 174,
　　　189, 192, 210
주해　　59, 104, 119, 121, 122,
　　　128, 144, 165, 166, 171, 174,
　　　201, 208, 255, 259, 263, 461
주해 설교　　　　104, 163, 189
주현절　　　　　　　　　251
준비 단계　　　　　　　　263
중성(中聲)　　　　　　　289
지금 여기　103, 109, 119, 140,
　　　166

ㅊ

천주교　　　　　　　　99, 100
청취자　　　　　　　　　294
초대교회　97, 114, 115, 141, 142,
　　　327, 347, 349
최종 점검　　255, 261, 262, 263
치유　　85, 138, 145, 405, 431
치유(적) 설교　　144ff, 363, 364,
　　　379, 404, 460

ㅋ

칼빈주의　　　　　　　　451
커뮤니케이션　22, 24, 28, 70,
　　　71, 72, 107, 137, 144, 157,
　　　188, 193, 195, 197, 203, 204,
　　　207, 256, 284, 285, 286, 296,
　　　299, 321ff, 448, 450

ㅌ

태도　18, 60, 217, 220, 297, 315,
　　　324, 330, 331, 440, 452
통찰력　51, 112, 181, 182, 187,
　　　190, 345, 463

ㅍ

파토스　281, 283, 284, 302, 303

ㅎ

하나님의 종	68, 348
한국 설교의 문제	54
합리주의	79, 114
합리화	102, 160, 161, 455
해산	284, 285, 301, 382
현시	120, 338
현존	102, 103, 323, 344, 434
호흡량	290
화술	132, 286, 323, 347, 354, 358
화신적인 설교	305
화자	136, 269, 271, 294
확인	50, 60, 82, 84, 119, 126, 128, 133, 170, 185, 197, 240, 279, 282, 301, 346, 349, 402, 448
회개	31, 56, 57, 138ff, 144, 151, 171, 257, 335, 354, 355, 409, 451, 457
횡경막	281, 287, 288, 317
후두	288
흉성	289
흥미	28, 32, 112, 127, 142, 144, 169, 180, 182, 185, 187, 192, 194, 207, 214, 219, 220, 224, 271, 277, 461

한국교회의 설교학개론

1판 1쇄	2001년 3월 3일
2판 1쇄	2001년 11월 5일
2판 12쇄	2021년 3월 25일
지은이	정장복
펴낸이	김현애
펴낸곳	예배와 설교 아카데미
주　　소	서울특별시 광진구 아차산로 73길 25
전　　화	02-457-9756
팩　　스	02-457-1120
홈페이지	wpa.imweb.me
등록번호	제18-19호(1998.12.3)
총판처	비전북
전　　화	031-907-3927
팩　　스	031-905-3927
ISBN	978-89-88675-92-2　03230

값 19,000원

* 잘못 만들어진 책은 교환해 드립니다.